心　体

认知科学与人工智能的哲学挑战

[英] 安迪　克拉克　著

丁晓军　等译

中信出版集团 | 北京

图书在版编目（CIP）数据

心体：认知科学与人工智能的哲学挑战/（英）安
迪·克拉克著；丁晓军等译 . -- 北京：中信出版社，
2024.3

书名原文：Mindware: an introduction to the
philosophy of cognitive science

ISBN 978-7-5217-5953-2

Ⅰ.①心… Ⅱ.①安… ②丁… Ⅲ.①心理学 Ⅳ.
① B84

中国国家版本馆 CIP 数据核字（2023）第 160935 号

心体——认知科学与人工智能的哲学挑战
著者： ［英］安迪·克拉克
译者： 丁晓军 等
出版发行：中信出版集团股份有限公司
（北京市朝阳区东三环北路 27 号嘉铭中心 邮编 100020）
承印者： 嘉业印刷（天津）有限公司

开本：787mm×1092mm 1/16 印张：27 字数：380 千字
版次：2024 年 3 月第 1 版 印次：2024 年 3 月第 1 次印刷
京权图字：01-2019-7317 书号：ISBN 978-7-5217-5953-2
定价：79.00 元

推荐序

    读者手头的这本书是认知科学哲学的一本优秀的导论与教科书，作者是英国哲学家安迪·克拉克（Andy Clark），初版于2001年由牛津大学出版社发行，本书为第二版。作者在新版中新增了三章的内容，并对旧版全书进行了一定的更新。丁晓军、郁锋、蔡海锋、黄俊维、王健和王振嵩等青年学者将本书的第二版翻译为中文，这对于国内对认知科学哲学抱有兴趣或潜在兴趣的青年学生和其他年龄段的读者而言，无疑提供了很大的便利。即将付梓之际，几位译者约我为这部书写一篇序言，我利用以下的篇幅向读者介绍一下本书的作者。

    安迪·克拉克出生于1957年，1984年从英国斯特林大学（University of Stirling）获得哲学博士学位，此后任教于苏萨克斯大学（University of Sussex）。苏萨克斯大学设有英国最早的认知科学中心，自20世纪70年代中期起，在玛格丽特·博登（Margaret Boden）的领导下开展活跃的多学科和跨学科的研究和教学，涉及哲学、心理学、语言学和人工智能研究等领域。浓厚的学科交叉交融的学术环境为克拉克的成长提供了有利的条件，不久后他便抓住了机遇脱颖而出。

    1986年，由认知科学家大卫·罗姆哈特（David Rumelhart）和詹姆斯·麦克勒兰德（James McClelland）及其领衔的研究团队出版了两卷本《并行分布式加工：对认知的微观结构的探索》（*Parallel Distributed Processing: Explorations in the Microstructure of Cognition*），即刻在认知科

学和人工智能领域掀起了一场声势浩大的波澜，开启了通过模拟大脑和神经网络开展认知科学和人工智能研究的盛大复兴，被称为联结主义和人工神经网络研究，并推动了计算神经科学和认知神经科学的兴起。这一研究进路的复兴，引发了不少关于认知、心智本质和基本结构的哲学探讨，哲学家丘奇兰德夫妇（Paul and Patricia Churchland）是响应和捍卫这场运动的主要代表人物。初出茅庐的克拉克很快加入了这场讨论，成为最为活跃的青年学者之一，分别在 1989 年和 1993 年出版了两部专著：《微认知：哲学、认知科学与并行分布式加工》（*Microcognition: Philosophy, Cognitive Science, and Parallel Distributed Processing*）和《联想引擎：联结主义、概念与表征变迁》（*Associative Engines: Connectionism, Concepts, and Representation Change*）。突出的研究成果令克拉克成为当时认知科学哲学领域受人瞩目的后起之秀。

1993 年，位于美国密苏里州圣路易斯市的华盛顿大学（Washington University in St. Louis）在詹姆斯·麦克唐纳基金会（James S. McDonnell Foundation）的资助下，设立了哲学–神经科学–心理学项目（Philosophy-Neuroscience-Psychology Program，简称 PNP），由克拉克出任首任主任。这是一个覆盖从本科到博士和博士后的完整的跨学科人才培养和学术研究的机构，是哲学对于在 20 世纪 90 年代初认知神经科学之兴起的热情响应。如今 30 年的光阴已成过往，这个项目依然保持着良好的运行状态，是认知科学哲学领域公认的学术高地。克拉克担任 PNP 的主任长达 7 年，为把这个新兴的跨学科项目建设成为一流的人才培养和学术研究机构起到了关键性的作用。

大卫·查尔莫斯（David Chalmers）是 PNP 的首批博士后研究人员，克拉克是其合作导师。这段经历对于查尔莫斯而言极为重要，在此期间（1993—1995）他发表了一篇很有影响的论文：《直面意识问题》（*Facing up to the problem of consciousness*），提出了关于意识的难问题（the hard problem）的说法，此外还完成了他的成名作《意识之心》（*The Conscious Mind*）书稿的主要修订和完善工作。克拉克与查尔莫斯合作的论文《延展心智》（*The Extended Mind*）于 1998 年初发表，即刻引起了广泛的关注和讨论，产生了重大影响；根据谷歌学术的统计，此文迄今已被引用了8300 余次。

克拉克在 1996 年末出版的《身处其境：将大脑、身体和世界再度拢合在一起》（*Being There: Putting Brian, Body and World Together Again*）奠定了他关于认知与心智以及认知科学研究进路的哲学思想的基调：心智是具身性的，认知活动不仅仅发生在大脑之中，身体及其运用同样参与认知塑造；心智是可以延展的，其活动不必局限于颅骨和皮肤之内，而是可以延展到物理的、人工的和社会的环境之中；心智的运作是积极有为的行动，是能动性的反映，而不是被动消极的接收器和刺激-反应装置。他其后的两部著作：《天生的赛博格：心智、技术与人类智能的未来》（*Natural-Born Cyborgs: Minds, Technologies, and the Future of Human Intelligence*）和《将心做大：具身性、行动与认知延展》（*Supersizing the Mind: Embodiment, Action, and Cognitive Extension*），可以视为对其基本思想的丰富、完善和进一步的发展。

离开华盛顿大学后，克拉克的下一站是美国印第安纳大学，他出任该校的认知科学项目的主任。四年后他回到英国，担任爱丁堡大学的逻辑与形而上学讲席教授，直至 2018 年重返苏萨克斯大学。此外，他还在位于澳大利亚悉尼的麦考瑞大学担任哲学系兼职教授。

在 2010 年前后，克拉克的认知哲学思想有了新的发展，在先前理论的基础上，引入了预测加工的观念，将追求准确而成功的预测视为大脑的主要功能，并以此为核心来重新审视包括知觉、学习、想象、决策、行动和意识体验等在内的认知活动的方方面面，以及心智与环境的相互作用。克拉克也因此成为近年来在认知科学及其哲学研究领域由预测加工理论引发的热潮中最为耀眼的推动者之一。2016 年出版的《在不确定性的波涛中冲浪：预测、行动与具身心智》（*Surfing Uncertainty: Prediction, Action, and the Embodied Mind*）以及新近出版的《经验机器：我们的心智如何预测与塑造实在》（*The Experience Machine: How Our Minds Predict and Shape Reality*），在这两部著作中他沿着这个方向深入探索。

克拉克是过往 30 多年认知科学哲学和心智哲学领域最为活跃、最具影响力的领军学者之一，他是英国国家学术院院士和爱丁堡皇家学会会士。2019 年牛津大学出版社出版了《安迪·克拉克及其批评者》（*Andy Clark and His Critics*），在这部由他曾经指导获得博士学位的三位青年学者主编的论文集中，约有 20 位哲学家、心理学家和神经科学家与克拉克就其认知哲学思想的多个议题展开了评论、探讨和回应，这既是一系列精彩的思想与学术的交锋，更是对克拉克多年来对于认知科学及其哲学思考所做出的杰出贡献的致敬。

克拉克的哲学探索及其成功之道，展示了优秀的认知哲学家可以具备和应当具备的若干重要特点。其一是突出的跨学科素养，从他每部著作的致谢名单和他发表的相当数量的论文作者团队看，他乐于并善于与许多其他学科，包括心理学、神经科学、人工智能和机器人学等领域的研究者开展交流与合作，并能够博采众长，自如地从众多不同类别的学科领域选取素材、证据和观点，用于构建、支撑、阐释和发展自己的理论学说。在此基础上，能够充分发挥哲学思维的优势和特长，提炼出鲜明的哲学论点、论证和关键概念，为进一步的理论探索和实证研究提供启示和引领，彰显出哲学的独特价值。其二是宽广的学术视野和胸襟，能够做到海纳百川、兼容并蓄。克拉克本人的学术训练背景是分析哲学，其职业生涯的活动圈子也主要是在分析哲学、科技哲学和认知科学领域，但这并不妨碍他从其他的学术和思想传统中吸取灵感，例如属于非分析传统的欧陆哲学流派的海德格尔、梅洛-庞蒂和拉图尔等人的思想和观点，对于克拉克的理论探索就具有显著而深刻的影响；而一些非主流的心理学学派，例如吉布森创立的生态心理学，也成为克拉克发展其关于心智与认知理论的重要思想来源。

以上对本书作者克拉克的生平和思想的简要介绍，希望能够有助于读者更好地阅读和使用这部教材，并由此产生对于认知科学及其哲学问题的求知欲和探索欲。探究心智的奥秘是一场漫长的跋涉，哲学能够帮助我们更好地回顾来路、审视足下、展望未来。

米菁

厦门大学哲学系主任、教授

第二版序言

修订《心体》是一种乐趣，有时也是一种启示。

我很高兴，因为许多前沿方面的研究都取得了很人的进展。对具身的、情境化的心智科学研究现在已经成为一种科学现实，而不仅仅是一些机器里的、地下的轰隆声。具身认知科学正在迅速成为常态，而不是例外。从一个新生的孩子到成为蓬勃发展的学术产业的核心，具身认知科学涵盖了机器人学、心理学、哲学、神经科学等。

修订《心体》也是一个启示，因为它提供了一个机会：着眼于全新的、新兴的观点来重新审视基础要素（如表征的作用、情境行为的性质和关于结构化知识表征的争论）。这些新兴的观点（在新增加的第 9~11 章中关于延展、生成和预测的材料中进行了讨论）使我们比以往任何时候都更接近（或者说我深信不疑地）真正理解将大脑、身体、人和他们的社会技术世界结合在一起的复杂的互动网络。似乎越来越清楚的是，如果我们要了解心智及其在自然界中的地位，我们必须了解这些互动网络。

这项复杂的修改任务得益于原文的叙述结构。这种结构提供了大量的机会，可以在不干扰故事主线的情况下，将新的研究、论据和发现融入原文中。这种叙述曾经是，并且现在仍然是从一个本质上非具身的视角和语言形式的符号编码的经典人工智能，转向具身的、延展的和情境化的认知科学的手臂（和腿，以及活跃的感觉器官）的故事。但是这种叙述现在被几波新的争论、见解和实验所扩展和丰富，其中包括（第 9~11 章）对身体行为在知觉经验建构（"生成"）中的作用的新探索，关于超越皮肤和颅骨界限的认知过程或其他可能性的丰富而生动的辩论，以及关于尚处于早期但鼓舞人心的潜在变革性工作的迹象，这些变革性工作使认知神经科学和计算神经科学与动力系统、具身心智和情境化心智的工作有了更密切的联系。

第二版新增

第二版增加了三个新的章节，并对全文进行了修订。每一章都增加了许多新的"推荐阅读"，500 多篇主要参考文献是本版的新内容。这一版里提出了更多的论点，并提出了新的挑战。一般来说，前 1~4 章的变化比后几章少，反映了早期材料的基础作用。以下逐章说明了每一章最重要的修订。新增的三章（第 9~11 章）涵盖了关于"延展心智"（第 9 章）、感知内容的"生成主义"路径（第 10 章）以及"预测性大脑"新兴的神经科学观点（第 11 章）的辩论。《心体》现在受益于一个网站，它主要的（或一般的）作用只是提供该修订版中提到的许多链接的可点击版本。

第 1 章"肉身机器：心体是软件"包含了通过各种图灵测试的限制版本的程序，如人工语言网络计算机实体（Artificial Linguistic Internet Computer Entity，A.L.I.C.E.）的新材料。"心体"网站上提供了这些程序的交互链接。在 2011 年的智力竞赛节目《危险边缘》（*Jeopardy*）中，沃森（Watson）程序获得了百万美元奖金。方框 1.6 也是新补充的，它记录了行动导向的游戏机器人的机器人图灵测试（Botprize 比赛）。推荐阅读部分已经过修订和扩充。

第 2 章"符号系统"包括一个关于人工通用智能的新方框（2.3），对方框 2.2 中关于安全编排自动化与响应架构（SOAR）的讨论进行了一些更新，以及一个新的后记（"符号系统重述"）强调了处理复杂结构化关系的重要性。推荐阅读部分已经过修订和扩展。

　　第 3 章"模式、内容与原因"包含了关于福多最近对思想语言的回顾的补充讨论，包括正文和新的方框 3.1（"思想语言重访"）。还另有一个新的方框 3.5"干预和操作"，反映了最近关于"操作主义"因果解释模型的重要工作。推荐阅读部分已经过修订和扩展。

　　第 4 章"联结主义"概述部分现在提到了辛顿和同事们在"亥姆霍兹机器"上的重要工作（这也为新的第 11 章中的一些讨论提供了背景）。与此相关的，有一个新的方框 4.4"处理结构问题"。推荐阅读部分已经过修订，并有相当大的扩展。

　　第 5 章"知觉、行动与大脑"已经过修订和扩展。关于"指示指针"的工作有了新的讨论（包括一个新的方框 5.3），镜像神经元有了一些有趣的更新，一个小的附加讨论部分记录了各种试图模拟复杂的类似大脑的网络、机器人学的新例子以及关于变化盲视的重要工作的完整更新（讨论部分 D 节"变化注视：续集"）。推荐阅读部分已经过修订和扩展。

　　第 6 章"机器人与人工生命"包括大量的新材料和一组附加的例子（关于行走的机器人和被动动力系统理论的作用）。对于韦伯早期关于蟋蟀的趋声性的研究有重要的更新，讨论了更复杂的行为，如蟋蟀中的多模态集成。推荐阅读部分已经过修订和扩展。

　　第 7 章"动力系统理论"增加了一个新的案例研究（"案例 4：持久性伸手"），介绍了动力系统理论的一些观点，新的方框 7.2"感知耦合"、新的讨论部分 E 节"更丰富的持久性伸手动力系统理论"跟进动力系统的故事，以及 F 节对巴萨卢关于"知觉符号系统"的重要著作进行了一些讨论。推荐阅读部分已经过修订和扩展。

　　第 8 章"认知技术：超越裸脑"现在为天才的金枪鱼增加了一个玩伴（方框 8.1），也就是巧妙的射水鱼。更重要的是，概述部分现在描述了空间推理任务中语言和标签的转化能力，以及更多关于"神经的再循环"的内容。增加了一个新的讨论部分 B 节"模块与机制"、一个新的讨论部分

C 节"神经先决条件",以及一个丰富的、更新的推荐阅读集。

第 9 章"延展心智"是本版的新内容,它追踪了关于认知加工可能会超出我们熟悉的皮肤和颅骨限制的可能性的生动辩论。

第 10 章"生成性知觉经验"是本版的新内容,探讨行动在感知经验建构中的作用。

第 11 章"预测机器:大脑引擎"是本版的新内容,探索了认知神经科学和计算神经科学的一些新兴工作,其标志性主题是知觉、认知、想象和行动的相互渗透,以及主动传感的重要性。

附录 1"背景知识:二元论、行为主义、功能主义等"几乎没有改变,只增加了一些推荐阅读。

附录 2"意识及元难问题"经过实质性的修订,现在包括了"全脑工作空间理论"的概述、"动力核心假说"的概述以及"现象概念策略"等内容。推荐阅读部分有重要的补充,已经过扩展和更新。

安迪·克拉克

爱丁堡,2013 年

何谓"心体"

"心体"（这个词）只是一个方便的标签，用来形容我们直觉上认为算作心智的那堆乱七八糟的东西，包括信念、希望、恐惧、思想、推理、想象、感觉等等，这个清单很长、谜团很大。如果我们将人类的大脑描述为一台肉身机器，那么心体就是承载心智的软件。问题是，这些充斥在我们大脑中的东西到底是什么？什么是信念、思想和理性，以及它们如何在构成自然世界的其他事物中占据一席之地？

在我的心（这是当然的了）中，《心体》的写作目的有三个：

第一，介绍一些正在尝试（我相信这些尝试是成功的）找到心智在自然界中位置的研究方案；

第二，如果这项介绍工作要做得简明扼要，就要通过勾勒出主要研究项目的主要元素，然后提示读者去阅读相关研究项目完整的、易理解的原始资料；

第三，最重要的是，如果这项介绍工作要做得具有挑战性，我就要将本书大部分篇幅用于简短的、实质性的批判性讨论上，这些讨论试图触及一些深层而脆弱的神经，并将认知科学和哲学的前沿研究纳入其中。

简言之，我的目标是提供足够的关于核心研究项目的草图，然后发起并继续对该草图的概念领域进行广泛的批判性讨论。这些讨论并不假装是公正的、详尽无遗的，它们甚至没有涵盖标准导论性文本的所有内容（尽管两个附录中的材料有助于填补一些空白）。相反，本书的目标是突出具有挑战性或者质疑性的问题，从而让读者参与到积极的辩论中来。每一章的开头都是对研究传统或观点的概述，然后对几个关键问题进行简短的批判性讨论。本书所涉及的领域包括人工智能、联结主义、神经科学、机器人学、动力系统理论和人工生命，而讨论范围既涵盖标准的哲学领域（描述的层次、解释的类型、心理因果性、民间心理学的本质和地位），也包括前沿认知科学刚刚出现的概念（涌现、感知、认知与行动之间的交互作用、生命与心智之间的关系、心智作为一种内在具身、环境嵌入的现象，以及始终活跃的、预测性的大脑的作用）。如果这些术语看起来陌生而空洞，不用担心！它们在未来讨论中只是占位符。

本书刻意采用了相当强的叙事结构。我在讲述一个关于过去几十年对心智本质研究的故事。这是一个从特定角度讲述的故事：在这个故事中，一个哲学家积极参与到与认知科学家的工作和对话中，特别是在人工神经网络、认知神经科学、机器人学和具身认知、情境认知方面的工作。这种叙事反映了我的这些参与性工作和对话，因此它在很多书里都写得很简略的地方写得很密集，而（有时候）在其他书里写得很密集的地方本书又写得很简略。我接受这一结果，因为我希望我独特的兴趣组合能为许多核心议题和讨论提供一条有用的、或许不太常见的途径。我希望本书对包括心智哲学和各种认知科学在内的基础课程和更高水平的课程都有帮助。

这个项目显然是雄心勃勃的，它将读者从人工智能的第一次浪潮一直带到当代神经科学、机器人学以及心智、文化和技术的共舞中。在将导论性文本推向这些外部限制的过程中，我在赌一件事情：把人们引入一场正在进行中的讨论中的好方法是让他们成为讨论的一部分，而不是试图瞒天过海。这本书里有很多东西是不清楚、不明白的，而且很多无疑很快就会被证明是错误的，甚至这本书里有些地方还不清楚什么是正确的问题，更不用说答案了。但这本书的目标是值得追求的——更好地理解我们自己和人类心智在自然秩序中的地位。我的一个谦逊的希望只是让新读者参与到一场持续的探索中，让他成为这个令人沮丧的、迷人的、百家争鸣式对话的一部分。

最后提醒大家一句。认知科学哲学的风格有点像在橡胶园林里随意漫步。没有人确切地知道他们要去哪里，每个人的每一步都有可能改变周围的风景。我们可以说，这一切是不停变动的。所以，如果你觉得这些话题很有趣，一定要看看相关话题的最新研究，并访问一些网站。你会惊讶于事情发生的变化。

目　录

导论：心（非）如磐石

以下是自然秩序中三个不同要素是如何度过一天的。

要素 1：一块岩石

这是一块灰白色的小岩石在我家后院常春藤中一天的生活。它一直原地不动。它身上发生了一些事情：下了雨，它变得湿漉漉、亮晶晶的；刮了风，它被轻微地侵蚀了；我的猫在附近追赶一只松鼠，这让岩石摇晃起来。差不多就是这样，真的。没有理由相信这块岩石有任何思想，也没有理由相信这一切对这块岩石来说有任何感觉。事情发生了，仅此而已。

要素 2：一只猫

我的猫度过了相当不同的一天。像往常一样，大约 80% 的时间它都在睡觉。但它也有进入清醒状态、走向更广阔的世界的时候。早上 7 点左右，内心的某种悸动让它从客厅沙发上温暖的栖息处直奔猫门，走出房子。在外面，身体机能无疑占据了主导地位，至少在一开始是这样的。随后，在短暂地返回屋内（准确无误地通过猫门和食物盘之间的路线）后，它又出去追赶松鼠，并避开危险。它对待其他猫的方式则取决于对方的等级、地位、身长和凶恶程度。有大量的时间它都在睡觉。

要素 3：我自己

我觉得我的一天过得更像我的猫，而不像岩石。我们都在追求食物和温暖。但我猜想，我的一天包括相当多直接的沉思。事实上，那种螺旋式的元沉思（meta-contemplation）有时会给哲学带来负面评价。马丁·艾米斯很好地捕捉到了这种精神：

> 我经历了惊心动魄的自怜。在意识到这个念头背后的自得、意识到这种意识背后的自得，以及意识到在意识到这种意识背后的自得之后，我问："你的那个心智下一步会怎么做？"
>
> 稳住。
>
> （Martin Amis, *The Rachel Papers*[①]）

我当然也进行过上述的沉思。我有思想，甚至有"思路"（一系列合理的思想，比如"下午 1 点，该吃饭了。冰箱里有什么？"等）。但也有一些关于思想的思考，例如当我坐下来观察自己的思路时，提醒自己要把丰富多彩的例子引入本书中。

那么，是什么区别了猫和石头，或者（也许）区别了人和猫？是什么机制使得思想和感觉成为可能？又是什么进一步的技巧或诡计使得我自己的心智特性（mindfulness）具有独特的自我意识色彩？这些问题似乎将注意力集中在三种不同类型的现象上：

1. 日常体验中的感觉（饥饿、悲伤、欲望等）

2. 思想和理性之间的流动

3. 对思想的思考（和对感觉的思考）、对理性的反思等之间的元流动（meta-flow）。

---

① 该小说于 1989 年被改编为同名电影（中译名为《性感的邂逅》）。——译者注

本书所涉及的大部分研究方案都集中在上述第二个选项上。这些研究方案试图解释"我认为现在是下午 1 点"的想法如何会导致"我对午餐的思考"，以及如何会导致"我随后的寻找午餐的行动"。然而，这三类现象都是哲学家们所说的"心理主义话语"的主题。心理主义话语的一个典型例子就是在解释行为时诉诸信念（和欲望）。更专业的短语"命题态度心理学"突出了这种解释的标准形式：这种解释将心理态度（相信、希望、恐惧等）与具体命题（比如"下雨了""咖啡在厨房里""松鼠在树上"等）进行配对，从而解释智能行动。因此，在诸如"安迪希望葡萄酒被冰镇"（Andy hopes that the wine is chilled）这样的句子中，"that"结构引入了一个命题"葡萄酒被冰镇"（the wine is chilled），主体应该对这个命题表现出某种态度（在本例中的态度是"希望"）。当然，其他的态度（如相信、渴望、恐惧等）也可以被匹配到同一个命题上。我们对彼此行为的日常理解涉及大量的命题态度归属：例如，你可以用"安迪相信酒还没有被冰好，想要它在冰箱里多放几分钟"来解释为什么我不愿意打开酒。

这种表达（和思考）的方式会带来巨大的好处。它们支持了令人惊讶的成功预测，并且在我们许多社会项目和实践项目间通用。按照这种思路，哲学家杰里·福多指出，常识心理学无处不在、几乎是隐形的（因为它效果很好），而且实际上是不可或缺的。例如，它能让你根据我所陈述的"我将于 2014 年 11 月 20 日星期四乘坐 594 次航班抵达"来制订精确的计划。这样的计划通常会实现——考虑到涉及的物理变量的数量，这是一个非常惊人的事实。这些计划能实现（当它们实现时）是因为相关陈述反映了一种意图（在那一天坐那个航班到达），这种意图在某种程度上是我行为的积极塑造者：我渴望我能准时到达——你知道我是多么地渴望。而在此基础上，只要整个世界稍加配合，就能出现协调的奇迹。或者，正如福多更生动表达的那样：

如果你想知道我的身体下周四将会在哪里，那么力学对你来说是毫无用处的，尽管力学是我们关于中等尺寸物体最好的科学且在这个领域里颇有盛誉。找到相关答案的最好方法（通常在实践中也是唯一的方法）是：问我本人！

（Fodor，1987）

常识心理学就这样起作用了，而且是报复性的。但为什么呢？为什么将彼此视为拥有信念、希望、意图等，就能让我们成功地解释、预测、理解那么多的日常行为？信念、欲望等毕竟是看不见的，我们看到的（我们认为看到的）是它们的影响。但没有人真正看到过信念。这种东西是（目前？永久？）无法观察到的。常识心理学假设了这些不可观察的东西，并且似乎致力于将它们囊括在内的、类似法律的关系体系。例如，我们解释弗雷德的上蹿下跳，说他很高兴，因为他的妹妹刚刚获得了诺贝尔奖。在这一解释的背后，潜藏着一种对类似规律性的隐性信念，即"如果某人渴望 x，而且 x 发生了，那么（在其他条件相同的情况下）他们就会感到快乐"。所有这些都使得常识心理学看起来像是一种关于智能行为的、看不见但具有因果效力根源的理论。那么，是什么能让这个理论成为正确的（假设它是正确的）？什么是一种信念（一种希望或一种恐惧），以至于它能够使一个人（或许是一只猫、一只狗等）以适当的方式采取行动？

以往，也许通过援引一种特殊的精神物质来回应这个挑战是合理的：非物质的，但被赋予因果效力的精神本质所在（关于一些批判性的讨论，见 Churchland，1984，以及本书的附录 1）。然而，我们所关注的恰恰假定了在物质的大脑、身体和世界的属性和组织之外没有任何额外的东西。我们的目标是一个完全唯物主义的故事，在这个故事中，心体的涌现只不过是普通的物理状态和过程在熟悉的物理世界中呈现的结果。根据这些观点，只要心智在某种程度上是特殊的，那么它的特殊性源于心智取决于一些特殊和不寻常的方式，而普通的物质可以通过这些方式被构建、安排和组织起来。

后一种观点大体上是一元论的：它们只假定一种基本的东西（物质的东西），并且在试图解释精神现象的独特属性时所使用的术语是与我们对非精神宇宙的运作方式的最佳理解相连续的，至少是适当地建立在这种理解的基础之上的。一个常见的，但仍有参考价值的比较是与活力论者和非活力论者之间曾经非常热烈的辩论。活力论者认为，生物与其他无生命的自然界有相当本质的不同，这是出于一种特殊的额外力量或成分（"生命火花"）的缘故，而这种力量或成分是其他地方所缺少的。这本身就是种二元论。因此，有机化学和无机化学的基本统一性的证明（以及在此基础上没有任何类似生命火花的东西）在我们看来是一元论的一种胜利。这个有生命的世界似乎只不过是那些无生命自然的各种因素和力量的奇妙组合的结果。正如有生命的世界一样，唯物主义者（也就是说几乎所有在当代认知科学领域工作的人，包括笔者在内）相信精神世界也是如此。人们预计，精神世界必须证明它只依赖于普通物理状态和物理过程的奇妙组合和组织。

那么，请注意一个问题。当然这种精神世界显得特殊、不寻常和与众不同，事实上正如我们所看到的，它确实是特殊的、不寻常的和与众不同的：思想以一种尊重理性的方式让位于其他思想和行动，如一想到天气预报是晴天（改编自一个著名的但不那么乐观的例子），我就涂上防晒霜、戴上草帽，并认为"这又是宛若生活在天堂里的一天"。还有一种质性的感觉，一种拥有某种精神生活的"某种感觉"：我体验到痛苦的刺痛、欲望的悸动以及各种味道、颜色和声音。唯物主义有责任以某种方式来掌握这些不同的特性，这种方式与我们掌握物理世界其他部分的方式相联系，或者说是适当地基于我们掌握物理世界其他部分的方式的，即通过对物质结构、组织和因果流的某种理解来进行掌握。这的确是一个很高的要求。

但是，正如杰里·福多特别喜欢指出的那样，至少有一个好的观念在围绕着，尽管这个观念只针对刚才提到的两个特殊属性之一：尊重理性。

简而言之，这个观念就是，一个思想（例如，天气预报是晴天）之所以能够引起进一步的思想和行动（涂上防晒霜，认为"这又是宛若生活在天堂里的一天"）的力量，完全可以由思想所在系统的广义结构属性来进行解释。我这里所说的结构属性，只是指一种物理属性或组织属性：其性质是可以解释的，而不需要调用所涉及的特定思想内容。举个例子会有所帮助。考虑一下袖珍计算器输出两个数字之和的方式，给定一连串的按键动作，我们将其解释为输入"2""+""2"。计算器不需要（并且事实上也不）理解任何关于数字的东西，这个小机器就能发挥作用。它的结构很简单，因此按下这些按钮通常会导致输出"4"，就像一条河流通常会找到阻力最小的路径下山一样。只是在前一种而不是在后一种情况下，已经有了一个设计过程，该过程使得物理的东西变得有组织，从而使得它的物理展开将反映出控制数字空间中理性（尊重算术规律的）变换的算术约束。为了完成这幅（极度压缩的）图景，我们设想自然选择和终身学习塑造了我们的大脑，使某些基于结构的物理展开尊重对理性思考顺序和思想-行动转换的约束。因此，识别到捕食者会引起奔跑、躲藏和逃跑的想法，进而识别到食物则会引起进食、警觉以及寻求更多食物的想法。据说，我们的整个理性精神生活实际上只是呈现一个物理的、结构化的故事，心智特性只是被精心编排了的物质。

至于另一个特殊的属性，即"质性的感受"（qualitative feel），我们可以说（见附录2）这是一个问题。也许它也只是物质的一种得到精心编排了的属性。但如何通过精心编排以产生这个属性，在这种情况下就不那么清楚了，甚至其轮廓也很模糊。所以我们要继续寻找这个问题的答案。

在接下来的11章中，我将扩展和追寻那个简单的想法，即将心体（我选定的方面）视作得到精心编排了的物质。这种追求始于一种观念，即认为心智是一种增强型袖珍计算器（即将心智视为一种我们熟悉的计算机，但它是由肉而不是硅制成的）。这种追求继续发展为一种愿景，即认为心智依赖于对一种完全不同种类的计算设备（被称为人工神经网络的那种）的操作。这种追求在当代的研究项目中达到了顶峰，这些项目强调了大脑、身体和周遭环境之间的复杂交互作用（关于机器人学、人工生命、动力系统理论、生成认知和情境认知方面的工作）。最后一个实质性章节的内容是关于"预测机器：大脑引擎"的，探讨了一种新兴的（虽然仍然是相当推测性的）观点，即生物大脑在复杂的因果关系中所起的特殊作用。

不得不说，这种说法失之偏颇。它反映了我对我们在过去四五十年的认知科学研究中所学到的东西的看法。我认为，我们所学到的是，有许多不同的方式可以将肉体融入这个广泛的唯物主义框架中，而一些曾经有希望的观点面临着深刻的、意想不到的困难。特别是，把大脑看作一种符号计算的计算机这种观点可能过于简单了，与塑造了动物心智的复杂的、时间紧迫的交互作用的神经现实和生态现实相去甚远。因此，我讲述的故事是一个关于（一种）内在符号之旅的故事。但这是一个关于进步、完善和更新的故事，而不是一个关于抛弃和衰败的故事。事实上，心智科学处于一种粗放的健康状态、一种充满活力的变化状态中。那么，是时候开始讲述这个故事了，也是时候在得到精心编排的物质的嗡嗡声中寻找心智的起源了。

第1章

肉身机器：心体是软件

1.1　概述

　　计算机科学家马文·明斯基曾经把人类的大脑描述为一台不多也不少的肉身机器。当然，这是一个丑陋的词语。但它也是一个引人注目的形象，它紧凑地表达了真正对科学的兴奋和相当狂热的唯物主义思想，这往往是早期认知科学研究的特征。心体（我们的思想、感觉、希望、畏惧、信念和智力）被视为不过是生物大脑的运作，而大脑是我们脑袋里的肉身机器。这种把大脑当作肉身机器的概念很有意思，因为它让我们立即关注机器，而不是物质（肉身）：物质的组织方式和它所支持的操作种类。毕竟，同一台机器（见方框1.1）通常可以由铁、钢、钨或其他材料制成。因此，我们所面对的，既是对将心智视作非物质的、精神的东西观念的否定，也是对认为最好从一种工程学的角度来研究心智观念的肯定，该观念揭示了所有这些湿的、白的、灰的、黏的东西恰好所构建而成的机器之本质。

方框1.1

"同一台机器"

　　在什么意义上"同一台机器"可以由铁、钢或其他材料制成？显然，在严格意义上的数值同一性上是不可能的。一套钢制飞镖和一套钨钢制飞镖不可能是完全相同（数值上相同）的一套飞镖。相关的同一感是某种功能上的同一。你可以用这两种材料中的任何一种（虽然我想不是用果冻）做出一套非常好的飞镖，就像你可以用无数种不同的设计和材料做出一个非常好的开瓶器一样。事实上，某物被称为开瓶器的原因很简单，它被设计成一个开瓶器，并且能够起到开瓶的作用。大脑作为一个肉身机器的概念也体现了一个类似的观念：大脑的重要之处不在于它是由什么东西组成的，而在于这些东西以何种方式被组织起来，以便支持思想和行动。这个观念是，这种能力取决于物理设备相当抽象的属性，而这些属性可以很好地复制到一个设备中，比如说一个由电线和硅制成的设备。这个观点的合理版本不需要宣称任何材料，例如，可能需要某种跨时间的稳定性（一种不会迅速瓦解的趋势）。问题的关键在于，只要满足一定的先决条件，同样的功能可以由多种不同的材料和设计满足。对于这种观点也有一些著名的反对意见（Searle，1980，1992）。

把大脑当成一台机器，尽管它是肉做的，这到底是什么意思呢？诚然存在着一种历史趋势，即试图通过与各种时下流行的技术进行类比来理解大脑的运作：据说电报、蒸汽机和电话总机都曾经被关注过。但现在应该清楚的是，"肉身机器"这个词语的用意，不仅仅是暗示一些粗略的类比，因为对被称为计算机的这类非常特殊的机器来说，这种说法实际上是认为大脑（以及一种并非毫无问题的延伸：心智）就是某种这样的装置。这并不是说大脑在某种程度上像一台计算机——在某些方面，任何东西都和其他东西一样，是自然界用一种相当潮湿而黏稠（指生物体的特征）的方式，用神经组织、突触、细胞集群以及其他所有的东西，建造出的一堆真正的计算机。因此我们可以说，心体是在大脑"里"被发现的，就像软件是在运行它的计算系统"里"被发现的一样。

这种观点的吸引力怎么强调都不为过。它使精神变得特别，但又不至于使它变得鬼魅。它使精神依赖于肉体，却是以一种相当复杂和（我们将看到的）解放的方式。它为一个深刻的难题提供了一个现成的答案：如何从一大堆物理物质中获得理智的、遵守理性的行为。为了具体化这种非神秘的、遵守理性的行为的观念，我们接下来回顾一下人工智能的历史（和史前）中一些关键的发展。

一个关键的发展是对形式逻辑的能力和范围的认识。对这一发展进行详细的历史描述会让我们偏离主题太远，也许会触及帕斯卡和莱布尼茨在17世纪开创性的努力，以及布尔、弗雷格、罗素、怀特海等人在20世纪的贡献。在格里默、福多和海斯（Glymour，Ford and Hayes，1995）的文章中可以找到有用的历史记录。然而，在这段历史中最熠熠生辉的观念是发现和描述"理性法则"，这种观念最清晰的表达首先出现在形式逻辑领域。形式逻辑是由符号集合组成的系统，是连接符号以表达复杂命题的方法，是规定如何从旧的符号复合体中合法派生出新的符号复合体的规则。形式逻辑的美妙之处在于，坚定不移地应用规则可以保证你永远不会从正确的前提中合法地推断出错误的结论，即使你根本不知道这些符号串的实际意义。只要遵守规则，真理就会得到维护。因此，这种情况有点（只是有点）像一个人，他毫无应对实际事务的能力，但还是能够按照说明书操作一组预先提供的部件，成功地搭建一个橱柜或书架。这种行为看起来好像是植根于对木材加工原理和规律的深刻理解，但实际上，这个人只是盲目地按照指令集允许或规定的动作来做。

形式逻辑向我们展示了如何在不依赖任何人实际理解所涉及的符号串的意义（如果有的话）的情况下，至少保留一种语义（涉及意义，见方框 1.2）属性。在一个操作程序根本不依赖意义的领域里，看似幽灵般的、短暂的意义和逻辑意义的世界得到了尊重，并且在某种意义上被重新创造了！它被重新创造为标记或者"词例"的领域，这些标记或者"词例"仅通过其物理（"句法"）特征被识别，并根据只涉及这些物理特征（例如符号形状这样的特征，见方框 1.2）的规则进行操作。正如纽厄尔和西蒙所评论的那样：

> 逻辑……是一种按照某些纯粹的句法规则用无意义的词例玩的游戏。因此，取得进步首先是要远离一切似乎与意义和人类符号相关的东西。
>
> （Newell and Simon，1976）

或者，用哲学家约翰·豪格兰德更著名的话说：

　　如果你处理好了句法，语义就会自行处理好。

（Haugeland，1981a）

方框 1.2

句法和语义

　　语义属性是指词语、句子和内部表征的"涉及意义"的属性。句法属性是非语义的（至少在哲学家倾向于使用这个术语时，例如书面语或口头语），或者是对任何种类的有意义的东西的标记（例如，袖珍计算器用来在内存中存储一个数字的物理状态）。因此，两个同义书面语（"dog"和"chien"）在语义上是相同的（"狗"），但在句法上是不同的，而多义词（"bank"作为"河岸"，或"bank"作为主干道上的"银行"）在句法上是相同的，但在语义上是不同的。词例的概念是特定句法项的概念（例如，"dog"一词的出现）。袖珍计算器操纵的是物理词例（内部句法状态），而该计算器设备的运行对这些词例是敏感的。正是由于对内部词例的不同句法特征非常敏感，计算器才能够以一种遵守算术的方式运行：它被精确地设置，以便在句法驱动操作代表数字的内部词例时能够遵守数字之间有意义的算术关系。用豪格兰德的名言来说，如果你处理好了句法，语义就会自行处理好。

　　这种从意义到形式（如果你愿意的话，从语义到句法）的转变也开始暗示了一种关于实际物理结构的有吸引力的自由主义。因为就这些形式系统的特性而言，重要的不是例如"合取"（and）符号的精确形状。其形状可以是"AND""and""&""∧"或者其他任何形式。重要的是，对符号形状的使用是一致的，而且规则的设置是为了规定如何处理由该形状连接的符号串：例如，允许从字符串"A 合取 B"推导出"A"。因此，逻辑是在豪格兰德（Haugeland，1981a，1997）意义上的形式系统的一流例子。它们这种系统的本质不在于精确的物理细节，而在于合法移动、合法转换的网络。

　　豪格兰德指出，大多数游戏正是这个意义上的形式系统。你可以在木头或大理石的棋盘上下棋，棋子的形状可以像动物、电影明星或进取号星舰上的船员。豪格兰德提议，你甚至可以用直升机作为棋子，用高层建筑楼顶的直升机停机坪作为棋盘下棋。唯一重要的还是合法移动的网络、词例之间的物理可区分性。

　　因此，对形式系统的思考一下子以两种非常强大的方式解放了我们。不涉及任何内在意义的程序，语义关系（例如保真性：如果"A 合取 B"为真，则"A"为真）得到遵守，任何形式系统的具体物理细节都不重要，因为重要的是移动和转换的黄金网络。就这样，语义学变得不那么神秘，也不具有物理性。谁说你不能吃你的蛋糕？

　　下一个重大发展是计算概念本身的形式化（Turing，1936）。图灵的工作比数字计算机的发展更早，它引入了（后来被称为）图灵机的基本概念。这是一个由无限长的带子、一个简单的处理器（"有限状态机"）和一个读写头组成的假想装置。带子作为数据存储器，使用一些固定的符号集。读写头可以从带子上读取符号，自己在带子上向前或向后移动一个格子，然后写到带子上。有限状态机（一种中央处理器）有足够的内存来回忆刚刚读取的符号以及它（有限状态机）所处的状态。符号和状态共同决定了读写头执行的下一个动作，也决定了有限状态机的下一个状态。图灵表明，这样的一些设备，通过执行一系列由带子上的符号控制的简单计算，可以计算出任何足够明确的问题的答案（见方框 1.3）。

方框 1.3

图灵机

为了使图灵机计算的概念具体化，让我们借用金在权（Kim，1996）的一个例子。假设我们的目标是让图灵机将正数相加。把要加的数字表示为符号"#"（标记数字的开头和结尾）、"1"和"+"的序列，于是"3+2"的计算被编码在带子上，如图 1.1 所示。一个简洁的数字加和程序（其中"A"表示读写头的初始位置和初始状态）如下：

指令 1：如果读写头处于机器状态 A 并遇到"1"，则它向右移动一个格子，读写头保持在状态 A。

指令 2：如果读写头处于状态 A 并遇到"+"，将"+"替换为"1"，读写头保持在状态 A，并向右移动一个格子。

指令 3：如果读写头处于状态 A 并遇到"#"，向左移动一个格子，进入机器状态 B。

指令 4：如果读写头处于状态 B 并遇到"1"，删除"1"，换成"#"，然后停止。

你应该可以看出图灵机是如何工作的。基本上，机器开始时

"指向"最左边的"1"。它向右扫描，寻找一个"+"，用"1"进行替换。它继续向右扫描，直到遇到"#"表示计算的结束，这时它向左移动一个格子，删除一个"1"，然后用"#"进行替换。现在，如图1.2所示，带子用与编码问题时所使用的相同符号显示加法问题的答案。

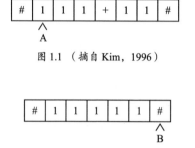

图1.1 （摘自 Kim，1996）

图1.2 （摘自 Kim，1996）

类似的设置（试着想象它们是如何工作的）可以做减法、乘法等（Kim，1996）。但图灵在这个领域最引人注目的成就是表明，你可以定义一种特殊的图灵机（恰如其分地被命名为"通用图灵机"）来模仿任何其他图灵机。在这种通用的情况下，带子上的符号编码了对其他机器行为的描述。通用图灵机使用这种描述来模拟任何其他此类设备的输入输出功能，因此它本身能够进行任何得到充分明确规定的计算（Franklin，1995；Haugeland，1985；Turing，1936，1950）。

图灵机提供了一个很好的简单例子，句法驱动的操作支持了一个遵守语义（遵守意义）的过程。还请注意，你可以用许多不同的材料来构建一个简单的图灵机，从它的形式（句法）组织关系到它在语义上的成功。

因此，我们面临着一个相当奇妙的思想融合。图灵的工作清楚地提出了一个概念，即物理机器遵循句法的特性将使它能够解决任何得到明确规定的问题。与早期关于逻辑学和形式系统的工作相比，这无异于：

> 出现了一个新的分析层次：它独立于物理媒介，但在精神上却是机械论的……是一门脱离了物质实体的、关于结构和功能的科学。
>
> （Pylyshyn，1986）

经典认知科学就是这样被构想出来的。然而，这一愿景最终变成了现实，只是因为第三项（也是最后一项）创新：通用电子计算机的实际建造和灵活的高级编程技术的发展。相关奠基性机器（数字计算机）是由约翰·冯·诺依曼在 20 世纪 40 年代设计的，随着它的出现，所有的部件似乎都最终完备了。因为现在研究者很清楚地知道，一旦在电子计算机这一物理媒介中实现，一个形式系统就可以独立运行，而不需要人坐在那里决定如何以及何时应用规则来启动合法转换。正如约翰·豪格兰德指出的那样，经过精心编程的电子计算机实际上只是一个自动（"自动运行"）的形式系统：

> 它就像一个坐在那里自己下棋的棋盘，没有棋手的任何干预，或者像是一个自动的形式系统，在没有任何数学家的帮助下，自己写出证明和定理。
>
> （Haugeland，1981a；Haugeland，1997）

当然，这台机器需要一个程序。在那个年代（参见第 4 章），程序是由优秀的、老派的人类编写的。但一旦程序到位，接通电源，机器就会处理剩下的事情。在合法的句法状态（即有意义的状态）之间的转换不再需要人的操作。物理世界突然包含了清晰的、非进化的、非有机体的例子，丹尼尔·丹尼特后来称之为"句法引擎"（syntactic engines），即准自主系统，其纯粹的物理构成确保了某种持续的、遵守理性的行为。难怪早期的研究者们欢欣鼓舞！纽厄尔和西蒙很好地捕捉到了这种情绪：

> 我的目的不是要让你们感到惊讶或震惊……但我以最简单的方式总结：现在世界上已经有了会思考、学习、创造的机器。而且，它们做这些事情的能力将迅速提高，在可见的未来，它们能处理的问题范围将与人类思维应用的范围一样广泛。
>
> （Newell and Simon, 1958）

当先进的编程技术①带来令人印象深刻的问题解决表现时，这种欢欣鼓舞的情绪加深了，而这些早期的成功所带来的更广泛的理论意义和哲学意义（见方框 1.4）也是非常引人注目的。征服和理解一度神秘的心体领域（诚然，只是其中两个代表：保持真理以及抽象问题解决）看起来已经时机成熟。心智并不是鬼魅般的东西，而是在大脑的肉体中实现的形式化计算系统的操作。

这就是问题的核心。据称，心体之于神经肉身机器的作用就像软件之于计算机一样。大脑可能是标准的（局部的、世俗的、生物的）实现，但认知是程序层面的事情。因此，心智如鬼魅般漂浮在血淋淋的神经科学细节之外。但它也不至于鬼魅到逃脱更抽象的（形式化的、计算的）科学调

---

① 例如，列表处理语言（list-processing languages）于 1956 年在纽厄尔和西蒙的逻辑理论家程序中首创，并于 1960 年前后在麦卡锡的列表处理语言中得以完善，它鼓励使用更复杂的"递归编程"策略，其中符号指向数据结构，而数据结构中包含的符号又指向进一步的数据结构，等等。他们还充分利用了同一电子存储器可以同时存储程序和数据的事实，其特点是使得程序可以和数据一样被修改和操作。列表处理语言甚至吹嘘有一个通用函数 EVAL，使其在有限的内存限制下，与通用图灵机一样强大。

查的网。这是一个吸引人的故事。但这是正确的吗？我们有些担心。

方框 1.4

机器功能主义

人工智能发展的主要哲学产物被命名为机器功能主义（machine functionalism），它被用来回答人类有史以来提出的最深刻的问题之一，即精神的本质（深层本质）是什么。什么样的基本事实使得物质世界的某些部分有精神（思想、信念、感情和其他一切），而其他部分却没有？回忆一下，物质二元论者认为答案在于是否存在一种特殊的精神的东西。然而，如斯马特（Smart，1959，见附录 1）等心脑同一论者反对这一思想（以及所谓的哲学行为主义，见附录 1），他们声称精神状态只是大脑中发生的过程。然而，这种赤裸裸的同一性主张有可能使精神状态与具体的、物质的大脑状态之间的联系变得过于亲密。一个关键的担忧（例如，Putnam，1960，1967）是，如果一个人处于某种特定的大脑状态对处于某种精神状态是必不可少的，那似乎意味着，缺乏像我们一样的大脑的生物（例如，火星人或硅基机器人）不可能处于相同的精神状态。但是，直觉告诉我们，与我们的大脑截然不同的生物，至少在原则上可以共享例如"正在下雨"这样的信念。那么，我们应该到哪里去寻找能够将机器人、火星人和波士顿人联合起来的共同点呢？现在，逻辑和形式系统、图灵机和电子计算领域的工作给出了一个答案：不要看具体的物理描述（关于神经元和湿体的①），也不要看表面的行为，而要关注内部的组织。也就是说，要看金色的网：看抽象的、形式化的系统组织。这种组织被机器功能主义者描述为可能的输入、内部计算状态和输出（行动、言语）之间的链接网，它决定了精神生活的形式和内容。建筑材料并不重要：转换网可以用肉体、硅或奶油干酪来实现（Putnam，1975b）。处于这样或那样的精神状态仅仅是一种物理装置，无论其组成是什么，都满足特定的形式描述。在人类身上，心体碰巧在肉身机器上运行，但是同样的心体（由合法的状态转换网所挑选出来）可能在某种硅设备或者外星有机物中运行。

1.2　讨论

（请大家放心：下面讨论的许多主题将在随后的章节中反复出现。在这一点上，我们缺乏很多必要的详细背景资料，无法真正做到公正，但现在是试水的时候了。）

（A）为什么把思想当作计算机？

为什么要把思想当作计算机呢？最主要的原因（除了它似乎有效之外！）是，思考者是物理装置，其行为模式是遵守理性的。思考者的行为方式可以被有效地理解为受到理性、观念和信念的敏感引导。电子计算设

---

① 湿体（wetware）指被视为计算机程序或系统的人脑。——译者注

备向我们展示了这种奇怪的"双重配置文件"（物理实体和遵守理性的行为）实际上可以实现的一种方式。

然而，遵守理性的行为这一概念立即得到了扩展。芝农·派利夏恩给出了这种行为的一个很好的例子。派利夏恩（Pylyshyn，1986）描述了这样一个案例：一个行人目睹了一场车祸后跑到一部电话机前，打给了 911。正如派利夏恩所言，我们可以尝试通过讲述一个纯粹的物理故事来解释这种行为（也许涉及特定的神经元，甚至是量子事件等）。但是，派利夏恩认为，这样的故事并不能帮助我们从理性的角度来理解这种行为。例如，假设我们问：如果电话坏了，如果电话是拨号电话而不是按键电话，或者如果事故发生在英国而不是美国，会发生什么？如果该主体打给了 999（英国的紧急报警电话）而不是 911，或者必须跑去找一部能用的电话，那么行为反应所依据的神经机制就会大不相同。然而，常识心理学的说法通过将主体描述为看到车祸并想要寻求帮助，一下子就能解释所有这些选项。派利夏恩有力地表明，我们需要的是一个科学故事，它与更加抽象和涉及理性的描述有关。而提供这样一个故事的最简单的方法是，想象主体的大脑中包含了表示车祸这一事件的状态（"符号"），然后系统内部发生的计算状态转换（在大脑中实现为物理事件）会导致新的状态集（更多的符号），其正确的解释是"寻求帮助""找电话"，等等。因此，这些解释将内在状态与现实世界中的合理行为联系在一起。据称，认知者"实例化……将物理表征为认知代码……他们的行为是对这些代码执行操作的因果结果"。

同样的论点也可以在福多（Fodor，1987）那里找到，它被表述为关于思考过程中内容决定的转换，就像"下雨了"的思想导致了"我们到室内去吧"的思想。对福多来说，这一点（见第 4 章以后的内容）就是人类理性的本质。这种理性在机器上是如何实现的呢？福多认为，一个好的经验假设是，存在一些神经符号（易于解释的内部状态），比如说这些符号意味着"下雨了"，其物理特性会在上下文中导致其他符号的生成，这些其他符号可能意味着"我们到室内去吧"。如果大脑就是这样工作的，那么大脑确实是一台计算机，与之前所展示的完全相同。而如果是这样的话，那么关于理性引导（内容决定）思想转换的谜团就解决了：

> 如果心智是一种计算机，我们就会开始明白……在因果相关的思想之间，怎么会有非任意的内容关系。

> （Fodor，1987）

这种论点旨在表明，必须把心智理解为一种在大脑的湿体中实现的计算机，否则就无法从经验上解释思想之间的理性转换。如果我们把神经经济学想象成一个追踪语义空间形状的、句法驱动的引擎，那么理性引导的行动似乎有了很好的科学意义。

（B）软件在本质上是一个自主的层级吗？

心体与软件的等式既有欺骗性，也有扭曲性。一个直接的问题是，所有这些对算法、符号和程序的强调，往往会使本质上清晰的层级区分产生某种误导。由算法在理论上独立于硬件产生的影响，是长期忽视有关现实世界的行动采取和计算的时间过程问题的产物。因为一个这样的算法或程序本身只是一连串的步骤，与现实世界的时间没有内在的联系。这种计时关键取决于算法在实际设备上的具体实现方式。鉴于这一基本事实，算法与硬件的理论独立性不太可能对自然界产生多大影响。我们必须期望找到量身定制的生物计算策略，以便从可用的、缓慢的、湿体组件中获得有用的实时结果。因此，在实践中，如果不相当详细地参考提供支持实现的神经硬件的性质，我们就不可能充分理解自然系统的形式组织。一般来说，对真实生物硬件本质的关注很可能会提供关于真实大脑所使用的计算策略的重要线索和约束。在第4章到第6章我们将更深入地探讨这一主题。

　　此外，所谓心体是软件的说法——至少可以说——仅仅是示意性的。因为解释故事的可能类型的空间确实非常大，而且这些故事都是广义的计算性的（参见方框 1.5）。福多和派利夏恩的评论确实提出了一种相当具体的计算故事（下一章将详细讨论）。但是这种简单的解释模式，即语义模式产生于底层的句法计算组织中的模式，涵盖的情况范围之广令人咋舌。这个范围包括，例如，涉及符号和规则的标准人工智能方法，模仿神经装置某些行为的"联结主义"方法（见第 4 章），甚至包括涉及液体、滑轮和模拟计算的希斯·罗宾逊式设备[①]。从非常宽泛的角度来看，致力于把心智理解为一种句法引擎的运作，只不过是对物理主义的一种赤裸裸的断言，即对精神物质的否定[②]。

方框 1.5

什么是计算？

　　也许值得一提的是，计算的基本概念（相关讨论请参见 Piccinini，2010）本身仍然令人惊讶地没有被理解。首先，我们把一些现象称为"计算性的"到底是什么意思？关于这个问题的答案，至少目前（在认知科学界）还没有达成共识。主要原因是这是"我们一看便知"的情况。尽管如此，对于我称之为"基本配置"的东西，人们还是有一个合理的共识，下面的说法很好地表达了这一点：

[①]　希斯·罗宾逊在英国相当于鲁布·戈德堡，两人都把怪异的、巴洛克式的机械组合想象成解决日常问题的办法。

[②]　考虑到我们的计算概念（见方框 1.5），这一主张更具有说服力了，因为它还要求存在系统地可解释的内部状态，即内部表征。

我们之所以把某些东西当作一台计算机，只是因为它的输入和输出能够被有效地、系统地解释为代表我们感兴趣的某些函数的有序对。

（Churchland and Sejnowski，1992）

因此，可以考虑一个袖珍计算器。基于这一点，这个物理设备可以计算，首先是因为有一种可靠的、系统的方法可以把设备的各种状态（屏幕和键盘上的标记和数字）解释为代表其他事物（数字）。其次，因为设备的设置是这样的，在这种解释下，其物理状态的变化反映了算术领域的（有意义的）语义转换。因此，它的物理结构迫使它遵守数学约束，使输入"4×3"导致输出"12"，等等。

然而，要真正有力地说明在什么条件下某种实际现象能够被视为计算性现象，需要某种更为客观的标准，以此确定所遇到的（非设计的）物理过程何时实际执行了计算，这样的标准并不会将我们的解释活动和兴趣如此坚定地放在舞台中央。

据我所知，对此最好的说明来自戴夫·查尔莫斯（Dave Chalmers，1996）。查尔莫斯的目标是给出一个"实现计算的客观标准"。直观地说，当且仅当一个物理设备被设置为与规范中所详述的状态变化同步的时候，这个物理设备才"实现"了一个抽象的、形式化的计算规范。例如，在这个意义上，一个特定的文字处理程序可以构成一个形式化的规范，它可以（经过适当的配置后）在各种物理设备（苹果计算机或者其他个人计算机等）上运行。

查尔莫斯的建议实质上是，当"系统的因果结构反映了计算的形式结构"时，一个物理装置就实现了抽象的形式描述（状态和状态转换关系的规范）。然后，镜像的概念通过物理装置中的状态和状态变化到抽象规范中的元素和转换的相当细粒度的映射来实现。查尔莫斯允许每个物理系统实现一些计算性描述。但是，对细粒度的映射呼吁是为了确保你不能把每一个物理系统解释为实现每一个计算描述。因此，尽管说大脑实现了某种计算描述相当微不足道，但说它实现了一个具体的计算描述却不是微不足道的。而正是大脑实现了一种特定的计算描述，旨在解释心理属性。

当然，最常见的设备的计算配置文件是通过某种智能设计过程故意施加映射的结果。但是，这个说法在本质上并没有如此限制。因此，假设某种生物已经进化出了有机的内在状态，这些状态表征了具有适应性的重要事项，如捕食者的大小、数量和接近的速度。在这种解释下，如果该进化过程导致一个物理系统的因果状态转换具有语义意义（例如，如果检测到的捕食者少于两个，则引发"站立和战斗"的内在词例，继而输出攻击性行为，而如果检测到三个或更多的捕食者则产生了"奔跑并躲藏"的反应），那么根据这个说法，大自然已经进化出一台小型计算机。如果我们此前的猜想被证明是正确的，那么大脑就是这样一台天然的计算机，它整合了表征外部事件（如捕食者的存在）的内在状态，并利用状态转换例程，合理地利用被如此编码的信息。

更糟糕的是，对于同一个物理设备，可能会有各种不同的计算故事。根据所使用的分析粒度，一个单一的设备可以被描述为执行复杂的并行搜索，或者被描述为将输入 x 转化为输出 y 的串行转换。显然，我们选择何种粒度将取决于我们希望回答的问题。将转换视为一个嵌套的并行搜索可能有助于解释特定的错误配置文件，或者解释为什么某些问题需要比其他问题更长的时间来解决，然而将该过程视为从 x 到 y 的简单非结构化转换可能是理解系统更大规模组织的最佳选择。因此，在我们对解释目标的选择和我们对计算描述的粒度和水平的选择之间会有一个持续的相互作用。一般来说，似乎没有什么理由期望一个单一类型或级别的描述来完成我们需要的所有工作。解释我们解决不同问题的相对速度，以及我们在试图同时解决几个问题（例如，记住两个非常相似的电话号码）时所经历的各种干扰效应，可能需要解释涉及内部表征如何存储和结构化这种非常具体的细节；然而，例如仅仅解释关于内容相关的思想之间的合理转换的简单事实，可能只需要更粗粒度的计算术语［正是由于这个原因，联结主义者（参见第 4 章）将自身描述为探索认知的微观结构］。显然，心理学和认知科学的解释性愿望是非常广泛和多样的，因此需要提供各种不同层次、不同类型的解释。

总而言之，心体作为软件的形象，最根本的吸引力来自在一个仅仅是物理变化的世界中适应理性引导的转换的需要。在最简略的层面上，这种心体和软件的等式是有用的，也是启发性的。但是，我们不应该被误导从而相信：（1）"软件"代表了一个单一的、得到清楚理解的神经组织层次；（2）心体和软件的等式为认知科学忽略有关生物大脑的事实提供了深刻的依据。

（C）模仿、建模和行为

计算机程序似乎常常只能提供对人类（和其他动物）所展示的理解的肤浅和脆弱的模仿。这些只是初期的问题，还是反复出现的缺陷表明了计算方法本身存在一些根本性问题？这种担心不无道理。遗憾的是，有太多的方式让一个给定的计算机程序可能只是模仿而不是照亮我们精神生活的各个方面。例如，有一个符号-处理人工智能程序可以很好地模仿偏执型精神分裂症患者的语言反应。"威尔士"（PARRY）程序（参见 Colby，1975；Boden，1977）使用了一些技巧，比如扫描输入句子中的关键词（比如"母亲"），然后回应预先设定好的防御性爆发语言。它有时能够愚弄有经验的精神分析学家，但没有人会说它是一个有用的偏执型精神分裂症的心理模型，更不会说它（在计算机上运行时）本身是一个偏执型精神分裂症患者！如果想体验一下与这种程序互动的感觉，可以试试 A.L.I.C.E. 机器人（Artificial Linguistic Internet Computer Entity，人工语言网络计算机实体），与其进行在线聊天，网址是 http://www.pandorabots.com/pandora/talk?botid= f5d922d97e345aa1。

这个链接与文中的许多其他链接一样，可以在心体网站上以点击的形式获取访问，网址是 www.oup.com/us/clark。

A.L.I.C.E. 程序（现在是一个更大的开源项目 AIML 的一部分）使用了许多与威尔士（PARRY）、伊莉沙（ELIZA）和其他此类早期"聊天机器人"相同的"快速而肮脏"的对话技巧。

在适当的情况下，爱丽丝（Alice）可以做得相当好。它曾多次（2000 年、2001 年、2004 年）获得罗布纳奖（Loebner Prize）的"最像人类的聊天机器人"奖。但这方面的要求相当低，只需要在很短（5 分钟）的时间内给非专业评委留下深刻印象。还有更盛大的罗布纳奖尚未颁发，其中第一个（但这也是比赛的终点，比赛随后将永远停止）"多模态阶段"获奖者将被奖励 10 万美元，这需要对多模态输入（如音乐、语音、图片、视频）进行处理，使评委无法将程序与人类参与者区分开来。

或者考虑一个像深蓝的国际象棋计算机。尽管深蓝能够有出色的表现，但它严重依赖蛮力技术，即利用其超高速的计算资源来检视前面最多七步所有的潜在结果。这种策略与人类大师的策略明显不同，人类大师似乎更多地依赖于存储的知识和熟练的模式识别（参见第 4 章）。然而，从一定高度来看，深蓝对人类国际象棋能力的模拟并不差。毕竟，相比于人类新手，深蓝和人类大师更有可能在某一步棋上（作为对给定棋盘状态的反应）达成一致！因此，在总的输入-输出配置文件层面上，人类大师和深蓝显然是相似的（并不完全相同，因为底层策略——蛮力与模式识别——上的差异有时会显现出来）。然而，我们又一次很难避免这样一种印象，即这台机器所实现的一切只是顶级的模仿：它的底层策略有问题，要么使其不适合作为一种真正智能的基础，要么将它显示为一种与我们自身差异极大的智能。

最后一条警告很重要。因为我们必须小心区分这样或那样的程序是否构成一个良好的人类智能模型的问题，以及该程序（在启动和运行时）是否显示出某种真实的但也许是非人类形式的智能和理解的问题。人们觉得，威尔士和深蓝在这两方面都失败了。因此，就这一点而言，不妨看看最近推出的产品，比如国际商业机器公司的沃森——一个能够解决以自然语言提问的程序，它在 2011 年的问答竞赛节目《危险边缘》中赢得了百万美元的大奖（击败了两位之前的全明星选手）。在游戏中，参赛者得到答案后，必须猜出问题。这个问答竞赛的内容不止于此，但这已经需要迅速结合事实和句法知识，推测给定的答案最合理的问题（其中一些问题包含文字游戏、歧义和其他复杂的手段）。在这里击败明星选手（他们在本质上是《危险边缘》节目的大师，是处于人类能力上限的人类！）带来了许多严峻的挑战。在克服这些挑战的过程中，沃森必须利用答案的形式指向最有可能的问题，做出战略性的下注决策，并从一个庞大的数据库中迅速分离出正确的信息。

尽管沃森的性能确实令人印象深刻，但是它仍然依赖于一种基本上是蛮力（但具有很好的概率）的方法，依赖于搜索一个以自然语言事实为主的巨大数据库：这个数据库包括了离线存储的整个维基百科。沃森真正出色的地方在于部署最优的下注策略，以及拥有一种元知识：知道自己对自己的反应有多"自信"。在一个（如果以其他方式测试的话）根本一无所知的系统中，这是一个奇怪的反转。沃森"知道"很多关于它所知道的和不知道的世界，但（如果我们用其他方式测试它的话）它实际上对该世界一无所知！当被问及沃森是否"真的能够思考"时，据说其中一位创造者（国际商业机器公司集团负责人大卫·费鲁奇）有点调皮地回答说："你如何定义思考？潜水艇会游泳吗？"

沃森可能是在思考，却是以一种陌生的、非人类的、非生物的方式在思考？显然，无论是威尔士、深蓝还是沃森，都不能构成人类表现所依据的内在状态的忠实心理模型。而关于这些计算解决方案的基本风格的一些东西甚至让我们感到不安，因为我们认为这些解决方案可能会显示出真正的，尽管是异类的、各种各样的智能和意识。

然而，我们如何决定什么样的计算子结构可能是合适的呢？由于我们必然缺乏关于威尔士、深蓝或沃森是什么样子的第一人称知识（如果有的话），我们只有几个选择。我们可以坚持认为，所有真正的思考者都必须使用与人类大脑完全相同的计算策略来解决问题（当然，这过于人类中心主义了）。乐观地说，我们希望将来能够对认知的基本原理有某种科学的理解，使我们能够（在广泛的理论基础上）认识到各种计算组织可能支持认知的其他但真正的方式。或者，我们也可以研究这些系统的总体行为，例如，坚持对多种环境需求和情况做出广泛而灵活的反应。那么，深蓝和其他程序就会失败，这不仅仅是因为它们的内部组织在我们看来是陌生的（这在伦理上是一个危险的举动），还因为它们所支持的行为能力过于有限。深蓝不能识别伴侣（好吧，只能识别棋友），也不能做煎蛋卷；威尔士不能决定成为一个隐士或拿起口琴，等等。

正如我们将在第 3 章中看到的那样，这种转向行为的做法并非没有自己的问题和危险。但现在应该更清楚为什么一些有影响力的理论家（尤其参见 Turing，1950）认为，应该允许足够程度的行为成功来解决这个问题，并一劳永逸地确定某个候选系统是一个真正的思考者（尽管它的内部运作方式可能与我们自己的系统大相径庭）。图灵提出了一个测试（现在被称为图灵测试），让一个人类讯问者试图（从语言反应中）指出一个未知的对话者是人还是机器。图灵提出，任何能够在持续的开放式对话中骗过讯问者的系统，都应该被算作智能主体。如果图灵的主张是正确的，那么持续的、高阶的语言行为就足以检验真正的智能是否存在。图灵测试招致了大量需考虑的问题，我们在此无法赘述（有几个问题将在第 3 章中出现）。例如，图灵最初对语言测试的限制可能给"诡计和作弊"留下了太多的空间，而更好的测试将更加注重真实世界的活动（参见 Harnad，1994）。关于这些问题的最新进展，以及一个在 2012 年 9 月 26 日通过了"行动导向"版本的图灵测试的游戏机器人，请参见方框 1.6。

方框 1.6

机器人图灵测试（Botprize 比赛）

2012 年 9 月，两个人工智能虚拟"游戏机器人"通过了行动导向版本的图灵测试。由仟游软件科技公司（2K Games）赞助的机器人图灵测试于 2008 年首次举办。但直到 2012 年，也就是阿兰·图灵的百年诞辰，才有机器人成功通过测试。在虚拟游戏世界里，既有（身份不明的）机器人，也有人类。人类也扮演裁判的角色，判定未被标记的对手是人类还是游戏机器人。比赛的重点是对自动机器人进行编程或进化，让其他（人类）玩家感到机器人的行为更像是来自人类而不是机器。在商业上这可能是有用的，因为用机器人图灵测试网站的话来说，玩家喜欢"与有个性的对手互动，这样的对手能带来惊喜，他们有时会犯错，但不会盲目地反复犯同样的错误"。2012 年，两个游戏机器人征服了评委，平分了 7000 美元的奖金，每个机器人的"人性化评分"为 52%（人类玩家的平均人性化评分为 40%）。

　　这听起来很有希望。此外，这里的机器人是在模拟的三维空间中以（虚拟）行动的方式进行交锋，而不是在语言交流中进行交锋，这似乎可以避免这样的担忧：使用一些简单而肤浅的技巧就可以表现得足够令人信服（正如在正文中威尔士和 A.L.I.C.E. 使用并获得良好效果的方法）。不幸的是，游戏（第一人称射击游戏）的场景被证明同样适合使用仅仅模仿人类特征的伎俩。在这种情况下，这种模仿包括（例如）避免有一个太好的目标，通过似乎对某些对手有"怨恨"而犯战略错误，等等。当然，考虑到比赛的目标和目的（创造更好的机器人来填充游戏世界），这完全没有问题，而且这些解决方案也确实令人印象深刻。但我不认为这些结果真的能证明《科学日报》在 2012 年 9 月 26 日的标题，即"人工智能游戏机器人在图灵的百年诞辰日通过了图灵测试"。

　　我们是否应该允许表面行为（无论多么复杂）足以区分（理论上毫无疑问的）真实的思考和单纯的模仿，这一点仍然不清楚。然而，实际上，让行为特征来引领这条道路在道德上似乎不那么危险。（想象一下，人们发现只有你才有一个变异的大脑，它使用粗暴的、类似深蓝的策略，而其他人则使用完全不同的技术：难道科学发现你实际上不是一个有意识的、有思想的、会推理的生命了吗？）

（D）意识、信息和比萨

"如果要描述唯物主义最深层的动机，人们可能会说它只是一种对意识的恐惧"（Searle，1992）。哦，天哪。如果我有其他办法，我会屈服于这种恐惧，根本不提意识。但出于两个原因，现在还是值得一提（参见附录 2）。一个原因是我们很容易把有意识经验的事实（导论中所描述的"心智特性问题的第二个方面"）看作对计算主义假说最有力版本的彻底驳斥；另一个原因是对这些问题的考虑有助于突出信息性现象与"单纯物理性"现象之间的重要区别。这样就可以了。

一个由硅制成的设备怎么可能有意识？它怎么能感受到痛苦、快乐、恐惧，或产生不祥的预感？当然，在这样一个不寻常的（硅）环境中，这种奇特的能力似乎不太可能得到蓬勃发展。但稍加思考，你就会相信，这种能力居然会出现在肉身之中，这同样令人吃惊（关于这个主题的持续思考见 1.3 节）。当然，这个星球上唯一已知的有自觉意识的案例是碳基有机生命形式的意识，这是事实。但是，一旦我们意识到地球上的所有生命形式都有一个共同的化学祖先和血统，这一事实就变得不那么令人印象深刻了。无论如何，至少就本章的中心论点而言，问题不在于我们局域的碳基有机结构是否对所有可能的自觉意识版本都是至关重要的（尽管认为它是至关重要的听起来是极端人类中心主义的），而在于满足某种抽象的计算规范是否足以保证这种自觉意识。因此，即使是以攻击心体与软件的等式而闻名的哲学家约翰·塞尔，也允许"意识是可能在非碳基系统中进化出来的，仍使用了某种其他化学物质"（Searle，1992）。值得重申的是，现在的问题不是其他种类的东西和物质是否可以支持自觉意识，而是一个系统表现出某种计算配置的事实是否足以（充分地）确保它有思想、感觉和有意识的经验。因为对于计算主义假说的最有力版本的关键是，就我们的心智生活而言，物质并不重要。也就是说，心智状态完全取决于系统的程序层面的计算性配置。如果自觉意识被证明比这更密切地依赖构建系统的实际物理材料的性质，那么，这个全局论题要么是错误的，要么（其所取决于的细节）被严重地破坏了。

事实上，自觉意识这个词是一个狡猾的词，涵盖了各种不同的现象，这一事实使事情变得更加复杂。有些人用它来表示对自己的思想内容进行反思的高级能力，另一些人则认为清醒和睡眠之间根本没有区别。但是对于目前的讨论，相关的意义（参见 Block，1997；Chalmers，1996）是这样的：有意识就是经验的主体感觉到牙痛、品尝香蕉、闻到羊角面包等等。因此，体验某个 x 不仅仅是对其进行记录、识别或响应。电子探测器可以记录塑料爆炸物的存在。但是，我希望它们没有这样做的经验。然而，嗅探犬可能是另一回事。也许狗和我们一样，是一个经验的主体，是哲学家所说的"感受质"的天堂——使生活丰富、有趣或无法忍受的质性感觉。一些理论家（特别是约翰·塞尔）认为，计算性的说法正是在这一点上失效了，而且就我们所知，解释这种感受质意识的存在的是执行而不是程序。塞尔对计算主义的直接攻击将在下一章讨论。现在，让我们看一下支持这种怀疑性结论的两个流行但有缺陷的理由。

第一个是"模拟不等于实例化"的观点。在计算介质中模拟的暴雨不会使任何东西真正变湿。同样地，在计算介质中模拟极度抑郁的人的大脑状态，也不会使世界上真实的悲伤增加一丝一毫（谢天谢地），这似乎是显而易见的。第二个担忧（与第一个观点相关，但不完全相同）是，许多感觉和情绪看起来有明确的化学或激素基础，因此（因此吗？）可能在任何单纯的电子媒介中都无法复制。当然，一个硅基主体可以下棋、堆放板条箱，但它能喝醉、肾上腺素升高、体验摇头丸的效果吗？

尽管这些考虑具有（真正的）直观的吸引力，但它们绝不能构成它们乍看起来令人信服的论据。因为这里的一切都取决于意识原来是什么样的现象。因此，假设怀疑者的论点如下：即使你得到了整体的内部计算配置，而且这个系统的行为就像你和我一样，它仍然会缺乏充斥我们大脑和身体的化学物质、激素和神经递质等的内部通道。也许没有这些，身体内就会一片黑暗，这个"主体"只是看起来有感觉、有情感等，但实际上它只是（Haugeland，1981a 所说的）一个"空壳"。这种可能性在约翰·塞尔的例子中得到了生动的表达，这个人希望治愈一种退行性的脑部疾病，允许她的大脑的一部分逐渐被硅芯片替代。这些芯片保留了真实大脑组件的输入输出功能，这并不像它曾经看起来那样牵强。一个有记录的案例（来自加利福尼亚大学非线性科学研究所）是一只加利福尼亚大鳌虾的一个神经元被故意损坏，然后被一个硅电路取代，恢复了原来的功能，在这个案例中，这个功能是控制有节奏的咀嚼（参见 Szucs et al.，2000）。就像我们已经接受了人工耳蜗作为真正的、非生物的元素来修复人类的听觉回路一样，我们有一天也会接受执行复杂操作的"硅神经元"作为未来某种形式的认知修复的元素。塞尔建议，应该谨慎对待这样的未来。塞尔认为，一种合乎逻辑的可能性是，"随着硅被逐渐植入你不断缩小的大脑，你发现你的意识经验的区域正在缩小，但这对你的外部行为没有显示出任何影响"（Searle，1992）。在这种情况下（这只是塞尔考虑的几种情况之一），你的行为和语言继续像往常一样产生。你的亲人很高兴你的手术成功了！但从内心来说，你经历了一个越来越黑暗的过程，直到有一天，什么都不剩了。那里没有意识，你是一具僵尸。

至少可以说，这个假想的案例是有问题的。甚至不清楚我们在这里是否面临着一种真正的逻辑可能性（详细的讨论参见 Chalmers，1996；Dennett，1991a）。当然，许多认知科学家（包括我自己）认为，在另一种情况下，你继续你有意识的心智生活，没有受到硅手术的不良影响，这是比较合理的结果。但"意识萎缩"的噩梦确实有助于将我们的注意力集中在正确的问题上。这个问题是，构建正常人类大脑的所有激素、化学物质和有机物质的作用到底是什么？这里有两种截然不同的可能性，到目前为止，没有人知道哪一种是正确的。一种是化学物质等只通过影响信息在大脑中流动和处理的方式来影响我们的意识体验。如果是这样的话，在其他介质中也可以通过其他方式实现同样的调控。简单地说，如果某种化学物质的作用是，例如加快某些区域的处理速度、减慢其他区域的处理速度，并允许相邻部位之间更多的信息泄露，那么，也许同样的效果可以在纯电子介质中通过对电流进行一系列的调控和修改来实现。因此，对于硅基的思考者来说，改变心智的"药物"可能会以黑市软件包的形式出现——这些软件包会暂时在旧硬件中引入新的流程和功能模式。

然而，还有第二种可能性：也许我们心智生活的经验本质不是（或不只是）信息流的功能。也许在某种程度上，它是某些尚待发现的物理原因的直接影响，甚至是某些类型的物质的一种基本属性（关于这些和其他可能性的详细讨论，参见 Chalmers，1996）。如果这是真的，那么获得完全正确的信息处理配置仍然不能保证意识经验的存在。

啤酒杯底的青蛙就这样露了出来。最根本的、尚未解决的问题是，自觉意识是不是一种信息现象。考虑一下两者的区别。一份午餐订单当然是一种信息现象。你可以打电话、发传真、发电子邮件——不管是什么媒介，它都是同一个午餐订单。但是从来没有人给你传真午餐。当然，还有臭名昭著的互联网比萨服务器。你可以指定尺寸、浓度和配料，然后等待屏幕上的大餐到来。但是，正如詹姆斯·格雷克最近评论的那样，"当一个精心设计的软件引擎交付最终产品时，你开始怀疑他们实际上已经忘记了比萨和比萨图片之间的区别"（Gleick，1995）。一言以蔽之，这就是塞尔的指责。塞尔认为，就像比萨一样，自觉意识也不是一种信息现象。那些如配料的东西才是真正重要的。注意，这可能是事实，即使心体的许多其他核心特征更加奖励一种信息性的而不是物理性的理解。例如，福多对理性引导的状态转换的关注，特别是为了将注意力从定性经验上转移到能力上（比如在下雨时决定待在室内），一旦一个合适的形式和功能配置被固定下来，就可以明显地保持这种能力。

我们现在和青蛙针锋相对。在某种程度上心智是一种信息现象，我们可以确信，一个足够好的计算模拟将产生一个真正的心智特性实例。一个好的模拟计算器就是一个计算器的实例。它做加法、减法，做所有我们期望计算器做的事情。也许它甚至遵循与原始计算器相同的隐藏程序，在这种情况下，我们有皮利辛（Pylyshyn，1986）所说的强等价性，即底层程序层面上的等价性。如果一个现象是信息性的，那么强等价性肯定可以充分[①]保证我们得到的不仅仅是某物的模型（模拟），而是该物的一个新范例（实例）。对于非信息性的现象，例如"作为比萨"，规则是不同的，而肉身是自己的。意识是像计算器，还是更像比萨？还没有定论。

1.3 一个岔道

本文摘自特里·比森的一篇名为《外星/国家》的故事，它首次发表在科幻杂志《奥秘》（Omni，1991）上，经作者同意转载。

"他们是用肉做的。"

"肉？"

"肉。他们是用肉做的。"

"肉？"

"这是毫无疑问的。我们从这个星球不同的地方挑选了几个，把他们带上侦察船，对他们进行全面探测。他们完全是肉身。"

"那是不可能的。无线电信号呢？给星星的信息。"

"他们用无线电波交谈，但信号不是从他们那里传来的。信号来

---

① 是充分的，但可能不是必要的。如果当 x 成立时，y 总是出现，那么 x 对 y 来说是充分的。因此，"是香蕉"是"是水果"的充分条件。如果 x 不成立，y 就不可能出现，那么 x 就是 y 的必要条件。因此，"是香蕉"不是"是水果"的必要条件，因为苹果也是水果。

自机器。"

"那么，谁制造了这些机器？那就是我们要联系的人。"

"他们制造了机器。这就是我想告诉你的，肉身制造了机器。"

"太荒谬了。肉身怎么能制造机器？你是要我相信肉身有知觉？"

"我不是在问你，我是在告诉你。这些生物是该区唯一有知觉的物种，它们是用肉做成的。"

"也许他们就像奥弗莱人。你知道，奥弗莱人是一种碳基智能，它经历了肉身阶段。"

"不。他们生来就是肉，死了也是肉。我们对他们的寿命进行了研究，没有花太长时间。你知道肉的寿命吗？"

"饶了我吧。好吧，也许他们只有一部分是肉。你知道的，就像威迪莱人。一个里面有电子等离子体大脑的肉头。"

"不。我们想到了这一点，因为他们确实有像威迪莱人那样的肉头。但我告诉过你，我们调查过他们。他们全都是肉。"

"没有大脑？"

"哦，不，有一个大脑。只是大脑是肉做的！"

"所以……什么东西在负责思考？"

"你不明白，是吗？大脑在进行思考——这块肉。"

"可以思考的肉！你要我相信肉可以思考！"

"是的，会思考的肉！有意识的肉！会爱的肉！会幻想的肉！一切都是肉！你明白了吗？"

"天哪，你是认真的。他们是用肉做的。"

"你终于明白了！对。他们确实是用肉做的，而且他们在将近一百年的时间里一直试图与我们取得联系。"

"那么，这些肉有什么想法？"

"首先他们想和我们谈谈，然后我想他们想探索宇宙，联系其他生物，交换想法和信息。就是这些平常的事情。"

"我们应该和肉谈谈？"

"就是这样。这是他们通过无线电发出的信息：'你好''有人在外面吗？''有人在家吗？'诸如此类的事情。"

"他们确实会说话。他们使用词语、思想、概念？"

"哦，是的。只是他们用肉做这些。"

"我以为你刚告诉我他们用无线电。"

"是的，但是你觉得无线电里有什么？肉的声音。你知道当你拍打或扇动肉的时候会发出什么声音吗？他们通过互相拍打对方身上的肉来交谈。他们甚至可以通过从肉中喷出空气来唱歌。"

"天哪，唱歌的肉！这太过分了。你有什么建议？"

"官方的还是非官方的？"

"两者都有。"

"官方地说，我们被要求接触、欢迎和记录象限内的任何和所有有生命的种族或多样化存在，没有偏见、恐惧或偏爱。非官方地说，我建议我们删除这些记录，忘掉这一切。"

"我就希望你能这么说。"

"这似乎很苛刻，但也有限度。我们真的想和肉接触吗？"

"我百分之百同意。有什么好说的？'你好，肉。最近怎么样啊？'但是这可行吗？我们要处理多少个星球？"

"只有一个。他们可以用特殊的肉类容器前往其他星球，但他们不能在上面生活。而且作为肉，他们只能在 C 空间穿行。这将他们的速度限制在光速，使他们能与外星球接触的可能性相当小。实际上是无穷小的。"

"所以我们就假装在宇宙中没有其他生命。"

"就是这样。"

"很残酷。但你自己也说了，谁愿意去见肉呢？还有，那些上过我们飞船的人、那些被你调查过的人，你确定他们不会记得？"

"如果他们说出来这段经历会被认为是疯子。我们进入他们的大脑，抚平他们的肉，所以我们对他们来说只是一个梦。"

"肉的一个梦！多么奇怪而又合理啊，我们是肉的一个梦。"

"而且我们可以把这个区域标记为无物种居住。"

"很好。官方和非官方的方案都同意，就此结案。还有其他人吗？有人对银河系那边感兴趣吗？"

"是的，在 G445 区的一颗九级恒星中，有一个相当害羞但可爱的氢核星系团智能。在两个星系旋转之前曾有过接触，想再来表示一番友好。"

"他们总是会来的。"

"为什么不呢？想象一下，如果我们独行，宇宙会多么寒冷、令人难以忍受。"

第 2 章

符号系统

2.1 概述

> 逻辑与计算机研究向我们揭示出智能存在于物理符号系统之中。
> 这是计算机科学最基本的定性结构法则。
>
> （Newell and Simon，1976）

关于心体和软件的等式，可以在大量的物理符号系统研究工作中找到清晰的表达和具体的计算实体。纽厄尔和西蒙（Newell and Simon，1976）将物理符号系统界定为一种物理装置，它包含一套可解释和可结合的项目

（符号）和一套能够操作这些项目（根据指示对它们进行复制、连接、创建和销毁）的处理。为了确保这些符号具有意义而并非空洞的句法外壳，该装置必须被放置在一个更宽广的现实世界项目和事件网络中。相应地，一个符号表达被看作是挑选（或指定）一个对象，如"根据该表达，系统能够影响对象自身或者依赖于该对象的行为方式"。据此，纽厄尔和西蒙提出了一个大胆的主张：

> 物理符号系统假设：物理符号系统具有通用智能行动的必要且充分的手段。

> （Newell and Simon，1976）

以不太正式的语言来说，该主张认为刚刚概述的这种符号处理器拥有所有思考和智能的要素。任何"具有足够规模"的这种机器都总能（这是有争议的）通过编程来支持智能行为，因此它作为一个适当编程的物理符号系统，对于智能来说便是充分的。除非是一个物理符号系统的实例，否则任何事物都不能是智能的，所以作为一个物理符号系统也是"通用智能行为"的必要条件。正如纽厄尔和西蒙很快就强调的，我们因此遇到一个强经验假设。物理符号系统的概念意味着要去界定一类实际的和潜在的系统，并且断言通用智能行动的所有事例都将作为一种科学事实由这类系统的成员产生。

那么这类系统是什么呢？不幸运的是，这一问题的解答远比它起初看起来要困难。很明显，我们已经知道智能行为依赖于（而且只依赖于）那些第 1 章中所描述的广义计算过程。这就是说，它们涉及那些可被组织起来以保存语义的内在状态。另外，还有一种对内在符号存在的承诺，即不仅任何旧有的内在状态能够进行系统的解释，它还能够参与到复制、连接和其他常见的内在操作类型的过程中。正是这种内在经济——符号在其中作为被移动、复制、连接和操作的稳定实体而存在——在实践中最明显地体现了物理符号系统范式的工作特点，并将其与纯粹作为软件的心体观念区分开来。

尽管如此，重要的是弄清楚内在符号实际涉及的这一承诺是什么。它是对在最为适合将该装置理解为一部认知（推理、思考）引擎的描述层次上，存在一个计算符号-操作系统的承诺。因此，该主张与大脑实际上是其他类型的装置的发现完全一致。重要的不是硬件层次上的计算配置，而是"更高的"，即有时被叫作"虚拟机器"的层次。（这就像是说："不用担心机器编码的形式——看看由一些更高层次语言所提供的元素和操作。"）正是在这更高的、虚拟的层次上，系统必须提供与经典计算相关联的符号系统和符号操作能力（复制、读取和修正符号串，对比当前产生的符号串与目标序列，等等）。在一些情况下，这些符号将以符合我们关于任务域元素的直觉观点的方式被系统地解释。例如，一个关于液体行为的推理的程序可能使用界定类似"液体""流""边缘""黏性"等项目的符号程序（Hayes，1979，1985），或者一个象棋博弈程序可能使用"车""国王""将军"等符号的程序，然而一个句子分析器可能使用名词、动词、主词等符号。这些类型的符号反映了我们本身关于任务域（象棋、液体以及其他）的观点。界定这些常见符号元素的计算操作的系统被称为语义透明系统（Clark，1989）。需要清楚的是，语义透明系统最大的优势在于，它们使人立即明白了为什么物理装置会遵守特定的语义规则。很明显，使这些符号符合适当的行为将产生关于象棋（或其他）的良好推理，因为许多注重推理的转换很明显地被编码在系统中。

方框 2.1

饭馆脚本

例如，尚克的程序能够推断出在餐厅用餐并享受美食的某人可能会留下小费。这是通过参照一个背景知识库来做到的，它是以对一次典型的进入饭馆"脚本"进行编码为基础的。该脚本使用符号来表示标准事件，并用一个特殊符号编码来表示行动类型。在下面编码的节选中，"Ptrans"代表一个对象的位置改变，"Atrans"表示一种关系的转换。例如，我的钱会在第 4 场景中成为服务员的钱，脚本如下：

脚本：饭馆

角色：顾客、服务员、厨师、收银员

理由：去吃饭从而缓解饥饿，获得满足

场景 1：进入

位置改变（Ptrans）：走进饭馆

提出或组合想法（Mbuild）：找到桌子

位置改变（Ptrans）：走到桌子旁

做动作（Move）：坐下

场景 2：点菜

关系转换（Atrans）：拿到菜单

使感官集中于刺激（Attend）：看它

提出或组合想法（Mbuild）：决定点菜

传递信息（Mtrans）：告诉服务员

场景 3：吃饭

关系转换（Atrans）：拿到食物

让某物进入有机体（Ingest）：吃食物

场景 4：离开

传递信息（Mtrans）：要账单

关系转换（Atrans）：给服务员小费

位置改变（Ptrans）：到收银台

传递信息（Mtrans）：把钱给收银员

位置改变（Ptrans）：走出饭馆

（Schank，1975）

这样，该程序大致将一个短篇故事给出的细节与适当脚本中所设计的更充分的场景进行比较，并调用这种知识（所有都是依照形式基础的句法匹配程序来访问和利用的）来帮助回答那些超出故事所给出的特定细节的问题。

方框 2.2

安全编排自动化与响应（SOAR）要点

安全编排自动化与响应架构已被用于解决包括计算机配置、

算法设计、医疗诊断、作业调度安排，以及诸如玩井字棋等不算是知识密集型的任务在内的广泛领域的问题。罗森布鲁姆概述了一个简单的示例（Rosenbloom et al., 1992），即用安全编排自动化与响应来做多列减法。安全编排自动化与响应通过在预先提供了其结构的抽象问题空间中搜索有效的程序。该空间包含一个多列"借用"程序必要的"初始行为"，以如下的操作形式进行：

写入-差异：如果当前列的高位数和低位数之差是已知的，那么将差值作为当前列的答案写入。

借用-进入：如果当前列的高位数加上 10 的结果是已知的，并且其左边数位上有划线标记，那么用结果替代高位数。

问题空间包含各种各样的操作符和这种"如果每一列都有答案，则成功"形式的测试程序。由此，安全编排自动化与响应会搜索一种方式来选择和排列这些操作以成功完成任务。该搜索是受每一个有关其使用而详细指明偏好的操作符相关联的产物约束的。安全编排自动化与响应能够搜索可能的操作符应用空间，从而发现一个使用分块策略学习整合的、大幅排序以简化未来减法任务的工作程序。

结束语。安全编排自动化与响应像一个有帮助的询问者提醒我的那样，本质上是一个能够非常好地支持任何你所喜欢的功能配置的通用编程系统，只要它配备了正确的特定生产装置。因此，我在文中的担忧与其说是关于该基础编程系统可能干什么，不如说是对在基于安全编排自动化与响应的现行研究中追求的特定配置和策略的担忧（例如，Rosenbloom et al., 1992）。这些配置和策略确实地反映了前文所述物理符号系统假设的多种实践承诺，而正是这些承诺（而不是基础编程系统）在文中受到了批评性地审查。

安全编排自动化与响应，作为一个通用编程系统，多年来持续地发展和变化，现在包括了非符号表征、新的学习算法和一些新的记忆形式。

整个故事见 http://sitemaker.umich.edu/soar/home。

要了解物理符号系统假设在行动中的特点，首先考虑来自尚克（Schank，1975）的一个程序。该程序的目标在于对故事的理解：能够回答给定的一个简短文本中需要少量"常识"的问题。为此，尚克的程序配置了所谓的"脚本"，使用一种符号事件描述语言，来编码某些情境类型的背景信息。例如，有一个脚本列出了进入一家饭馆的典型行动序列（见方框 2.1）。现在假设你输入一个短故事："杰克来到饭馆，点了一个汉堡，坐了下来。过了一会儿，他给了服务员小费之后便离开了。"于是你可以询问："杰克吃汉堡了吗？"然后计算机根据脚本中可用的背景信息，便能够通过猜测来回答"他吃了"。

下面来考虑安全编排自动化与响应（见方框 2.2）。安全编排自动化与响应是旨在应用物理符号系统进路的基本原则，通过计算方法来实现通用智能的大规模、持续的项目。安全编排自动化与响应在多种方式上，是一般问题解决的先驱性工作（Newell，Shaw and Simon，1959）的接替者（见方框 2.3），帮助设定了人工智能前三十年的研究工作议程。安全编排自动化与响应是一种符号处理架构，其中所有的长期知识都使用一种被称为"生产记忆"的统一格式来进行存储。在生产记忆中，知识以条件-行动结构（"生产"）的形式编码，其内容所属的形式为："如果是这样和那样的话，那么就这样和那样做吧"。① 当遇到一个特定的问题，安全编排自动化与响应利用该通用存储器存储，直到相关的生产得到执行。安全编排自动化与响应所"知道"的所有看上去可能与手头上问题相关的材料，将被转移到一个临时缓冲区或者"工作记忆"中。该知识集合将包括事实知识、可采取的行动知识和行动指向的知识的混合物。然后，一个决策程序在根据检索到的相对可取性（"偏好"）信息的基础上，选择一种行动来执行。自然地，安全编排自动化与响应能够协调一系列这种操作，从而实现一个特定的目标。安全编排自动化与响应能够通过创建和试图解决子目标，即减少其当前状态与整体解决目标状态之间的距离，来实现一个远距目标。这种问题解决，是在由整套的状态集（表征情境）和操作集（能够应用于这些状态以产生进一步状态的行动）所构成的所谓"问题空间"中进行的。安全编排自动化与响应的部分工作在于，在给定目标的情况下，选择一个问题空间来实现目标，并创建一种表征初始情境（该问题）的状态。由此，一个操作符应用于该状态，产生一种新的状态，以此类推，直到（顺利的话）发现一种解决方案。所有这些决策（问题空间选择、状态产生、操作符选择）都基于从长期生产记忆中检索到的知识。另外，安全编排自动化与响应的基本构架开发了一种单一的、统一的学习机制，被称为"组块"，一个成功的子目标生产被作为一个单元贮存起来。如果安全编排自动化与响应之后遇到一个看起来与之前类似的问题，它便能够检索该单元，并执行组块的移动序列，而不需要在每一个子阶段搜索下一个行动。

---

① 安全编排自动化与响应的生产不同于标准的生产-系统结构，因为安全编排自动化与响应包括了一个决策层次（见正文）来管控一些传统上由其自身生产的工作。细节见 Rosenbloom et al.，1992。

方框 2.3

通用人工智能

　　安全编排自动化与响应代表了现在被看作是对通用人工智能进行探究。通用人工智能实际上只是强人工智能本身原初的通用–目的的视野的一个新名字。因此，通用人工智能包括了经典的、联结主义的和（新近的）层级架构的概率算法。

　　处理通用人工智能任务的一个很有前途的方式，可能就是去把（随后几章会更多谈到）通过使用更为通用–目的的学习策略而获得的多样的特定–目的解决，如其所是地展现出来。

　　对多种形式的通用人工智能广泛展现的资源，见 Goertzel and Pennachin，2006。

　　因此，受物理符号系统启发的人工智能的实际做法展示了三个关键承诺。第一个是使用符号代码作为存储系统所有长期知识的手段。第二个是将智能描述为成功搜索符号问题空间的能力，即一个物理符号系统"通过搜索来练习其解决问题的智能——也就是通过生成和逐步修正符号结构直到它达到一个解决结构"（Newell and Simon，1976）。第三个是智能存在于或接近于审慎思想的层次。如果你喜欢，这是语义透明系统发展的理论动机——直接编码和采用一个人类主体在试图解决问题时可能有意识地访问的种种信息。罗森布鲁姆等人（Rosenbloom et al.，1992）因此将安全编排自动化与响应描述为把"认知带"作为目标，其中有内容的思想像是在一系列的序列中流动，而且大多数有意义的事件发生在 10 毫秒到 10 秒的时间范围内。这一约束有效地确保了该计算性故事同时作为一个知识层

次 [①] 的故事运行———一个相当直接地展现知识和目标（信念和愿望）如何被编码和处理，从而导致语义上的选择和行动的故事。当然，这只是福多（第 1 章）坚持认为我们必须提供的故事类型，以回答"理性如何在机械上成为可能？"这一问题（Fodor，1986）。

就是这样（见方框 2.4 中最近的补充内容）。智能存在于或接近于 [②] 审慎思想的层次。它包括符号存储信息的检索及在搜索过程中的使用。该过程涉及符号结构的生产、组合和转换，直到发现满足解决方案的特定条件。它一定程度上奏效了，那还有什么错呢？

方框 2.4

一个后记（符号系统重述）

就目前而言，在 2.1 中对早期符号–系统人工智能的描述是正确的。但是现在看来，至少在一个重要的意义上它是有局限的。这是正确的，因为正是共享整个复杂特征的方法的优势和失败的独特模式，为我们随后会论及的联结主义、动力系统理论和情境替代方案的出现（或重新出现）奠定了基础。但是一般而言，符号进路展现了一种（事后看来）可能更值得强调的额外品质。该品质易于捕捉复杂结构关系和表达部分–整体层级架构的能力。

[①]　更多关于"认知带"和"知识层次"的观点，见 Newell，1990。

[②]　故事的全部，像纽厄尔（Newell，1990）所讲的，认为四个层次的认知行为一起构成了"认知带"。仅仅这四个层次中的第一个（"装配任务"层次）实际上与人类问题解决的"有意识地报告"步骤相符合。但是所有四个层次都涉及对编码知识、要素选择、数字信息检索等的操作。就此而言，所有四个次级层次都涉及认知语义和知识–涉及的操作。

这样的例子有很多。语言（我们会在 4.2 B 节中提及经典例子）集中展现了嵌套的组成结构，其中字词形成字句，字句形成整个其自身被置于更大的语言（和非语言）设定语境中的句子。每一个视觉场景，诸如城市街道、工厂车间或平静湖面，都嵌入了多个嵌套结构（例如，商店、商店门口、在门口的店员，树、树枝、树枝上的小鸟、树叶）。音乐作品的全部序列是由循环和重组的子序列组成的，每一个子序列又具有其本身的结构。我们可以合理地认为，世界对我们人类（而且对于其他动物无疑也是）来说，只是一个由相关联的、嵌套的结构及其要素填充起来的有意义的场所。

假设我们希望使用一种（像第 1 章和第 2 章提议的）其句法-驱动的运作注重该关联结构本身的表征方案，来捕捉这种嵌套关系呢？这个方案中，一种更大更整体的表征能够以某种方式嵌入部分的表征中，而这些部分又可以嵌入其他部分的表征，以此类推。传统的符号进路可以做得很好，因为它们使用"指针"系统。在这个系统中，一个本质上是任意的数字对象都可以被用来访问另一个对象，而另一个对象本身又可以用来访问其他的对象，以此类推。在这一系统中，一个符号可以被看作"一个对同一对象的更充分表征提供'远距访问'路径的较小的（通常是任意的）对象表征"。以这种方式，"许多（较小的）符号可以集中起来构造一个'充分关联'的更大结构的表征"（引自 Hinton，1990）。

该系统因此可以以一种非常灵活的、允许要素易于共享和重组的方式来表征结构化的（嵌套的，常是层级架构的）关系。当与"语义透明的"系统（见 2.1 中的概述）的使用结合时，该资源便可以嵌套地和更为"可见地"执行一个内容在另一个内容中的流动和嵌套，从而刻画相关联的认识领域。

然而事实证明，结构化的、相关联的表征形式的实现，可以在不使用经典的、本质上任意的情况下实现，不需要接受符号和生物学上有问题的"语义透明系统"的概念。我们将会在第 4 章讨论联结主义和人工神经网络时提及这一点。但是直到近十年，伴随着对有力的、新的"结构化概率"方法的发现（见第 11 章），这种结合才真正地发挥其作用。该方法允许连续不断的感觉运动学习推动更为压缩的——但是非任意的——较高层次形式的产生。这些新的进路，正如我们之后将看到的，特别适合探究复杂、相关联的领域。

2.2　讨论

（A）中文屋

关于符号–处理[1]人工智能最为著名的担忧，是约翰·塞尔的（Searle, 1980）"中文屋"思想实验。塞尔让我们想象一个只会说英语的人处在一个大房间里，面对着一叠布满明显无法理解的形状和潦草难辨的字迹的纸张，这些难以辨认的字迹事实上是汉字，但对于房间里的人来说它们只是

---

[1]　事实上，塞尔（Searle, 1992）扩展了他的思想实验，从而（试图）质疑联结主义的进路（见第 4 章）。因我对塞尔的批评的正确度存在质疑，这一扩展是不成功的。一个相似的回应，见 Churchland and Churchland, 1990。

纸张上的形状：只是缺乏可感知的意义的句法外壳。然后又来了一张新的难以辨认的字条，但同时有一本用英语写的用法说明书，告知这个人如何根据某些规则来操作这些无明显意义的难以辨认的字迹。房间里的人并不知道，这些操作的结果是用中文输出对编码在后一张字条上的问题（也是用中文）的智能回复。

尽管该场景的设定可能有些牵强、是不太可能发生的，但也不排除其可能性。我们在第 1 章中已经知道，任何明确规定的、智能的行为都能够通过一种良好的、编程的计算装置来执行。实际上，塞尔所做的是：（1）用　个人类主体和说明书来替换计算机的操作系统和中央处理器（或者图灵机的读写头和有限状态机）；（2）用编码在一叠纸上（用中文）的知识来替换编码在计算机的通用存储器（或图灵机的带子）上的现实世界知识。在这种环境下，如果该主体遵循规则（我们必须假设该程序是正确的），那么其输出将会真的是一种有意义的中文回应。该主体是在"处理这种句法"。而且正如豪格兰德（第 1 章）所说，语义就会自行处理好。

但是塞尔认为，这绝对是一种错觉。看起来整个系统（房间里的主体）是理解中文的，但是它根本没有真正理解。它看上去在用中文交谈，但是实际上没有理解任何中文！这个只会用单一语言的主体只是在做句法匹配，而房间和纸张肯定不理解任何东西。塞尔的结论是，真正的理解不仅仅依赖于正确的形式操作。塞尔认为，真正的理解要求某种在生物学大脑中实现的实际的（尽管仍然极其不可知）物理特性。这很重要，仅仅完成符号操作是不够的。

塞尔的论点已经催生了大量反驳和证伪的尝试。一个流行的回应坚持认为，尽管我们有直觉，但是房间加上纸张和主体确实构成了一个理解中文、有意识的经验以及所有其他相关系统，当然塞尔（或其他人）所说的一切也不能排除这种经验的可能性。在科学理解的边缘，诉诸直觉（"它看上去不太像一个真正理解中文的系统"）实际上是无用的。

　　然而，同样可能的是，塞尔是正确的，但理由是错误的。因为中文屋起初是被设想为一种前文所提到的故事-理解程序的奇怪和夸大的版本（见方框 2.1 和 Schank and Abelson，1977）。因此，我们要想象一种内在的计算经济，其中语义上透明的符号是以一种由进一步的符号指令所指定的、逐步且串行的方式被操作的。简言之，我们设想了一种极为粗粒度的进路，其中系统存储的知识，正如难辨字迹的中文编码，可能以组块的、类似于语言的格式包含了一般知识（例如当某人进入饭馆时发生了什么）。例如：

饭馆脚本

场景 1：进入

位置改变（Ptrans）：走进饭馆

提出或组合想法（Mbuild）：找到桌子

位置改变（Ptrans）：走到桌子旁

做动作（Move）：坐下

（Schank，1975）

　　（回顾一下，诸如 Ptrans 形式的符号构成由尚克所设计和在程序中的其他位置所界定的特定事件描述语言。例如，Ptrans 表示一个物体物理位置的转变。）

　　我相信，对塞尔的论点的大部分直觉上的吸引力，并非来自它的逻辑结构，而是对这样一种观点的某种不适，即设定在这种层次上的模拟实际上类似于一种理解的实例化，而非一种肤浅的结构性仿效。将塞尔的示例视为一种完全符合逻辑的论证，确实是站不住脚的。他试图说服我们，再多的句法和结构组织也无法产生真正的理解。但是仅有的证据（除了句法不足以充分表达语义这一乞题式的主张，见 Churchland and Churchland，1990，那里有更好的讨论）也许只是读者基于例子极为肤浅的特征而做出的直觉上的同意。

尽管如此，最初的思想实验还是命中了要害。但是这个要害不是（像塞尔相信的）句法和语义之间不可解决的鸿沟，而是（关系到）对相关计算和句法结构的细粒度的详述的需要。因为可以合理地假设，如果我们试图去真正地在计算机中实例化（不只是粗略地模拟）心理状态，那么我们需要做的不仅仅是运行一个操作相对高级（语义透明）的符号结构的程序。

为了确定这个想法（然而其完整的表述必须等到第 4 章），我们可以引入功能主义和我曾称之为微功能主义（Clark，1989）之间的一个对比。功能主义者，你可以回顾第 1 章，将处于一种心理状态与一个抽象功能状态等同起来，其中功能状态只是一些被描述为处于有关的心理状态的输入、输出和内在状态转换的模式。但是功能的故事应该在什么层次上讲述呢？

来考虑第二个著名的思想实验，这次是由奈德·布洛克（Ned Block，1980）提出的。布洛克想象我们用某种方法，让所有中国人通过传送字母或其他形式的符号，来实现一个既定心理状态的功能配置。但是布洛克担心，这一形式符号交换结构的实例化，当然不会实际地具有目标心理属性。无论如何，它就其自身而言都将不会是一种思想、一种感受。对整体的国家来说，它不会有任何感受质，不会有任何原初的感受，不会有疼痛和快乐。不同的个体当然都将拥有其各自的心理状态，但是他们不会仅仅由于传送纸条而建立起大规模功能组织，进而产生新的心理状态。由此，布洛克认为功能同一性不能保证完全充分的（涉及感受质）心理同一性。但是再一次强调，它完全依赖于我们的（不可靠的）直觉。为什么中文屋或布洛克的全体概念不能在实际上具有真实的而且质性丰富的心理状态？

我认为，我们的不适，与其说出自那种基础的想法，即正确的形式结构可以保证这些状态的存在，不如说来自一个恼人的怀疑，即要执行的形式结构会被证明太浅薄，太像前文排演的那个饭馆脚本结构。现在，另外想象一个更细粒度的形式描述，例如，一种"微功能主义"将内在状态转换的精微细节确定为简单处理单元之间的复杂数学关系网络。一旦我们想象这一细粒度的形式描述，直觉便开始转变。或许一旦这些微形式属性就位了，定性的心理状态就会像它们在真实大脑中那样一直涌现？很难想象如何通过操作这些纸张、啤酒罐（塞尔喜好的另一个事物）或者全体中国人来复制这些更为微观的结构特征。但是如果这些不大可能的实体被如此精细地组织起来，那么去设想真实心理事件可能会跟着发生，便不会让我觉得疯狂了。或者，这似乎并不比它们在一个良好结构的生物组织和突触软块中产生的事实更不可能。

我们在第 4 章将会看到，一种稍微不同类型的计算模型，其对心智的形式结构的描述正是设定在这一细粒度的层次上。这些联结主义者（或"神经网络"）的进路以语义透明度（用形式符号来代表常见的概念、对象、事件和属性）来代替精细度。他们将形式描述设定在远离日常谈话的层次上。他们并不将注意力局限在纽厄尔的"认知带"或者需要 100 毫秒才发生的操作（在真实大脑中）的层次上。然而，他们确实保留了关注（微观）句法和让语义自行处理的主导视野。

（B）日常处理

这是一种对符号-处理人工智能程序截然不同的批评。有人认为，符号-处理人工智能先天地不能处理快速、流畅的日常活动。它做不到这样，是因为这些活动不是而且不能是由任何符号编码规则、事实或命题来支撑的。我们的日常技能反而相当于一种对实践世界的专家参与，被认为依赖于一种"整体相似性认知"和身体的鲜活经验。这大体上是在哲学家胡伯特·德雷福斯的一系列著作基础上发展起来的批评（例如，Dreyfus，1972，1992；Dreyfus and Dreyfus，1986），部分灵感来自马丁·海德格尔的观点（Martin Heidegger，1927，1961）。

德雷福斯关注的核心是我们在日常生活中关于理解的似乎无限的丰富性。例如，回顾在前文中展现出来的那个结构简单的饭馆脚本，这一脚本的意义在于捕捉一个一成不变的事件进程（进入一个饭馆、点餐、吃掉食物、留下小费），以便在问题-解决行为中提供一些背景知识。但是人类心智似乎能够在这一情境中聪敏地回应看似无限的潜在变化。如果在厨房里遇到一个火星人，或者一辆哈雷-戴维森机车开进饭馆，符号 处理人工智能程序将会怎么做呢？

经典人工智能只有两条对这种"理解深度"问题的真正回应。一是以明确编码信息的形式增加越来越多（而且越来越多）的知识（道格·雷纳特的"百科全书"项目便是该策略的例子，见 Lenat and Feigenbaum，1992）。二是使用强有力的推理引擎来从系统已知的信息中获得最大的效果（前文讨论的安全编排自动化与响应项目展现了该策略的某些内容）。这两条策略，尽管侧重点不同，但其实相当于做"更多相同的事情"。相比之下，德雷福斯的激进建议是，任何符号化的知识或推理，都不可能复制所要求的理解"厚度"，因为该厚度并非产生于我们的事实知识或我们的推理能力，而是一种通过延展身体的和现实-世界的经验训练出的模式识别能力。这种经验的产物并非一套存储在大脑中的符号串，而是一种"知道-如何"———一种无论多么广泛都不能被简化为任何"知道"的知识（例如，Dreyfus，1997）。

让我们来比较国际象棋初学者（汽车司机或其他什么人）和真正的专家。德雷福斯认为，初学者极为依赖对明确符号串的有意识地复述——像是"让你的皇后早点出来"的规则。相比之下，专家却体验到"一种关于问题和最佳招法的令人信服的感觉"。我们被告知，出色的国际象棋玩家，看一眼就能够分辨出"大概 50000 种局面"，而且必要的话，能够以有效避免对局势有意识分析的速度来选择棋步。专家能力带来的灵活性，与人们常说的经典人工智能程序的"易坏性"对比强烈，后者依赖于符号编码知识，面对崭新或意外情境时会犯愚蠢的错误。德雷福斯夫妇（Dreyfus and Dreyfus，1986）认为，可以通过使用可替代的、基于模式识别的联结主义和人工神经网络技术（见第 4 章）来更为有效地模拟专家的专业知识。因为该专业知识遍布我们大部分的日常生活中，我们所有（或大部分）人对泡茶和咖啡、避免交通意外、参与社交、做晚餐、做三明治、骑自行车等都很"专业"，所以对这种活动超出了符号–处理人工智能范围的批评的确很致命。那么德雷福斯是正确的吗？很难责怪这种观点，即符号–处理人工智能似乎只能产生有限和易坏的系统，而这些系统对常识的理解还有不少缺点。例如，正是以这种方式，一个持怀疑态度的计算机科学家对安全编排自动化与响应项目做出评论时曾提出了如下"友好的挑战"：

> 请给我们"主体–安全编排自动化与响应"（Agent-Soar）系统（一个能够）持续地运作、选择性地感知复杂不可预知的环境、注意颇有兴趣的情境的系统。向我们展示它是如何整合协同任务和协调相互之间的需要……向我们展示它是如何基于经验修正其知识和在实时约束下充分利用动力系统却有限的资源的。
>
> （Hayes-Roth，1994）

然而，我们应该注意到，第 4 章提到的联结主义者的研究计划可能面对同样的挑战。因此，我个人的观点认为，"来自熟练流畅的日常处理的论点"实际上大多指向了联结主义者和符号–处理人工智能都会犯错的地方。这一点并未被德雷福斯夫妇（Dreyfus and Dreyfus，1990）忘记，他们注意到了人类可能甚至比神经网络更"整体"，而且怀疑我们是否需要去考虑一个相比于大脑、身体和文化环境（一个"契合整个文化世界的整体有机体"）更大的"分析单元"。这一问题将在接下来的几章再次困扰我们。现在，我们可以进行简单总结，即日常处理给任何坚定的符号进路都带来了极为困难的问题，而且任何摆脱依赖详尽的、粗粒度的符号结构和转向基于快速的、灵活的模式识别的建模，或许都是朝着正确方向迈出的一步。

（C）真实的大脑和技巧包

我们看到，经典符号-处理人工智能的主导假设之一，即心智和认知的科学研究可以在基本无参考的情况下实现问题。这一假设，正如在安全编排自动化与响应团队仅仅聚焦于"认知带"的决策中所清楚展示的，面临着严重的怀疑。认知科学家唐纳德·诺曼很好地概括了该情况：

> 安全编排自动化与响应……支持软件-独立的建模进路。这就是说，心理功能被认为是独立于硬件实现的，所以在没有检验神经带的实现方法、没有考虑有机体嵌入其中的物理身体、没有考虑行为的非-认知方面的情况下，去研究认知带是安全的。

> （Norman, 1992）

关于物理身体（和更广泛的环境）的可能作用的担忧，将在随后几章里展示。然而，一个迫在眉睫的问题是，如何尝试在无参考神经实现细节的情况下建立心理功能模型。

从积极的方面上讲，这或许是正确的，即至少一些心理状态会是多重可实现的。也就是说，许多不同的硬件和软件组织能够支持相同的心理状态。多重硬件可实现性的要点，直接来自心智作为一种形式系统的基础观念，而且随之而来的关注点在于结构而非材料。多重软件可实现性的问题是更为棘手的（在下一章中会进一步阐述）。例如，我们相信存在多种不同的程序能够把大量的数字或字母按顺序排列（快速排序和冒泡排序就是两个例子），却认为仅有一个算法结构能够支持"相信下着雨"的心理状态，这不同样是不可能的吗？

然而，从消极的一面来看，如果我们在神经生理学的真空状态中继续研究，我们同样不可能发现良好的人类思想的形式结构模型。例如，设想安全编排自动化与响应团队致力于使用单一类型的长期记忆（但请参见方框 2.2 中重要的警告），安全编排自动化与响应依赖于一个统一的生产记忆并贮存所有的长期知识，这一假设合法吗？唐纳德·诺曼（以及其他人）认为它不合法，因为人类记忆似乎涉及多重心理和神经生理的不同系统。[1] 例如，语义记忆（对事实的记忆，如"狗有四条腿"）和情境记忆（对特定经验和事件的记忆，如狗埋葬乌龟的那天）之间的不同。安全编排自动化与响应能够复制大多数关联于每一种记忆类型的表面行为（见 Newell，1990）。但是这种表面的模拟，正如诺曼指出的，对反驳正在增多的赞成多重记忆系统的心理实在论的神经生理学证据帮助不大。大多相关的证据并非来自正常的日常行为，而是来自关于大脑损伤和失常的研究，例如，对于那些情境记忆相比于语义记忆受到更严重损伤的失忆症患者的研究。[2] 一些神经影像的工作（使用扫描技术来导引大脑中的血流）表明，不同的神经区域活跃以对应不同类型的记忆任务。这些研究都表明，多重记忆系统之间具有真实的、心理意义上的差异。

多重记忆系统的观点，可以通过考虑更为一般的多重认知系统的观

---

[1]　例如，Tulving，1983。关于多重记忆类型的争论持续至今。但是考虑到我们的目的，最终的故事是什么样的并不要紧。例子仅仅用来阐述安全编排自动化与响应的特殊应用和神经心理学数据之间的可能冲突。

[2]　见 Squire and Zola-Morgan，1988；Tulving，1989。

点来进一步阐述。"进化心理学"中的研究（Tooby and Cosmides，1992，
2005；以及一个简短的导论，见 Barrett，2012）挑战了罗森布鲁姆等人
（Rosenbloom et al.，1992）强调的统一性和简单性想法，并体现在他们对
安全编排自动化与响应的特殊配置中。不同于一种统一的学习程序、单一
的长期记忆和一个小型的推论引擎，进化心理学将心智描述为一种极为专
门化的知识和行动贮存的技巧包，以一种零散的方式（随着进化的时间）
发展起来，以满足特定的、具有适应性的重要目的。因此，他们将心智比
作一把瑞士军刀——极其多样的专门化工具集合装配在一个刀鞘里。这种
认知工具（有时叫作"模块"）也许包含一个用来思考空间关系的工具、
一个思考工具使用的工具、一个用于社会理解的工具等等（例如，Tooby
and Cosmides，1992）。进化心理学提供了一个更为激进的观点（中立的
评价见 Mitchell，1999；有偏好但有较好的进化论知识的批评见 Heyes，
2012）。但是，人类认知在一定程度上作为"技巧包"，而非一个齐整的、
综合的系统的一般图像，正在赢得各界的支持。它正逐渐在现实世界机器
人的工作中普及开来，因为特定目的的技巧往往是实时产生适应性行为的
唯一方式（见第 6 章），而且它也逐渐被一些神经科学和神经心理学研究
项目所接纳。[①] 在很多地方，智能行为是由从某种功能同质的内部存储中
连续、串行地检索符号结构来介导的想法正在被放弃，而倾向于支持一种
更加符合神经实在论的观点，即多重表征类型和过程并行操作，以更多不
同方式进行交流和处理。需要注意，这一认知图像，与利用统一知识贮存
的单一认知行为序列的观点（Newell，1990）之间，存在着极大的距离。
作为分离的人类行为片段（例如做填字游戏）的模型，从一个同质的知识
库中串行检索项目可能很有效。但是，引用马文·明斯基的话说：

① 见 Churchland，Ramachandran and Sejnowski，1994，也可见 Ballard，1991。该工作在
Clark，1997，2008 中有更详细的讨论。

想象你正在晚会上一边轻酌一杯酒，一边四处走动与朋友交谈。当选择放脚的地方的时候，会有多少连串的处理是涉及你调整自己的手型来保持酒杯是水平的呢？又有多少处理是帮助你选择单词表达意思的同时，将它们安排进合适的句序中的呢？还有其他那些明显并行的心智，比如你不停哼着小曲的一部分与打算逃离这个人而走向另一个人的路径的另一部分次级心智，又是怎样的呢？

（Minsky，1994）

明斯基提供的想象，将心智描述为一种次级心智的组合，其中一些心智为特定用途的例行程序和知识贮存。神经科学家迈克尔·阿尔比布提出了一种相关的设想，即神经计算实质上是分布式的，由不同的大脑区域来支持不同类型的"部分表征"。阿尔比布认为，认知效果产生于大量并存的、同时活跃的部分表征之间的复杂交互作用。他所说的要点在于，"知觉和行动的关联没必要是关于世界的单一的、中心的、合逻辑的表征，世界的表征是所有其部分表征之间的关系模式"（Arbib，1994）。

非常重要的是，这一进路与那种认为人类智能不仅仅是特定目的解决方案的技巧包的观点一致。在进化的技巧包和一种串行的处理单一格式的内在知识贮存之间，存在很大的空间，其中多重特定目的的解决方案与更为通用的目的策略并存（而且有时前者由后者产生）。处于该空间中心的解决方案，并不需要（难以置信地）适合于通用目的使用的单一知识表征格式。相反，它们采取例行学习程序，能够通过接触正确的训练数据来大量产生（和在一些情况下大量产生并合成为）多重的、部分的和更符合特定目的的次级系统。

其中一些策略，可以在个体的大脑中运作（见第4章和第11章），而其他策略，最好从遗传的和文化革新之间，以及一种与其他社会文化革新之间的协同进化环路上来理解（见第8章）。例如，语言提供了一种卓越的通用目的工具，它一旦出现，便使得许多特定目的的外在支持、工具和标记法的发展和使用成为可能。这种革新（内在的、外在的和边界交叉的）实现了有力的相互作用循环。根据最近的推测，结果可能是一种极为不同的，可以"更像一只手而非一把瑞士军刀"的人类心智。就像手一样，它"具有一个长久进化的历史……而且结合了许多遗传适应性，（但是）也能够执行一种广泛而无限多样的技术和社会功能"（Heyes，2012）。我们将在随后的几章中，多次回到这些关于螺旋式上升的技术文化和社会文化革新的论题上来。

最后，我们不应该把对一些特定的经典符号处理人工智能的每一个批评，都误解为一种关于符号处理进路假设本身的致命批评。或许有一天，将会有坚实地植根于我们对世界的感觉运动参与的内在符号处理系统，更好地反映真实神经处理这种并行的、分布式的和在某些方面零碎的性质。或者，将会出现那种经典符号处理进路的一些关键特征与来自诸如联结主义、动力系统和具身认知（与此相关的一些思考见第 11 章）等"另一种"范式的重要观点相结合的系统。当然，经典人工智能的基础观点并不排除使用并行处理、概率和部分表征，或特定目的的手段和策略。

看起来最有风险的是曾经涉及该结构的实际性质的标准形象。因为这一多重的"部分"表征的内容，在前文描述的意义上，不像是语义透明的；它们不大可能允许在我们依据对一些问题领域的高层次理解方面做简单的解释。相反，我们必须仔细考虑一系列更难以解释的"部分"，也许是"亚符号的"（见第 4 章）和 / 或概率的（见第 11 章）状态，那些累积效果是以尊重理性空间和语义的方式来刻画行为的。在我看来，这项事业与符号系统人工智能的精神截然不同。不同于直奔该要害和直接重述使用逻辑运作及一种类似语言的内在编码的思想和理性空间，其目标在于，设法从语义不透明的内部元素和资源之间大量难以管理的并行交互中，诱导出语义上合理的行为。

第 3 章

模式、内容与原因

3.1 概述

对哲学家而言，符号处理认知科学的诱惑不仅在于它有望解释智能行为，而且在于它有望以一种相当直接的方式说明日常心理话语显著的解释和预测效力。我们已经在前面的章节看到这种吸引力的迹象，现在是时候直面这个议题了。

回顾福多的提议（参见导论），把他人看作心理主体——信念、欲望等的所在——这样的实践对我们很有用，因为它体现了关于我们内部运作的一个基本真实的理论。这种实践之所以奏效，是因为诸如信念、欲望等确实是具有因果效力的真实内部状态。福多在其《心理语义学》（Fodor，1987）的第 1 章中清楚阐述的观点是，由符号处理人工智能所讲述的基础故事总体上是真实的，这构成了对日常"民间心理学"话语的一种科学"印证"（vindication，福多的术语）。因此福多主张，作为内部符号以及定义在其上的计算过程的集合体，这样的心智构件图景实际上表明了关于信念、欲望等话语如何能够（一般而言）真实、有用且具有预测力。

适当铺垫一下，这种印证以福多称为"心智的表征理论"（representational theory of mind，RTM）的形式出现，该理论内容如下：

1. 命题态度识别出与内部表征的计算联系。

2. 心理过程是涉及内部表征之间转换的因果过程。

这两个主张（Fodor，1987）对民间心理学的惊人成功以及尊重理性的思想链条现象给出了一个快速、简单的说明。由于民间心理学话语现在被设想为追踪真实的、有因果效力的内在状态，它们的内容至少在核心情形中与"that"从句所识别出的内容相匹配。如果我预测你会进屋，因为我被告知你相信天要下雨，那么我的预测之所以奏效（依据这个故事）是因为你的大脑确实包含着一个内部状态，它的意义是"天要下雨"并且该内部状态会引起进一步的心理状态（例如你相信进屋是明智的）和行动（你确实进屋了）。用福多的话说：

> 粗略地说，思考"天要下雨，所以我要进屋"，就是具有一个心理表征的标记，其意义是"我要进屋"；它被另一个意义是"天要下雨"的心理表征的标记以某种方式引起。
>
> （Fodor，1987）

我们已经在前面的章节看到过这类故事，其重点是要表明理性在物理上（"机械论上"）如何成为可能。现在很清楚，给出一个简单、科学的故事来解释民间心理学的解释和预测的成功，只是同一枚硬币的另一面。在这两种情况下，关键的一步都是断言心理内容与内部有因果效力的状态是步调一致的。在福多看来，常识心理学（commonsense psychology）之所以有效，是因为它确实追踪到这些因果上有效的内部状态。当然，还有一些注意事项和意见（参见 Fodor，1987；Clark，1993），但不管怎样大图景就是这样。

在最近的工作中（见方框 3.1）福多强调，将心智的表征理论与在一种内部的"思想语言"（language of thought，LOT）中对类似句子的结构进行计算操作的概念结合起来的复合解释，至少目前是非常不完备的。它之所以不完备，是因为它不能够适应我们心理活动中的其他（更全局和整体的）关键特征。尽管如此，福多仍然坚持主张，"某个这样的故事……必定至少是关于（我们的）心理状态和过程的部分真理"（Fodor，2008）。

方框 3.1

思想语言重访

福多在 2008 年出版了一本名叫《思想语言 2》的小而精练的著作，副标题是"思想语言重访"。与福多观点（Fodor，1983，1998）一致，这本书的核心主题是论证"有越来越充分的理由怀疑：'经典的'心智的表征理论、思想语言、心智的计算理论模型是否能够为认知的心智如何工作提供一个普遍的解释"（Fodor，2008）。

简而言之，问题是那些解释满足了一个关键要求——复合性，更多介绍见下面的 4.2 B 节——这是通过提出一个计算架构做到的，但架构似乎不能满足另一个关键要求（全局性）。第一个要求关注解释思想的组成结构的必要性：认为思想和思想的内部表征"必须有某种内部的语义结构"（Fodor，2008）。根源上，这意味着某类部分-整体结构，在此结构中复合的表征（"狗吠"）以某种方式由更简单的表征（"狗"和"吠"）建构出来，或许是以福多最初设想的方式（见正文）。这种复合性确实很好地由凭借其形式而被操作的类似语言的表征所满足。但另一个要求是，我们必须以某种方式说明，心理加工过程对我们所思所想所信的更为"全局"的性质非常敏感。例如，某条新信息是否与你当前持有的某理论或信念相关？如果是，容纳该信息的最好（通常这意味着最简单）方式是什么？这［你可能会意识到这与臭名昭著的"框架问题"（frame problem）有关，见 Ford and Hayes，1991］似乎需要对你所知道的每一件事都有敏感的处理（或者更好一点，对你所知的所有东西的正确子集都敏感）。

福多主张，这种敏感性似乎要求加工过程是（我现在所说的）超句法（supra-syntactic）的。正如福多所正确断言的，这里我们还并不清楚如何调度那些只"看见"每个表征的局部句法结构的加工过程以某种方式去解决这个问题。福多坚称，这并不只是一个速度或加工能力的问题。相反，这个问题是，如何使用那些只"看见"局部句法的愚笨过程使得它们能够对明显深层的"语义"事实和联系敏感。换言之，就它们对诸如"相关性和简单性等特征是全局敏感的"而言，"心理过程如何能够（只）是计算过程"这一点尚不清楚［在这一点上有人可能会考虑，正如丹尼特（Dennett，1991b）所提出的，福多和塞尔实际上有一些共同之处］。依据福多（Fodor，2008）的看法，归根结底仍然是，"似乎一个心理过程越不是局域的，我们越不理解它"。为了盖棺论定，他补充道："我们无法说明非局域的计算。"

福多的悲观主义可能会在许多方面被质疑（如，见 Prinz and Clark，2004；Clark，2002b）。但我觉得福多的主张是对的，定义在类似语言的表征之上的计算操作不能捕捉到人类思维更为"全局敏感的"特征。联结主义和人工神经网络进路（我们将在第 4 章见到）提供了一个可替代的表征图式，尽管这个图式似乎不能对全局性问题提供任何"灵丹妙药"。更糟糕的是，福多主张，联结主义进路无论如何必定会牺牲掉某些对于心智和理性同等重要的东西：以某种深层和有规则的方式对心理表征的构成结构敏感来应对思想的复合性能力（见上文，也可见下文 4.2 B 节）。因此，福多认为，我们实际上需要的是一个（正如我说的）超句法的心理过程理论，它既考虑到强烈的非局域效应，同时展现出局域的对结构敏感的加工过程。对我来说，我认为我们可以在最近的研究中开始看到这种理论的萌芽，它是关于在高度语境敏感的多层次系统中基于预测的学习（见第 11 章，另一个潜在兼容的角度，见 Wheeler，2008）。

但是，假如不存在与命题态度话语的结构和内容如此紧密一致的内部状态呢？民间心理学争论中的另一个主要代表人物、神经哲学家保罗·丘奇兰德就是这样认为的。我们将在下一章考察丘奇兰德所采取的关于内部领域的替代观点（"联结主义"），当前只留意到他对待常识心理学截然不同的态度就足够了。

丘奇兰德认为，常识心理学（见方框 3.2）是一个关于我们行为的不可见原因的准科学理论。但是，尽管福多认为该理论基本是正确的，丘奇兰德却主张它不管在精神上还是细节上都是肤浅的、歪曲的和错误的。丘奇兰德认为，它在预测方面的成功比起福多和其他人所认为的要更浅薄和更狭窄。例如，丘奇兰德（Churchland，1981）认为民间心理学的不足之处在于：

1. 它只在一个有限的范围内（即正常人类主体的心理生活的某些方面）奏效；

2. 它的起源和演化令人担忧；

3. 它似乎不能"契合"于我们自身科学图景中的其余部分。

关于（1）丘奇兰德引用了睡眠、创造力、记忆、心理疾病以及婴儿和动物的思维，这些现象都是民间心理学没有阐明的；（2）他指出非科学的民间理论（民间天文学、民间物理学等）的普遍不可靠性，而且民间心理学理论似乎多年没有改变和进步；（3）他指出目前为止还没有任何迹象显示可以将民间心理话语系统地翻译成确凿的神经科学或物理学话语，我认为正是最后一个担忧实际上承担着丘奇兰德怀疑论的大部分重量。像福多一样，他认为民间心理学需要一个非常特殊类型的"科学印证"——实际上需要被发现的是与民间心理学工具的内容和结构相同的内部物件。然而福多受到基本物理符号系统人工智能图式的影响，认为这种内部类似物确实能被发现，但丘奇兰德则受到神经科学和替代形式的计算模型的影响，认为这个结果几乎不可能出现。鉴于没有发现这样的结果，丘奇兰德认为民间心理学工具是不值得信任的。因此，他的结论与福多的直接相对立：

我们……需要一个全新的运动学和动力系统理论据以理解人类

认知活动。它或许来自计算神经科学和联结主义人工智能，民间心理学则可以放一边了，取而代之的是这个描述上更精确、解释上更有力的对内在现实的描绘。

（Churchland，1989）

方框 3.2

常识心理学

常识心理学（也被称作民间心理学、日常心理话语等）的核心是把态度（诸如相信、希望、恐惧等心理状态类型）和命题（如"天在下雨"）结合起来的常识性实践，以描述人类行动的内在源泉。因此我会把你使用防晒霜的行为解释成你相信阳光是有害的且你渴望拥有漫长而健康的生命，把你走向冰箱的行为解释成你渴望喝啤酒且你相信冰箱里有啤酒。

常识心理学有时被认为是一个理论，因为我们用它来解释行为，因为"解释预设规律"，并且大量的规律相当于一种理论。解释以什么方式预设了规律？这个想法是，仅仅因为我们隐含地接受了类似规律的普遍概括，诸如"如果某人想要某物并且得到了它，那么在其他条件不变的情况下他会快乐"，我们才会用某个断言诸如"她感到开心因为她刚得到了她要求的晋升"来解释某人的状态或行为。如果大量的这种隐含的规律或普遍概括构成一种理论，那么常识心理学似乎应该获得理论的地位（一些讨论见 Clark，1987）。

然而，还有第三种可能性：或许（假定的）缺少民间心理学工具的内部结构类似物终究没有那么糟糕；或许民间心理学的架构并不需要由任何这种内在的科学故事所"印证"。大致说来，这就是在这场争论中第三个关键人物、哲学家丹尼尔·丹尼特的观点。例如，他让我们思考以下故事：

> 为了戏剧化起见，假设某些人的亚个人认知心理学（内部的认知组织）被发现显著异于其他人。不妨想象报纸标题"科学家证明大多数左撇子不能产生信念"或者"惊人的发现——糖尿病人不具有欲望"。但无论科学结论如何，我们都不会这样认为，并且我们的抗拒将不只是概念上的保守主义，而是对一个明显的经验事实的承认。因为即便左撇子和右撇子（或者男人和女人，或者人的任何其他子集）像你所想的那样具有内在差异，我们已经知道存在着可靠的、稳健的模式，这些模式是所有行为正常的人都共同具有的——我们传统上用信念和欲望以及其他民间心理学的词汇来描述这些模式。
>
> （Dennett，1987）

至此在这一点上，明确区分两类问题是有用的，这两类问题可能与常识心理学的明显成功有关，即：

1. 经验或科学的问题，例如，为什么常识心理话语在正常的成年人类主体身上奏效？

2. 更哲学或概念的问题，例如，如果这种常识性解释对于人类或任何其他我们可能某天会遇到的存在物来说是好的、恰当的、真实的或者合法的，那么实情必定是什么？

这两大类问题以各种方式相互关联。尽管如此，它们还是很不相同的。例如，可能心理话语应用到我们身上之所以奏效，是因为我们确实是前一章所定义的物理符号系统，然而即使确实如此，也并不意味着这种话语应用到某些存在物身上是不正确的，它们的行为由某种其他类型的内部组织所产生。这就是丹尼特的寓言试图阐明的。因此哲学的探求目标似乎是对一个更普遍问题的回答，即：

3. 是什么决定了可以用日常心理话语工具来适当描述的一般类存在物成员资格？

因此，例如气体的一般类包括氧气和氢气，它们的成员资格由在常温中无限制扩散的性质所决定。当然，并非所有的一般类都需要被科学地确定——例如慈善行为的类别。

现有文献展示出两大类对"类成员资格"问题的回答。一类回答由福多和丘奇兰德共同认同，认为成员资格由关于内部认知组织的事实以及这些内部事实和世界状态之间的联系决定（见方框 3.3）。另一类回答认为成员资格仅仅依赖行为模式，不管这些行为模式是怎么引起的。丹尼特关于右撇子和左撇子的寓言阐明了他对第二类回答的明显承诺（见下文）。让我们现在更细致地阐述丹尼特的立场。

不管什么时候我们通过把某对象说成是相信 x、渴望 y 等来理解、预测或解释它的行为，用丹尼特的话来说我们都是采取了一种"意向性立场"。我们把某系统看作仿佛它正做出与其信念、欲望和需求一致的明智选择。然而，值得注意的是，我们可以对其成功地应用这种策略的系统种类多得惊人。我们说汽车需要更多汽油、植物寻求阳光、洗碗机认为洗涤已经结束等等。于是，听到丹尼特直言不讳的断言，多少有些令人不安：

> 任何对象……其行为被这个策略很好地预测，就是一个完全意义上的相信者。成为一个真正的相信者就是建立一个意向性系统，这个系统的行为可通过意向性策略被可靠和大量地预测。

（Dennett，1987）

　　这里丹尼特的部分目的是说服我们，由人类主体所享有的独特种类行为的成功基石恰恰是由各种各样的生物系统（植物、其他动物）以及某些由人类创造的物品所展现的那类良好的设计。主导性观点是，常识心理学的操作依赖于假定目标系统（人、动物、洗碗机等）是良好设计的，因此它会以合乎情理的方式行动：它不会只是随机行动，而是倾向于做有效的事情（给定其需求或目的），且倾向于相信对它来说真实和有用的事情（Dennett，1987）。因此想象一个生物（不妨叫它"丹"），它生活在一个由绿色食物颗粒和黄色有毒颗粒构成的环境中。丹毫不意外地进化出不错的颜色视觉。它必须大约每4个小时吃一次东西来生存。我们观察到丹休息了几个小时，然后醒来，靠近一个绿色颗粒，摄入它。从意向性立场看，我们解释说："丹想吃一些食物，于是选择了绿色颗粒，因为它相信绿色颗粒很好吃。"民间心理学解释之所以奏效，是因为丹是被良好设计的。进化只允许其后代中那些寻求对它们有利的东西、能正确地感知东西的生物存活。用奎因那温柔的话来说，不具备如此天赋的生物展现出：

　　　　一种令人怜惜但又值得称赞的、在繁殖出它们种类的后代之前死亡的倾向性。

（Quine，1969）

　　意向性立场因此被视为丹尼特称为"设计立场"的一种特例；采用设计立场的方式来理解对象，即通过诉诸这些对象被期待应该去做的事情来理解其行为。意向性立场添加到普通设计立场视角的观点是：目标系统不仅是被良好设计的，而且是理性的——它接收信息并且能够（根据这些信息）指引其行动，使之很可能产生成功的行为和满足其需求。

方框 3.3

心理表征如何获得其内容?

为了便于讨论,假设由符号处理人工智能所讲的故事是真的:存在内部的句法部件,它们是内容的载体并且参与了思想和理性基础的物理过程。但仍然有一个问题存在:内部部件是凭借什么来承载它们所具有的内容的?例如,请思考打印出来的词语"dog",它的字母形状和顺序(句法特征)并不能决定其意义。那什么才能决定意义?在诸如"dog"这样的词语的情形中我们可能诉诸某种使用的历史、某种共同约定,据此(可以说)我们才同意使用词语"dog"来表示狗。然而,在(假定的)大脑中的内部符号的情形中,我们似乎需要一个不同类型的故事:这个故事本身不依赖于我们拥有带某种内容(如关于狗)的思想,而是解释这样的思想最初是如何获得其内容的。另一种提出问题的方式如下。请思考我们的老朋友袖珍计算器,它有一个物理的结构,我们可以说,该结构允许某种解释的实践,我们由此把计算器看作是在操纵表征的数字。但它也许有某种其他的解释——也许是在计算某种异域棋类游戏中的好棋,不妨假设现在计算的东西是一种被发现于火星上的自然增长现象。诉诸成功的解释实践并不能决定应该选择两个故事中的哪一个。如果我们不喜欢这类非确定性(某些人喜欢),那么要固定关于内容的事实,我们所需要的东西将不只是关于可能解释的事实。

有两个主要的可能(以及这两个可能的各种组合和渐变):

1. 内容本身是由系统的局域性质固定的(如身体和大脑的内

在性质）。

2. 内容的变化取决于广域性质，诸如系统的历史以及它的内部状态与世界的状态之间的联系。

如果内容是被局域决定的，那么必定存在一类可以被两个物理上等同的个体所共享的内容，即使他们进行操作时所在的广域语境非常不同。只要局域的操作是相同的，他们所处的状态将共享普特南及其他人所称的窄内容（narrow contents）。

然而，似乎有可能存在不能被任何这种窄的事实所刻画的内容类型。金在权（Kim，1996）讲了一个故事，有地球和外星两只青蛙。两只青蛙生活在一个非常相似的环境中，并且都进化出一种相似的探测和获取食物的策略。每只青蛙都具有探测小型黑色移动东西的视觉能力，以及用舌头快速舔动来获取这些食物的感觉运动能力。但是在地球上，青蛙的食物是苍蝇，而在外星世界中的食物则是一种小型的黑色飞行爬虫（不妨称之为"施米"）。在说明地球青蛙的知觉内容时，似乎很自然地应该说它表征了苍蝇，但是在说到外星青蛙时则应该说它表征了施米。

这就是所谓外在主义或对内容的宽解释背后的想法。依据外在主义观点，"黏合"到内部状态的内容不仅依赖于内部的事实，而且依赖于内部状态和外在环境状态之间的联系。这些可能是什么类型的联系？这里，文献提供了一系列复杂且令人困惑的选择和考虑。有些理论选择了关于简单的因果联系和相关性的事实：是苍蝇，而不是施米，通常会引起地球青蛙的内部心理标记。其他理论选择了更具历史性的说明——要么是进化论的（地球青蛙的进化发展出对付苍蝇而不是施米的策略），要么是命名仪式的

（当词语首次被创造时曾发生过什么）。还有其他理论强调更为复杂类型的因果联系和反事实相关性。此外，存在大量的争论关注诉诸窄内容和宽内容之间的适当平衡，特别是在心理学和民间心理学的解释语境中。因此，某些学者认为，为了同时捕捉在地球青蛙和外星青蛙等其他案例中的相似和不同之处，诉诸两者都是必要的。①

当然，意向性立场与对良好设计和理性选择的假定之间的紧密联系意味着，将会存在策略失败的情形。因为归根结底，设计和进化是不能产生完美的认知者的。完美的认知者会觉察到所有的真理、倾向于没有错觉或错误，且能够做出即时的无代价决策。我们要是那样就好了！相反，真实的认知者最多是理性和知觉的不完美的引擎。回顾一下前文的生物丹，丹会使用一种产生以下错觉的光学系统：当光源昏暗且处于相对眼睛 37 度角的位置时，黄色看起来是绿色，反之亦然。这对晚餐来说是坏消息！对于在晚上应用意向性立场也是坏消息，因为在那种特定的环境中作预测，认为系统将会采取最佳行动的想法将会失败，丹将吃下有毒的颗粒并承担后果。

因此，意向性立场是一种工具，我们可以用来理解大部分良好设计的、理性的存在物的日常行为。然而，当面对设计错误、硬件故障等情形

---

① 关于这些话题的更多讨论，见 Kim，1996；Braddon-Mitchell and Jackson，1996；（作为可选的版本）Cummins，1996。对基于命名仪式的、历史的和进化的说明，见 Kripke，1980；Dretske，1988；Millikan，1984。对于窄内容和宽内容的最初讨论，见 Putnam，1975；Burge，1979，1986；Fodor，1987。对于更为复杂的因果故事，见 Fodor，1987。对于窄内容的某些疑虑，可见 Fodor，1994。对于围绕内容主题的精彩讨论，见 Crane，2003。

时，它是一种会让我们失败的工具。因此，常识心理话语贯穿意向性立场的使用被视为：

> 一种理性主义的（即假定具有理性的）对解释和预测的计算——一种理想化的、抽象的、工具化的解释方法，它因为奏效而进化，因为我们的进化而奏效。
>
> （Dennett，1987）

关于丹尼特的论断最有争议的是这样的观点：作为一个相信者（我们现在将其看作各种命题态度归属的适当对象）只是一个其行为可以通过意向性立场的方式被有效地理解的存在物。毕竟意向性立场只是一个立场。并且，正如我们所见，我们可以对任何东西采取这个立场，不管其起源或构造，只要我们发现这样做有用。这似乎会使得"作为一个相信者"变成某些人批评的一个依赖立场的特征：一个主体 x 具有信念是依赖立场的，只要某个其他主体 y 发现把 x 看成好似具有信念是在预测上有用的。相反，不依赖立场的特征被拥有（或不被拥有），是不管任何人是否以某种方式实际上或潜在地看待该对象的。正如琳恩·鲁德-贝克所说：

> 尽管人们可能正确地预测某杯水将会在 0 摄氏度结冰，水具有在 0 摄氏度结冰的性质并不依赖于任何人的（可能的）预测策略。另一方面，在（丹尼特的）理论中，某人具有关于水在 0 摄氏度结冰的信念是由其他人的（可能的）预测策略所决定的。
>
> （Rudder-Baker，1994）

值得注意的是，丹尼特明显地反对这样的观点，即"作为一个相信者"完全存在于旁观者的眼中。相反，他的论断是，意向性立场能得到支持是因为在人类和动物的行为中存在完全不依赖于观察者的真实的、客观的模式。一个没能看到这个模式的观察者将会失去"某种完全客观的东西"（Dennett，1987）。然而，这些模式只有透过特殊的心智理论视角的镜头才可被分辨，就像一个在显示器中呈现的客观模式可能只有通过一个突出的特定频率光而压制其他频率光的透镜才可被分辨（见方框 3.4）。

这种对真实模式的强调是重要的。因为丹尼特最担心的是对信念（等）图景的"错放的具体性"（Dennett，1987），即把信念看作以一种内部编码逐字写出来的。尽管没有断然拒绝这种"内部句子"的可能性，丹尼特坚持认为常识心理话语并不要求这种内部物件的存在米建立其合法性。相反，常识心理话语被称为"抽象的"，因为它用于归因的心理状态并不要求表现为"一个引发行为的内部系统间的可分辨状态"（Dennett，1987）。因此，信念状态及类似状态在与其他"抽象物"（如重心、赤道等）相同的意义上是真实的。重心作为一个数学上的点，没有空间广延。然而我们似乎能够真实地断言地球和月球之间的重力吸引是一个施加在这两个物体的重心之间的力（见 Dennett，1987）。丹尼特主张：

> 信念……就像那样——（它们）是抽象物而不是一部分"物理世界的家具"并且（是）在这样的陈述中被归因，这些陈述仅当我们不用某种熟悉的直译标准去看待它们时才是真实的。
>
> （Dennett，1987）

丹尼特认为，民间心理学框架的特定结构和表达不像是能在任何身体内部范围中复制。他怀疑，将在大脑中发现的真实的内部具体物，将完全不像我们在民间话语中识别出的信念。相反，它们将是"迄今为止未命名和无法想象的大量不同性质的神经数据结构"（Dennett，1987）。尽管如此，民间心理话语可以在或多或少理性的、良好设计的主体行为中挑选出真实的模式。这种民间解释（对丹尼特来说）并不会因为缺乏对应的内部具体物就被动摇，正如援引了如重心等无空间广延的东西的科学故事也不会被动摇一样。

三角之势至此完整了。在三角形底部，在直接但纯粹的经验对立中，我们发现了福多和丘奇兰德。福多用科学去验证民间心理学图景，通过界定内部状态，它们的内容和结构紧密匹配于对信念、欲望等的日常心理归因的内容和结构。丘奇兰德预测不存在这种匹配并且声称民间心理学框架是误导性的和空幻的：一只"死鹦鹉"（Churchland，1989——也见 Churchland，2005，以及更多关于他青睐的案例，见 Churchland，2012）。丹尼特坐在顶点，以截然不同的词汇展开这场争论。像丘奇兰德一样，他预期民间和科学的图景之间不存在紧密匹配。但不像丘奇兰德和福多，他坚持认为民间心理学框架的好处是不依赖那些关于内部处理和数据储存形式的特定事实而建立。卷起袖子放下你的赌注。

方框 3.4

真实的模式

丹尼特的断言是，在人类行为中存在真实的（客观的）模式（real patterns），如果（例如）你对事件坚决采取一个非心理的视角，你将会错过这些模式。这可用各种机制来阐明，这里有两个：

1. 丹尼特讲了一个故事，类似于芝农·派利夏恩对汽车事故的说明（见第 1 章）：

举一个特别的例子，火星人观察到一个股票经纪人决定订购通用汽车的 500 股。他们（通过广泛的物理／神经知识）预测他拨打电话时手指的精确运动以及他下达订购指令时声带的精确振动。但是如果火星人没有看到手指运动和声带振动无穷无尽的许多不同的模式……可以被替代（比如他发送了一封邮件而不是打电话，等等）……那么他们没能看到在他们所观察的世界中的一个真实的模式。

（Dennett，1987）

类似地，序列 2、4、6 和 8、10、12 是不同的，然而它们展现出一个共同的模式（加 2）。当我们通过适当的（在这后一个案例中是数学的）透镜观察世界时，客观的模式就会"蹦出来"。丹尼特主张，意向性立场就是一个这样的透镜。

2. 丹尼特（Dennett，1998）提供了约翰·康威的生命游戏的例子。在生命世界的计算机模拟中，跨越一个显示网格的激活传播，符合由网格上每个方形（细胞）相邻的（最多）八个格子所定义的三条简单规则：

规则 1：如果正好有两个相邻格子激活了，该方形保持其状态不变（激活或不激活）。

规则 2：如果正好有三个相邻格子激活了，该方形也激活。

规则 3：除此之外，该方形不激活。

随着这些简单规则决定激活细胞的产生和消亡（诞生和死亡），一个带有某种初始激活性的网格展示出一种迷人的行为类型。激活的细胞形成了持续存在、互动、消亡和繁殖的形态。如此产生的"网格生态"能够用一组适合涌现的宏观事件和模式的词汇来描述。例如，一个"闪光灯"出现，部分网格构型如图 3.1。应用简单规则产生（在下一个时间步骤）图 3.2。再次应用规则使我们回到第一个构型，于是它会这样继续下去（"闪光"），除非它被来自网格上其他地方的激活传播打断。

丹尼特主张，"闪光灯"（和河豚、袋鼯、食蚁兽及其他奇异的植物和动物）的说法突出了真实的模式并使人做出了可获得的有效概括和预测（比如闪光灯将会持续存在除非被干扰等等）。错过了这些模式就是错过了某些真实的和有解释作用的东西，即使最终所有出现的东西都依赖于基本的三条规则（"物理学"）。

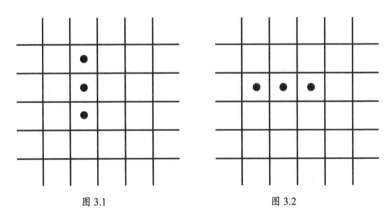

图 3.1   图 3.2

这个类比有多好？生命世界真的阐释了股票经纪人例子所同样强调的要点吗？见 3.2 节的讨论和本章的推荐阅读。

3.2　讨论

（A）原因、理由与分散的原因

为什么认为民间心理叙事需要内部对应物来使它们合法化？主要的理由我认为是这样的观念：（作为在民间心理学解释中辨识出的）理由必须是直截了当的原因。任何真正的关于心理的实在论者（如依据 Fodor，1987）必定把心理状态看作有因果效力的，这些状态必定使得事情发生。因此，任何民间心理学的真正的印证必须表明它所命名的心理状态如何具有因果效力。有人可能会问，我关于啤酒是冰镇的信念，怎么能够解释我走向冰箱呢？当然，只有当这个信念以某种方式存在于我的体内，并确实推动了我的腿时才能如此解释。① 这个例子说得粗糙，但你应该能明白意思。对我们常识主张的验证似乎依赖于内部状态的存在，这些状态的因果力与其语义解释（即内容）一致。因此，把心智看作一个物理符号系统的图景和常识心理学的科学验证，乍看起来是相辅相成的。

然而，再次思考会令人深省。因为坚持我关于天在下雨的信念必须是一个真正的原因是一回事，而像福多主张的那样坚持认为存在一个规整的、良好界定的内部事物与之对应则是另一回事。

例如，请思考这个说法，全球萧条引起俄亥俄州失业率上升。这里短

---

① 在这里我忽略了一个子争论，它聚焦于下文的涌现规则（emergent rule）的概念。丹尼特（Dennett，1981）给出了一个下象棋机器的例子，这个机器被有用地看成"想让它的王后早点出来"，然而它的程序并没有包含陈述任何这种目标的一条或一组明确的编码。在这些情形下，丹尼特主张，缺乏规整的内部对应物并不会动摇在下棋层次上的特征。作为回应，福多（Fodor，1987）引入了核心案例的观点。大体上，他坚持认为假定的心理内容需要内部标记物，但是心理规律和倾向性并不需要，这种规律和倾向性可能反而是从其他被明确表征的程序中或者完全硬件的实现中涌现出来的（Fodor，1987）。丹尼特接受核心表征的观点（Dennett，1987），但即使如此他也否认民间心理学框架需要寻找一个对应物。

语"全球萧条"命名的东西可以称之为分散的原因。① 在这样的案例中，我们想象的因果链条的类型与简单的"推挤"因果性的直接图景截然不同。当然，还有某种剩余的"推"的意义：一种来自空间上广泛分布的多个因素的组合和交互作用的力，其作用是引发了局部地区失业的事例。但没有任何东西与"台球因果性"的类型相对应，即一个现实世界的对象真实地撞击了另一个。正如一位哲学家近来所说：

> 一个信念并非被民间常识描述为一个人的机械部分。并不是埃丽卡的信念推动了 C 部分，然后激活了 E 引擎，等等。

（Lycan，1991）

人们不禁会把民间心理学框架看作命名某些类似于分散的原因的东西。这甚至可能是丹尼特心中所想到的东西，尽管缺乏任何规整的内部类似物与所援引的状态和过程相对应，他谈论民间心理学观念时将之视为抽象物且坚持主张民间心理学解释的好处。

然而，我们应该把（真实但）分散的心理因果性这个观点区别于更成问题的（我将称之为）无根基的因果性的观点。当一些物理上不同的影响被有效地归集在一起（就像经济萧条的概念一样），并且被视为一种统一的力量来进行解释时，分散的因果性就会出现。相反，当我们面对一个强大的规律，并试图在不提及任何底层物理作用的复合体（无论其如何离散和迥异）的情况下将其确立为因果关系时，无根基的因果性就会出现。其中一种验证策略是采用鲁本（Ruben，1994）所称的"相同层次的反事实条件句"。反事实条件句就是形如"如果某某出现（或不出现），那么某某将会随之出现"的断言——例如"如果她没有抛高球，她将会输掉比赛"。

---

① 这个术语基于莱肯的"分散的表征"概念，见 Lycan，1991。

这样的反事实条件句如何在假定的心理因果性的实例中发挥作用呢？请（再次）思考关于天在下雨的信念和我带伞这个事件。是什么使得前者真实地导致了后者呢？根据纯粹反事实条件句进路，因果相关性是建立在许多真实的条件之上的，诸如"如果他没有相信天在下雨，那么（其他情况相同）他不会带伞"。这种反事实条件句突出了关于天在下雨的信念与带伞的特定行动之间的特殊相关性。或许我也相信我的猫是巨大的（我确实相信），但是反事实条件句"如果安迪不相信他的猫是巨大的，那么他不会带伞"明显是错误的。我关于我的猫是巨大的信念似乎与我带伞的行为并不相关。

这些反事实条件的指标能够（且应该）被用于作为因果关系的证据，正如"如果没有全球萧条，那么（其他情况相同）在俄亥俄州会更少人失业"。在这些案例中，反事实条件句很可能被视为由一个底层但分散和离散的真实因果作用的链条所解释。然而，一个更激进的主张会是，反事实条件句的模式可以直接建立因果相关性，因此底层物理故事的细节与确立什么、引起什么的任务完全不相关。

尽管其表面上很吸引人（足以诱惑本书的作者——见 Clark，1993），但我现在怀疑纯粹反事实条件的、无根基的进路会奏效（对于一个有前景的替代方案，见方框 3.4）。该话题很复杂且有些超出本文简要介绍的范围，但有两个明显的问题可以被提及。

首先，正如前面提到的，诉诸反事实条件句来设立因果事实是相当奇怪的，相反，我们应该期待用因果事实来解释为什么某种反事实条件句是成立的。其次，该进路在建立相同层次的反事实条件句中似乎假定了信念（和其他命题态度）的存在，因此它看起来很不适合作为支持民间心理学框架有效性的论据。最后，所有那些单纯的反事实条件句所表明的都是我们已经知道的，即民间心理学框架在某种程度上预测成功了，但是（正如Churchland，1989 和其他地方提醒我们的）炼金术和嵌套水晶球的天文学理论也在某种程度上预测成功了！

更为可信的说法是，民间心理学话语典型地命名了分散的内因（可能是内因和外因，见第 8 章）。分散的原因能够具有独特的起源和可靠的效果，并且正是这些规则性促使它们被概念化为分散的原因，换言之，将其概念化为事项（诸如一次经济萧条）。各种反事实条件句所做的就是突出这些规则性，以便为我们在某个解释性的语境中使用简单统一的标签（诸如"经济萧条"或"关于天在下雨的信念"）的合理性提供证据（相关的建议可见方框 3.4）。

当然，这并不是说，分散的因果性这个概念本身没有问题。特别地，我们需要更加弄清楚（见下文 B 节）是什么区分了"真实但分散"的因果性的情形与没有任何因果性的情形！但分散原因的图景至少保持着因果断言与关于真实物理效应的科学故事之间的联系。这个图景很好地适合近来关于联结主义、集体效应、涌现和动力系统的研究（见第 4~8 章）。无论如何重要的是，尽可能弄清楚当我们说信念在某种程度上是真实的却与大脑中的"东西"不符时，什么正在被断言。丹尼特邀请我们把它们看成抽象物，但我们可能会想，如果真实的想法不是那样的，它们可能会是分散的具体事物（或许不只分散于颅骨内甚至分散在大脑和世界各地——见第 8 章和 Dennett，1996 的评论）。

方框 3.5

干预和操作

伍德沃德（Woodward，2003）提出了一个令人信服的因果解释的"操作主义"说明。核心观点（也可见 Pearl，2000）是，当对 x 的干预能够改变 y 的状态时，像"x 产生了 y"这样的因果断言就是合理的。这种干预不需要是刻意的，甚至可能也不需要是人为的。正如克雷弗（Craver，2007）所说，"当一次中风损坏了一片大脑区域，这被视为对那片大脑区域正常功能的干预"。它们不需要是可实践的，毕竟我们不能够以在自然中可见的所有方式去干预（例如，我们不能够当下就安排一次行星碰撞）。尽管如此，这个说法是，因果解释致力于展示对某个事物的干预能够直接或间接地改变另一个事物。重要的是，这一进路回避了阐明克雷弗称之为"机制性联系"的必要性。它很容易适用于（采用最惊人的例子去）容纳"消极原因"（见 Schaffer，2004）。这些例子中的因果解释表现为"缺失和预防"，正如"抑制性中间神经元缺乏活性，使得突触后细胞激活"（Craver，2007）。正如克雷弗所论证的，也许我们应该关心的是建立 x 与 y 的因果相关性，而不是搜寻某种隐藏的机制联系（如前所述的某种"混凝土、胶水、弹簧或线绳"）。

　　干预主义的说法有力且有前景，它捕捉到大量（或许所有）在现实世界的因果解释中似乎起作用的东西。然而，把该说法应用于民间心理学解释的情形中绝非易事。当（正如民间心理学可能有的）我通过对你说"电影在晚上 8 点开始"来干预你的心理状态以改变你的行为时，我们到底应该得出什么结论？正如丘奇兰德怀疑的，这种情形会不会是糟糕的理论中的一两个"单薄的"成功，掩盖着我们对更深层和更好的理论的看法？或者这些明显成功的干预，足以支持对由民间心理学话语所捕捉的真正的（即使是内部分散的）心理原因的看法吗？

（B）立场

丹尼特尝试把常识心理学从强烈的福多式实在论中解放出来，同时避免丘奇兰德式的"消去主义"①，这涉及一个容易被误解的要素，即对意向性立场的诉求。正如我们所见，这个观念是：关于信念、欲望等的事实仅仅是关于某对象（如一个人或一辆车）倾向于服从某条解释进路的事实，本质上这条进路把对象看作一个理性的主体并且赋予其信念和欲望（由于这个理由，该立场有时被称为归赋主义）。当然，使所有这种对立场的谈论表面上令人不适的是坚定的实在论直觉，即我拥有某些信念在逻辑上与其他人（实际上或可能）认为将这些信念归于我是有用的完全无关。相反，从同样坚定的实在论立场来看，某人可能认为把实际上我并不具有的各种各样的信念归于我是有用的，只要这能帮助他们预测我的行为就行（正如关于嵌套水晶球的观念曾帮助某些人预测天文事件，尽管其最终被证明是错误的一样）。

被（错误地）看作纯粹的归赋主义，丹尼特的立场无疑面临着质疑。这个主张完全违反直觉，还导致了各种各样的内部问题。因此鲁德-贝克（Rudder-Baker，1994）指出，丹尼特像我们中的其他人一样"把信念看作行为的原因，它让我们以某种方式而不是另一种方式行为"，并引用丹尼特（Dennett，1984）的文章作为证据。但是，她认为如果信念具有这样的因果效力，那么它们不能是"纯粹依赖立场的"，而必须是世界的真实特征，与任何人可能的预测策略无关。一种解决办法是把因果效力看作本身是一种依赖立场的特征。但没有迹象表明这是丹尼特所希望的，而且他公开声明的关于日常物理现象的实在论似乎指向另一种解决办法。鲁德-贝克因此指责丹尼特把信念等看作依赖立场的特征这种观点具有广泛的不一致性（其他例子可见 Rudder-Baker，1994）。

---

① 这样称呼是因为丘奇兰德提议从我们关于宇宙的实在内容的最终清单中消去常识心理的概念。

把意向性状态视为纯粹依赖立场的特征，这种观念的进一步压力来自由保罗·丘奇兰德所领导的消去主义阵营。我们看到，丘奇兰德和丹尼特都一致怀疑，神经科学事实将被证明兼容完全的福多式观点，即内部符号串复写了民间心理学的心理状态归因的结构和内容。然而，丹尼特认为信念是像重心和经济萧条一样真实和合法的、信誉良好的抽象物，而丘奇兰德则认为信念就像炼金术的基础元素和燃素一样不真实，是误导性理论所假定的具体物，迟早会被抛弃和全盘取代。鉴于他们都同意"在大脑中"很可能会发现什么，丘奇兰德对丹尼特继续为对民间心理学辩护感到困惑。他指责丹尼特的观点是"武断的保护主义"和"动机不足的特殊诉求"（Churchland，1989）。出于同样的原因，丘奇兰德认为，我们也可能保护炼金术、推动力和嵌套水晶球的错误理论：

> ……当然，我们可以开始坚称这些"事物"是实在和真实的，尽管可以肯定它们是纯粹的抽象物。但我们谁也不想通过如此恼人和明显的花招来拯救它们的实在性。为什么在命题态度的情形中我们却试图这么做呢？

> （Churchland，1989）

方框 3.6

因果效力和程序解释

关于"在复杂交织的因果性中挑出显著的线索"的观点，杰克逊和佩蒂特（Jackson and Pettit，1988）提出了一个有趣的看法，他们把民间心理学的描述刻画为某种类似于无尽多样的"真实"因果解释中的占位符的东西，但这些占位符具有特殊和独一的价值。例如，作者指出我们可能：

> 通过某人咳嗽的事实来解释音乐会中（一位）指挥家的恼怒。（然而）实际上引起指挥家恼怒的是某个特定的人的咳嗽，比如说弗雷德的。
>
> （Jackson and Pettit，1988）

现在假设某人要坚称，既然恼怒的真实原因是弗雷德的咳嗽，任何引述"某人的咳嗽"的解释必定是虚假或不准确的。这是一个错误，因为后一个解释实际上满足了一个特殊的目的：它明晰了，不管是谁咳嗽，指挥家都会（反事实地）恼怒——只是恰巧那天罪魁祸首是弗雷德。因此通过不列举参与实际的因果链条中的实体（弗雷德），就能换来通用性的有益增加。杰克逊和佩蒂特将如此调用高层次占位符的解释称为"程序解释"。于是，或许民间心理学解释是好的程序解释。说佩帕做 x 是因为她相信 y，就是说佩帕处于无尽多样的复杂内部状态中的一种，而这些内部状态的统一特征就是它们都会导致我们认为与"相信 y"有关的大范围的行为模式。因此民间心理学状态相信 y 不是一个简单的原因，而是整个系列微观结构可能性的一个占位符。

更进一步的选择是同意杰克逊和佩蒂特的观点，认为民间心理学话语挑选出整个系列微结构的可能性，但他们坚持认为这么做正是在通常意义上分辨原因。可以说，由于所有因果话语发挥作用都要通过把各种实例归纳成更为一般的集合（"等价类"）来发挥作用的，并集中注意于各成员的共同现实效应上，因此，民间心理学话语就与例如"苹果中的毒导致死亡"类似。我们是否应该真的坚持认为，只是因为这种毒实际上是士的宁（strychnine），于是前一个解释就不是真正因果性的，而仅仅是（正如杰克逊新近所说的）"因果相关的，即便没有因果效力"（Jackson，1996）？一个这样做的理由是担心"原因太多"，我们不希望某人的死因既是摄入士的宁又是中毒。是这样吗？完整的讨论参见杰克逊的研究。

对丘奇兰德和鲁德-贝克的最好回应，是抛弃任何关于人类心理状态纯粹依赖立场的主张。正如丹尼特反复坚持的，心理话语在交织的因果性（the fabric of causation）中挑出真实的线索。然而，我们不需要认为这些线索必须显现为一个在内部神经结构中的有序物件。相反，循着前一节的讨论，我们可以把心理归因视为命名了的分散的原因，这些原因通过分布于整个大脑（还或许是身体和世界——见第 4~8 章）的复杂状态网络来运作。

这一回应充分利用了鲁德-贝克（Rudder-Baker，1994）指出的事实，即"某人可以是关于信念的实在论者，并且把信念界定为主体和环境的复合状态"。那么，现在问题就变成了如何将"信念是分散原因"的观点与"特殊的诉求"和"动机不足的保护主义"区分开来。什么时候原因是真实但分散的，而不是完全不真实的？

这是一个好问题，它需要一个比本文所能提供的更加广泛的讨论。某些值得思考的有用问题可能包括：（假定的）分散的原因在范围广泛的有效预测、反事实条件句和解释中占据重要位置吗？它在任何一个领域的一种清楚表述的理论中占据重要位置吗？它允许在一个领域中的理论与其他领域中的理论联系起来吗？我们有任何正面的理由拒绝断言我们在这里面临的情形是分散的因果性吗？等等。

面对这些问题，民间心理学话语实际上表现还算不错。正如福多所坚称的，它确实支持了范围广泛的预测、反事实条件句和解释。它隐含地规定了一个相当深入和清楚表述的日常行为理论。它允许社会心理学、经济学、政治学和社会学的理论以各种方式相互联系。并且，请丘奇兰德见谅，我没有看到任何反对它的正面证据。当然，这里明显缺乏与民间心理学话语直接对应的、规整的内部大脑状态，但将其作为证据来反对把民间心理学话语看作分散的原因的图景，显然是无力的。

（C）升级基本的相信者

我们看到，意向性立场对所有类型的对象和系统奏效——直觉上认为某些比其他更具意向性。人类被归因为渴望拿一瓶冰啤，猫被归因为希望发现一只老鼠，桌子被归因为想保持静止并支撑稿纸！意向性立场的明显混乱已经令许多评论者担忧，这是理所当然的。当然，我们选择把丹尼特的立场重构为一种关于分散的原因的实在论，看起来显然不能接受桌子（讲台或不管什么东西）进入"真正的相信者"行列。然而，重要的是注意到，丹尼特的方案并没有否认在各种情形（诸如人类、汽车和桌子）之间存在非常真实的差别。实际上，丹尼特的著作越来越关心这些差别，它们被描述为一连串通往最简单的生物心智的升级。

根据丹尼特的看法，在基线上存在可以被归类为"机敏主体"的任何实体（Dennett，1996）。在这低程度的意义上，一个恒温器或一只变形虫是机敏的，因为它们不是随机而是遵从某种本能的基本"目标"的方式对它们的世界做出反应。对于这些实体，我们可以通过假定它们会"尝试"达到这些目标来预测它们的行为。于是，这就是采取意向性立场的基石。

在这基石之上的是一个延伸序列的（尽管不是严格层级的）设计创造，允许实体追求和达到更加复杂的目标，维持与它们的环境间越来越复杂的联系。内部地图、言语、贴标签和自我反思都是重要的设计创造示例。对丹尼特来说，言语在奠定人类的认知风格基础上特别重要。在关于猩猩能做和不能做什么的讨论中，他主张或许：

思维——我们这种思维——不得不等待说话时才能涌现。

（Dennett，1996）

他也非常强调我们把认知任务卸载到环境中的方式，包括使用标签、笔记、地图、标志以及大量其他技术。

鉴于丹尼特思想中的这些趋势，指责他允许意向性立场的混乱使用而低估了"真实的"意向性似乎并不公平。我认为丹尼特的观点是，尽管在人类、变形虫和恒温器之间有非常多且重要的差别，但仍然存在一个重要的共同点，即我们像这些更简单的系统一样服从意向性立场，因为我们是追求某些目标的良好设计的实体。如果情形不是那样，意向性习语将会完全失效，我们可能"做任何蠢事"（Dennett，1996）。

综上所述，我们并不清楚是否仅有人类（或许还有某些包含足够多设计创造的其他实体）真的具有信念和欲望，但是（1）在自然中并没有清晰的分界线——正如一组设计创造可以多多少少被其他实体所共享，（2）没有理由去假设每一个被赋予的信念（等）都存在某个简单的神经状态或"内部句子"与之对应。简而言之，为什么不把丹尼特的立场重构为一种模糊的[1]、分散的实在论呢？毕竟，丹尼特愿意断言"我们这种思维"依赖于一整套丰富的、完全真实、客观和独特的设计特征，并且关于心理话

---

[1]　就是说，这种实在论不认为在真正的相信者和其余的东西之间有清晰的区分（正如某人可以相信某些人真的是秃头而不相信在秃头和多毛之间存在清晰的分界线）。

语的使用在交织的因果性中挑选出了真实模式。

丹尼特的立场能在不引起其他麻烦的情况下重构吗？它应该被重构吗？分散的因果性真的是对无根基的反事实条件说明的替代方案吗？抑或它再往下走还是要面对相同的问题？我们的讨论提出的问题比已解决的问题更多。关于民间心理学的命运和地位在当代心智哲学中仍然是最棘手和难解的复杂问题之一。

第 4 章

联结主义

4.1　概述

　　心智的计算性观点有两种基本类型。[①] 经典的物理符号系统类型已经在第 2 章中遇到过，它强调了符号化原子的作用、（通常）串行的处理和有表达力的资源，它们的组合形式与语言和逻辑的组合形式高度相似。另一种主要类型在所有这三个维度上都有所不同，分别被称为联结主义、并

---

① 　第三种可能是"结构化概率的"进路，我们将在第 11 章中遇到。

行分布式处理和人工神经网络。

正如最后那个名称所暗示的，后一种类型与生物性大脑的架构和运作方式有一些（诚然相当遥远的）联系。就像大脑一样，一个人工神经网络由许多简单的处理器组成，这些处理器通过大量令人望而生畏的线路和联结并行连接。在大脑中，"简单的处理器"是神经元（注意此处的引号：神经元远比联结主义的单元要复杂得多），而联结是轴突和突触。在联结主义的网络中，简单的处理器被称为"单元"（units），而联结（connections）是这些单元之间的数值加权连接——这些连接被称为联结虽缺乏想象力但高度精确。

在两种情形中，简单的处理元素（神经元、单元）一般都只对局域的影响敏感。每个元素都从一小群"邻居"中接收输入，并传递输出给一小群（有时是重叠的）邻居。

简单的联结主义模型与真实的神经架构之间的差异仍然是巨大的，我们将在本章稍后回顾其中一些差异。尽管如此，确实多少有些共同的风格普遍存在。这种共同风格的本质主要在于大规模并行与局域计算结合的使用，以及（相应地）使用一种被称为分布式表征（distributed representation）的编码方式。为了阐明这些观念，请思考现在已成经典的例子 NETtalk。

NETtalk（Sejnowski and Rosenberg, 1986, 1987）是一个人工神经网络，创建于 20 世纪 80 年代中期，其任务是把书面输入转化为语音编码，换言之即进行从字素到音素的转换。一个被称为 DECtalk 的成功的经典程序早已存在，并且借助由人类程序员团队手工编码的一个包含规则和例外的大型数据库完成了相同的任务。相反，NETtalk 并没有被明确地编程，而是使用学习算法和典型范例——好的文本-音素配对的实际示例——的大型语料库来学习解决问题。网络的输出随后被反馈给一个相当标准的语音合成器，该合成器把语音编码转化成真实的语音。在学习过程中，可以听出语音输出在进步，从最初的咿呀学语到部分可识别的词语和音节结构（最后）再到对人类语音的恰当模拟。应该强调的是，该网络并不旨在成为语言理解的模型，仅仅是从文本到语音转换的模型——正因如此，它并没有绑定于语言结构的语义数据库。尽管缺乏语义深度，该网络仍然展现出联结主义进路令人印象深刻的强大能力。这里我们将尽量简略勾勒出它是如何运作的。

如上所述，该系统由一组简单的处理单元组成。每一个单元都从它的邻居（或当其是所谓输入单元的情况时从世界）接收输入，并根据一个简单的数学函数产生输出。这种函数通常是非线性的，这意味着输出的数值与输入的总和不直接成正比。例如，一个单元可能在总输入值的中间范围按比例输出，但高于或低于该范围则给出一个恒定的输出；或者该单元直到输入总和达到某个值时才会"开火"，此后将按比例输出。无论如何，关键是一个单元由来自它邻居的输入决定被激活到何种程度（如果有的话），并且它会相应地传递一个信号。如果单元 A 发送一个信号给单元 B，那么到达 B 的信号强度是"发送"单元的激活水平与分配给 A 和 B 之间联结的数值权重的联合函数。这些权重可以是正的（兴奋的）或者负的（抑制的）。到达接收单元的信号可能因此而不同，这取决于特定联结的数值权重与"发送"单元的输出之间的乘积。

方框 4.1

NETtalk 架构

NETtalk 的具体架构（见图 4.1）包含三层单元（典型的"第一代"布局，但绝不是强制性的）。第一层由一组"输入"单元构成，其任务是编码待处理的数据（关于字母顺序的信息）。第二层由一组所谓的"隐藏"单元构成，其工作是部分记录输入数据。第三层由"输出"单元构成，其激活模式决定了系统对原始输入的整体响应。该响应被规定为激活数值的矢量，每一个输出单元对应一个值。因此，系统用于指引输入-输出转换的知识在很大程度上被编码在各单元间联结的权重中。联结主义进路的一个重要特征在于使用各种有效的（尽管不是全能的）学习算法。这些算法（见正文和方框4.2）调整单元间联结的权重，使得整体表现逐渐与大量训练案例中隐含的输入-输出目标函数保持一致。

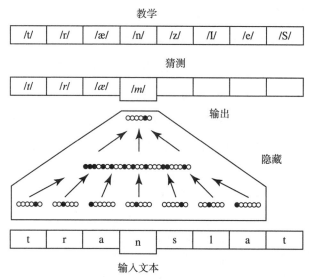

图 4.1　NETtalk 架构示意图，仅展示某些单元和联结性。29 个输入单元的每一个都代表着一个字母，7 组输入单元被 80 个隐藏单元转换，这些隐藏单元随后被投射到 26 个代表了音素的输出单元。网络中一共有 18629 个权重。（来源于 Sejnowski and Rosenberg，1987 授权）

NETtalk（见方框 4.1）是一个相当大的网络，包括 7 组输入单元，每一组包含 29 个独立单元，每组单元的整体激活规定了一个字母。因此系统在每个时间步骤中的总输入规定了 7 个不同的字母，其中之一（第 4 个）是目标字母，它的音素贡献将被确定并作为输出。另外 6 个字母提供了至关重要的语境信息，因为特定（英文）字母的音素影响会随着周围字母不同而变化很大。输入单元被联结到一层 80 个隐藏单元，且这些隐藏单元又依次联结到一组 26 个编码音素的输出单元。整个网络的单元间联结总数达到 18829 个权重联结。

鉴于这些联结数量巨大，（至少可以说）依靠手工编码和试错来寻找适当的单元间联结权重是不现实的！幸运的是，存在调整权重的自动程序（学习算法）。最著名的（但可能在生物学上最不现实的）这种程序就是所谓的反向传播学习（back-propagation learning）算法。在反向传播学习中，网络从一组随机选择的联结权重（布局、单元数目等由设计者确定）开始，随后这个网络要接受大量的输入模式。对于每个输入模式，都会产生某个（最初是不正确的）输出。一个自动监督系统监控着输出，将其与（正确的）目标输出相比较，并计算联结权重的微小调整——这些调整将会略微改善该网络在重新接受相同输入模式时的表现。这个程序（见方框 4.2）被反复执行于一个庞大（且循环）的训练案例语料库。经过充分的此类训练后，网络经常（尽管不总是）能学会有效地解决问题的权重分配——能够减少错误信号并且产生所需的输入-输出配置的权重分配。

方框 4.2

梯度下降学习

学习例程包含所谓的梯度下降（或爬山，毕竟该图景可以被系统地翻转）。设想你正站在一个巨大的布丁蒸盘的内部斜坡上的某处。你的任务是找到底部——对应为最小误差的点，从而找到最优可行解。但是你被蒙住眼，看不到底部，也不能直接跑向它。相反，你只能走一步来决定你是往上走还是往下走。如果你往上走（局部错误），你要返回并沿着相反的方向再试一次；如果你往下走，你就待在你所在的地方。通过重复这个由小步骤和局部反馈组成的程序，你慢慢蜿蜒至底部并在那儿停下来（毕竟再进一步也不能让你更低了）。在神经网络的情形中，局部反馈是由监督系统提供的，该监督系统决定着在给定权重中轻微的增加或减少是否会改善表现（假定其他权重保持不变）。通过逐层重复加权，这个程序有效地推动系统沿着减小误差的梯度下降。如果该地形是一个不错的布丁蒸盘形状，没有恼人的沟槽或峡谷，那么不再能进一步变化从而产生更低误差信号的点将对应于问题的一个良好的解决方案。

这种学习算法可以发现我们之前没想到的解决方案，因此研究者偏见有所降低。再者，或许更重要的是，经过训练的网络对问题求解信息进行编码的方式与第 2 章中讨论过的更为传统形式的符号串编码特征截然不同。联结主义系统的长期知识基础并不在于一堆用基于语言或逻辑结构的形式符号写出来的陈述语句。相反，这种知识存在于联结权重的集合和单元架构之中，这些联结权重参与到系统的大量问题求解活动中。当前出现的知识——在处理特定输入的过程中活跃的信息——可以有效地等同于在隐藏单元层中出现的瞬时激活模式，这种模式通常涉及分布式和叠加式的编码方案。这些都是强有力的特征，让我们暂停一下来解析这些行话。

如果一项信息是由多个单元的同时活动来表示的，那么它就被称为具有分布式的表征。但是使得分布式表征在计算上有力的不仅仅是这个简单的事实，而是系统地使用这种分布活动来编码关于细微的相似性和差异性的进一步信息。单元活动的分布模式可以编码"微观结构"信息，使得整体模式中的变化反映内容的变化。例如，某个模式可能表征了在视野内的一只黑猫形象，然而模式中的微小变化可以携带关于猫的方位信息（面朝前方、侧身等）。类似地，一只黑豹的激活模式可能与猫的激活模式共享某些子结构，而一只白狐狸可能不会。叠加式存储（superpositional storage）的概念正是指这种分布式资源的部分重叠地使用，这种重叠就像刚才概述的那样是在信息上有显著意义的。结果是语义相关的信息项由句法相关（部分重叠）的激活模式来表征。公共语言中的词语猫和豹并没有表现出这种重叠（尽管诸如"黑豹"和"黑猫"的词组有重叠）。分布式叠加编码可能因此被认为是一种技巧，利用更加高度结构化的句法工具而不是词语，强行把更多信息纳入编码系统。这种技巧产生了许多额外的好处，包括节约表征资源、"自由"泛化和优雅降级。泛化之所以发生，是因为一个新的输入模式如果与旧的输入模式在某些方面相似，那么它将产生一个植根于新旧模式间部分重叠的响应。因此，对新输入的"合理"响应是可能的。"优雅降级"（graceful degradation），如其听起来一样诱人，是指受到某种系统性损伤时产生合理响应的能力。这是可能的，因为整个系统现在充当一种模式完成器——给定一个足够大的熟悉模式的片段，它将回忆起整个事物。泛化、模式完成和损伤容限（damage tolerance）因此都反映了同一个强大的计算策略：使用分布式的、叠加式的存储方案和基于部分线索的回忆。

这种编码方案的另外两个特性需要我们注意。第一个是发展和利用保罗·斯莫棱斯基（Paul Smolensky，1988）称之为维度切换（dimension shifted）的表征能力。第二个是展现相当细粒度的语境敏感性的能力。这两个特性都隐含在对联结主义流行但隐晦的诠释中，它把联结主义描述为亚符号范式（subsymbolic paradigm）。其根本观点是，基本的物理符号系统进路展现出一种语义透明性（见第 2 章），使得熟悉的词语和观念被呈现为简单的内部符号，联结主义进路则使日常话语与由计算系统操作的内容之间距离更遥远。通过把联结主义表征方案描述为维度切换的和亚符号的，斯莫棱斯基（以及其他人）意图表明，该系统所揭示出来的特征比由公共语言中的单个单词所识别出来的特征要更加精细也更微小。他断言，亚符号程序中充满内容的元素不能直接概括我们用来"有意识地概念化任务领域"（Smolensky，1988）的概念，并且"这些单元并不具有像自然语言中的单词一般的语义"。因此特定单元（在特定语境中）的激活标志着一个语义事实，但它可能是一个无法使用日常语言中的单词和词组来轻易描述的事实。由单元活动的宏大模式所表征的语义结构可能确实非常丰富和细微，并且这种模式中的轻微差别可能标志着微妙变化的语境中同等细微的差别。因此，单元层次的激活差异可以反映出，在变化多端的真实世界语境中，我们面对相同刺激所做出的反应在视觉、触觉、功能甚至情感维度上的微小细节。联结主义者的先驱麦克勒兰德和川本（McClelland and Kawamoto，1986）曾经把表征"意义的细微差别的巨大混合"的能力描述为"或许是……分布式进路为何吸引我们的最重要原因"。

这种发现和利用丰富的、细微的以及不明显的分布式表征方案的能力，立即遇到了一个方法论上的困难：如何在训练后了解该网络实际用于驱动其行为的知识和策略呢？显然，一条线索在于训练数据。但是网络并不只是简单地学会重复其训练的语料库。相反，它们学习（正如我们所见）普遍化的策略以使得它们能够将训练实例归类为共享属性的集合中，再将其推广到新的和未见过的情形，等等。因此，知识的某种组织正发挥作用。然而（对于任何规模或复杂性的网络）不可能简单地通过例如检查所有联结权重的踪迹来读取这种知识组织。你所见到的一切只是凌乱的数字意大利面！

对"后训练分析"这个问题的解决在于使用各种各样的工具和技术，包括统计分析和系统干扰。系统干扰包括故意损害或破坏单元组、权重集或单元间联结。对网络的"后损伤"行为的观察可以为其正常的操作策略提供有用的线索。它还能提供更多的维度（在粗蛮的表现之外）来评估一个模型的"心理实在性"（psychological reality），通过将网络应对损伤的方式与遭受各种形式的局部脑损伤和异常的人类所表现出来的行为模式相比较（如见 Patterson，Seidenberg and McClelland，1989；Hinton and Shallice，1989）。然而在实践中，最具启发性的后训练分析所涉及的不是人工损伤的研究，而是使用统计工具（见方框 4.3）来生成一幅图景以描绘网络所学习到的成功越过问题空间的方式。

方框 4.3

聚类分析

聚类分析（cluster analysis）是一项分析技术的实例，用于回答关键问题"网络获得了什么样的表征？"。一个典型的三层网络，诸如 NETtalk，使用隐藏单元层来区分输入以便压缩和扩展输入的表征空间，其方式与训练数据所隐含的特定目标函数相适应。如此，在从文本到音素的转换中，我们希望完全不同的书面输入"sale"和"sail"能产生相同的语音输出。因而隐藏单元应当把这两个输入模式压缩成某个共同的中间形式。诸如"shape"和"sail"的输入应当是不同但有关的编码，而"pint"和"hint"尽管在书写时大量重叠，但因涉及差异广泛的音位反应则应当被扩展——被拉开得更远。为了执行这些聚拢和推开的技巧，NETtalk发展了79个不同的隐藏单元活动模式。于是聚类分析涉及把每个这样的模式与其最近的邻居相匹配（例如，四单元的激活模式1010相比0101更接近1110，因为1110与1010只有一位不同，而0101与1010则是四位均不同）。最接近的配对随后被呈现（通过矢量平均的过程）为新的独立模式，并重复比较的过程。这个程序一直持续，直到最后产生两个聚类，表征了系统所学习到的隐藏单元空间的总体划分。结果就是一个未标记的、按层级划分的隐藏单元活动的层次树。下一个任务是标记节点，具体操作如下。对于原初的79个激活模式，分析者都保留了提示特定反应的输入模式的踪迹。然后她观察网络所"选择"的这些相似的隐藏单元激活模式关联起来的输入对（或输入对的对等等），从而分辨出这些输入有什么共同之处能够有助于网络将它们归类在一起。在NETtalk的案例中，结果是一个分支分层树（见图4.2），其总体划分是熟悉的元音和辅音分组，而其子划分包括某些输入字母如"i""o"等的不同发音方式的分组。事实上，NETtalk学习到的几乎所有语音分组最后发现都与既有的语音理论的划分高度对应。将在4.2节讨论的另一个特征是，NETtalk的各种版本（保持相同的架构和学习例程以及训练数据，但从不同的随机权重分配开始）经过训练后，展示出非常

不同的单元间权重的集合。然而这些表面上不同的解决方案产生
了几乎一致的聚类分析配置。这些网络使用不同的数字方案来编
码本质上相同的从文本到音素转换问题的解决方案。

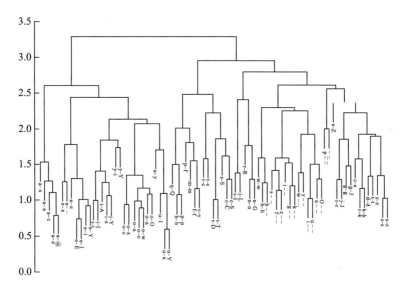

图 4.2　按层级划分的聚类分析，每个字母-声音对应关系（"l-p"指字母"l"和
音素"p"）在隐藏单元上的平均活动水平。最接近的分支对应于隐藏单元的最相
似的激活矢量。

（来源于 Sejnowski and Rosenberg，1987）

　　于是，到目前为止我们已经将我们的注意力集中于可被称为"第一
代"的联结主义网络。然而，直接得出结论将是误导性的，因为还没有对
于更为新近的发展状况以及逐渐涌现出来的一类可能是重要的新进路（更
多内容见第 11 章）给出一个至少大概的轮廓，这类新进路具有联结主义
和经典模型的关键特征。

　　第二代联结主义的特点是越来越强调时序结构。可以公允地说，第一

代网络并没有展示出处理时间或顺序的真正能力。指定一个有序字母序列的输入必须使用特殊的编码方案来呈现，这种编码方案人为地消除了各种可能顺序的歧义。这种网络也不适合产生在时间上延伸的输出模式（如产生一个奔跑动作的指令序列）[①]或者识别出在时间上延伸的模式，诸如能够区分苦笑和鬼脸的脸部动作序列。相反，网络展示出一种"快照推理"（snapshot reasoning），一个凝固的瞬间（如编码一个微笑的人的图片）产生单一的输出反应（如判断这个人是开心的）。这种网络不能通过感知从困惑到愉快的逐渐转变来识别出惊喜的例子（如见 Churchland，1995）。

为了处理这种在时间上延伸的数据和现象，第二代联结主义研究者利用了所谓递归神经网络（recurrent neural networks）。这些网络共享一个简单的三层"快照"网络的大部分结构，但是包含了额外的反馈回路。这个回路（见图 4.3）重复利用了 t_1 时刻网络活动的某些方面与 t_2 时刻到达的

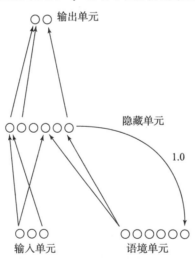

图 4.3　一个三层递归网络，语境单元被相对应的隐藏单元逐一激活。图中为了简化没有把所有激活展示出来。

（经 Elman，1991b 授权）

---

① 这些议题在 Churchland and Sejnowski，1992 中得到了有益的讨论。更为激进的讨论见 Port，Cummins and McCauley，1995。

新输入一起处理。埃尔曼网络（见 Elman，1991b）重复利用了来自先前时间切片的隐藏单元激活模式，而乔丹（Jordan，1986）描述了一个重复利用其先前输出模式的网络。不管怎样，保留下来的都是网络上一次活动的某种持续的踪迹。这种踪迹充当一种短期记忆，使得网络能够产生出既依赖当前输入也依赖网络先前活动的新响应。这种设置也允许在完全没有新输入的情况下继续输出，因为网络可以继续重复利用其先前状态并对它们做出响应。

例如，埃尔曼（Elman，1991b）描述了一个简单的递归网络，其目标是根据词汇的角色（名词、动词等）来归类词语。该网络要应对语法正确的单词序列，如"男孩打破了窗户"（"the boy broke the window"），它的即时任务是预测持续出现的序列中的下一个词语。很明显，有许多接续方式在语法上是完全可以接受的，这样的任务没有唯一的解。尽管如此，还是有一整类词语不被允许跟随。例如，输入序列"男孩"（"the boy who"），其后便不能跟随"猫"或"树"。这些对可接受的后继词语的限制反映了语法的作用，因此该训练方式提供了与学习词汇分类这个更大目标密切相关的数据。

事实证明，埃尔曼的网络相当擅长这项任务。它"发现"了诸如动词和名词的分类，也演化出对有生命和无生命的对象、食物以及易碎物的分组——这些属性很好地提示了所使用的训练语料库中的语法角色。为了确定网络到底学习到了什么，埃尔曼使用了另一种后训练分析（更适合于递归网络这种特殊情形），被称为主成分分析（principal component analysis，PCA）。详情可见 Clark（1993），我们不必在此处讨论。然而，值得指出的是，尽管聚类分析可能使得网络看起来仿佛只是学习了一组静态的分布式符号，因此只是经典进路的一种新颖实现，但主成分分析揭示出在促进成功行为中更为深层的动力系统理论作用。核心观点是，尽管聚类分析强调的是静态状态（"快照"）之间的相似性和差异性关系，但主成分分析还反映了处于一种状态（在一个递归网络中）可以促进或阻碍进入未来状态的运动方式。标准的聚类分析不会揭示这些对信息处理轨迹的约束，然而递归网络获得的语法知识本来就相当深刻地存在于这种时间上丰富的信息处理细节中。[1]

这种时间动力系统理论越是重要，我们距离（我认为）基本的物理符号系统假说的指引性图景就越远。因为这幅图景的核心是本质上静态的符号结构的观念，符号结构在被某种中央处理器操纵时仍然保持稳定的意义。然而，这样的图景没能有效地描述之前讨论过的即使是简单的递归网络的操作，毕竟隐藏单元的激活模式（与静态符号最接近的类似物）并没有充当词语角色的固定表征。这是因为每一个这样的模式都反映着先前语境的某些东西[2]，以至于在某种意义上，"一个词项的每一次出现都有一个独立的内部表征"（Elman，1991b）。埃尔曼的模型因此使用了所谓的动力表征（dynamic representations）。与经典图景中语言主体每听到一个词语时就检索出一种通用目的的词汇表征不同，埃尔曼提出了一幅动力的图景，其中，

> 没有独立的词汇检索阶段，没有孤立的词语表征。单词的表征（输入一个单词之后的内部状态）总是反映着输入和其使用的先前状态……这些表征不是命题性的，并且它们的信息内容随着时间不断改变……单词就像路标，帮助建立那些支持（所需的）行为的心理状态。
>
> （Elman，1991b）

因此，埃尔曼邀请我们超越静态符号的经典图景，这些静态符号只是作为被存储的句法项而存在，并且在处理过程中被"检索"和"操作"。相反，我们面对的是一幅流动的内部秩序的图景，表征是根据主导语境当

---

[1] 见 Elman，1991b。

[2] 即使是一个句子中的第一个词语也包含了一种反映在网络状态中的"空"语境。

场建构出来的，其中大量的信息处理能力体现在当前状态对系统在未来时间中展开的制约上。

第三代联结主义及相关的进路，可直接地被称为人工神经网络（artificial neural network）的研究从（静态的）内部符号开始这趟航程，持续推进到更加强调更广泛的动力的和涉及时间的属性。因此，它有时被称为动力联结主义（dynamical connectionism）。动力联结主义（见 Wheeler，1994；Port and van Gelder，1995）为基本的单元和权重范式引入了一些新的、在神经生物学上更为现实的特征，包括特殊目的单元（单元的激活函数专门针对一个任务或领域）、更复杂的联结（多重递归路径和特殊目的布线）、在处理周期中计算上显著的时间延迟、连续时间处理、模拟信号传输以及有意使用的噪声。展现出这种非典型特征的人工神经网络支持着"比主流联结主义系统所产生的内在动力丰富得多的动力系统"（Wheeler，1994）。我们将在后面的章节中进一步讨论这种更丰富和负载时间的动力系统的潜在作用。目前只需要注意，第二代和第三代联结主义的研究正变得越来越动力系统：它越来越关注时间维度并利用更广泛类型的单元和联结。如此一来，它正越来越远离旧的智能观念，即静态的、非时间的、空间上可定位的对内部符号的操作。

最后，值得指出的是一类有点不同但在许多方面有深刻联系的进路。这些进路的起源可以追溯至被恰当地命名为（欲知为何，见第 11 章）"亥姆霍兹机器"（Helmholz Machine）的研究（Dayan et al.，1995；Dayan and Hinton，1996；也可见 Hinton and Zemel，1994）。它们的核心在于使用预测驱动的学习（其中一种形式的力量我们已在上文对埃尔曼的讨论中看到），这在富含"自上而下"和"自下而上"两种联结的多层结构中实现。这样一个网络在学习中的任务是，找出如何使用向下的联结以产生（对它自身而言自上而下）它在每一层次所表现出的感觉数据。这种网络不需要通过展示某些期望的输入-输出映射的示例（即实验者的预先分类）来接受"监督"。这种进路应用于多层次（等级）架构的特殊语境中，开始解决如何学习表征和处理我们在语言、视觉、运动控制及许多其他认知领域中发现的那类复杂嵌套结构的问题（见 Hinton，2007 和方框 4.4）。我们将在第 11 章重新拾起这个重要线索。

公允地说，联结主义运动及其各种继承者仍然是某种"内部符号航班"（inner symbol flight）的主导性表达。对我来说，这趟航程似乎并不只是逃避内部符号这一概念本身，因为这可以被相当自由地解释（见 6.2 和后面的 7.2），而是逃避静态的、块状的、用户友好的、语义透明的（见第 2 章）内部符号概念。这类符号至少在运动控制和知觉处理的模拟中已经是濒危物种。它们正在被更细微、通常高度分布式以及愈益动力系统（涉及时间）的内部状态所取代。我相信，这是一个基本上值得称赞的转变。联结主义模型受益于与真实神经科学理论（越来越多）的接触。它们展示出一种优势（运动控制、模式识别）与劣势（计划和时序逻辑推导）的配置，这似乎熟悉得令人安心且在进化上是可信的。在很大程度上，它们似乎要避免把我们对文本和单词的经验令人不适地反向投射到大脑更为基本的生物学图景上。但是新的图景带来了新的挑战、问题和不确定性，是时候面对这些烦忧了。

方框 4.4

处理结构问题

我们已经遇到了这些进路可能提供解决方案的关键谜题之一。正如欣顿（Hinton，1990）所表述的那样，需要去表征和处理诸如部分-整体分级体系的"复杂的、铰接的结构"：在此结构中，元素形成整体，整体本身又是一个或多个更大整体的元素（某些例子可见第 2 章的概述之后部分）。值得指出的是，正是这同样的需要，促使研究者在早期对联结主义替代经典的、类似句子的内部表征形式持怀疑态度（见下文 4.2 的讨论）。但是跳到 2007 年，我们发现欣顿——一位不喜欢夸大其词的理论家——写道：

反向传播学习的局限现在可以通过使用包含自上而下联结的多层神经网络，并将它们训练为产生感觉数据而不是对其分类被克服。

（Hinton，2007a）

这种进路有许多类型，我们将在第 11 章遇到其中一个。

4.2 讨论

（A）联结主义与心理因果性

在一些哲学家看来，联结主义对民间心理学的心智图景提出了一个相当具体的挑战。再一次主导观点是，民间心理学承诺了在日常话语中所命名的心理状态的因果效力，并且在这种想象的因果效力与联结主义关于内部处理和存储的独特观点之间存在着张力。

这个论证的关键一步是坚持民间心理学框架确实承诺了因果效力的一种强有力和直接的观念。照这个思路，拉姆齐、斯蒂奇和加龙（Ramsey，Stich and Garon，1991b）坚持认为，对心智的常识理解涉及一个关键承诺，他们称之为"命题模块性"（propositional modularity）。这是个断言，即命题态度话语（如谈论"安迪相信这酒是冰镇的"等）的常识使用暗含着承诺"功能上离散的、语义上可解释的状态在产生其他命题态度以及最终产生行为的过程中发挥着因果作用"（Ramsey，Stich and Garon，1991）。拉姆齐、斯蒂奇和加龙认为，分布式联结主义的处理过程并不支持这种命题模块性，因此如果人类心智像这种装备那样工作，那么民间心理学观点根本就是不准确的。

为什么非要假定民间心理学会承认命题模块性呢？证据部分是坊间的（我们确实谈论人们每次获得或失去信念，在这个意义上我们似乎把信念等描述为离散的项，见 Ramsey，Stich and Garon，1991），而部分是实质性的。实质性的证据是，民间心理学框架之所以非常有用似乎依赖于我们能够引述特定的信念作为特定行动的解释。安迪可能相信那只猫想要被喂食、罗马很漂亮以及葡萄酒是冰镇的，但是我们保留这样解释的权利：他进入厨房是他关于葡萄酒的信念的直接结果；尽管关于猫的信念是真实且能够激发同样行为的，但在那个时刻可以想象为是不活跃的；而关于罗马的信念在我们看来根本无关紧要。几位作者认为，在对主体行动的解释中如此强调一个信念，表明我们正致力于这样一种观点，即个人的信念可以充当特定行动的离散原因。

这个承认与传统人工智能模型相吻合，在这类模型中特定的内部句法状态对应于在日常话语和概念层次上的特定信息项。但是这种内部离散性①和"语义透明性"的结合，似乎并不能在分布式联结主义模型中找到。一个主要原因（我们此处唯一要关心的，其完整讨论可见 Clark，1993）在于联结主义使用重叠（"叠加式"）模式的信息存储。为了聚焦于问题，拉姆齐、斯蒂奇和加龙让我们思考两个网络，每一个网络都被训练针对相

---

① 然而，需要注意的是，即便在经典情形中，内部离散性也是功能而非物理的。许多在功能上经典的模型在其存储信息时也是在物理上非局域的。一些讨论可见 Clark，1993。

同的 16 个问题集给出一个是或否的答案：对于输入"狗有毛"它必须输出"是"的信号，对于"鱼有毛"输出"否"的信号，等等。要执行该任务，网络必须找到一个支持所需功能的单一权重矩阵。然而，使用分布式存储技术（见上文的讨论）意味着，狗有毛这一知识编码中的许多权重和单元，也会出现在猫有毛这一知识编码中，诸如此类。于是，此处就是与命题模块性的第一个（假定的）冲突。冲突的产生是因为：

> 被编码的信息……是整体地和分布式地存储于整个网络中的。每当信息被提取时……许多联结强度、许多偏向和许多隐藏单元在起作用。

> （Ramsey，Stich and Garon，1991）

于是，这个看法就是，使用重叠存储会导致一种内部的含混，就有关的内部结构而言，狗有毛的知识导致"是"的回答，并不比鱼有鳃的知识导致这个回答更站得住脚！这是一种斯蒂奇（Stich，1991）曾称之为完全因果整体论（total causal holism）的威胁。应该清楚的是，完全因果整体论乍看起来与把个人信念看作离散原因的观点并不兼容。

如果我们把最初的 16 命题网络与另一个新训练了一项知识的网络进行比较，就会发现第二种类型的冲突（Ramsey，Stich and Garon，1991）。这样的 17 命题网络通过对大量权重做出微小改变来容纳新增的知识，民间心理学会在这两个网络之间看到大量共同点。例如，两个网络共享狗有毛的信念。但据说这种共同点在单元和权重层次是不可见的，如此描述的两个网络可能没有共同的权重子集。再一次，民间心理学图景在其内部导向的科学表亲旁边坐立不安。

有三种主要的方式回应这些表面上不兼容性的担忧。第一种坚持认为，不兼容性其实只是表面的，而更灵敏的探测将揭示出与民间心理学观点相应的内部科学相似物。第二种是一开始就质疑民间心理学框架是否承认了这种内部相似物的存在（见 3.2 节的讨论）。第三种是接受不兼容性，并且得出结论，如果分布式联结主义网络是人类认知的良好模型，那么民间心理学框架就是错误的，应该被抛弃。我们已经在第 3 章讨论过这些议题的一部分。因此我将针对刚才描述的特定联结主义典型再补充少许评论。

重要的是，从一开始，我们不应该过分留意那些聚焦于描述联结主义网络的单元和权重的论证。在对聚类分析的讨论中（4.1 节和方框 4.3），我们已经看到可能会有在科学上合法的、在功能上有启发性的对联结主义网络的描述，这些描述定位在比单元和权重更高的层次上。因此回想一下各种版本的 NETtalk（从不同的随机权重分配开始）结束于非常不同的权重矩阵，从而产生了几乎相同的聚类分析配置。这种更高层次的共同性还可以把例如上文提到的 16 和 17 命题网络统一起来。同样，对于完全因果整体论的担忧看起来是过分夸大了。事实上并非所有单元和权重都平等地参与到每一次从输入到输出的转换中。诸如聚类分析等技术有助于揭示出这些复杂网络在解决不同问题的过程中对其内部资源做出不同使用的确切方式。

一场完全始于这种可能性的富有启发的交流可追溯至拉姆齐、斯蒂奇和加龙（Ramsey，Stich and Garon，1991）、克拉克（Clark，1990），斯蒂奇和沃菲尔德（Stich and Warfield，1995）、福多和莱波尔（Fodor and LePore，1993）以及丘奇兰德（P. M. Churchland，1993）的研究。本质上讲，故事是这样的。克拉克讨论了在表面上迥异的网络共同点之间发现更高层次共同点（通过统计分析技术）的可能性，这些共同点揭示了隐藏在凌乱的数字面条中由民间心理学识别出的类型（特定的信念等）。斯蒂奇和沃菲尔德对此表示反对，指出 NETtalk 各版本的共同聚类分析都是基于具有相同架构（单元数、层数等），只是初始权重不同的网络。然而，解决类似问题的生物性大脑之间的差异肯定更巨大，涉及不同的网络架构、单元数等等，所以这种分析技术看起来不大可能适用。福多和莱波尔对于丘奇兰德所称的"状态空间语义学"（state-space semantics）这个更一般的想法提出了一个类似的担忧：这种语义学即一种理解语义相似性和差异性的方式，根植于对联结主义式的表征系统的几何分析。后来，借鉴拉克索和科特雷尔（Laakso and Cottrell，1998）的工作，丘奇兰德夫妇主张，现在存在着"对概念相似性的一大类数学测度，这些测度可以看到正被比较的那些系统里的联结、感觉输入以及神经维度中过去的差异——甚至是广泛的差异"（参见 Churchland and Churchland，1998；Laakso and Cottrell，2000；Skokowski，2009；P. M. Churchland，2012）。在此不再继续探究这场相当复杂的交流，我只是指出，越来越清楚的是，联结主义网络决不会表现出某些哲学家曾经担忧的那种分析混乱。

（B）系统性

最著名的反对联结主义的人类思维模型的论证如下：

> 思维是系统性的；
> 所以内部表征是结构化的；
> 联结主义模型缺乏结构化的内部表征；
> 所以联结主义模型不是人类思维的良好模型。

相比之下，经典人工智能被认为假定了结构化的内部表征，因而有解释人类思维的必要[①]资源。至少，这是福多和派利夏恩（Fodor and Pylyshyn，1988）的观点，他们用所谓的系统性论证（作为心理学模型）来反对联结主义，如上文所示。让我们在骨架上加些血肉吧。

该论证的核心是，思维是系统性的观点。系统性思维的观点最好是

———————————————

① 尽管还不够充分，见 Fodor，1991。

用系统性的语言能力来类比解释。一个懂英语并且能说出"the cat loves John（猫爱约翰）"的人通常也同样能够造出句子"John loves the cat（约翰爱猫）"。这是因为了解一门语言就是知道它的各个部分以及部分如何结合在一起。因此正是同样的能力［使用"John（约翰）""loving（爱）""cat（猫）"以及主客体结构］产生出生成包含这些部分的各种句子的能力。因此，每当我们发现一组能力在单一的结构化基底上表现出组合性变化，系统性这种现象就会被观察到（思考一下厨师用一些基本的原材料，准备制作各种比萨的能力：奶酪和红辣椒的、金枪鱼和红辣椒的、金枪鱼和奶酪的等等）。语言能力就是一个明显的例子，但思维本身（如福多和派利夏恩的主张）是另一个例子。那些能想出约翰爱玛丽的人通常也能想出（如果有机会）玛丽爱约翰，并且解释是一样的，如该论证所示。思维的系统性是在组合上结构化的内部基础的结果，包括意思是"约翰""爱"和"玛丽"的可操作的内部表达以及将它们结合起来的资源。因此思维的系统性被认为是支持内部秩序的经典观点、反对联结主义这个替代方案的论据。

这个论证引发了大量截然不同的（但通常是负面的）回应。[①] 但在我看来，最重要的两个是：（1）回应称经典符号系统不是支持系统性的结构化认知的唯一方式；（2）主张人类思维可能实际上是从人类语言本身的语法结构中继承了这种系统性，就像它实际所展示的那样。

对系统性认知能力的一个真正的联结主义（因此是非经典的）模型的研究最有说服力的是保罗·斯莫棱斯基（Paul Smolensky），他研究了诸如张量积编码（tensor product encodings）这样的联结主义技术。这里的观点[②]是把目标知识分解为角色和填充符。因此，为了表征有序字符串（A，B，C），你同时表征了一组三个角色，它们指示着字符串中的位置（即位

---

① 参见 MacDonald and MacDonald，1995；Ramsey，Stich and Rumelhart，1991；Chalmers，1990 和 van Gelder，1990 中的各种论述。对这个领域的绝佳概述，见 Bermúdez，2005。

② 见 Smolensky，1991 和 van Gelder，1990。这项工作在 Bermúdez，2005 中也有讨论。

置 1、位置 2、位置 3），以及三个填充符，字母 A、B 和 C。每一个字母和位置（角色和填充符）都有一个不同的联结主义"矢量"表征，并且两者通过一种被称为矢量乘法的过程绑定在一起。结果是这样一个系统可以有差别地表征（A，B，C）和（B，C，A）。然而由此产生的表征并不只是简单地模仿把组成部分串在一起的经典技巧。相反，该结构性表征正是基矢量相乘产生的另一个矢量（一列数）。由于这个原因，这样一个系统（如 van Gelder，1990 所很好地解释的）并不简单地等同于变相实现原始的经典策略。

查尔莫斯（Chalmers，1990）为系统性结构提供了另一个联结主义的视角。他使用了一种被称为递归自动关联记忆[①]（recursive autoassociative memory，RAAM）的技术来发展句子结构树的压缩表征。查尔莫斯表明一个联结主义网络可以学习直接操作这些压缩描述，从而执行结构敏感的转换（诸如把主动句转化为被动句），而不需要首先把递归自动关联记忆编码解压成它的原初组成部分。结论是，福多和派利夏恩所强调的那种组合结构可以以一种独特的联结主义方式（递归自动关联记忆编码）被编码并直接在这种形式中被利用。

对这种进路的细节和问题的进一步讨论可以参看克拉克（Clark，1993）和贝穆德斯（Bermúdez，2005）。然而，目前的重点是：对于认知的系统性是否能有一种独特的联结主义说明，这是一个经验问题。另一个挑战是寻找联结主义的方法来支持存储信息体的多重可使用性。当前的网络往往针对特定任务，然而人类主体能够调用相同的知识体系服务于许多不同类型的项目。这种能力（看起来与福多和派利夏恩所援引的系统性密切相关，尽管不完全等同）已经使用诸如"门控"技术被研究过，这种技术利用子网络控制信息流变化，子网络的任务是打开和关闭内部影响的通道（如见 Van Essen et al.，1994；Jacobs，Jordan and Barto，1991）。

---

① 见 Pollack，1988。

对于系统性问题的另一个主要回应（见 Bermúdez，2005）是淡化认知的系统性本身的程度和重要性。这个回应与刚介绍过的更加技术性的回应相辅相成，因为技术性的技巧看起来是为了换来一定程度的系统性、多重可用性等，但可能仍然未能提供相当于经典内部符号可操作性的极端版本。代替这种极端的可操作性（由一个共同的中央数据库和统一的符号代码所提供的类型见第 2 章），我们很可能遇到一个更加模块化的系统，它没有中央符号代码，却有一个动力可重构的内部影响通道的网络。这种系统必须在大量相对特殊目的的适应基础上建立任务灵活性。这种"技巧包"回应的问题在于，并不清楚它如何能扩大到解释全部人类思维和理性的范围。填补空白的一种可能方式是强调（Dennett，1991a，1995；Clark，1997，1998a；Bermúdez，2005）公共语言本身的认知增强和认知转换能力。公共代码中真实块状的外部符号确实是广泛可重组的和高度可操作的，这种代码的出现为基本的生物性认知增加了全新的维度（这在 Dehaene，1997 的数学知识特例中得到了严谨细致的实证阐释）。于是，或许正是这些新的（且相对近期的）维度赋予了人类思维如此深度系统性的外观。我们拥有一种新的工具——语言，它以一种新的方式塑造和引导我们的思维。福多和派利夏恩认为，我们基本的认知架构，即我们与非语言的动物如狗和兔子所共享的认知架构，本身采用了经典符号操作的系统。他们的主张不仅是关于我们人类的，也是关于一般的智能生物的。然而，正如丹尼特（Dennett，1991b）所指出的，根本不清楚（非人类）动物的思维是否具有福多和派利夏恩定义的系统性。能想到"我想吃那只小狗"的狮子很可能天生就不能够想到"那只小狗想吃我"。似乎至少有可能是我们使用公共语言的经历使得我们能够想出如此开放多样的思想，因此认知的系统性可能也不是普遍存在的，而是与我们的语言能力本身紧密相关。

总之，系统性论证注意到两个重要现象：多重使用信息存储体的能力和以结构化方式编码知识的能力，但是坚持联结主义的某些方案也能在一定限度内解决这两种需求。另外，仍然不清楚福多和派利夏恩所论述的完全的系统性是否反映了我们基本的认知架构的事实，还是反映了更为近期的语言所叠加的结果。

（C）生物实在性？

对第一波联结主义最有力的批评是质疑其生物学合理性。当然，这种批评有时是误导的。任何模型都必须简化才能解释，但是有三种基于生物学的批评似乎切中要害。

一种担忧涉及人工任务的使用，以及输入和输出表征的选择。因为尽管这种网络学会了自己解决给定问题的方法，但是它们所学习的东西仍然被很多人类实验者做出的选择严重污染，尤其是问题领域和训练材料的选择。就问题领域而言，困难在于很多关于问题自身本性的经典想法被保存了下来。许多网络致力于研究所谓的"水平微观世界"（horizontal microworlds）：人类层次认知的小片段，诸如产生英语动词过去时态的能力（Rumelhart and McClelland，1986）或者学习简单语法的能力（Elman，1991a）。即使这些任务看起来更基本时（如平衡在可移动支点上旋转的横梁上的积木块，见 McClelland，1989；Plunkett and Sinha，1992），输入和输出表征的选择通常也是非常人为的。例如，积木块平衡程序的输出并非涉及机械臂的真实动作，甚至不是这种动作的编码。相反，它只是两个输出单元的相对活动，在两个单元上相等的活动表示对平衡状态的预期，而任何一个单元上过多的活动则表示横梁将在那个方向上失去平衡。同样，系统的输入也是人为的——对一个输入通道上的权重和另一个输入通道上与支点间距离的任意编码。认为这种建立问题空间的方式很可能会导致非真实的、人为制造的解决措施的观点不无道理。另一个可能更好的替代策略当然是建立系统时采用生物学上更真实的输入（如使用照相机）并产生真实的行动作为输出（移动真实的积木块到平衡点）。当然，这样的设置需要解决许多额外的问题，而科学必须总是尽可能简化实验。然而，令人怀疑的是，将真实世界和行动中的有机体从认知回路中剥离出来的简化做法，是认知科学负担不起的。因为这种简化可能会掩盖生态学上真实问题的那种解决方法，而这些问题刻画了像我们这样的积极具身主体的智能。认知科学希望阐明真实的生物认知，但这可能不适合采用持续地从知觉和行动所锚定的现实世界中进行抽象的策略。这种抽象也剥夺了我们的人工系统通过直接利用现实世界的结构来简化或者转换其信息处理任务的机会。这种直接利用的例子包括把现实世界作为自身模型（如见 Brooks，1991）以及在物理上重构环境以便减少问题求解的计算复杂度（见第5~8章）。

第二个问题在于，早期的联结主义网络往往使用相对少的单元和联结资源（与大脑相比）来处理相对离散和定义明确的问题。正如我们之前所评论的，网络往往在真实世界问题的人工版本上进行训练——这些版本显著缩小了真实的感官数据和运动控制所需的输入和输出矢量，并且它们通常聚焦于一个单独的问题。相比之下，自然界的神经网络必须处理非常高维度的输入和输出，而且必须设法应对这样的事实，即我们经常会受到属于多个问题的批量数据袭扰并因此需要内部的分类和分配。正如丘奇兰德和谢诺沃斯基（Churchland and Sejnowski，1992）评论的，"有关运动、立体感、形状等的视觉信息必须被神经系统分离，物体并不会在到达视网膜时就被打包和标记好"。这种分离的另一面也被观察到，至少在我们直观地识别出多种问题求解任务时，生物性的神经网络通常有助于完成这些任务。因此"一个网络，一个任务"的精神可能构成对生物学事实的实质性扭曲（见 Karmiloff-Smith，1992）。

因此聚焦在狭窄范围的小型网络中运作良好的解决方案往往无法扩展到处理大范围的输入空间和多个任务。语音识别网络能够处理单个声音发出的不连贯的单词，但是试图处理多个声音产生的连续语音的任何尝试都能破坏这种网络。简单地扩展网络通常也不能解决这个问题，更大的网络要求更多的训练时间和数据，而且经常会由于"忘却"（unlearning）现象而失败。这里，尝试适应一种新的数据模式（比如说需要在儿童的语音中识别元音）导致网络覆盖（并因此遗忘）其他信息（例如如何在成年男性语音中识别相同声音）——见 French，1992，1999。

真实的神经网络会如何应对？一种易于合理理解的策略需要使用多个网络的网络来取代单一的资源。复杂的真实世界问题似乎经常需要高度铰接的处理架构。例如，多声源的元音识别问题产生出一个包含一组较小网络的架构，每一个小网络学习专门处理特定类型的声音（如成年男性、成年女性、儿童，见 Churchland and Sejnowski，1992；Jacobs，Jordan，Nowlan and Hinton，1991）。此外，认为大脑可能使用多种多样相对特殊目的的子网络来运作的观点，在当代神经科学中得到了越来越多的支持（见第 5 章）。

第三个问题是，许多人工神经网络与真实的神经科学研究细节仍然相距甚远。真实的神经元组合体展示出（大多数）联结主义模型所缺乏的各种各样的属性。这些属性包括非局域效应（如通过气体或化学物质在大范围内扩散来改变整个神经元群的反应，见 Brooks，1994 的讨论，以及 Husbands et al.，1998 对"气体网络"的研究）、连续时间处理、使用各种不同类型的激活函数以及高度递归的联结性。包含这些特征的模型展现出在简单的第一波系统中所没有的一整套动力系统属性（Wheeler，1994，2005）。

此外，对于总体神经解剖学细节的更多持续关注有时可能会带来好处。因此麦克勒兰德等人（McClelland et al.，1995）提出了这样的问题："为什么会有海马体？"这篇论文算是一个很好的例子，表明联结主义的思考与神经科学的研究如何富有成效地共同进化。该论文着手确定已知的神经结构可能扮演的计算角色，通过假设那个神经结构（海马体）能够在新获得的模式上缓慢训练进一步的资源（新皮质），从而避免了普遍存在的忘却或灾难性遗忘的问题（见上文）。这种进路已经在互补学习系统（complementary learning systems，CLS）的标签下得到了探索和改进（见 O'Reilly and Rudy，2001；Norman and O'Reilly，2003；McClelland，2011；一个包含对相似性的递归计算支持快速泛化的重要扩展见 Kumaran and McClelland，2012）。这项工作（也可见 O'Reilly and Munakata，2000；O'Reilly et al.，2012）正好位于基本的联结主义原则和问题（新模式覆盖旧模式的倾向）与神经科学数据和神经解剖学的交叉点。联结主义与神经科学推测的这种共同进化提出了一条主要途径，让联结主义者能够开始正视理解真实的生物认知的挑战。

第一波联结主义的研究在拓展我们的计算视野方面发挥了至关重要的作用。它们用翔实的细节表明，即使没有与最初的物理符号系统假设相关联的标准符号操作装置，也照样有可能解决复杂的问题。这项工作持续产生重要的见解，并已被扩展为包括互补学习系统的研究以及与概念发展相关的各种新阐释（见 Rogers and McClelland，2004）。然而，要完成这场革命，我们必须进一步扩展和调整新的视角。这种调整包括探究模拟更广泛的特征和动力系统的潜在影响（见接下来的第 5~7 章和第 11 章）。这种扩展需要认识到外部和非生物的资源在促进认知成功中所起的深刻作用。这些资源包括身体行动、器具和人工制品、当地环境以及外部符号结构。其结果是，在一种认知能动性的视角中内部和外部发挥着互补的和深度交织的作用，并且内部计算过程几乎最大限度地远离前面章节中探讨过的经典视角。这种替代视角在生物学上合理可行，概念上有吸引力，且在计算上经济。但是它带来一系列新的障碍和引人入胜的问题，我们很快就会看到。

第 5 章

知觉、行动与大脑间的联系

5.1　概述

　　是时候重温理解认知的计算进路背后的指引性动机之一了。人工智能历史上的重要人物大卫·马尔在 20 世纪 80 年代很好地表达了这个动机。通过反思对神经组织和结构的典型神经科学研究（马尔本人曾参与这些工作），他主张还需要：

　　　　（某些）对所执行的信息处理任务的特征额外层次的理解……以

一种独立于在我们的大脑中实现它们的特定机制和结构的方式被分析和理解。

（Marr，1982）

马尔提出的策略是把解释性任务划分为三层。首先且最重要的是，要有（层次1）对正在执行的任务（如通过声呐定位一个猎物、通过二维的视觉输入识别三维的物体、做加法、将一组数按顺序排列等等）的一般分析。这会涉及确定一个精确的输入-输出函数以及设法解决在问题求解中哪些子任务将需要被执行的问题。然后，随着任务变得更好理解一些，你可以（层次2）进而描述一个方案来表征输入和输出，以及将执行任务的一系列机械的步骤。最后（层次3），在获得了这样一个清晰但仍然抽象的对任务及执行它的一系列步骤的理解后，你可以设法解决最具体的问题：我们实际上如何构建一个能够实施和完成这系列步骤的装置。这3个层次的分析被分别称为计算理论（或更准确地说是任务分析）的层次、表征和算法的层次以及实现的层次。仅仅理解比如说视觉背后的神经结构是什么，以及神经元如何被激活和组织起来，相当于只是考察了如何具体实现一个仍然未被理解的抽象策略，比如说把2D的视网膜输入转换为3D的视觉场景模型。缺失的——且是至关重要的——是对所涉及任务（层次1）和信息处理步骤集（层次2的算法）的细节之理解。

某些认知科学家把马尔的框架看作我们忽略或轻视理解生物性大脑的重要性的许可。原因不难看出：大脑被一致认为在某种意义上是认知和心智属性的物理引擎，但关于大脑（作为产生心智的引擎）所有确实起作用的东西似乎并不在于物理的细节，而在于大脑所（"仅仅"）实现的计算的和信息处理的策略（层次1和2）。此外，早些时候神经科学的理解状况被广泛认为太不发达，并不足以对计算的理论建构施加太多现实的约束——尽管有趣的是，马尔自己的某些早期研究对当时可获得的神经科学数据进行了最好、最具计算信息量的运用。[1]

马尔的三层次框架现在看来是过于简洁了。在现实世界中，正如我们将看到的，任务、算法和实现之间的区别并不总如水晶般清晰。更重要的是，在发现良好的自然认知计算或信息处理模型的过程中，神经科学的理解能够且应该为其提供深刻的启示。确实，两种形式的理解应该以一种富于互动的方式共同发展。

关于马尔的框架正确之处当然是这个观点：仅仅理解生理学是不足够的。要在神经物质的组织和活动中把握心智属性的起源，我们需要理解这个系统是如何在更高、更抽象的层次上被组织的，并且我们可能需要把那种组织的某些方面与认知相关功能的计算联系起来。认知科学家布莱恩·坎特韦尔·史密斯（Brian Cantwell Smith，1996）有力地指出了这一点，他将其与理解普通计算机系统的方案进行类比。例如，对于一台运行税务计算程序的标准个人计算机，我们可以很容易地回答所有"生理学"问题（使用源代码和接线图），但仍然对这个程序的功能与它的工作方式缺乏真正的理解。许多理论家相信，要真正理解心理活动如何产生心理状态，我们必须同样理解某种大脑的计算/信息处理组织。生理学研究可能有助于这种理解，但即便一个完整的生理学故事，就其本身而言，也无法揭示出大脑作为产生心智的引擎是如何运作的。

再次强调，危险的是，这个观察结论可能被用来作为完全轻视或边缘化考察生物性大脑的重要性的借口。尽管当我们拥有计算的理解时，原则上它独立于硬件（或湿体）中任何具体的实现细节，但是发现相应的计算描述（特别是对于生物系统）的研究项目则绝对不是独立的。

这里的一个关键因素是进化。生物性大脑是生物进化的产物，因此经常不能以我们（作为人类设计者）所预期的方式来运作。[2]我们被要求在

---

[1]　见 Marr，1969 以及 Vaina，1991 中的各篇论文。

[2]　见 Simon，1969；Dawkins，1986；Clark，1997；Marcus，2009。

马尔的层次 1 和 2 采取抽象的"设计立场"（见 Dennett，1987），这既受制于我们关于认知任务实际上是什么的直觉想法（视觉真的是关于如何获得从 2D 输入 3D 世界模型的一个映射吗？我们将在后面找到怀疑的理由），也受制于我们对可能的设计空间的相对偏见。相比之下，生物进化是以我们所不具有的方式既受限制又无拘束的。它被限制为要在更简单但已成功的祖先形式之上渐进地构建其解决方案。举个例子，人类的肺是经过一个对鱼的泳鳔进行"修修补补"（Jacob，1977）的过程而形成的。人类工程师从零开始可能会设计出一个更好的肺。相反，修补匠必须采用一个既存的装置并巧妙地使之适应新的角色。从工程师的非历史的视角来看，修补匠的解决方案看起来可能很古怪。类似地，生物性大脑所使用的处理策略可能会使计算机科学家感到惊讶，因为这些策略本身是经过一个渐进的、零碎的对旧的解决方案进行修修补补的过程进化来的。

更为积极的是，生物进化是无拘束的，它能够发现有效但"混乱"或不明显的解决方案，这些方案可能利用例如环境的交互作用和反馈回路，它们的复杂度足以迅速难倒一个人类工程师。自然的解决方案（正如我们稍后将看到的）能够利用神经、身体和环境等资源的任意混合，并伴随其复杂、循环以及常常非线性的交互作用。因此，生物进化能够探索出一个非常不同于那些人类有意识的理性的解决方案（在某些维度更宽，在其他维度更窄）。

认知神经科学的最新工作强调了生物学与"工程"的问题解决方案之间的差距，并且越来越意识到生物系统中，知觉、思维和行动之间重要的相互渗透。某些简要的例子应该有助于调整口味。

作为一个温和的切入点，请思考近期某个关于猴子手指运动的神经控制的研究。传统观点把猴子的手指描述成由空间中聚集的相邻神经元群单独控制。根据这个叙事，神经元（在初级运动皮质 M1 区）被组织为一个"躯体对应性地图"，一个个专门的神经子区域支配着每一根手指，这些子区域在空间中的排列顺序就像是每一只手上的手指排列一样。这是一个整齐的、易于构想的手指控制问题的解决方案。但这是工程师的解决方案，而不是（现在看来）"自然界"的解决方案。

席贝尔和希巴尔德（Schieber and Hibbard，1993）表明，单个手指的运动伴随着近乎在整个 M1 手部区域扩散的神经活动，并且精确的、单个手指的运动比起某些用到多个手指的整个手部活动（诸如抓握一个物体）实际上需要更多神经活动。这样的结论与手指特异性局域神经元群假说并不一致。然而，从更偏进化论的视角来看，理由是显而易见的。席贝尔（Schieber，1990）猜测，祖先的基本需要是整个手部的抓握运动（用来抓住枝丫、滑翔、获得水果等），因此最基本的神经适应是为了让简单的指令能够利用自然选择的肌肉和肌腱的内在协同作用①，从而产生这种协调的运动。"复杂"的协调情形反而是进化上更基本、神经上更简单的。"简单"任务，例如，控制单个手指，意味着更困难的问题，要求更多的神经活动：运用某些运动皮层神经元去抑制其他手指的自然协调的活动。精确的单个手指运动因此要求神经控制系统去修补对整个手部的指令，调整基本的协调作用方式（机械连接的肌腱等）以适合更普遍的（整个手部）任务。

接下来考虑一个知觉适应的案例。我们知道，人类的知觉系统能够（经过时间和训练）以十分有力的方式适应于扭曲的或位置变动的输入。例如，当受试者戴上颠倒整个视觉场景的眼镜，使得世界的样子上下倒立，他们能够学习如何协调视觉和行动。当戴上这种眼镜一些日子以后，世界看起来突然翻转了——世界的各个方面在受试者看来就是处于正常

---

① 协同作用的概念旨在刻画这样的联系观念，这些联系约束着由许多部分组成的系统的总体表现。例如，汽车的前轮展示出一种内置的协同作用，它允许单个司机"下达指令"（给方向盘）以同时影响两个前轮。协同联系也可能是习得的，正如当我们掌握一项自动技能时，可能在神经上就像植根于直接生理上的技能那样。见 Kelso，1995。

的垂直位置。眼镜取下后，场景会再次颠倒过来，直到受试者重新适应。[①] 撒奇等人（Thach et al., 1992）使用这种实验的一个变体来表明某些知觉适应的运动特异性。受试者戴上稍微倾斜视觉场景的眼镜后，被要求向靶盘投掷飞镖。在此案例中，重复的练习导致成功的适应[②]，但这种适应是特异于运动回路的。该适应并没有"延续"到那些需要用非惯用手投掷，或者把通常的上手投掷改成下手投掷的任务。相反，适应看起来被限制在十分特定的注视角和投掷角组合：在上手、惯用手的投掷中的角度。

　　这种适应的某些神经机制现在已经明了了。[③] 然而，总的教训涉及知觉-行动系统自身的本性。因为越来越多迹象表明，由一个通用目的的知觉系统传递输入给一个独特且完全独立的行动系统，这幅简单图景在生物学上是扭曲的。相反，在特定任务的语境中，知觉和行动这两个系统是一起运作以促进适应成功的。依据这个观点，知觉和行动形成一个深度交互联动的统一体。

　　这个观点的进一步证据有多种来源。例如，考虑以下事实，哺乳动物的视觉系统所依靠的信息处理策略并不是严格层级化的，反而依赖于多种自上而下的和从一侧到另一侧的影响通道。这些复杂的内部通路允许多种类型信息（高层次的意图、低层次的知觉以及运动）的组合来影响视觉信息处理的所有阶段（见方框 5.1）。

---

① 对这些实验的综述，可见 Welch，1978 和 Gregory，1998。

② 在此案例中，在现象体验上没有任何知觉到的改变。

③ 例如，目前已知在具有泛发性小脑皮质萎缩的病人中从来没有出现适应，而下橄榄体肥大则导致有缺陷的适应。基于这些以及其他证据，撒奇等人猜测，一个包含下橄榄体和小脑（通过攀缘纤维联结）的学习系统在棱镜适应和对常见刺激的模式反应的通用学习中是活跃的。

方框 5.1

猕猴视觉系统：地下通路图

猕猴（举一个经过充分研究的例子）拥有大约 32 个视觉脑区（V）和 300 多条联结通路。联结通路既有向上的也有向下的（如从 V1 到 V2 再返回），以及从一侧到另一侧的（在 V1 的子区域之间，参见 Felleman and Van Essen，1991）。诚然，在"更高"处理层次比如 V4 的单个细胞，似乎专门用于识别特定的几何形状。但是在某种程度上，它们也会对许多其他刺激做出反应。因此这些细胞的功能不是简单地作为特征探测器，而是作为受全范围多方面刺激调谐的过滤器（Van Essen and Gallant，1994）。因而最具信息意义的事实往往涉及这种调谐过滤器的

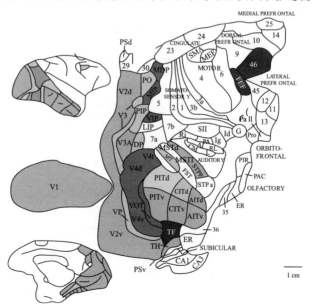

图 5.1　猕猴的皮层区域地图。

整体细胞活动模式——这个图景更符合第 4 章的联结主义图景而不是第 1 和第 2 章的符号图景。更为复杂的是，这些细胞的反应现在看来可以被注意力和局部的特定任务语境中的细节所改变（Knierim and Van Essen，1992）。事实上，在猴子的大脑中，向后投射的（皮质层）联结往往多于向前投射的联结；换言之，从大脑深处向外通到感官外围的通路比反过来的更多（尽管大部分的联结是双向的，见 Van Essen and Anderson，1990 和 Churchland et al.，1994）。因而视觉信息处理包含各种各样的交叉影响，它们只能粗略地（如果可以的话）被描述为一个从低到高（从知觉到认知）层次的整齐进程。

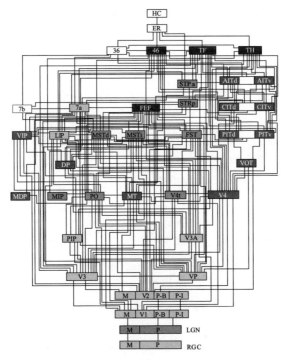

图 5.2　视觉区域的层级。这个层级图展示了 32 个视觉皮质区域、亚皮质视觉阶段（视网膜神经节细胞层 RGC 和外侧膝状体核 LGN）加上若干非视觉区域（躯体感觉皮层的 7b 区、嗅周区 36、脑区 ER 和海马的复合体）。这些区域由 197 条线路所联结，其中大多数已被表明是双向往返通路。
（来源于 Felleman and Van Essen，1991。David Van Essen 慷慨准允重印。）

　　这种复杂的连通性开启了丰富的组织可能性，可使多种信息资源组合起来支持视觉引导的行动。这些组合的早期研究案例由丘奇兰德、拉马钱德兰和谢诺沃斯基（Churchland, Ramachandran and Sejnowski, 1994）提供，他们称之为"交互式视觉"的系统提供了一个基于神经生理学的说明。交互式视觉的范式不同于这样的进路，即假定一个简单的劳动分工，其中知觉信息处理产生出一个关于 3D 视觉场景的丰富、细致的内部表征，然后作为输入传给推理和计划的中心，继而计算出一系列行动并给运动效应器发送指令。这个简单的图景（机器人学家称之为"感觉-思考-行动"循环），现在看来是不符合自然界事实的。特别是以下命题：

　　1. 日常的主体-环境交互作用似乎并不依赖于建构和使用关于完整 3D 场景的综合、细致的内部模型。

　　2. 低层次的知觉可能会"调用"运动例程以产生更好的知觉输入，从而改善信息获取。

　　3. 发生在现实世界的行动可能有时在计算过程本身中扮演重要角色。

　　4. 对世界中事件和结构的内部表征可能不大像是一个消极的数据结构或描述，而更像是行动的一个直接指令清单。

　　命题 1 的证据来自一系列实验，实验中的受试者要观看一个计算机屏幕上的图像。随着受试者的眼睛围绕场景扫视（首先聚焦于一个区域，然后另一个），显示器上出现变化。这些变化是在扫视的过程中出现的。惊人的事实是，大部分受试者[1]都没有注意到图像中巨大的变化：这些变化包括灌木丛取代树、增加一辆汽车、一顶帽子消失等等。变化盲视（change blindness）的结果也不局限于那些在一次扫视中出现变化的情形。运动瞬变通常会将我们的注意力吸引到发生变化之处，而几乎任何消除运

---

[1]　例外受试者被提前告知注意某个特征的变化。见 McConkie, 1990 和 Churchland et al., 1994。然而，近期的研究给这幅图景增加了某些重要的（尽管不是颠覆性的）异议，在下文的 5.2 C 节中有讨论。

动瞬变的东西都能达到盲视的效果。有效的技术包括非常缓慢地做出变化，在闪白（在变化前后呈现的场景之间插入简短空白）的掩盖下变化，在一段影片的剪辑之间变化，让变化发生在现实世界场景中路过遮挡障碍物时，在眨眼之间变化，等等（见 Simons and Levin，1997，更易得的综述可见 Simons and Rensink，2005）。为什么如此显而易见的改变没有被探测到？一个令人信服的假设是，视觉系统压根没有试图对当下场景建构一个丰富的、细致的模型，反而倾向于使用频繁的扫视去调取信息，等到有需要时用于某个特定的问题解决目的。这与亚尔布斯（Yarbus，1967）的经典发现非常吻合，这种扫视模式随着受试者被设定的任务类型（如给出图片中人物的年龄或猜测他们所从事的活动等）而改变（即便面对相同的场景）。依据丘奇兰德等（Churchland et al.，1994）和巴拉德（Ballard，1991）的研究（也可见 Ballard et al.，1997；Clark，2002a），我们之所以容易有这样的错觉，即认为我们不断地掌握当下视觉场景的丰富的内部表征，正是因为我们能够进行快速扫视，等到有需要时调取信息。（一个类比：一个现代商店可能会给人一种它库存有大量商品的错觉，因为在你需要的时候它总是有你想要的东西。但是现代计算机订货系统能够自动清点销售情况和订购新的商品，这样就能在需要的时候，甚至在有需要的时刻到来前就有必要的商品。这种即时订购系统大大节省了现场存储空间，同时又直接根据客户需求定制供应。①）

当代的机器人学研究（见 Pfeifer and Scheier，1999；Pfeifer and Bongard，2007；和接下来的第 6 章）受益于这类节约机制。"新机器人学"的先驱之一罗德尼·布鲁克斯（Rodney Brooks，如 Brooks，1991）打出口号"世界是它自己最好的模型"来刻画这种特色。举个例子，一个名叫赫伯特（Herbert）的机器人（Connell，1989）被设计用于收集拥挤的实

---

① 感谢 David Clark 指出这一点。

验室周围残留的软饮料罐。但赫伯特并不需要强大的传感能力和详细的预先计划，而是（非常成功地）使用了一组粗糙的传感器和简单、相对独立的行为例程。基本的避障功能是由一圈超声波传感器控制的，如果前方有物体，这些传感器就会让机器人停下来。如果赫伯特简单的视觉系统检测到一个大致像桌子那样的轮廓，常规的移动（随机定向的）就会中断。这时，一个新的例程启动了，桌子表面会被激光扫描。如果一个罐状的轮廓被检测到，整个机器人就会旋转，直到罐子进入它的视野中心。这个物理动作通过创建一个标准的动作框架简化了拾取程序，配备了简单触觉传感器的机器人手臂会径直向前轻轻地掠过桌子表面。一旦遇到罐子，机器人就会抓住并收集它，然后继续前进。请注意，赫伯特的成功没有使用任何传统的规划技术，也没有创建和更新任何关于环境的细致内部模型。赫伯特的世界是由无差别的障碍与大致像桌子和罐子的轮廓组成的。在这个世界中，机器人也利用自身的肢体动作（旋转躯干使得罐子在其视野里居中），从而大大简化为了最终收集到罐子所涉及的计算问题。因此赫伯特是一个既成功使用了最小的表征资源，又使得总体的肢体活动有助于精简知觉例程（如前文命题 2 所主张）的简单例子。

"交互式视觉"框架为这种宽泛策略设想出一个更详尽的自然版本，即利用一种知觉运动回路，其作用是通过组合多种信息来源以充分利用传入的知觉线索。这里的观点是，知觉不是一种被动的现象，依据被动的知觉观，动物先创造出一个对被知觉场景的细致表征，而肢体活动在这个复杂过程的终点才开始。实际上相反，知觉和行动参与到一种渐进的贴标签游戏中，远在感觉信号达到最高水平之前，运动流程就已经开始了。因此，知觉的早期信息处理可能产生一种对场景的原初分析，促使生物体选择行动（诸如头和眼的运动），其作用是提供一个稍微升级的感觉信号。这个信号可能进而产生一个新的原初分析来指示进一步的视觉运动行为，等等。甚至整个身体的运动也可以被用于部分地改善这个知觉提取过程。

例如，注视一个物体可能涉及眼睛、头部、脖子和躯干的运动。丘奇兰德等人（Churchland et al.，1994）说得好："看迈克尔·乔丹打篮球或一群乌鸦从狼那里偷走驯鹿尸体的肉，往往就能突显出视觉运动协调的整体和全身特征。"这种整体特征与神经生理学和神经解剖学的数据相一致，这些数据表明了运动信号在视觉处理过程中的影响。①

接下来看命题 3（现实世界的行动有时可能在计算过程本身中扮演重要角色），考虑从地面上区分出形象（从田野里看到兔子，诸如此类）的任务。结果表明，利用眼睛注视时头部运动所获得的信息极大简化了这个问题。同样，利用观察者自身的自主运动所获得的线索，深度知觉得以极大简化。当观察者移动时，近处的物体会比远处的物体显现出更多的相对位移。正如丘奇兰德等人（Churchland et al.，1994）所注意到的，这很可能就是为什么摆动头部的行为在动物中很常见："与试图从单一快照计算深度的方法相比，将多次扫视整合起来估计深度的视觉系统节省了计算量。"或者假设你被要求解决如图 5.3 所示的拼图问题。在这个任务（Ballard et al.，1997）中，给你一个模式图案的彩色方块，要求你将相似的方块从储备区域移动到新的工作区域来复制方块图案。通过使用储备区域的备用方块，你的任务是从储备区域一次移动一个方块到你正忙着创建的新区域来重新创建图案。该任务是通过在计算机屏幕上点击和拖动鼠标来完成的。当你这样做时，眼动仪会精确地监测你在何时何处看向拼图的不同部分。

你认为你会使用什么解决问题的策略？一个有条理的策略可能是查看目标，决定下一个要添加的方块的颜色和位置，然后通过从储备区域移出方块来执行计划。这几乎就是你所能预期的经典人工智能规划系统，

---

① 再举另外两个例子——在 V1、V3 和 LGN 中存在着对眼睛位置敏感的神经元，而在 V1、V2 中存在着似乎可以提前知道扫视运动计划的细胞（显示出对目标对象的敏感性提升）。见 Churchland et al.，1994 和 Wurtz and Mohler，1976。

例如，斯坦福研究所问题解决者（STRIPS，the Stanford Research Institute Problem Solver）早期的移动机器人沙基（Shakey）所使用的策略（一个全面的回顾性综述见 Nilsson，1984）。

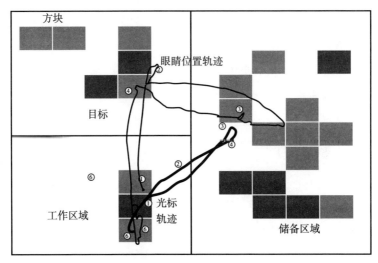

图 5.3　在任务中复制一个方块。眼睛位置轨迹由细线表示，光标轨迹由粗线表示，数字表示眼睛和手动轨迹的及时对应点。Ballard et al.，1997 准允重印。

　　当被问及我们会如何解决这个问题时，我们中的很多人口头上都赞同这个有条理且简单的策略。但是嘴巴上讲的是一回事，手和眼睛讲的却是另一回事，因为这肯定不是大多数人类受试者使用的策略。巴拉德等人发现，为完成任务对模式图案的反复快速扫视，比所设想的要多得多。例如，受试者在挑出一个方块之前和之后都会观察模式图案，这表明当受试者瞥一眼模式图案时，他只存储了一条信息：要么是下一个要复制的方块的颜色，要么是位置。

　　为了验证这个假设，巴拉德等人在受试者看向其他地方时利用计算机程序改变一个方块的颜色。在大多数这些干预中，受试者并没有留意到变化，即便方块及其位置之前已被看到过多次，或者正是当下行动的焦点。对此的解释是，当受试者瞥一眼模式图案时，他只存储了一条信息：要么是下一个要复制的方块的颜色，要么是下一个方块的位置（而非两者都是）。换言之，即使反复扫视同一个位置，也只保留了很少的信息。相反，反复注视能提供特定的"正好及时"的有用信息。

实验者总结道：

> 在方块复制范式中……注视似乎与底层过程紧密相连，通过标记所要获取信息（如颜色、相对位置）的位置，或者识别出手部运动（挑选出、放下）目标的位置。因此注视可以被视为绑定当前与任务相关变量的值。
>
> （Ballard et al., 1997）

有两个因素在这个故事中起作用。第一，视觉的注视在这里扮演着一个明确的计算角色。正如巴拉德等人（Ballard et al., 1997）评论的，"改变注视点类似于改变硅基计算机中的内存引用"。因此注视的这些用途可以用术语指示指针（deictic pointers）来描述。第二，对物理图案的反复扫视允许受试者利用巴拉德等人所称的"最小记忆策略"来解决这个问题。其原理是，大脑创造出使其所需的工作记忆量降到最低的程序，而眼球运动在此处被调用来将新的信息放入记忆。实际上，通过改变任务要求，巴拉德等人也主张系统地改变生物性记忆与积极、具身的信息检索的特定组合，用来解决不同版本的问题。他们得出结论，至少在这种任务中，"眼球运动、头部运动和记忆负荷以一种灵活的方式相互协调助益"。

因此再到命题 4：对世界中事件的神经表征可能不大像是一个被动的数据结构，而更像是一个行动的直接指令清单。其产生的驱动力，再次体现了计算的经济性。如果知觉和理性的目标是指导行动（从进化的角度来说确实如此），那么用与我们想要执行的那些行动密切相关的方式来表征世界往往会更为简单。举个简单的例子，一只动物使用它的视觉输入来引导某种特定的接触行为（以便获取和摄取食物），并不需要对周围空间形成一个以对象为中心的表征。相反，一个系统化的度量转换（由两个内部地图之间点对点的映射实现）可能会将视觉输入直接转换为伸手抓取食物的指令。在这样的设置下，动物不需要进行额外的计算来建构一个中立于行动的内部模型以便规划出一条接触对象的轨迹。相反，知觉处理过程在早期阶段就根据视觉输入的特定用途而调整。[1]

同样，麻省理工学院人工智能实验室的马娅·马塔里奇受神经生物学启发开发了一个关于大鼠如何在环境中导航的模型。这个模型利用了机器人赫伯特所用的那种分层架构[2]。然而，最直接引人关注的是机器人了解其周围环境的方式。当它在一个简单的迷宫中移动时，它会检测那些被记录（见图 5.4、5.5、5.6）为感觉输入与当前运动的组合的地标。因此一条狭窄的走廊会被记录为前向运动与来自声呐传感器的短横向距离读数的组合。之后，如果要求机器人找到返回其记住位置的路，它就会检索[3]到这样一组相互关联的感觉与运动读数的组合。由于运动信号就是所存储的空间知识的一部分，于是被存储的环境"地图"成为适合立即充当行动的指令清单。两个位置之间的关系被直接编码为一组运动信号，使得机器人能从一个位置移动到另一个位置。因此内部地图本身是机器人必要运动的指令清单。相比之下，一个更经典的进路会首先生成一个更客观的地图，然后需要对其进行推理来规划路线。

---

[1]　这个策略在丘奇兰德（Churchland，1989）对"联结主义的螃蟹"的说明中有详细描述，其中人工神经网络（见本书第 4 章）的研究被应用于在变形的内部"地形"图之间创建有效的点对点联结的问题。

[2]　这被称为包容架构，因为每一层都构成了一个完整的行为生成系统并且只以简单的方式相互作用，诸如一层包容（阻断）另一层的活动，见 Brooks，1991。

[3]　通过在编码地标的节点之间传播激活的过程，见 Mataric，1991。

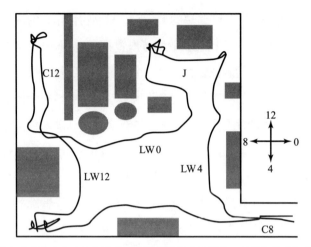

图 5.4 机器人在杂乱的办公室环境中反射性导航行为的例子。标签包括地标类型和罗盘方位（LW8，左墙朝南；C0，走廊朝北；J，不规则长边界）。

来源：Mataric，1991。由 M. Mataric 和 MIT 出版社慷慨准允使用。

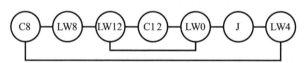

图 5.5 机器人在图 5.4 所示环境中构建的地图。地标之间的拓扑联结表示物理空间相邻。

来源：Mataric，1991。由 M. Mataric 和 MIT 出版社慷慨准允使用。

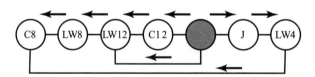

图 5.6 地图积极地执行路径查找任务。阴影节点是目标节点，箭头表示来自目标节点的激活的传播。

来源：Mataric，1991。由 M. Mataric 和 MIT 出版社慷慨准允使用。

马塔里奇的机器人（基于真实的大鼠神经生物学，见 McNaughton and Nadel，1990）例证了我所说的"行动导向的表征"（Clark，1997）的吸引力：这种表征通过描述可能的行动来描述世界。[①] 这个图景与之前报告的几个结果非常吻合，包括对猴子手指控制和"知觉"适应的运动回路特异性的研究。看来，知觉活动的产物并不总是对外部现实世界行动中立的描述。相反（见方框 5.2），它们可能构成行动和干预的直接指令清单。于是我们瞥见了丘奇兰德等人（Churchland et al.，1994）所描述的"以运动为中心"而非"以视觉为中心"的框架的某种形态。

把所有这些放在一起，就提出了一个更为综合的关于知觉、认知和行动的模型。知觉本身往往与行动的可能性纠缠在一起，并不断受到认知、语境和运动因素的影响。它不需要产生一个丰富、细致和行动中立的内部模型来等待"中心认知"的服务，以便推断出适当的行动，事实上这些旧的区分（在知觉、认知和行动之间）有时可能会遮蔽而不是阐明事件的真正流程。在某种意义上，大脑（主要）不是一个推理或安静思考的引擎，而是置身环境中的控制器官。

方框 5.2

镜像神经元

作为相同方向进路的最后致意，请思考所谓镜像神经元（mirror neurons）的迷人案例（Di Pellegrino et al.，1992）。这些神经元位于猴子腹侧前运动皮层，是行动导向的、语境依赖的，并同

---

① 这种表征与生态心理学家吉布森所称的"可供性"（affordances）有些类似，尽管吉布森本人反对我们强调内部状态和编码。可供性是指局域环境提供给特定类型的生物体的潜在用途和活动：如椅子可供（人）坐等。见 Gibson，1979。哲学家露丝·米利肯在"推−拉表征"（pushmipullyu representation）的标签下，已经发展出对行动导向的表征的一个良好说明，见 Millikan，1996，2006。

时牵涉自主活动和被动知觉。当猴子观察到特定的行动（诸如某人抓取食物）以及当猴子执行相同种类的行动（在此情形中是抓取食物，也可见 Rizzolatti et al.，1996）时，这些神经元都是活跃的。根据心理学家和神经科学家马克·珍妮罗德的说法，这意味着"这种行动……被发起，是以行动代码的形式存储的，而不是知觉代码"（Jeannerod，1997）。在这些早期研究之后，关于镜像神经元（以及它们所参与的更大镜像系统）的本质、起源和功能的争论一直继续着（回顾可见 Rizzolatti and Craighero，2004）。一种有趣的新兴观点认为，镜像神经元和镜像效应本身是联想学习的相当基本形式的产物。这样的产物跨越了知觉/行动的鸿沟，并有助于（尽管它们不能神奇地完成）理解其他主体的行动和意图（见 Heyes，2010）。

5.2　讨论

（A）马尔的层次和大脑

再次考虑马尔在任务、算法和实现三方面的区分。我们已经看到身体力学（肌腱的协同效应等）和所采取的具身行动（移动、扫视等）的细节如何能够彻底改变现实世界中主体所面临计算问题的形态。这个事实本身就给三层模式的实践价值带来了压力。理论上，视觉信息处理的任务似乎需要一种算法以将被动接收到的 2D 信息映射到当前场景的 3D 内部模型上。但是我们看到，对运动和行动的角色以及对我们在任何给定时刻的特定行为需求之反思，提出了一个更为简约的图景——在此图景中一个移动的、具身的系统积极地寻求各种有限的信息和视觉线索，使其能够实现特定的当前目标而不是更多目标。因此我们对于什么顶层任务需要被执行以及什么种类的算法适合执行它的看法，深深地受到对身体实现、当前需求和行动潜力等细节之反思的影响。

这些观察 ① 并不直接动摇任务／算法／实现的区分本身。但它们确实揭示了一种向上级联影响的可能性，在这种影响中，即使要把正确的任务分离出来也依赖于对身体和实现细节的评估。更激进的是，与自然系统更密切地对抗使人怀疑三方面区分本身的生物可应用性。问题的根源在于如何将三个分析层次（任务／算法／实现）映射到神经组织的实际细节上。因此丘奇兰德和谢诺沃斯基注意到，神经组织有许多层次，包括"生物化学……细胞膜、单个细胞和循环回路，以及或许……大脑子系统、大脑系统、大脑地图和整个中枢神经系统"。在这些不同的组织层次中，哪一个是实现的层次？显然，答案恰恰取决于我们正在研究的功能或任务是什么。然而，可能目标的这种多样性的结果是，对某个任务来说在算法上有趣的细节，可能对于另一个任务来说只是"单纯的实现细节"。比如说，要理解回路 x，你可能需要知道 x 使用了一种特定的算法来选择 8 个数中最大的那个。但是要理解 x 作为其中一部分的子系统，你所需要知道的全部就是 x 挑选出最大的数——其余的只是"单纯的实现细节"。然而，解释精细模式的系统故障可能会再次迫使人们关注以前认为仅仅是实现上的细节——事件的时间安排、组件正常运作的温度范围等细节。

事实上，时序的议题在我们后文的讨论中会显得相当突出（见第 7 章）。因为时序的考虑对于神经运作的许多方面都是至关重要的，包括感觉运动控制乃至"被动"信息处理。然而现实的时序和动力系统理论细节在纯粹的算法描述中不可避免地被忽视了，毕竟这些描述只界定出输入和输出的表征以及在它们之间中介的转换序列。因此，即使全面地理解了算

---

① 如，见 Churchland and Sejnowski，1990。

法，关键的解释性工作仍有待完成。再一次，理解自然认知就只是理解大脑所碰巧实现的算法这一看法受到了质疑。

最后，回想一下第 4 章中关于联结主义的讨论。这些模型的一个特征是数据 / 算法之间的区分本身明显消除了。在这些模型中的联结权重，既充当知识库也充当知识操作算法。如果现实的神经计算确实类似于联结主义的计算，那么将算法视为对独立数据集进行操作的指令清单这一标准看法似乎也完全不适用。

总体上，我们会同意丘奇兰德和谢诺沃斯基（Churchland and Sejnowski, 1990）所说的"马尔的分析三层次和大脑组织的层次似乎没有以一种非常有用的或令人满意的方式相匹配"。特别是，实现层次上的知识对于理解神经系统所面临的任务是什么，可能是至关重要的。我们可能还需要认识到粗略算法"层次"的多重性，并且（或许）寻求不容易被完全归类为算法的理解类型。

（B）建造更大的大脑

最近大规模计算机能力的最新进展已经使得复杂网络的模拟成为可能，这些网络包含大量的元素和复杂的联结，而这在以前是完全不可行的。伊莱斯密斯等人（Eliasmith et al., 2012）很好地刻画了这类项目的规模和雄心，他们引述了"蓝脑计划"（排列在如实地联结起来的"皮质柱"中的 100 万个神经元）、认知计算项目（一个"猫规模的模拟"）以及包含约 1 000 亿个神经元的接近"人体规模的模拟"项目。[1]

当然，并不是说，巨大的规模与越来越逼近真实的神经处理过程的细节，就一定会让我们更好理解神经系统是如何运作的。但是正如麦克勒兰德（McClelland, 2009）令人信服地指出的那样，它确实打开了一扇大门，

---

[1] （分别）见 Markram, 2006；Ananthanarayanan and Modha, 2007；Izhikevich and Edelman, 2008。综述可见 de Garis et al., 2010。

以便详细阐明和检验越来越具体的关于神经处理过程的理论。

　　然而，在一种行为和环境的真空中建造越来越复杂的"人工大脑"是有危险的。我们之所以关注大脑，是因为它似乎是某种（粗略地说，基于智力的）适应性成功的引擎——或者是其中一个关键的引擎。于是，我们真正想要理解的是，大脑如何帮助我们以我们确实采用的方式来展开行动。由于这个理由，伊莱斯密斯等人构建了一个模型［"语义指针架构统一网络"（Spaun），见 Eliasmith et al.，2012］，该模型展示了多种不同的行为。最后，最重要的可能是将神经控制器的复杂性与正确的形态学（身体）形式匹配起来，并探索整个系统如何能够支持（在生态语境中）各种各样看似智能的行为。我们将在第 6 章讨论法尔福和邦加德的"生态平衡"原则（Pfeifer and Bongard，2007）时再回到这个议题。

（C）计算和实现

　　从 A 节提出的担忧出发，接下来的任务首先考虑区分"计算性的"和"实现的"特征。对于大多数人类设计的计算机系统来说，这很容易区分出来。但这很可能反映了有意识设计过程的本质，在此过程中工程师或程序员首先以更简单步骤的抽象序列来构想出一个问题解决方案，然后通过将每个步骤与一个独特的、机械上易于处理的操作相联系来实现这个序列。这种策略通常会产生所谓"可整齐分解的"（neatly decomposable）系统，在这类系统中解决方案的每一步与一组相对独立的机械或电子组件的功能之间存在一个很清晰的映射。［语义透明系统（见第 2 章）的构建似乎可以被视为这种普遍趋势在特殊系统情形中的一种表达，这类系统的设计旨在模拟由理性引导的行为。］

　　相比之下，生物进化（正如我们之前已经看到的）并不是这样被有意识的、循序渐进的设计过程所束缚的。可以肯定，在生物进化中存在着渐进性，但是对生物设计来说并不需要遵循整齐的功能分解原则。相反，进化搜索（通过诸如随机变异和差异选择等过程）能够发现极其依赖在多个目标回路之间的复杂交互作用的问题解决方案。对于有意识的人类理性来说，这是设计空间中一个异常不透明的角落，人类理性无疑最容易对于多个单一目的组件之间的简单线性交互作用感到舒适。

　　然而，有一些办法能够化解这种明显的不匹配。遗传算法[1]（见方框 5.3）粗略地模仿了进化搜索的过程，并能够发现有效的但有时奇怪和高度交互式自适应的策略和问题解决方案。这种进路的一个最新扩展使用了一个变种的遗传算法[2]来寻找新型的硬件设计，这种设计摆脱了"通常为使人类设计易于处理而强加的简化约束"（Thompson et al., 1996）。汤普森及其同事使用了一种特殊形式的遗传算法来进化现实中的电子电路，该电路的任务是使用声呐的回声信息来驱动一个移动机器人的轮子，以避免其撞到墙壁。遗传算法在驱动真实机器人轮子的真实电子电路的"种群"上工作。遗传算法找到了控制问题的高效解决方案，而不受有意识的人类设计过程强加到电路规格上的各种限制的阻碍。例如，人类设计的电路往往严重依赖全局时钟的使用，以确保状态转换的输出不会被其他组件"监听"，直到它有时间稳定进入完全打开或关闭的状态。与之相比，进化后的电路甚至能够利用瞬时（未稳定的）动力系统，从而使用非常有限的资源（32 位随机存取存储器和几个触发器）来高效实现行为。在另一个实验中，被发现的问题解决方案依赖于组件间稍微不同的输入–输出时间延迟。这些延迟最初是被随机固定的，但是进化搜索结束时的重新随机化又破坏了原本成功的性能，这表明电路出乎意料地利用了那些特殊（且随机选择）的延迟作为问题解决方案的部分配置。作者们评论道，一般来说：

---

[1]　综述可见 Clark，1997。

[2]　标准的遗传算法（genetic algorithms，GA）要求一个固定维度的搜索空间。有效的硬件进化所要求的变异需要放松这个约束，因此解决一个问题所要求的组件数量不需要事先固定。见 Thompson，Harvey and Husbands，1996 和 Thompson，1997。

可以预期的是，硬件的所有物理细节都将被用于解决当前的问题：时间延迟、寄生电容、串扰、亚稳态约束和其他低层次特性都可能会被用于产生进化行为。

（Thompson et al.，1996）

在其他研究中，这个研究小组利用硬件进化开发出一种能区分两个音调（1 和 10 千赫）的芯片。传统的解决方案再次严重依赖全局时钟来同步许多逻辑组块的行动。进化后的芯片省去了时钟，并充分利用了物理设备低层次的属性。结果再一次是一个惊人的高效设计，它只使用了 21 个逻辑组块，而传统的芯片则要使用数百个逻辑组块。

方框 5.3

遗传算法

遗传算法（genetic algorithms，GA）是由约翰·霍兰德（John Holland，1975）提出的，作为（某种类似于）生物进化的计算版本。其想法是取一群计算的"染色体"——比特串——并将它们置于一系列试验、变异、选择性保留和复制的机制中。这些比特串将编码或至少有能力编码某个预先界定的问题的可能解决方案。一个适应度函数（度量每个比特串的任务执行能力）识别出一个变异的初始种群中的哪些成员执行得最好。这些成员构成了下一代的"种源"，它们通过杂交（将两个比特串的部分混合形成一个新的比特串）和随机突变（例如翻转一个比特串中的某些值）的过程产生的。每一个新代都要再次接受适应度函数测试，经过成千上万代以后，性能（通常）会显著提高到这样的程度：高度进化的比特串能以稳健和有效的方式解决问题。遗传算法已经被成功应用于各种实践的和理论的目标，包括良好的神经网络权重分配、任务和资源配对的调度系统（如，高效地把未上漆的汽车和卡车分配到生产线上的自动喷漆室）、机器人设备的控制架构以及（见正文）高效的专用硅芯片等的进化。[①]

这项研究（以及所谓神经形态的 VLSI[②] 的研究）表明，某种低层次的物理属性，如果与实际的物理实现而不是抽象的计算设计相联系，可以（通过自然的或人工的进化）被用于非常实质性的问题求解工作中。当一个系统充分利用这种低层次的物理特征时，它就能够以接近物理本身的极限的高效率来解决特定问题。我们是否应该说，在这些情形中系统是通过非计算手段来解决问题的，还是应该说，自然界能够将这些意想不到的微妙和低层次的属性很好地用于计算，这仍然是一个争论不休的问题。

当然，这种效应并不局限于利用这些微妙的和低层次的属性。因此可以考虑饭田和法尔福（Iida and Pfeifer，2004）对跑步机器人"小狗机器人（Puppy）"的研究。小狗机器人有联结着每条腿的上下部分的弹簧（大致模仿肌肉跟腱系统的某些特殊属性），在每只脚上都有压力传感器，并且受益于一些内置驱动的振荡运动。在装有弹簧的身体所提供的特殊情境中，这些简单的内置振荡运动仍然导致了流畅的奔跑和跳跃行为。即便

---

① 关于这些的经典介绍，可见 Holland，1975。一些读者友好的导论，见 Holland，1992；Franklin，1995；Mitchell，1995 和 Pfeifer Bongard，2007。

② 超大规模集成电路（very large-scale integrated circuits，VLSI）。关于其"神经形态"（neuromorphic）可见 Mead，1989。

是小狗机器人有铝制的腿和脚这个简单的事实也发挥着"适应性"作用，因为这会导致它在大多数地面上少量打滑。这似乎会是一件坏事，但通过在脚上增加橡胶垫来减少打滑实际上会使机器人开始摔倒：这种细微的打滑实际上起着稳定的作用，能有效地使机器人快速寻找到稳定的前进方式（Pfeifer and Bongard，2007）。

显然，如果我们希望理解生物大脑引导智能行动的方式的话，将我们自己限制在熟悉的算法规范的层次上是一个糟糕的策略。相反，我们必须密切且持续地关注神经回路的本质和属性，以及大脑、身体和环境之间复杂的相互作用。当我们面对自己设计的计算系统时，将注意力集中在一种非具身的"纯软件"层次上的策略很奏效，这种策略高高飘浮在杂乱的物质领域之上。但它之所以能奏效，是因为我们人为地对电子电路进行了简化、规制和整齐地分解，从而使它在一开始就易于被有意识的设计过程所处理。而要理解盲目的自然进化中错综复杂、出乎意料但往往效率惊人的产物，则需要其他的技术和思维方式。只有共同演化出关于湿体、计算配置和环境交互作用的观点，这个相当不透明的设计空间区域才会得到更好的关注。

（D）变化注视：续集

从一开始，显然有许多方法可以容纳变化盲视的结果。西蒙斯和伦辛克（Simons and Rensink，2005）通过提出四个"范围要求"（requirements of scope）很好地展示出这个可能性空间，而如果要坚持断定内部表征很稀少或不存在，这些"范围要求"就需要被排除。

首先，有可能细致的表征已被创建，但会迅速衰减和 / 或被覆盖。其次，有可能变化前刺激的表征持续存在，但由于其定位（例如它们位于编码可用于自发的有意识判断和报告的神经通路之外）的某些特征，而没有被用于探测变化。第三，表征可能采用了一种无法用于探测变化的格式。

最后，表征可能以可用于探测变化的格式存在，并被适当定位以指导判断，然而因为从未被应用在变化前后的表征之间进行比较的操作，所以没能做出判断。

这些不仅仅是逻辑上的可能性。近来的研究诸如霍林沃思和亨德森（Hollingworth and Henderson，2002），亨德森和霍林沃思（Henderson and Hollingworth，2003）和米特罗夫、西蒙斯和莱文（Mitroff，Simons and Levin，2004）有效地表明了，某些不是特别稀少的对变化前刺激的表征持续存在。许多这类研究的一个核心特征是，它们强调在观看自然场景时视觉注视（visual fixation）的重要性。霍林沃思和亨德森（Hollingworth and Henderson，2002）表明，只要在变化前后目标对象都被注视（如被中央凹视觉直接锁定为目标）且被关注，主体就能够探测到哪怕是相当细小而微妙的改变，诸如从一串电话号码变成另一串。使用闪烁范式的实验也得到了相似的结果（Hollingworth et al.，2001）。还有证据表明，即使变化没有被明确地注意到，也存在隐蔽的觉知。霍林沃思等人（2001）发现，对被改变对象（变化后）的注视持续时间比正常（没有变化）条件下的注视时间更长，而西尔弗曼和马克（Silverman and Mack，2001）则发现了"未被注意的"变化的启动效应。

西蒙斯等人（Simons et al.，2002）采用一种略有不同的思路进行了一项实验，在此实验中一个对象（一个红白条纹的篮球）在交换过程中被偷偷拿走。结果是这样的：

> 尽管大多数受试者没有报告注意到这个变化，但当他们随后被直接问及实验者携带了什么东西时，大多数人回忆起了篮球，甚至还能描述出它不寻常的颜色和图案。
>
> （Mitroff，Simons and Levin，2004）

米特罗夫、西蒙斯和莱文（Mitroff，Simons and Levin，2004）描述了进一步的实验，表明某些变化盲视的经历确实不是来源于编码或单纯可访问性的失败，而是来源于对变化前和变化后表征的失败比较，并且"对外在世界的多种表征被内在地存储起来，这些表征可能被后续事件所扰乱"。因此有丰富（且越来越多）的证据表明，保存下来的表征所具有的信息比最初关于变化盲视的研究似乎说明的要多得多。

然而，重要的是要注意，我们在这里并没有看到任何类似经典模型的回归，即将场景识别视为从一系列被注视和注意的区域中建构出一个全局的、综合的（"复合的"）内部表征。当前争论的各方都同意，最初那个有吸引力的图景并没有被创立，根据该图景一个复合的表征可以保存来自先前关于形状、阴影、纹理、颜色等等的注视信息（Bridgeman and Mayer，1983；McConkie and Zola，1979；Irwin，1991；以及 Hollingworth and Henderson，2002）。正如霍林沃思和亨德森小心提出的，并不能简单地说"局部的高分辨率信息被绘制在内部的画布上，通过多个注视产生一幅有序组织起来的关于先前注意区域的合成图像"。

因此"细致的内部表征"这个观点目前而言太过模糊。如果它指的是刚刚描述的那种合成的感觉图像，那么有充分的证据表明并没有形成这样的表征。如果这仅仅意味着保存足够多的信息以便（例如）注意到消失的物体是一个有醒目图案的篮球，那么有越来越多的证据表明这种表征可以形成并持续存在，即使受试者最初表示没有注意到任何变化。于是在经验上得到最多支持的观点被米特罗夫等人很好地描述，他们得出结论：

> 变化盲视既不在逻辑上……也不在经验上要求内部表征的缺失。我们不仅形成了多重表征，而且形成了可用于做出多重区分的多重表征。这些表征可能有些脆弱并很容易被覆盖或破坏，但它们持续

得足够长，因而可被成功识别。

（Mitroff et al., 2004）

（E）内部碎片和协调行动

关于之前考察过的视觉神经架构存在某些非常碎片化的东西。多个信息处理流的图景与特殊目的的、行动导向的表征图景相结合，产生出一个关于智能行为的自然根源的独特视角，即有效的响应依赖于认知神经学家拉马钱德兰所说的"技巧包"的出现。于是，其观点是，智能并不依赖于将输入的信息翻译成某种统一的内部编码，然后再由通用目的的逻辑推理对编码进行操作（即在诸如安全编排自动化与响应——见第 2 章——等研究项目中所追求的经典图景）。相反，我们可能会遇到目的相对特殊的编码和策略的一个混合包，其总体效果是支持占据特定环境生态位的某种生物的特别需求。我们将在后面的章节中进一步考察这一观点的证据。但我们足以看到并提出一个困难的议题：大规模的连贯行为是如何能够从一个内部碎片化的系统运作中产生出来的？

（至少）有三种不同的方式可以达成这种协调：（1）通过内部信号传导，（2）通过全局耗散效应，（3）通过外部影响。第一种是最明显的进路。然而，对于如何可以达成这种基于信号的协调，有两种相当不同的看法。一种看法是将神经组件描述为通用目的的代码以传递丰富的消息。这种看法不太符合前面假定的"技巧包"式的操作方式——这个进路基于与特殊目的的问题解决方案相关联的效率收益。然而，另一种有些不同的看法与新的进路更为一致。这是一种简单信号传递的图景，即在信号传递中不是丰富的消息交换，而是要么鼓励要么抑制其他组件活动的朴素的信号交换。[在机器人学的文献中，这种看法体现在包容架构的观点中（Brooks, 1991），见方框 5.4。]

方框 5.4

包容架构（subsumption architecture）

在包容架构中，有若干个回路"层"，每一层都提供了从输入运动行为的完整路线。如果你愿意，每一层在功能上就相当于一个简单的完整机器人，只能执行一项任务。机器人赫伯特（在正文中讨论过）包含了大量的这种简单设备：一些用于避障，一些用于探索，一些用于识别桌子，等等。显然，各层之间需要某种协调。这不是通过复杂消息的内部传输而是通过简单信号的传输来达成的，当一个设备达到某种状态时，传输的简单信号就把另一个设备打开或关闭（如车轮完全停止运动时启动抓取，检测到障碍物时停止向前运动等）。

最激进形式的包容架构被证明在范围上相当有限或许并不令人意外。然而，真正重要的似乎是，与之密切相关的观念使用"并行的、松散耦合的过程……它们通常是通过具身性，尤其是通过与环境之间的具身交互作用来共同协调"（Pfeifer and Bongard，2007）。"松散耦合"的概念是为了与严格的、串行的信息处理层级概念（一步一步地从知觉到规划再到行动）形成对比。

尽管简单信号传导的模型很有吸引力，但更复杂的行为必定要求额外的内部协调。当代神经科学理论展示了各种各样的提议，它们都落在关于内部信息交流复杂性的范围内。例如艾森（Van Essen et al.，1994）提出神经"门控"机制，其任务是调控皮质区域之间的信息流动；而达马西奥夫妇（Damasio and Damasio，1994）则提出一系列的"汇聚区"：在这些区域中多种反馈和前馈的联结汇聚在一起并充当转换站，以使得在某些任务中牵涉的多个大脑区域能够同时活跃。在这两种情形下，内部控制系统（门控神经元或汇聚区）都无法获取流经系统的所有信息。它们不是系统中获知所有信息的执行控制器，而是简单的转换器，负责打开和关闭各种各样内部处理器和组件之间的信息影响通道。我们也可以考虑使用所谓的耗散效应（dissipative effects）。这里的想法（见 Brooks，1994；Husbands et al.，1998）是利用一种释放的物质（如一种化学神经调节剂）的能力来影响很大一部分系统的信息处理配置。这些物质会被释放出来产生影响，然后消散使系统恢复正常。

另一种可能性（注意这些策略都不是排他的，且可能高度互补）是使用所谓的瞬时编码（temporal coding）策略。这些策略利用同步神经放电——通常是毫秒级尖峰放电——作为灵活分组和协调空间远距离分布的神经元群活动的手段（Singer，1999，2004；Kreiter，2006）。

多个内部组件的协调行为有时也可以通过外部环境本身的作用，而不是利用内部信号或扩散的化学递质来达成。赫伯特的许多协调活动依赖于实际环境中触发因素的流动，例如遇到一张桌子，然后切换到搜寻罐头的模式。当我们积极地构建我们的环境以减轻控制和行动选择的负担（如当我们在选定的位置上放置提醒物，或者当我们以正确的组装顺序来布置飞机模型的部件）时，这个策略将出现更高级的变形。我们后面将再次讨论将控制权移交给局域环境的话题。

总之，目前还不清楚如何最好地从似乎是"技巧包"式的认知组织中推动协调行为出现[1]。但是保留这样一种组织方式所提供的收益和优势，就排除了对一个无所不知、无所不能的中央执行者的依赖。相反，适当的协调必须以某种方式从更简单形式的内部路径、信号传导以及（或许）环境本身的结构中脱离出来。

[1]　对"技巧包"视角的某些可能的异议（这些异议仍将摒弃全知的中央执行者）可见第11章。

第6章

机器人与人工生命

6.1 概述

在第5章，我们遇到了机器人学研究中的第一个案例——这个研究明显属于那个后来被称为人工生命的领域。此研究以三个独特且相关的主题为特征：

1. 对完整但低层级的系统（必须在现实环境中感知和行动的、完整且相对自主的人工有机体）的兴趣；

2. 对身体、行动和环境背景以及对适应性行为的综合贡献的认识；

3. 对涌现和集体效应相关问题的特别关注。

在此概述中，我将通过三个具体的例子来介绍上述主题：蟋蟀的趋声性、行走的机器人，以及白蚁的筑巢行为。

对完整的低层级系统的考察，最著名的当属于布鲁克斯关于移动机器人的研究，以及我们已经在第 5 章介绍过的赫伯特一类的机器人。但是建造此类机器人的想法至少可以追溯到 20 世纪 50 年代早期，即沃尔特创造了一对控制论乌龟的时候，它们分别叫埃尔默和埃尔希。在 1978年，哲学家丹尼特发表了一篇短文《为什么不是整个鬣蜥蜴》（*Why Not the Whole Iguana*），这篇文章同样是为研究展示出综合行动、感知以及计划日常活动能力的完整简单系统辩护（与此形成对比的是，经典人工智能强调的是高级认知功能的孤立方面，如下棋、故事理解和医学诊断——见第 1 章和第 2 章）。正如我们前面所提及的，此研究转向出现的一个重要原因是那些更加高级问题的生物解决方案很可能被先前已经存在的更加基础的运动、感知以及行动选择问题的解决方案所深刻地塑造。此外，这样的观念（把例如视觉、计划以及行动选择这些基础功能进行区分是富有成效的）本身受到质疑：那些功能（正如我们在前一章节所见）看起来在自然智能系统中密切相关。作为完整系统实际应用的例子，让我们考虑一下韦伯的蟋蟀趋声性研究（一部分是为了例子的多样性，布鲁克斯的机器人当然是个很好的例子，但有些被滥用了）。

雌性蟋蟀可以通过雄性蟋蟀的叫声来识别同种雄性蟋蟀，并且能够通过使用被探测到的叫声作为一种信号来找到雄性蟋蟀。术语"趋声性（Phonotaxis）"便定义了这种探测以及依此向特定声音或信号移动的能力。雄性蟋蟀通过摩擦其翅膀鸣叫，并且其叫声由一个载波频率（一种简单的音调）和一种节奏（这是一种当翅膀开合的时候，那种音调被静音所分割，并以离散的爆破音来传播的方式）组成。那种爆破音（或者"音节"）的重复频率是区分物种的重要指标，因为叫声的响度有助于从群体中挑选出最称心如意的雄性蟋蟀。于是，雌性蟋蟀必须做到如下几点：

1. 听并辨识与它同一物种的叫声

2. 定位声音的来源

3. 向声源移动

然而基于一些愈发熟悉的原因，这种描述问题的方式可能具有误导性。所谓的"听-定位-移动"程序构成了一个简洁的任务分解并且确定了一组可以平稳解决问题的子任务。但是它再次受制于单一功能和顺序流的非生物视角。基于大量对真实蟋蟀的解剖以及神经生理学的启发，韦伯介绍了下面这个替代性的方案，它在一个机器蟋蟀中被成功地实现。

蟋蟀的"耳朵"在它的前腿上，由一根内部导管连接，这个导管在身体上（如图 6.1）的其他两点也有开口（被称为气门）。因此，外部的声音通过两条路径到达每个耳朵：直接的外部路径（声源到耳朵）和间接的内部路径（通过另一只耳朵，气门和气管导管）。相对于离声源最近的在侧面的（耳朵）"外部路径"声音，穿越导管所花费的时间改变了"内部路径"声音的相位（由于到达耳朵的声音离外部声源较近，因此其传播距离比通过内部路径到达同一耳朵的声音要短得多）。因此，可以使用简单的神经或电子电路对异相声波求和，在离声源最近的耳朵处产生更大振幅的振动（听到的声音更大）。雄性的方向定位直接受这种效应的控制。当输入（振幅）达到临界水平时，两个中间神经元（每个耳朵连接一个）每一个都会被激活。但是连接到离声源最近的那只耳朵的中间神经元将首先达到此阈值。蟋蟀的神经系统的结构是为了使它可靠地转向首先被激活的专用中间神经元那一侧而建立的。因此，在每次雄性蟋蟀开始鸣叫时，雌性都会朝着声音的方向转动和移动（因此音节重复在吸引配偶方面很重要）。最后，请注意，在这个过程中，气管导管的特殊性对成功尤其重要。正如韦伯所说：

这个系统的一个基本原理是蟋蟀的气管导管传输具有预期鸣叫频率的声音，并且这种传输中的相移适合于那个特定的波长。

（Webb，1996）

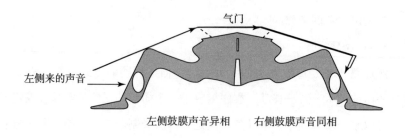

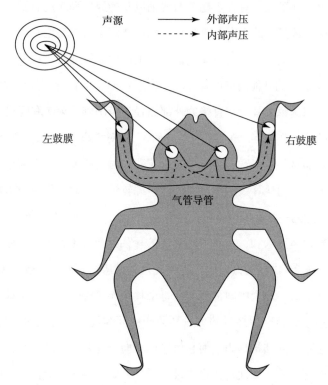

图 6.1 蟋蟀趋声性。蟋蟀的身体通过一个内部的气管导管来传递声音,气管导管将蟋蟀的耳朵和身体顶部的两个开口(称为气门)连接起来。每只耳朵靠近前腿的膝盖。由于管子的存在,声音以两种方式到达每只耳朵:直接来自声源,或者间接地通过气管来自气门和另一只耳朵。在离声源较近的耳朵处,直接传播到鼓膜外侧的声音传播距离比通过鼓膜内侧的气管传播声音的距离要短。由于距离的差异,到达鼓膜一侧的声音与到达另一侧的声音不同步。在这个鼓膜处,异相波被加总,引起更大振幅的振动。因此,声音的感觉更响亮。

(图片由 Barbara Webb 提供)

　　结果是，机器蟋蟀（见图 6.2）不具备任何识别声音方向的一般机制，也不需要主动区分自己物种与其他物种的鸣叫。因为其他物种的鸣叫在结构上是不可能对蟋蟀产生定位反应的。机器蟋蟀并不是通过把通用目的能力（如模式识别和声音定位）调整为适合于配偶探测的特殊情况来获取成功的，相反，它利用高效且（事实上，因为）特殊目的的策略。它没有建立一个丰富的环境模型，然后应用一些逻辑演绎推理系统来生成行动计划。它甚至没有一个能够集成多模态输入的中央感知信息存储设备。

　　因此，并不能看出机器蟋蟀使用了任何值得被称为内部表征的东西。各种内部状态与显著的外部参数相一致，并且某些内部变量对应于电机功率。但是韦伯认为：

> 　　无须使用这种符号翻译来解释系统是如何工作的：变量是传感器和电机相连接的机械功能，这一作用在认识论上与将电机和车轮相连接的齿轮的功能相当。
>
> （Webb，1994）

　　事实上，理解机器蟋蟀的行为需要注意细节（从经典认知科学的观点来看），这些细节看起来更像是对执行行为和环境背景的描述，而不是对一个智能内部控制系统的实质性特征描述。如前所述，关键因素包括固定长度的气管和雄性蟋蟀鸣叫的不连续性和重复性。如果韦伯模型接近正确[1]，那么对现实中的蟋蟀趋声现象的解释就涉及大脑、身体和世界之间的复杂交互作用，而没有一个单一的组成部分能够承担大部分解决问题的工作。

---

[1]　生物合理性的问题有两种解决方法。首先，直接研究蟋蟀生理学和神经解剖学（Webb，1996）。其次，通过重新实现机器人的解决方案，以便研究真实的蟋蟀鸣叫趋声性——这是一个很好（尽管不是决定性）的测试，此前由于尺寸和组件速度细节而被排除。一旦重新实现，机器蟋蟀确实能够趋向和定位真正鸣叫的雄性蟋蟀（Lund et al.，1997）。

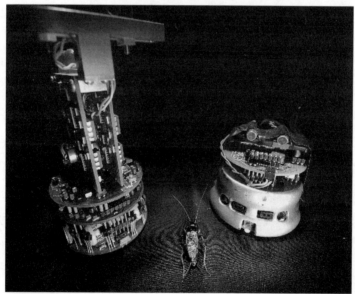

图 6.2 机器蟋蟀的两个版本：原始的乐高版本和一个基于 Khepera 机器人平台的新版本。（照片由 Webb 提供）

　　然而，趋声性并不是生物蟋蟀唯一要完成的任务。在随后的工作中（Webb，2004；Payne，Hedwig and Webb，2010），韦伯和她的同事探索了蟋蟀中的多模态集成。特别是，他们探索了视动反射（optomotor reflex）作用下，视觉信息与趋声性（刚才讨论的听觉定向行为）相互作用的方式。视动反射通过将动物转向相反的方向来反应视野的旋转。在移动个体中，这样的反射很好地补偿了由于一些非预期的头部或身体运动而产生的视觉运动（例如，它会帮助我们在崎岖地形上朝着某个目标位置奔跑时保持既定的线路），但它看似会与趋声性策略相冲突。回想起来，后者是用声音来"瞄准"新发现的配偶，但前者（视动反射）试图将其转回去，以补偿轨迹的变化。那么，我们所需要的是两个系统之间某种形式的整合。真正的蟋蟀能流畅地将趋声性和视觉感知结合起来，并展示出一种校准良好的视动反射，并且这种反射不会干扰趋声行为。那么，如何做到这一点呢？

　　韦伯和她的同事通过使用行为数据和机器人实验的特征组合，描述和测试了文中所提出的三种可能机制。最有力的竞争者（当在机器人上实现时，该机制最为匹配行为数据）居然要使用一个运动命令的副本。这个输出副本（von Holst，1954；Wolpert，1997）被输入一个电路（一个"前向模型"），该电路预测了接下来被调整的视觉输入。由此产生的预测被用来抑制与那些（且只有那些）视觉调整相关的视动反射。有了这个恰当的新电路，视动反射和趋声行为不再冲突，并且可以一起以流畅且迅速反应的方式合作。

　　传统上这种机制并不会在"简单"昆虫级智能背景中被考虑。但是，正如韦伯所指出的，"许多推动脊椎动物神经科学前向模型研究的问题与无脊椎动物神经科学有着密切的相似之处"。此外，昆虫大脑中存在两种结构［被称为蘑菇体（mushroom bodies）和中枢复合体（central complex）］，它们似乎非常适合实现这种基于预测的多模态整合机制

（Wessnitzer & Webb，2006）。需要做更多的工作来改善和测试这些推测，但是基于预测的电路似乎是可行的，它为整合视觉和音位结构系统的行为问题提供了一个简洁且有效的解决方案。在之后的第 7 章和第 11 章中，我们将更多论述这种解决方案。就目前而言，值得注意的一点仅仅是，毫无疑问存在许多通向适应成功（的片段）的"无表征"路径并不意味着这些生物根本不需要内部模型或更复杂的策略，即使在相对"简单"的生物（如昆虫）中。在我看来，一个困惑是许多早期、经典的人工生命研究集中在"单轨"解决方案上，比如关于趋声性的最初工作或弗朗切斯基等人（Franceschini et al.，1992）关于飞行中视觉避障的经典工作。然而，当多种信息来源和响应需要以灵活的和任务响应的方式结合起来时，对更加复杂策略的需求就尤为明显了。

现在转到我们的第二个例子，考虑一下两腿运动的棘手问题。本田的阿西莫被誉为世界上最先进的人形机器人，这也许是正确的。阿西莫拥有令人望而生畏的 26 个自由度（颈部 2 个，每条手臂 6 个，每条腿 6 个），他能够在现实世界中导航、伸手、抓握、平稳行走、爬楼梯、识别面孔和声音。阿西莫这个名字代表着"创新机动性的前进一步"。当然，阿西莫（现在有几个典型化身）是一项令人难以置信的工程壮举：虽然智力仍有不足，但机动性和可操作性很高。

但是，作为一个行走机器人，阿西莫使用能源的效率远远不够。对于行走机器人来说，一种衡量能源效率的方法是所谓的"特定运输成本"（Tucker, 1975），即单位重量移动单位距离所需的能量是多少。数字越小，单位重量移动单位距离所需的能量就越少。当阿西莫隆隆作响着前进时，运输的具体成本约为 3.2，而我们人类显示运输的具体代谢成本约为 0.2。是什么导致了如此巨大的能量消耗差异？

像阿西莫这样的机器人是通过非常精确的、高耗能的关节角度控制系统行走的，而生物个体行走是最大限度地利用了整个肌肉骨骼系统和行走器官本身的质量特性和生物力学耦合。因此，原始步行器巧妙地利用了所谓的"被动动力系统"（passive dynamics），即其物理结构中天生固有的运动和组织能力（McGeer，1990）。被动动力步行器是一种简单的装置，除了重力之外没有任何动力源，除了一些防止装置侧倾的简单机械连接（如机械膝盖和内外腿的配对）之外没有控制系统。然而，尽管（或者也许是因为）如此简单，这种设备还是能够在一个轻微倾斜的坡上以一个非常真实的步态平稳行走。正如科林斯等人（2001）很好地记录的那样，这些设备的祖先并不是复杂的机器人，而是儿童玩具，有些可以追溯到 19 世纪末：那些玩具可以被绳子拉着在斜坡上向下漫步、行走或蹒跚移动。这样的玩具具有最低限度的驱动力，并且没有控制系统。它们的行走不是复杂的关节运动规划和驱动的结果，而是基本形态学理论（身体的形状、联动装置的分布和部件的重量等）指导下的结果。因此，在被动动力系统理论背后有一个引人注目的想法：

> 行走主要是腿部肌肉促使的自然运动，就像摆动是摆锤的自然运动一样。腿部僵硬的行走玩具自然会产生它们滑稽的行走动作。这表明，类人运动可能自然地来自类人机制。
>
> （Collins et al.，2001）

科林斯等人（2001）依据麦吉尔（1990）开创的基本设计，通过添加弯曲的脚、柔顺的脚跟和机械连接的手臂，制造了第一个模仿人类行走的装置。在实际操作中，该装置表现出良好、稳定的运动状态，并被其创造者描述为"赏心悦目"。相比之下，广泛使用动力操作和关节角度控制的机器人往往会遭受"一种肢体僵硬的折磨，（因为）关节被电机和高减速齿轮系所阻碍。当制动器打开时，关节运动效率变得低下，当制动器关闭时，运动几乎是不可能的"。

那么，什么是有动力装置的运动呢？一旦身体本身"装备"了正确的被动动力系统，有动力装置的步行就能以一种非常简洁和节能的方式实现。本质上，驱动和控制的任务现在已经被大规模地重新设置。因此，可以通过系统地推动、抑制和轻微调整来实现有动力装置和定向的运动，在该系统中，被动动力效应仍然发挥着重要作用。此控制设计巧妙地利用了被动基准的所有自然动力系统，因此驱动是高效和流畅的。

更先进的控制系统能够主动学习创造最大被动动力机会的策略。"机器学步小孩"（Robotoddler）就是一个例子，它是一个步行机器人，能够学习（使用所谓的演员-评论家强化学习系统）利用身体被动动力系统的控制策略。机器学步小孩是科林斯等人（2005）介绍的基于被动动力系统的机器人中的一员，他可以学习改变速度、前进和后退，并且可以适应不同的地形，包括砖块、木瓦、地毯，甚至变速跑步机。而且正如你所料，使用被动动力系统可以将功耗降低到像阿西莫这样的标准机器人的十分之一。科林斯等人（2005）描述的基于被动动力系统的机器人同样实现了约0.20的特定运输成本，比阿西莫低一个数量级，与人类的情况相当。即便阿西莫式控制策略（即不利用被动动力效应的控制策略）技术进步，它们之间的能耗差异也不会显著减少。柯林斯等人认为，一个恰当的类比是直升机与飞机或滑翔机的能耗比较。无论直升机设计得多么精良，其每单位飞行距离仍将消耗更多的能量。

被动步行者和它们简洁的有动力装置版本符合法尔福和邦加德（Pfeifer and Bongard，2007）所描述的"生态平衡原则"[1]。该原则规定：

> 首先，在一个特定的任务环境中，行动主体的感觉、运动和神经系统的复杂性必须是匹配的。第二，在形态、材料、控制和环境

---

[1] 这一原则基于 Pfeifer and Scheier，1999 的原始表述但进行了扩展。

之间存在某种平衡或任务分配。

（Pfeifer and Bongard，2007）

当代机器人学的一个重要课程是形态学（包括传感器放置、身体规划，甚至基本建构材料的选择等）。它和控制的协同进化提供了一个真正的黄金机会：可以在大脑、身体和世界之间分散解决问题的负荷。因此，机器人学重新发掘了许多在吉布森和生态心理学的延续传统中明确的观点。于是，沃伦在评论吉布森（1979）的一句话时提出：

　　……生物学利用整个系统的规律性作为一种排序行为的手段。具体来说，环境的结构和物理现象、身体的生物力学、关于主体-环境系统的状态的知觉信息以及对任务的需求都是约束行为结果的因素。

（Warren，2006）

具身主体也能够以积极地产生认知和计算有效的、时间锁定的感官刺激模式的方式作用于他们的世界。在这种情况下，菲茨帕特里克等人（另见，Metta and Fitzpatrick，2003）使用 COG 和 BABYBOT 平台，展示了有效对象操作（推动和触摸在视图中的对象）如何能够帮助生成有关对象边界的信息。它使用运动检测来观察自己的手／手臂的运动，但是当手碰到（并推动）一个物体时，运动活动会突然扩散。这个经济的做法从环境的其他部分中挑选出对象。在人类婴儿身上，抓、戳、拉、吸和推等动作创造了丰富的时间锁定的多模态感官刺激流。这种多模态输入流已经被证明（Lungarella and Sporns，2005）有助于类别学习和概念形成。这种能力的关键是机器人或婴儿拥有与环境保持协调的感觉运动接触的能力。这样的功能揭示出自生成动力活动可以作为"神经信息加工过程的补充"。因为：

　　　　主体的控制结构（如神经系统）关注并处理感觉刺激流，最终产生动力行为序列，进而指导感觉信息的进一步产生和选择。通过这种方式，动力行为的"信息组织"和神经系统的"信息加工"通过感觉运动回路持续地联系在一起。

（Lungarella and Sporns，2005）

　　所以，机器人和人工生命的一个主要研究方向就是致力于如何在大脑、活动的身体和可操作的局部环境结构之间分配解决问题的负荷。

　　我们现在转向另一个方向，它研究在大型集成中的涌现和群体效应。要想抓住其意境，我们不妨考虑雷诺在蜂拥算法的开创性工作。雷诺（1987）表明，鸟类和其他动物的流畅而优雅的群集行为可以用一组模拟智能体来复制演示（在计算机动画中），每个智能体只遵循三个简单的局域规则。

　　大致来说，规则是尽量靠近其他的模拟智能体，使你的速度与你邻近智能体的速度相匹配，但避免与任何一个邻居靠得太近。当每个模拟智能体都遵循这些规则时，屏幕上的活动模式就随之出现，非常类似于真实鸟类、鱼类和其他动物的群集行为。大间距的模拟智能体会立即缩小队列距离，随着每个模拟智能体微妙地做出所需速度和位置的调整，群体运动随之发生。出人意料的是，当流动的动物群体遇到障碍物时，它只是简单地分开，绕过它，然后优雅地在另一边重新组合。

　　虽然最初被认为是一个简单的计算机动画工具，但是模拟智能体的研究为洞察真实动物的群体运动机制提供了可能的视角。更重要的是，就目前的目标而言，它举例说明了几个主题，这些主题后来成为人工生命研究的核心。它表明，多个简单主体之间遵循几个简单规则的相互作用可以产生有趣的集体效应。它表明，这种涌现行为的复杂性和适应性往往可以超过我们天真的预期（如优雅的避障行为）。它开始引出这样的问题：什么是真实的？什么仅仅是模拟？智能体不是真实的动物群体，但后来它的集群行为被称为是真实集群的一个例子（Langton，1989）。（我们将在讨论中回到这个问题。）

　　然而，智能体的研究实际上只解决了智能体之间交互涌现的模式。一个同样重要的主题（也是前面讨论过的机器人学工作中的一个重要案例）与智能体-环境交互有关。因此，考虑一下（真正的）白蚁筑巢的方式。建造白蚁巢穴的关键原理是使用被称为共识主动性（stigmergic）的程序［该单词源自于 stigma（记号 sign）和 ergon（工作 work），并且表明把工作（work）当作更多工作（work）的信号（signal）来使用」。在一个共识主动性程序中，重复的智能体-环境交互作用被用来控制和指导一种综合建构过程（Grasse，1959；Beckers et al.，1994）。一个简单的例子是白蚁建造的拱形结构的巢穴。在这里，每只白蚁都配置了两种基本策略。首先，它们将泥浆卷成球状，同时往球里注入唾液。之后，他们把球捡起来，放在唾液最多的地方。起初，这是随机堆放的。但一旦一些被唾液浸透的泥球散落在一起，这些泥球就会成为进一步堆积的吸引物。当泥球堆积起来时，吸引力增强，形成柱状物。幸运的是，其中一些圆柱彼此非常接近。在这种情况下，来自附近柱子的气味会使白蚁倾向于在离邻近柱子最近的一侧堆积新的泥球。随着这一过程的持续，柱子逐渐倾斜在一起，最终在中心相遇，形成一个拱门。然后，类似的共识主动性程序引导腔室、房间和隧道的建造。最近基于计算机的模拟已经复制了这个过程的各个方面，使用简单的规则来加固"木屑"的堆积（Resnick，1994）。使用现实世界中的小型机器人群组进行的实验在实验室环境中也显示出类似的效果（Beckers et al.，1994）。再次强调，我们得到的启发是：解决看似复杂的问题并不总是需要使用复杂的个人推理工具，并且协调的活动不需要中央规划或行动方案，同样也不需要特定的"领导者"发号施令。在刚刚描述的白蚁研究中，白蚁本身并不具有宏观建构的意识：仅仅是明白如何应对环境中遇到的特征，比如泥球中的唾液。集体活动甚至不是由常规的信号或通信来安排的——相反，信号是通过环境结构传递的，一个智能体的工作促使另一个智能体根据一些简单的规则做出反应（在第 8 章中，我们将讨论高级人类问题解决领域中一些密切相关的观点）。

综上所述，人工生命研究的目的是通过强调丰富的个体计算和思考之外因素的重要性来重新设定心理科学。这些因素包括：（1）多种因素（神经、身体和环境）在自然问题解决中常常以意想不到的方式汇聚；（2）那种无须中央计划或控制就能够支持强有力适应性反应的能力；（3）在其他智能体和环境结构的丰富背景下运行简单规则和行为程序的普遍能力。

6.2　讨论

（A）缺席性和抽象性

在人工生命和现实世界机器人领域的研究中往往有着一定激进主义的感觉。这种激进主义表现为一种原则上的反感（或至少是不可知论），即对在智能行为的认知科学解释中求助于内部表征、中心计划和丰富的内部模型的反感。[1] 然而，考虑到目前的技术水平，这种激进主义似乎有些为时过早。对于内部表征的概念，内部世界模型及其同类被引入以帮助解释一系列行为，这些行为与大多数机器人学家所研究的行为显著不同：与可能适合[2] 称为"高级理性"的行为相关联的行为。此类行为尤其涉及：

1. 与事件的末端、假想或反事实状态相关的选择和活动的协调。

---

[1]　如见 Thelen and Smith，1994；Brooks，1991；van Gelder，1995；Keijzer，1998；Beer，1995 和 Chemero，2009 等。

[2]　这不是要淡化基本感觉运动程序的困难或重要性。这仅仅是为了召唤那些独特的技能，通过这些技能，一些动物（尤其是人类）能够保持与远端、反事实和抽象的事件状态的认知联系。

2. 与环境参数相关的选择和活动的协调，该环境参数的周围物理表征是复杂且难以控制的［例如，开放式析取（open-endedly disjunctive）——我们将在下面回顾示例］。

正是这些行为，而不是移动、沿墙算法、配偶探测等，似乎与表征主义进路最适应。

因此，考虑第一类情况，即涉及横跨一些种类的物理隔离（physical disconnection）①的活动和选择协调的案例。例如，为明年的家庭假期做计划、考虑一些想象中的行动方案可能产生的后果、坐在密苏里州圣路易斯的办公桌旁使用心理意象计算你伦敦公寓的窗户数量，或者进行心算。在所有这些例子中，我们认知活动的对象在物理上都是不存在的。相比之下，在"新机器人学"的第一波发展浪潮中，许多案例（虽然不是全部，见 Stein，1994；Clark，1999b 中的评论）涉及的行为是由相关的环境参数不断驱动和修改的：光源、物理地形、公蟋蟀的鸣叫等等。正如我们在上面的示意图中所看到的，即使添加趋声性（雌性蟋蟀表现出的听觉定向行为）与视运反射相结合的必要条件，也能够迅速推动我们向更加复杂的设计方向发展，其中的一些设计（第 7 章和第 11 章对此进行了详细介绍）似乎仍然涉及用内部模型去预测感觉输入。有人可能会有理由担心，只是以环境刺激为基础的简单、一维的反应还不足以"表征饥渴"（representation-hungry，这个词来自 Clark and Toribio，1994）以扛起任何普遍的反表征主义论证的大旗。这就是为什么真实世界中表征稀少的机器人学的最佳案例让我们觉得是真正认知现象的拙劣范例。从范式上看，认知能力包括在物理隔离的情况下还能产生适当的行动和选择的能力。乍看起来，这需要使用一些内部项目或过程，其作用是代替缺失的事件的环境状况，从而在没有持续的环境输入的情况下支持思维和行动。这样的内部

---

① 有关连接和断开主题的扩展讨论，请参见 Smith，1996。

替身是内部表征，正如传统理论所理解的那样。

要明确的是，我们并不是说，在物理上隔离的情况下仍能协调行动的能力严格地意味着存在类似于传统内部表征的任何事物。因为，即便在没有使用任何稳定且独立可识别的内部状态的情况下，我们也可以设想系统能够实现这种协调。这些内部状态的作用是充当不存在的事件状态的替身或替代者（一个不错的讨论，请见 Keijzer，1998）。关键在于，通过列举没有物理隔离的例子来反对表征主义是辩证上的谬误。这样的例子是有趣的，信息量也很大，但是它们不能用来直接反对表征主义的观点。

类似的问题可以通过关注我们的第二类情况来提出。这涉及的不是全面的物理隔离，而是所谓的"衰减存在"。这里的问题与福多经常表达的担忧有关，即高级理性涉及对刺激环境的非律则（non-nomic）属性（见方框 6.1）的选择性反应（Fodor，1986）。律则属性（nomic property）是那些直接属于物理定律的性质。因此，检测光强度就是检测律则属性。然而，人类（和其他动物）能够选择性地对非律则属性做出反应，例如"是一件皱巴巴的衬衫"——这种属性（因衬衫的质量而不同）不能以一种能够根据物理规律计算的方式来描述对象。"一张真正的美元钞票"或"工党在 1996 年大选中的胜利"也是如此。福多的观点是"对（这些）非律则属性的选择性反应正是心理表征被创造出来所要解决的重大进化问题"。

然而，律则 / 非律则的区别并不完全符合福多的目标。因为很明显，我们可以选择性地回应"非律则"属性，如"衬衫属性"（我们一直这样做）。如果要从物理上解释这一点，就必须有某种（可能是复杂和多方面的）律则关系，将我们可靠的选择性反应与衬衫出现的状况联系起来。正如福多（1991）最近指出的那样，真正的问题不是检测衬衫是否符合律则规定，而是"没有非推理的方法来检测衬衫属性"。

福多现在认为，深层次的问题关注我们所谓"简单的感官可传导性"。为了跟踪一个属性，比如"是一件衬衫"，我们似乎需要使用一个间接的路径——我们直接跟踪一个其他特征的组合体，这些特征累积起来意味着衬衫。没有人能建立一个简单的传感器（这里传感器被松散地构想为一个设备，该设备接受感官输入，并将其转换成一个不同的形式或信号用于进一步处理），它本身（甚至粗略地）隔离所有并且仅有的意味着衬衫存在的能量模式。相反，您需要检测属性的获得方式，例如"是衬衫的形状""可能被人穿"等，然后（或者如福多所坚持认为的）推断衬衫的存在。这种推理表征以及相关的超越简单、直接转换能力的存在被福多视为"原则性区分"的根源，这个区分位于极简心智（如草履虫）和高级推理者心智（如找们自己）之间。

方框 6.1

非律则属性

律则属性是客体的性质，即拥有这些属性会导致客体服从特定的科学规律。因此，毕加索作品的物理和化学特性是律则属性，而"被许多人欣赏"和"值 100 万美元"的属性是非律则的，正如一件皱巴巴的衬衫的属性一样（根据福多的说法，可见正文）。事实上，物理宇宙中皱巴巴的衬衫的部分，当然完全受物理定律的约束。但是这样的律则适用于它们，不是因为它们是皱巴巴的衬衫（或者仅仅是衬衫），而是因为它们（例如）1 千克重或有这样那样的质量，等等。福多认为对非律则属性的选择性回应是使用心理表征的现金价值，为了更好地讨论福多这一观点所引发的问题，可见安东尼和莱文（Antony and Levine，1991）以及福多在同一卷中的回复。

　　我觉得这里面有值得注意的东西。直接跟踪可转换的环境特征（如糖的存在或雄性蟋蟀的鸣叫）的系统和能够对更神秘的特征做出反应的系统（如进行慈善活动或皱巴巴衬衫的存在）之间似乎确实存在很大的差距。表面上看，支持对越来越神秘的特征做出选择性反应的明显方法是检测多种其他特征的存在，并开发与获得这些多个简单特征相关的更深层次的内部资源：简言之，复杂特征检测器。但至少表面上，为实现这一目的而发展起来的内部状态似乎可以算作资格完备的内部表征。

　　再次强调，这里的正确结论不是说，"如果不采用被视为是内部表征的内部状态，就不可能与缺席、反事实、不存在或者不能直接传导的事物相协调"这样的判断是不可思议的。相反，现有的无表征或者表征稀疏的问题解决的说明不应该被视为对一个更加普遍的反表征主义可能性的直接辩护。因为一般来说，被商讨的问题领域并不属于具有最高级"表征饥渴"理性特征的范畴。

　　当然，所有这些都引起一些有趣的（有时是强有力的）回答。第 7 章和第 8 章将继续讨论。

（B）涌现 ①

　　人工生命相关文献特别强调涌现和集体效应这两个概念，但是涌现这个概念本身仍然还没有被很好地理解。它也不能简单地与集体效应这个概念等同，因为不是每一个集体效应都在直觉上等同于涌现的情况，也不是每一个涌现的情况（同样在直觉上）都涉及集体效应。因此，考虑一组相同的小砝码（也可能是台球）可能会共同导致平衡杆倾翻到一侧，这是一个正确的集体效应（让我们想象，它需要至少 30 个小砝码或台球才能使天平倾斜）。但当我们把这一事件称为"涌现倾覆"时，我们似乎一无

---

① 这一部分很大程度上归功于与 Pim Haselager 和 Pete Mandik 的讨论。

所获。或者相比之下，考虑一下哈勒姆和马尔科姆（Hallam and Malcolm，1994）描述的简单机器人的情况。这个机器人通过一种内置的、使其向右移动的偏转装置的作用顺着右边的墙行走，右边的感受器一旦被激活，会使其稍向左转。当这两个偏转装置被很好地校准后，机器人将沿着墙壁执行一种"转向和弹跳"的程序。由此产生的行为被描述为"涌现沿墙"（emergent wall following）。然而，所涉及的因素和力的数量似乎太少，而且因素也太多样化，因此无法将其视为我们前面描述中所提到的那种集体效应。

与此相关的是，我们需要找到一个关于涌现的解释，这个解释既不能过于宽松以至于允许任何事物都可以被视为涌现的实例（这种宿命肯定会使"涌现"失去解释和描述的意义），也不能严格到会排除任何可以给出科学解释的现象（我们不想坚持认为只有目前无法解释的现象才能被视为是涌现的，因为这再次剥夺了对此概念的科学兴趣）。相反，它应该挑选出一种独特的方式，在这种方式中，基本因素和力量可能合作产生某种属性、事件或模式。文献中包含了许多这样的建议，每一个都以不同的方式切割涌现／非涌现的蛋糕。作为对一些杰出竞争者的简要介绍，请考虑以下内容。

1. 作为集体自组织的涌现。这个概念被前面所讲述的蜂拥、白蚁筑巢等例子强有力地支持。作为一个纯粹的临床案例，考虑一下在锅中加热食用油的情景。加热时，会增加顶部（较冷）和底部（较热）的油之间的温差，很快会出现一种称为"对流滚动"的滚动运动：温度更高、密度更低的油上升，温度较低的油下降，然后又被加热并上升，由此循环往复。关于这样的过程，凯尔索（Kelso，1995）写道：

由此产生的对流滚动是物理学家所说的集体或合作效应，它在没有任何外部指令的情况下产生。温度梯度被称为控制参数，（但是

它并不）规定或包含涌现模式的代码……这种自发的模式形成正是我们所说的自组织：系统自身组织起来，但没有"自我"，系统内部没有执行组织的主体。

对流滚动出现的近端原因是热的应用。但是，滚动的解释更多地与简单成分（分子）相互作用的性质有关，这些成分在特定条件下（即加热），以特定的模式循环供给和维持自身。这个循环涉及一种"循环因果关系"，在这种因果关系中，简单成分的活动导致更大的模式，然后奴役那些相同的成分，将它们锁定在上升和下降的循环中。（想想看，几个个体的运动可以让人群朝一个方向移动：最初的运动会产生一个正反馈过程，因为越来越多的个体影响其相邻的个体朝同一个方向移动，直到整个群体像一个连贯的群体移动。）

这种具有循环因果关系和正反馈的集体效应可用集体变量的概念来理解，集体变量的变化值反映了多个系统要素活动的交互结果。例如气体的温度和压力、人群的加速度和运动方向、对流滚动的振幅等等。动力系统理论（我们将在下一章中介绍）专门用于绘制系统行为随时间推移而展开时集体变量的值，以及绘制集体变量与任何控制参数（如油中的温度梯度）之间的关系。因此，根据我们的第一个描述，涌现的现象是由简单成分系统中发生的多重自组织（通过正反馈和循环因果关系）相互作用的直接结果所引起的任何有趣行为。

可能的问题是，这个故事适用于由大量遵循简单规则的基本相同元素组成的系统。因此，它涵盖了蜂拥、白蚁筑巢、对流滚动等。但它不太适用于包含相对较少和更多异质元素的系统（如机器蟋蟀和弹跳-转向沿墙机器人）。

2. 作为未编程功能的涌现。相比之下，像"未编程功能"（unprogrammed functionality）这样的涌现观念是为刚才提到的问题案例量身定做的。在这种情况下，我们观察到作为简单机载电路和身体与环境结构之间相互作用的结果而产生的适应性价值的行为。这样的行为（沿墙走、蟋蟀趋声性）不被显式编程或任何完全"主体方"的天赋所支持。相反，它们作为一种主体-世界交互作用的一些迭代序列的副作用而出现。问题的关键不在于这样的行为一定是出乎意料的或者偶然的——精明的机器人专家很可能打算通过组织协调这样的互动来实现他们的目标。更确切地说，这种行为不受编码目标（沿墙走、寻找雄性等）或如何实现目标的内在状态的支配。因此，这些行为取决于斯蒂尔斯（Steels，1994）所称的"非受控变量"（uncontrolled variables）——它们只能非常间接地操纵行为，因为它们不依赖于中心或显性控制结构，而是依赖于迭代的主体-环境相互作用。

可能的问题是，正如你可能猜到的，这个说明适用于刚刚提到的案例。但它似乎不太明显地适用于集体自组织的情况，因为后一种情况显然允许通过操纵单个参数（例如施加在食用油上的热量）进行直接控制。

3. 作为交互复杂性的涌现。我认为，通过将涌现现象理解为系统组成部分之间一定等级的复杂相互作用所产生的效果、模式或能力，我们可给予这两个进程公正的描述。粗略地说，这个想法是把涌现描述成一个过程，这个过程通过复杂、循环的相互作用产生稳定而显著的系统行为模式。通过强调相互作用的复杂性，我们允许涌现以等级的方式出现（获得）。只具有简单的反馈回路（例如，严格的时间序列，其中 x 影响 y，然后又影响 x）并且依赖于重复的线性相互作用的现象充其量只能算作弱涌现。在这种情况下，关于涌现的讨论在解释上是否有用通常并不清晰。相比之下，依赖于多重、非线性（见方框 6.2）、不同时、涉及正反馈现象的相互作用将被视为强涌现。因此，弹跳-转向沿墙走是一个弱涌现的例子，而充分描述对流滚动的例子，则是一个强涌现的经典例子（Kelso，1995）。由此定义的涌现现象可以用一个集体变量的变化值来理解，这个集体变量（见上文）跟踪由多个因素和力的相互作用产生的模式。这些因素和力可能完全是系统内部的，也可能包括外部环境的选定元素。

4. 作为不可压缩展开（uncompressible unfolding）的涌现。最后（为了完整起见），我们应该注意到在最近的文献中提出的另一种（我认为是完全不同的）涌现意义。这种意义上的涌现现象的概念是指那些预测需要模拟的现象，特别是那些预测某些宏观状态 P 需要模拟实现微观状态 M1-Mn 的复杂相互作用的现象。（见 6.3 所举事例）因此，贝道（Bedau，1996）将一个系统特征或状态定义为涌现的，即当且仅当你只能通过对引起它的所有交互作用建模时，才能详细地预测它。在这种情况下，如果我们想详细地预测宏观展开的形状，缺少的是实际模拟的代替者。

方框 6.2

非线性相互作用

非线性相互作用是指 x 的值与 y 的值不成比例增加。相反，在 y 达到临界值之前，x 可能（例如）保持为零，然后随着 y 值的增加而不均匀地增加。一个标准联结主义单元（见第 4 章）的行为是非线性的，因为输出不是简单地等于输入的加权和，还可能涉及一个阈值、阶跃函数或其他非线性。一个典型的示例是具有 s 型激活函数的单元，其中某些输入值（例如，高正值或高负值）产生急剧地响应，导致单元输出为 0（对于高负值输入）或 1（对于高正值输入）。但对于某些中间输入值（中度的正值或中度的负值），这样的单位会给出更微妙的梯度响应，即根据当前输入逐渐增加输出信号的强度。（见图 6.3）

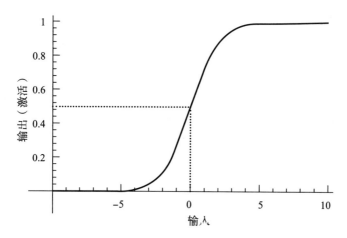

图 6.3　联结主义单元中的非线性响应。请注意，该单元对所有高负值输入的响应为 0，对所有高正值输入的响应为 1，输入为零时的响应为 0.5，对所有中间值输入则细微地渐进响应。（改编自 Elman et al., 1996）

方框 6.3

预测需要模拟的实例

考虑 $\sqrt{2}-1$ 的十进制展开式。它（Franklin，1995）定义了一个无理数。结果序列是不可预测的，除非通过直接的分步计算。为了找到下一个数字，你必须计算前一个数字。相比之下，有些函数迅速收敛到一个固定点或重复模式。例如无穷序列，我们可以预测序列中的第 n 个数，而无须计算 n−1 并应用规则。这样的序列为预测提供了捷径。数学混沌描绘了一种中间选项，展示出真实的局部模式，但同时抵制长期预测的一个展开的序列（Stewart，1989）。

可能的问题是，这种对涌现的定义给我的印象是它过于严格了。例如，即使在涉及多重、复杂、非线性和循环相互作用的情况下，通常也可以通过仅模拟实际相互作用的子集来模拟系统展开。例如，对流滚动的形成服从于一种分析，这种分析（通过利用集体变量）允许我们预测模式（给定一组初始条件）将如何随时间推移而形成和展开。事实上，贝道的建议是将涌现的概念限制在抵制所有低维建模尝试的现象上。相比之下，我的直觉是涌现现象往往正好是那些复杂的相互作用产生强健的、显著的能够支持预测和解释的模式的现象。换句话说，这些模式有助于各种形式的低维投影。

（C）生命和心智[①]

人工生命的研究也提出了一些基本的问题，涉及生命的概念以及生命与心智的关系。就生命的概念而言，挑战是直接而简单的：生命是否真的可以在人工媒介（如基于机器人或计算机的生态系统）中被实例化（而不是简单地建模）？例如，考虑名为"Tierra"的虚拟生态系统（Ray，1991，1994）。在这里，数字有机体（每一个都是一种小的程序）相互争夺 CPU 时间。这些"有机体"可以繁衍（复制），并通过随机突变和偶尔错误的复制而发生变化。系统在计算机内存中实现生物体（代码片段或"小码"）竞争、改变和进化。一段时间过后，雷停止了模拟并分析结果。他发现了一系列成功的（常常出乎意料的）生存策略，每一种策略都利用了正在运行的主导策略中的一些典型弱点。一些小码（codelet）能够学习利用（搭载）呈现在其他有机体代码（如"虚拟寄生虫"）中的指令。后来，小码进化出能够将这些寄生虫的 CPU 时间转移到自己身上，从而寄生在寄生虫上的能力，等等。接下来问题就出现了：这些仅仅是虚拟的、

---

① 感谢基利（Brian Keeley）坚持这些主题的重要性，并帮助我思考这些问题。

模拟的有机体？还是一个由"生活"在数字计算机内存独特生态中的真实有机体所居住的真正的生态系统？雷本人坚信，至少这样的系统能够真正支持生命的一些特性，如真正的自我复制、真正的进化、真正的群集等等（Ray，1994）。

因此，这里涉及一个对生命本身的有效定义，也许还涉及对诸如自我复制之类的各种属性的争论。在这种情况下，贝道（1996）主张将生命定义为"顺从适应"（supple adaptation），即以各种不确定的方式对各种不可预测（从有机体的角度）的突发事件做出适当反应的能力。这样一个定义（例如，与侧重于物质代谢为能量的定义不同，见 Schrödinger，1969；Boden，1999）明确允许存在于电子和其他媒介中的事件和过程被视为生命的实例。其他作者仍然关注其他属性与特征，例如自创生（自创生系统积极地创建和维持它们自己的边界，在这个边界内，复杂的循环相互作用支持基本化学物质和材料的持续生产，见 Varela，Maturana and Uribe，1974）、自催化（一组化学或计算元素，它们用可用资源催化自己的生产，见 Kauffman，1995）、自我繁殖、遗传学和代谢（Crick，1981）等等。正如贝道（1996）也提到的一个非常现实的可能性，即"生命"是一个所谓的集群概念，涉及许多典型特征，这些特征对一个被算作活着的系统来说，没有一个是单独必要的，多个不同的子集才足够。

关于生命和心智的关系也存在争议。有一种担忧（见上面 A 节）认为那些简单、栩栩如生的系统在真正的认知现象上告诉我们的内容并不多。避免这种担忧的一种方式是坚持生命和心智都有深刻的组织特征，并且因此坚持理解心智的项目与理解生命的项目本身是连续的。史密斯（Godfrey Smith，1996a）在其对"强连续性"（strong continuity）论题的描述 [①] 中很好地表达了这一立场：

[①]　据我所知，史密斯仍然对强连续性理论的真实性持不可知论。他只是把它作为几种可能的立场之一提出，并把它与思想史上的某些趋势联系起来。见 Smith，1996a，b。

　　生命和心智有一个共同的抽象模式或一套基本的组织属性。心智的功能[①]属性特征是一般生命基本功能属性的一个浓缩强化版本。心智简直就是生命。

　　正如史密斯所指出的，这是对心智现象本身的一种深刻主张。因此，它超越了更具方法论意义的主张，即对心智的科学研究应着眼于整体的、具体化的生命形式，并断言心智的核心特征在很大程度上是一般生命的特征。当然，这并不意味着生命和心智是完全等同的，只是如果我们理解了生命的深层组织原则，我们在理解心智的过程中会有很大的进步。更具体地说，如果理解生命组织所需的基本概念是自组织、集体动力系统、循环因果过程、自创生等，并且如果这些完全相同的概念和构想被证明是完全科学地理解心智的核心，那么强连续性论点便是正确的。因此，强连续性理论的一个具体且目前相当流行的观点是，动力系统理论的概念和构想将成为心理科学的最佳工具，并将同时揭示横跨多个物理、进化和时间尺度运行的过程的基础组织相似性。强连续性理论的另一个（并非不相容的）版本与诺伊（Alva Noe，2004）和汤普森（Evan Thompson，2007）等理论家以某种不同的方式捍卫的"认知生成主义"（enactivist）观点有关。这种方法是第 10 章的主题。在我看来，所有版本的强连续性论点的危险在于，通过强调统一性和相似性，我们可能会忽略什么是特殊性和独特性。心智确实可以参与许多生命的动力过程特征，但是，我们的老朋友呢？根本上基于理性的转换，以及对高级认知的缺席性和抽象性特征的把握呢？

　　平衡这些解释性需求（看到本质的连续性需要和欣赏心智的特殊性需要）或许是最近认知科学尝试心智自然化最困难的部分。

---

① 可能是史密斯在这里过分强调了功能描述的作用。回想一下我们在第 1 章到第 6 章中对功能与实现的讨论。对于没有功能强调的强连续性的版本，参见 Wheeler，1997，2005。

第 7 章

动力系统理论

7.1 概述

我们已经看到，认知科学参与了不断升级的从内在符号中的撤退：一种内在符号的逃离。最初的计算学视野（第 1 章和第 2 章）没有显示出这样的疑虑，并愉快地使用可以代表语义内容的静态语言形式的内部项目把句法与语义联系起来。这种项目在不同的语境中是不变的（"标记相同"），很容易被认为是内部符号。联结主义方法（第 4 章）扩展了我们对句法／语义联系的概念，允许对语境敏感的单元活动联盟承担语义负担，并产生合理的行为和判断，而无须使用静态的、笨重的、易于解释的内部状态。我们可以说，联结主义向我们展示了如何在不完全相信传统内部符号的情况下相信内部表征。神经科学、动物视觉、机器人学和人工生命（第 5 章和第 6 章）方面的工作进一步扩展了我们的概念，展示了更广泛的神经动力系统和可能的编码策略，并强调了时间、身体、运动和局部环境在生物问题解决中的深刻作用。

但是，随着我们故事的复杂性和环境互动性的增加，原来复杂的理论概念（符号、内部表征、计算）所提供的解释杠杆作用似乎也在减弱。研究认知的动力系统理论[①]可以被看作寻找更适合研究复杂互动系统的分析工具的尝试。这些工具是否为传统的理论框架提供了彻底的替代方案，或者被看作对该框架的一种微妙的补充，我们很快就会回到这些问题上。首要工作是澄清动力系统理论的内容。

动力系统理论是物理科学中一个成熟的框架。[②] 它主要用于建模和描述涉及随时间变化（以及随时间变化的变化率等）的现象。事实上，动力系统最广泛的定义就是任何随时间变化的系统。因此，物理世界中几乎每个系统（包括所有计算系统）都是一个动力系统。但是，只有当随时间变化的模式表现出某种复杂性时，动力系统理论的技术装置才会真正发挥作用。这种特殊的解释力所依赖的一些关键特征包括：

1. 发现强大但低维的系统性展开描述。

2. 提供系统状态空间的直观的几何图像。

3. 隔离控制参数和定义集合变量（密切相关）的做法（见下文）。

---

① 认知的动力系统理论至少可以追溯到 20 世纪 40 年代和 50 年代的精彩的控制论文献。例如，参见 Wiener, 1948 和 Ashby, 1952, 1956。但这种方法在符号系统人工智能的早期就并不受欢迎了。它最近的复苏很大程度上归功于理论家，如 Kelso, 1995；van Gelder, 1995；Thelen and Smith, 1994；Beer, 1995 以及 van Gelder and Port, 1995。最近的一些评论，参见 Schöner, 2008 和 Eliasmith, 2009。

② 见 Abraham and Shaw, 1992。

4. 使用耦合的技术概念（见下文）来模拟和跟踪涉及多个子系统之间连续循环因果影响的过程。

这些特征转化到认知科学领域，使得动力系统理论对于理解由许多持续互动的部分组成的复杂系统特别有吸引力。它们也很适合捕捉自适应行为的那些方面，这些自适应行为依赖于复杂的、循环的因果交换，其中一些内部因素 x 不断地影响其他（内部或外部）因素 y（其本身可能与因素 z 有类似的关系等）。正如我们在上一章开始看到的那样，这种复杂的因果网络往往是自然系统的特征，在这种系统中，神经加工、身体动作和环境力量不断且复杂地结合在一起。为了了解动力系统理论的实际效果，让我们回顾一下几个例子。

案例1：有节奏的手指运动

考虑一下有节奏的手指运动的情况（Kelso，1981，1995）。人类受试者被要求以相同的频率移动他们的两根食指，做侧向"摆动"运动，表现出两种稳定的策略：要么手指同相运动（每只手的等效肌肉在同一时刻收缩），要么完全反相运动（一个收缩，另一个扩张）。然而，反相解决方案在高振荡频率时是不稳定的——在一个临界频率下，它将坍缩为同相解决方案。

我们应该如何解释和理解这种结果模式？一种策略是寻求对行为事件更有启发性的描述。为此，凯尔索和他的同事绘制了两根手指之间的相位关系。这个变量在广泛的振荡频率范围内是恒定的，但在一个临界值——反相/相位转移的时刻会发生戏剧性的转变。绘制相对相位变量的展现图是在绘制所谓的"集合变量"的数值，其数值由其他变量（描述单个手指运动的变量）的数值之间的关系来设定。这些集合变量的值由运动频率固定，因此，运动频率能作为一个所谓的控制参数。然后，通过提供详细的数学描述来充实动力分析——一组方程，显示由控制参数控制的相对相位的可能时间演变空间。这种描述详细地固定了系统的所谓状态空间。系统状态是通过给每个系统变量赋值来定义的，而整个状态空间（也称为相位空间）只是这些变量所有可能值的集合——所有实际上可能出现的值组合。动力系统论者经常从通过这种状态空间的可能轨迹的角度来考虑目标系统——可能的状态序列可以把系统从状态空间的一个位置带到另一个位置。通过一个状态空间的可能轨迹的集合被称为"流"。最后，状态空间的某些区域可能表现出显著的特性（见方框 7.1）。吸引子是一个点或区域，任何经过其附近的轨迹都会被吸引到该区域（这种影响的区域被称为吸引盆地）。排斥子是使进入的轨迹发生偏转的一个点或区域。当参数值的微小变化可以重塑状态空间内的流，并产生关于吸引子、排斥子等的一个新形势时，就会出现分岔。因此，动力系统理论提供了一套数学和概念工具，有助于显示系统随时间变化的方式。

方框 7.1

数值动力系统理论

富兰克林（Stan Franklin，1995）在他的《人工心智》中，提供了一个有用的动力分析的介绍性例子。考虑实数（有无穷大），并想象数字空间的全局动力是由一个平方函数设定的，因此对于作为输入（初始状态）的任何数字 x，系统的下一个状态将是 x^2。现在考虑假设不同的初始状态会发生什么。如果初始状态是输入 0，数值展开就停留在 0：这是一个"收敛到固定点吸引子"的例子。对于初始状态 2，数值展开为 4、16、256，收敛到无穷大。对于初始状态 –1，系统转到 1 并停止。但接近 1（0.9 等）的初始点会迅速远离。因此，0 和无穷大是许多初始状态收

敛到的吸引子。1 是一个大多数初始状态都会远离的排斥子。由
于 0 和 1 之间的所有初始状态都趋向 0（因为每次应用平方函数，
数字变得越来越小），0 有一个包括所有这些点的吸引盆地（事
实上包括 –1 和 1 之间的所有实数）。无限大的吸引盆地包括所有
大于 1 或小于 –1 的点。一般情况如图 7.1 所示。为了产生所谓
的周期性行为，有必要改变全局动力系统。例如，变为输入数字
的平方减去 1。初始状态为 –1，那么将显示重复的（周期性）轨
迹：0，–1，0，–1，以此类推。

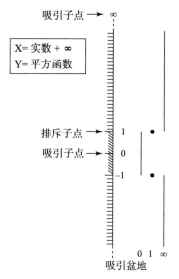

图 7.1　吸引盆地。（摘自 Franklin，1995，经麻省理工学院出版社许可）

在有节奏的手指运动的情况下，哈肯、凯尔索和邦兹（Haken，Kelso
and Bunz，1985）使用动力分析来显示控制参数（振荡频率）的不同值如
何导致不同的手指协调模式（同相 / 反相等）。这个详细的动力模型能够

（1）解释观察到的相位转换，而不提出任何特殊的"转换机制"，相反，转换作为系统正常、自组织进化的自然产物出现；（2）预测和解释系统选择性干扰的结果（如当一个手指暂时被迫离开稳定的相位关系时）；（3）产生准确的预测，例如，从反相位转换到相位的时间。关于该模型的一个精彩的回顾，见凯尔索（Kelso，1995）。

因此，一个好的动力解释介于更传统的认知科学家认为的对事件模式的（"单纯的"）描述和对事件展开原因的真正解释中间。它不是一个单纯的描述，因为需要非常仔细地选择参数，以便产生的模型具有预测力；它告诉我们足够多关于系统的信息，以便我们知道它在各种非实际情况下会如何表现。但与更传统的认知科学解释不同的是，它极大地抽象了单个系统组件的行为。

案例2：跑步机踏步 [①]

考虑一下学会走路的现象。学会走路涉及一个有规律的发展模式，包括：（1）出生时就有能力在空中直立时产生协调的踏步动作；（2）大约2个月时，这种反应消失；（3）大约8~10个月时，当孩子开始用脚支撑自己的体重时，这种反应重新出现；（4）大约1岁时，出现独立的协调踏步（行走）。

曾几何时，人们认为对这一整体模式的最佳解释是将其描述为一套先前指令的表达，其中有完整的时序，并编码在（也许）一个遗传上指定的中央模式发生器中（Thelen and Smith，1994）。然而，泰伦和史密斯（Thelen and Smith，1994）认为，不存在这样的特权、完整和预先指定的中立控制系统，学习走路涉及神经状态、腿部肌肉的弹簧特性和局部环境之间的一系列复杂的相互作用。根据泰伦和史密斯的观点，行走是由跨越

---

① 这种情况在 Clark（1997）中得到了更详细的处理。

大脑、身体和世界的多种因素的平衡相互作用而产生的，最好用一种动力的方法来理解，这种方法描绘了各种因素之间的相互作用，并确定了"控制参数"的关键因素。

泰伦和史密斯进行了一系列迷人的实验，为这种观点提供了广泛的支持。两个特别重要的发现是：

1. 在"不走路"的窗口期（2~8 个月），只要将婴儿直立在温水中（而不是在空中），就可以诱发走路的动作。

2. 在电动跑步机上保持直立的 7 个月大的孩子，可以进行协调的交替踏步运动，甚至能够抵消两条皮带的差异以不同速度驱动每条腿！

根据泰伦和史密斯（Thelen and Smith，1994）的解释，步态是动力系统组合的，而不是一个简单的内部命令系统的表达。身体参数，如通过部分浸泡在水中而有效操纵的腿部重量，以及环境因素（如跑步机的存在）似乎同样与观察到的行为有关。进一步的实验表明，在跑步机的情况下，关键因素是腿和脚相对跑步机的方向。足部接触跑步机的婴儿表现出在跑步机上踏步，而那些只有脚趾接触的婴儿则没有踏步。泰伦和史密斯对此的解释是，婴儿的腿在伸展时，就像一个弹簧。在背部完全伸展时，弹簧会松开并将腿向前摆动。平坦的脚部与跑步机皮带的接触可以提前确保这种完全的背部伸展，从而启动踏步。因此，在正常情况下，腿部的相对弯曲或伸展的趋势对协调踏步的出现有很大的贡献。跑步机踏步任务为了解婴儿行走的动力构造提供了一个特别有用的视角，因为它突出了内部动力系统、有机变化和外部任务环境之间复杂而微妙的相互作用。从动力系统角度看，跑步机看起来像一个实时控制参数，促进了 7 个月大的婴儿从无踏步到平稳交替的踏步运动的阶段性转变。因此，踏步行为"只有当中心要素与效应器——肌肉、关节、肌腱——在适当的物理环境中合作时，才会出现"。

案例3：瓦特调速器

最后考虑一下盖尔德（Tim van Gelder，1995）提供的一个经典例子——瓦特（或离心）调速器的运行。调速器的工作是保持驱动工业机器的飞轮的速度恒定，而飞轮本身是由蒸汽机驱动的。考虑到蒸汽压力和当前工作量（被驱动的机器数量等）的变化，飞轮的速度往往会出现波动。为了保持平稳和稳定，进入活塞的蒸汽量由节流阀控制。蒸汽越多，速度越快；蒸汽越少，速度越低。曾几何时，人类工程师要完成不断修正的艰巨任务。这样一个过程如何实现自动化呢？

一种解决方案（盖尔德将其描述为计算解决方案）将涉及一系列的步骤和测量。例如，我们可以通过编程来测量飞轮的速度，将它与某个理想的速度进行比较，测量蒸汽压力，计算出维持理想速度所需的压力变化，相应地调整节流阀，然后重新开始整个序列。盖尔德认为，使这种解决方案具有计算性的是一系列熟悉的特征。最重要的一个是表征：设备测量飞轮的速度，创建一个代表速度的标记，并在这个和其他表征上进行大量的操作（比较等）。这些操作是离散的，以一个设定的序列发生，然后重复进行。这个序列涉及一个感知/测量-计算-行为的循环，其中环境被测量（"感知"），内部表征被创建，计算被执行，并选择一个行为。整个装置反映了一个很好的可分解的问题解决方案，因为它重视将问题划分为这些不同的子部分，每一个子部分都是独立处理的，并由通信行为（其中 x 把 z 的值等告诉 y）来协调。因此，计算解决方案的独特特征是：（1）使用内部表征和符号，（2）使用改变和转换这些表征的计算操作，（3）存在一个定义明确的感知-计算-行为循环（盖尔德称之为"顺序和循环操作"），（4）对逐步的信息处理分解的易感性（盖尔德称之为"同质性"）。

现在是第二个解决方案，即瓦特发现的解决方案（见图7.2）。在飞轮上安装一个垂直主轴，并在主轴上安装两个铰链臂。在每个臂的末端，安装一个金属球。将两臂与节流阀相连，两臂摆动得越高，允许通过的蒸汽就越少。当主轴转动时，离心力使枢杆飞出。它转得越快，枢杆就飞得越高。但现在减少了蒸汽流量，导致发动机减速，枢杆失效。当然，这将打开阀门，允许更多的蒸汽流动。通过巧妙的校准，这个离心式调速器可以被设置成在压力、工作量等变化较大的情况下仍能平稳地保持发动机的速度［这个故事从 van Gelder（1995）中浓缩而成］。

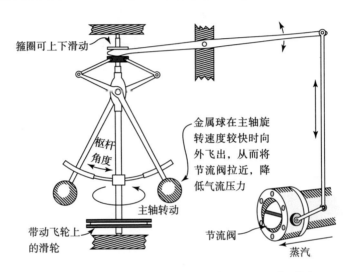

图 7.2　瓦特用于控制蒸汽机速度的离心式调速器（Farey，1827）。摘自 van Gelder, T. J.（1997）. "Dynamics and cognition." In J. Haugeland, ed., *Mind Design II: Philosophy, Psychology, and Artificial Intelligence*, rev. ed. Cambridge, MA: MIT Press. 经作者和出版商麻省理工学院出版社的善意许可转载。

　　盖尔德称，这种离心式调速器构成了一个非计算、非表征的控制系统，只需要动力分析和理解。特别是，只有动力分析才能解释枢杆角度和发动机转速之间特殊、复杂但有效的关系。一个疯狂的表征论者也许会试图声称，理解这种关系的最佳方式是将枢杆角度描绘成发动机速度的表征。但是，盖尔德坚持认为，真正的关系"比标准的表征概念所能处理的要微妙和复杂得多"。它更加微妙和复杂，因为在发动机速度调节枢杆角度的同时，枢杆角度也在不断地调节着发动机速度。这两个量最好被看作是被共同决定和相互共同决定的——使用耦合微分方程的动力系统装置（见下文）很好地捕捉到这种关系。瓦特调速器不能构成一个计算装置，原因有两个。首先是因为，根据盖尔德的说法，计算需要操纵标记式的表征，而这里似乎明显没有。其次是因为在调速过程中没有离散的操作，因此没有明显的操作序列来识别算法解决方案的步骤。因此，瓦特调速器未能表现出与计算解决方案相关的任何特征，只有一个深刻的原因，即在所涉及的各种因素之间获得的连续和同时的因果影响关系。正是这种独特的因果关系既需要用另一种动力分析来处理，又给传统的（计算和表征的）方法带来问题。

　　盖尔德断言，捕捉这种复杂因果关系的方法是使用耦合的动力概念。在一个典型的定量动力系统理论解释中，理论家指定了一组参数，其集体进化由一组微分方程控制。这样的解释允许将不同的部件（如枢杆和发动机）视为特定技术意义上的耦合系统，即描述每个部件演变的方程包含一个槽，该槽考虑了另一个部件的当前状态（从技术上讲，第一个系统的状态变量是第二个系统的参数，反之亦然）。因此，考虑两个安装在墙上的钟摆，它们紧挨着放置在一面墙上，随着时间的推移，这两个钟摆将趋于（由于沿着墙壁运行的振动）同步摆动。这一过程提供了一种优雅的动力系统理论解释，将两个摆作为一个单独的耦合系统进行分析，每个摆的运动方程都包括一个表征了另一个当前状态影响的项。[1] 盖尔德和其他人声称，这种复杂、恒定的相互作用[2]，比简单感知-计算-行为序列的传统视觉更接近主体-环境交互的真实轮廓（关于这种"翻转"应用于知觉运动的特定情况的另一个例子，请参见方框 7.2）。

---

[1]　见 Salzman and Newsome，1994。

[2]　例如，Beer and Gallagher，1992；Wheeler，1994。

方框 7.2

感知耦合

根据一个熟悉的设想，感知的作用是把解决问题所需的尽可能多的信息输入系统。例如，一个规划主体可能会扫描环境，以便建立一个关于环境中内容及位置的足够解决问题的模型，在这一点上，推理引擎可以有效地抛弃现实世界，而在内部模型上操作、规划，然后执行响应（也许在执行过程中不时地检查，以确保环境没有变化）。其他方法（例如，见 Gibson，1979；Lee and Reddish，1981；Beer，2000，2003；Warren，2005；Chemero，2009）将感知描述为有效耦合主体和环境的渠道，尽可能避免将源自世界的信号转换成外部场景的持久内部模型的需要。

因此，考虑一下现在经典的例子：在棒球中跑步接飞球。考虑到感知的标准作用，我们可能会认为视觉系统的工作是传递关于球的当前位置的信息，以便让推理系统预测其未来的轨迹。然而，自然界似乎已经找到了一个更优雅、更有效的解决方案：你只需跑步，使球的光学图像在视觉背景下呈现出一条直线、恒速的轨迹（McBeath et al.，1995）。这个解决方案（所谓的线性光学轨迹模型）利用了李和雷迪什（Lee and Reddish，1981）所讨论的光流中的一个强大的不变量。关于我们在解决这类问题时锁定的简单不变量的确切性质存在一些争论（讨论见 Shaffer et al.，2003），但问题的关键是，对光流中可用数据的巧妙利用使捕手能够回避建立丰富的内部模型和计算球的前进轨迹的需要。在最近的工作中，多重使用线性光学轨迹模型方法似乎为狗如何捕捉飞盘提供了更好的解释，由于飞行路径偶尔会出现剧烈的波动，这是一项相当苛刻的任务（Shaffer et al.，2004）。

这样的策略暗示着（也见 Maturana，1980）一个感知耦合本身非常不同的作用。他们不是用感知来获得足够的内部信息、越过视觉瓶颈，以便让推理系统"抛开世界"、完全在内部解决问题，而是把传感器作为一个开放的管道，让环境对行为施加持续的影响。感知在这里被描绘成开放一个通道，当这个通道的活动被控制在一定范围内时，成功的整个系统行为就会出现。在这种情况下，正如兰德尔·比尔所说：

……重点从准确地表征一个环境转移到持续地用身体接触这个环境，以便稳定适当的协调行为模式。

（Beer，2000）

案例 4：持久性伸手

皮亚杰（Piaget，1954）描述了一项任务：儿童看到实验者将玩具藏在某个地方（位置 A），在短暂的间隔后，实验者鼓励儿童去拿玩具。这个过程要在原来的位置重复几次（通常是 4~6 次），然后将物体藏在新的位置（位置 B）。尽管 12 个月以下的婴儿已经清楚地看到实验者把玩具改放在位置 B，但还是经常把手伸向原来的位置 A。这被称为"持久性伸手"，所涉及的错误被称为"A 非 B 错误"。儿童犯错误的可能性可以通过改变实验的细节来控制。例如，通过改变间隔的长度、隐藏位置的数量、隐藏位置的独特性以及（当然）儿童的年龄（Wellman，Cross and Bartsch，1986）。例如，间隔较短时年幼的儿童也能正确地完成任务。

文献中有许多关于 A 非 B 错误的描述（综述见 Thelen et al.，2001）。但其中的共同点是泰伦等人所描述的"知道与行动"的二分法，根据这种说法，年幼的儿童知道玩具去了哪里，但未能相应地控制他的行动系统。鉴于有大量其他形式的数据，这种说法很有吸引力，这些数据大多来自追踪儿童目光但不需要其他运动动作的实验。这类实验（例如 Bertenthal，1996）表明，儿童确实知道物体藏在哪里，但这种知识未能影响他们不成熟，至少是部分独立的（也见方框 7.3）行动系统。其他可能的解释涉及不成熟的记忆系统的额外贡献（例如 Diamond，1985，1990b）。

泰伦等人对这种一般形式的解释提出疑问，正如他们所指出的，这种解释还需要解释为什么儿童有时成功，有时失败。特别是，为什么这些成功和失败对实验设置和最近行为历史的大量高度具体的细节敏感。因此：

> ……虽然 A 非 B 错误在典型形式下是完全稳定的，但即使是任务条件中看似微小的改变也会破坏它。事件的几乎每一个方面都很重要：藏匿位置的视觉属性，包括遮蔽物的明显性、距离、数量和透明度……藏匿和搜索之间的间隔……搜索涉及伸手或只是看……环境中是否有地标……儿童是在寻找物体、食物还是人？无论任务是在家里还是在实验室里完成，儿童或藏匿之处是否被移动过……以及婴儿的爬行经验。
>
> （Thelen et al.，2001）

泰伦等人认为，这种广泛的"情境效应"（每种效应的完整参考资料见 Thelen et al.，2001）最好的解释是放弃在运动和认知之间明确划分的概念。相反，动力系统理论的解释装置使我们能够描述（和解释）儿童的展现行为，作为多种内部和外部因素和力量之间复杂的非线性相互作用的表现，其中没有一个因素应该被认为是纯粹的认知或纯粹的运动。

　　他们的替代模型的核心是动力场的理论结构。动力场理论（见 Erlhagen and Schöner，2002；评论见 Spencer et al.，2011）为我们在先前关于跑步机踏步的案例研究中遇到的许多想法提供了更形式化的表达。正式模型的任务是描述一种微妙的、动力的平衡，在这种平衡中，诸如线索显著性、最近的行为历史和工作记忆等因素相互作用，从而产生前面所介绍的以情境为中介的表现差异的全部内容。正式模型的细节超出了这次简短复述的范围。然而，形式模型提供的是一种描述婴儿灵活的"软装配"的方式，在各种知觉和工作记忆元素的阵列中，这些元素被编码为连续量，并在多个时间尺度上相互作用。因此，动力场是指一个统一的结构，其不断变化的状态受到任务环境、线索和最近行为历史细节的微妙影响。在这个多维空间中，行动以分级、连续、不断对知觉运动影响做出反应的方式出现。重要的是，该模型不仅解释了现有的数据（包括大量的情境效应），还做出了几个被实验证实的新预测（Thelen et al.，2001）。

　　更一般地说，正如泰伦等人所指出的那样，关于持久性伸手的动力场解释实例化了本书第 5.1 节所描述的那种对现实世界难题的"行动导向"解决方案。这是因为动力场的作用是：

　　　　……是整合外部世界和之前行动的记忆的场所，（这样）就不需要其他储存的地图或中央控制器来干预了……其后果是，"概念"和"知觉运动"之间的划分可能非常难以划定。知觉和心理规划有助于做出行动的决定——人类认知的本质——但行动的记忆也同样参与其中。最重要的是，行动的历史和现状都在同一个以行动为中心的动力中表达。

　　　　　　　　　　　　　　　　　　　　　　　　　　（Thelen et al.，2001）

　　泰伦等人指出，剩下的问题是，如何最好地解释人类思想和理性在其他场合的展开，此时对立即行动的要求有所放松，最近的历史和当前场景的知觉影响不那么明显。那么，由以前的经验构成的同一动力场是否可以支持我们与更多"离线"理性形式相关联的各种沉思性展开？我们将在下文中回到这些问题，并在随后的章节中讨论。

　　有了这些思考和案例研究，现在就可以比较容易地构建动力认知科学的案例。这个案例基于三个基本论断。

　　第一个相对没有问题的论断是，身体和世界（因此还有时间、运动等）都很重要，并能在自适应问题解决中发挥强大的作用。前文中，我们已经看到了几个这方面的例子，例如，关于婴儿运动、伸手、蟋蟀趋声性和动物视觉的工作，以及生物学、认知神经伦理学和机器人学的大量研究[①]。第二个论断是，身体和世界之所以重要，不仅仅是因为它们提供了一个有用的行动舞台和一个敏感的知觉前端，还因为神经、身体和环境因素是密切交织在一起的，是跨越直觉界限的连续互为因果的过程。这有时会导致第三个也是最后一个论断，即传统的计算和表征分析工具（以及相关的输入-计算-行为循环的图景）不能公正地对待这样一个复杂的互动过程，而动力系统理论的数学和拓扑学资源才是首选。在我看来，这就是中心论点。[②]但它真的强大到足以赢得胜利吗？

[①] 有关评论参见 Clark，1997，2008。

[②] 关于连续的互为因果关系的核心观点可以从这样的评论中看出，"认为离心式调速器不是表征的最深层原因，是在任何时候臂膀角度和发动机转速都是由彼此的行为决定的，并且决定着彼此的行为。（这种关系）比标准的表征概念所能处理的要微妙和复杂得多"（van Gelder，1995）。或者再说一遍，"自适应行为是神经系统、身体和环境之间持续互动的结果……我们不能把自适应行为的功劳归于这个耦合系统的任何一个部分"（Chiel and Beer，1997）。另见 van Gelder and Port，1995；Schöner，1993；Kelso，1995 以及 Clark，1998c 中的讨论。一些内容的更新，见 Schöner，2008；Spencer，Perone and Buss，2011。

7.2　讨论

（A）隐含前提

从动力系统的考察中得出的最激进的结论似乎是这样的：

> 激进具身认知论题
>
> 结构化的、符号化的、表征的以及计算的认知观是错误的。具身认知最好被作为非计算的和非表征的观念与解释框架，特别是动力系统理论的工具。

考虑到动力说明的本质，最初发现这种激进的、根本性的结论似乎是令人吃惊的。我们面前确定拥有的仅仅是这样一个论点，即一些很低层次的感觉运动活动（如手指摆动、婴儿踏步、瓦特调速器等）和世界一起表现出了复杂因果结构，使得通过计算和表征以及输入-计算-行为循环的标准观念难以完全解释这种活动。这似乎与以下观念不谋而合：（1）对于更高层次的认知，标准框架仍然是最好的；（2）即使在更低层次，系统展开的一些方面可能仍然需要更传统的分析。

尽管如此，毫无疑问，真正的、根本性的激进变革已经在酝酿中了。泰伦和史密斯（Thelen and Smith，1994）明确支持激进论题，他们写道：

> 通过大脑中的结构来解释——信念、规则、概念和图式——是不可接受的……我们的理论中心有了新的概念，如非线性、再入性、耦合异时性、吸引子、动量、状态空间、本征动力系统理论、力。这些概念是不可还原为旧概念的。

> 我们认为发展的发生源于异质成分间活动的时间锁定模式。我

们不是在通过连接时间上偶然的观念来建立世界的表征。我们不是在建立任何表征！心智是时间上的活动……真实物理原因的真实时间。

尽管更赞同一个（重新构思的）内部信息载体（表征）的概念，斯科特·凯尔索（Kelso，1995）也声称：

> 这里的论点是，根本上说，人类大脑是一个由非线性动力系统支配的、模式生成的自组织系统。我们的大脑（至少短时间内）处于亚稳态的状态中，而不是在计算。

其他有时似乎被激进论点吸引的作者包括斯密特（1994）、惠勒（1994）、马图拉那和瓦雷拉（1980）、斯卡达和弗里曼（1987）以及盖尔德（1995）。凯泽（1998）的普遍平衡和延展处理的研究同样导向了激进结论，提出保留使用计算 / 表征框架的尝试（如 Clark，1997），即"将一组特殊的思维习惯注入一个试探性的并且仍然脆弱的互动主义行为解释中"。

最近，惠勒（2005）捍卫了一种严格的反表征主义，其特点是对在线形式认知（本质上是知觉运动的）与离线形式认知（更加反思性的、脱离束缚的、假定需要表征的）之间进行一种等级划分。更有力的主张由切梅罗（2009）提出，将动力系统观与生态心理学观点（例如 Gibson，1979；Warren，2005）相结合来为一种版本的激进具身认知论题提供一本书篇幅的辩护。切梅罗主张，研究知觉、认知和行动的最佳方法是将其作为各种形式的"必须具身的现象"，使用不假定心理表征的解释工具（Chemero，2009）。

因此，首要任务是以某种方式将这些点连接起来，找出可能将相当有限的经验论证与彻底的激进结论联系起来的其他观点和前提。最重要的连接主题与生命和心智的连续性观点有关。我们已经遇到了这种观点（见第6章），所以在此简要说明。

思考波拉克（Pollack，1994）对飞行历史的考察。当我们第一次遇到鸟并好奇为什么它们能飞时，最显著的特征大概是翅膀的拍打。但我们现在知道，正如一些早期的先驱通过痛苦的经验发现，有力的拍打并不是真正的关键。相反，莱特兄弟最终发现：

> 大多数飞行的问题是发现一个重量 / 尺寸范围使得滑翔成为可能，并使得控制系统保持正确的动力平衡。拍打是最次的，即推进引擎，但其剧烈性使其占据了我们的知觉。
>
> （Pollack，1994）

具体地说，拍打的动作掩盖了副翼原理的关键性，即使用控制电缆和可升降的襟翼，使飞行员在空中滑翔时保持飞机平衡。

> 对认知的动力系统理论的类比延伸是很直接的：就像拍打一样，符号思维是（拼图的）最后一块……其剧烈的表现蒙蔽我们误将认知知觉为一个精密的控制系统……掌控着一个非常复杂的实时物理系统。
>
> （Pollack，1994）

波拉克相信，只要我们关注的是符号问题求解（拍翼），就不可能理解那个实时物理系统。相反，我们应该（Pollack，1994）"将认知与自然统一起来"——关注物理定律而不是"软件定律"。只有那样，我们才会开始看到生物智能如何像现在这样强大和灵活，例如受伤的小猫如何通过神经网络与弹性的肌肉和肌腱系统之间复杂的交互动力系统，立刻成功地以三腿站立。这种丰富的交互动力系统似乎与显性的使用符号的问题求解没什么关系，但正是这一丰富的非符号基底被认为形成了生物智能所有方面的本质基础（例如 Thelen and Smith，1994）。如我们所见，这一基底被描述为一种持续的互为因果的影响过程，其中整个交互动力系统（而不是一些有特权的、基于知识的组分）使得有机体能够实现其目标并补偿不适宜的环境变化。正是以这种方式，瓦特调速器（尽管其显然并非认知装置）在行动过程中可能与（van Gelder，1995）人类认知（的基本动力基底）"更加贴切相似"，而不是更传统的使用计算–表征基准。

（B）强连续性与弱连续性

因此，这一激进的论点根源于一个熟悉的发现：更高层次认知过程的形态与运作可能以某些高度路径依赖的方式被建立在一个在进化上更加基础的知觉和感觉运动基底上。但是，联结主义者（见第 4 章）和传统人工智能领域的理论家（例如，Simon，1996）也提出了相似的观点，但并没有质疑计算与表征解释的基础框架。区别何在？

不同之处再一次存在于动力系统论者对交互和连续互为因果性的强调中：这一观念认为，正是环境、身体和神经系统之间的持续耦合形成了实时自适应反应的基础。然而，同时接受基本感觉适应的路径依赖和交互本质仍然远远不够建立激进具身认知论题。

因此考虑一个传统的观点，即我们有时通过利用这样的内部模型来解决问题，这些模型通过学习或进化而能够作为现实世界环境特征的离线替身来发挥作用。在这些例子中，我们暂时放弃了直接与世界交互的策略，以便参与更"替代性"的探索形式。这种离线问题求解显然有可能与各种在线的、高度环境交互的运动控制策略完美连续。因此格鲁什（Grush，1995）描述了一个回路，其主要作用是微调在线伸手。但是，该回路包括使用在实际信号（相当慢）到达身体周围之前预测感觉反馈的内部模型（一个"仿真器循环"）。这一内部循环一旦形成，就能支持完全离线配置的附加功能，允许系统完全在"想象"中预演运动行动。这种例子表明，顺畅的运动控制策略与例如离线推理和想象这类的更高认知能力之间存在完全的连续性，以及（同时）系统中存在彻底不连续性，系统现在使用特殊且可识别的内部状态，作为特殊神经外（在这一例子中是身体的）状态的完全代替。这些无疑是在非常强的意义上的内部表征。在这种情况下系统不是通过平衡正在进行的神经身体和环境影响来持续地组织其行为。因此，我们保留了一种架构的连续性，但没有增加对激进具身认知论题的承诺（更完整的研究见 Clark and Grush，1999；也见 Wheeler，2005）。

（C）表征与计算（再一次）

另一个担忧涉及任何假定的内部表征的本质（内容）。由于看起来似乎许多动力系统怀疑论的目标不是内部表征本身，而是内部表征的一种特例，也就是有时被称作"客观主义"的表征，这种表征可能出现在世界某些方面的详细而与视角无关的模型中。那么，注意第二种（以及我相信是非常重要的，见 Clark，1995）方式，即更高层次认知可能与其运动和发展根源连续。它可能是连续的，因为其涉及内部表征，而内部表征的内容（与详细的客观主义表征不同）在很大程度上是为了支持现实世界中典型或重要的实时行动。这种内容可能（例如先前的例子）有时是"离线"操作的——它们仍然是内容（我在其他地方将其称作面向行动的内容）的形式，这些内容特别适于实时控制和调节实际行动。在这一模型上，认知不需要总是实际上交互的（大脑、身体以及世界作为平等的搭档参与），但内部体制被交互的需要和有机体的模式深度塑造和雕琢。

进一步来看，许多动力系统怀疑论看起来只涉及客观主义（无偏见的、独立于行动的、高度详细的、静态的、通用的）内部表征的观念。因此泰伦和史密斯（1994）质疑所有这些想法，相反，他们认为我们将知识作为一个行动导向的过程，持续地被组织产生以面对形式、内容以及用途的语境背景。瓦雷拉的生成观念同样强调了这一点，即"认知结构产生于使行动被知觉引导的周期性感觉运动模式中"（Varela，Thompson and Rosch，1991）。与此相关的是，奥格雷（Agre，1995）指出了"索引-功能表征"（例如"正前方几米"）的重要性——这些是理想的对个体行动的简单控制，并与客观主义地图式的表征（例如"在41纬度，13经度"）形成了对比。那么，或许一些争论实际关注的是内部状态的内容而不是存在，这些状态的作用是代替重要的神经外事态。

与此相关的可能是涉及一般表征主义/计算主义描述的内部控制类型的假说。大体上，该假说认为计算模型涉及复杂的内部控制结构的存储和使用，这种内部结构明确而详细地描绘了给定行动中包含的所有物理参数的值和设置。这一假说会帮助解释为什么泰伦和史密斯反复将大脑是一个计算装置的观念与某些看似无关的观点联系起来。这些观点包括生物钟完成行为的早期详细蓝图、四肢所有的相关参数设置（关节角度坐标、肌肉固定模式等）的完整规格，能够通过"'纯'神经指令"控制移动（Thelen and Smith，1994）。然后，他们将高度详细、完整的神经指令集与先前讨论的集体状态、相位偏移、控制参数的观念相比较。系统的特定偏好的集体状态被描述为能够通过一些控制参数（例如节奏手指运动案例中的运动频率以及跑步机踏步案例中的屈肌张力）的行动被产生（而不是"编程"）的协同整体。凯尔索对大脑本身的描述是一个"模式生成的、自组织的系统"，而不是一个计算装置（Kelso，1995）也有同样的意思。两种系统之间的对比是：一种系统的行为是由完整的编码指令集所固定的，另一种系统的行为则是由具有丰富的相互依存本征动力的复杂系统的一系列暂时稳定状态产生的。我们的口号或许是"无程序的模式"，但真正的目标是我们使用复杂的神经指令集来驱动多个肌肉、连接、关节等的有序行为。这种详细驱动被认为是不必要的，因为该系统自组织为一个更小的偏好状态的集合，这些状态通量可能通过某些简单参数的行动被控制［面对将人群从 A 移动到 B 的问题时，"计算主义者"要为每个人的轨迹编码指令，而动力系统论者仅仅发现了一个控制参数（可能增加人群一端的热能），之后这一参数利用那些接近它的参数的本征反应，这些接近它的参数的运动反过来牵引着它们近邻的运动，直到人群作为统一整体在正确的方向上移动］。

毫无疑问，这是一个重要且迷人的转换。但它真的意味着否认大脑是计算的这一观念吗？我认为不能，因为在计算主义者这一方不存在对高度详细或完整的指令集的观念承诺的必要。用一种高层次语言写成的一小段软件自身不会具体说明如何或何时达成许多子目标——这些任务被转让给操作系统的内置特征或更低层次编码的级联活动。另外，一个程序可以非常好地"假设"作为必要背景的环境与身体结构和动力系统。乔丹等人（Jordan et al., 1994）描述了一个控制胳膊运动的程序，但它（为了成功）假设了很多非本征动力系统，例如胳膊质量、肌肉收缩以及重力。

现在或许身体-环境系统的协同动力系统已经做了很多工作，因此神经作用有时确实被视为只是对一个复杂但高度交互的系统施加简单的力，而该系统的本征动力系统承担了大多数工作量。但不那么激进地，有可能运动活动只需要比我们可能假设的更少的详细内部指令集，这正是存在一小部分偏好集合的状态，成功的行为经常只需要设置一些核心参数，如一个弹性肌肉系统的初始刚度等。这种稀疏的规格可能支持复杂的全局影响，而无须直接表明关节角度的结构和样子。

特殊详细种类的神经指令集的缺少并不能证明存储程序的整体缺失。这种描述只在真正连续体的最极端情况下才有说服力。在两极之间存在着有趣的空间，我在其他地方（Clark, 1997）称之为"部分程序"——最大限度地利用受控系统固有（身体和环境）动力系统的最小指令集。我怀疑许多以动力系统导向的实际研究的真正意义是，正是在这一空间中我们才能期望遇见大自然自己的程序。

（D）论证的空间

然而，反表征主义代替者的最深层的问题在于，其研究仅将大脑作为整个复杂的因果影响网络中的又一个要素。显然在某种意义上这是对的，内在和外在要素的确共同支持了许多种类的自适应成功。但在另一种意义上，它要么是错的，要么我们的世界观必须以一些非常戏剧性的方式改变。由于我们的确假设正是人脑惊人的结构复杂性和可变性才是理解以智能为基础的进化成功路径的关键，并且我们的确假设由于复杂神经事件，那一路径包含了解我们周围的信息并使用这些信息指导当下和未来行动的能力——就算这不是一个显而易见的真理，它们也非常接近事实了——但一旦我们接受了大脑作为信息处理活动的主要角色这一观念，我们就已经将其视为与河流或火山活动根本上不同的东西了。并且这是一种需要反映在我们的科学分析中的差异：当我们追求与计算进路相关的信息处理模型时，这种差异通常会显现出来，但如果我们将大脑与瓦特调速器、心脏跳动或基本化学反应的展开完全等同对待[1]，那么这种差异就会消失。

简单来说，问题在于如何公正看待这一观点，即在基于知识的和仅仅是物理因果的系统之间存在原则上的区分。看起来动力系统论者不太可能会否认存在差异（尽管有时可以发现这一否认[2]的暗示）。但是，动力系统论者并没有通过采用不同的词汇来理解和分析（至少与认知有关的）大脑

---

[1]　最后两个例子见 Goodwin，1995。

[2]　例如，盖尔德对任务的评论可能最初似乎只需要"系统拥有关于其环境的知识和推理"（Gelder，1995）；以及泰伦和史密斯的对大脑作为热力学系统的强调（Thelen and Smith，1994）。相反，动力系统论者凯尔索看到了关键问题"信息如何在一般生物尤其是大脑中被设想出来"（Kelso，1995）。

事件来做出回应，而是将这个问题重新定义为对不同类型的行为灵活性的解释，并希望使用与瓦特调速器等其他物理系统相同的设备来解释这种灵活性。

但是，这种装置或许本质上不太适合解释特定神经过程是如何促进行为灵活性的。这是因为我们还不清楚应该如何恰当地处理能动性和信息导向的选择。出于某种原因并根据所获得的知识选择行动的系统，与不表现出这种目标导向行为的其他系统（通常非常复杂）之间，难道没有（道德和科学上）关键的区别吗？大脑、身体和世界作为一个单一、密集耦合的系统，这一图景可能会消除目标明确的能动性观点，除非将其与对目标和知识在我们某些身体运动的起源中所扮演的特殊角色的某种认识结合起来。[①] 计算 / 信息加工进路通过接受一种双重描述提供这种认识，其中的特定内部状态和过程作为知识和信息的载体。

那么，或许我们需要的是一种动力计算主义，其中信息流的细节和更大规模的动力系统一样重要，并且其中一些局部动力特征在信息处理过程中扮演着双重角色。因此，这里有一种方式可以使动力分析和计算分析可能同时进行。[②] 动力分析可能帮助识别作为表征内容载体的复杂和时间延展的物理过程。只看到信息和内容的内部载体可能的句法形式的视野可能让传统计算主义过于狭隘了。我们着迷于自然语言中的静态字符和字符串引领我们期望简单、局部、空间广延的状态作为内容的内部载体。联结主义进路通过识别作为分布式的活动模式的内容载体，帮助我们超越了那种视野。但要揭示内容载体可能的丰富和复杂空间，可能需要利用动力系统理论的全部力量。

---

① 相似的论证见 Keijzer and Bem，1996。

② 这种结合仅仅被克鲁什菲尔德和米歇尔等人追求（Crutchfield and Mitchell，1995；Mitchell et al.，1994）。盖尔德的个人观念"修正的表征主义"和他对决策场理论的讨论（Van Gelder，1995）表明他对这种结合的观点持开放态度。

（E）更丰富的持久性伸手动力系统理论

斯宾塞等人为一篇关于持久性伸手的文章写了一个有趣且有启发性的后记，直接谈到了关于动力可能性空间的问题。在艾舍尔·泰伦的要求下，许纳尔（Schöner）和同事们尝试在一个机器人平台上使用真实的感受器和效应器来实施持久性伸手的动力场模型。不幸的是，行为并不像预期的那样。机器人不是产生目标行为和模仿 A 非 B 错误，而是"在实验中一次又一次地来回摇摆，在任何一次实验中都无法清楚地回应 A 或 B"（Spencer et al., 2009）。这被掩盖在最初的模拟中，因为实验者将最强激活水平（即 A 或 B）确定为伸手的决定性因素。然而，一旦其正实施，就会出现永不确定的选项，因为没有一个"神经信号"强到能够胜过另一个。

那么，所需要的便是以某种方式放大获胜信号以确保其能够产生强有力的回应。为了实现这一点，该模型被自动提高至回应阶段的"静息水平"来丰富。这使得一个位置的激活水平仅是一个小的增加，也可以跨越强有力回应的门槛，促使微妙平衡的系统进入一个稳定的吸引子状态。斯宾塞等人推测，在真实的神经系统中，同样的效应可能会通过提高选定神经亚群（的"体积"）的收益而被实现。作者认为，在知识大脑中前额叶可能扮演这一角色，使我们能够根据大脑的"最佳猜测"产生行为，即使那一猜测仅仅比其他选项更加自信一点点。这是有道理的，因为实际行动者经常需要采取行动，在许多情况中做出一些决定（向左或向右转）远比什么都不做（停在原地直到捕食者抓到你）更好。

选择性地增加在一些神经群上的收益（以及因而有效减少在其他神经群上的收益）的机制非常自然地与注意联系在一起，并在最近的神经计算理论中扮演一个重要角色，其中一些我们会在第 11 章探讨。从动力系统理论角度看，这种机制能够帮助"推动"系统进入稳定的吸引子状态并（重要的是）使它们退出这些状态以准备进入新的状态。一个替代方案（一些很好的讨论，见 Spivey, 2007；Rabinovich et al., 2008）是通过与吸引子保持接近而不（用动力系统理论的术语说）实际进入来最大化灵活性。我自己的预感是，灵活增加与减少选择性神经群收益的机制应该能让我们在这两方面都做到最好。但这是一个重要且很大程度上未解决的经验问题，它隔绝了动力系统理论似乎最自然和最有价值的地方之一。无论如何表达，这都是位于认知研究中心的一个问题（如何结合灵活性和稳健、果断的行动选择）。

（F）认知渐进主义：大问题

人工生命（第6章）和动力系统的工作以一种尤其尖锐的方式提出了一个我们已经触及多次的难题。然而，我认为现在有必要让这一难题尽可能明确和突出。

难题是这样的：总的来说，用来解决知觉和行动基本问题的策略和用来解决更抽象或更高层次问题的策略之间的关系是什么？用来解决更直观的"认知"的问题（例如计划明年的假期、想想不在身边的朋友以及设计一个粒子加速器）的能力能否和沿墙走、调整手指运动、产生有节奏的步伐等能力以本质上相同的方式被理解吗？毫无疑问，许多最近关于"具身认知"的文献似乎致力于一种我称之为"认知渐进主义"的观点。这个观点认为，通过逐渐向与当下手头相关的基本（具身的、嵌入的）策略中加入"花哨的点缀"，你确实可以获得成熟的人类认知。正是这种连续性原则促使我们在（例如泰伦和史密斯评论的）"产生走路、接触和寻物的过程和产生数学和诗歌的过程之间没有原则上的区别——认知是无缝的和动力的"（Thelen and Smith，1994）。当然，这很大程度上取决于我们要在这里用"之间没有区别"这一词组去理解什么。因为在许多有趣的例子中（见 B 节）我们能同时辨别出一种（通常是结构上的）连续性以及一些非常激进的功能非连续性。因此，一些认知功能可能不依赖于基本感觉运动过程的微调，而是依赖于相对（功能上）独立的发展和（功能上）新型的神经过程种类。

　　米尔纳和古代尔（Milner and Goodale，1995）的"双视觉系统"假说似乎是一个恰当的例子。米尔纳和古代尔的主张非常简要，认为在线视觉运动行动被神经资源指引着，这种神经资源和那些用来支持有意识视觉经验、离线视觉推理和基于视觉的分类与口述的神经资源有非常根本的不同（见方框 7.2）。后者的复杂活动被认为依赖腹侧加工流而前者依赖大体上独立的背侧加工流。米尔纳和古代尔（不可否认非常有争议）的解释因此启发了一个对在线行动编码和离线推理与想象编码的非常彻底的分离。那么，这里有一个非常具体的例子，其中我们面对的似乎不是一个简单的渐进过程，即离线推理利用与在线行动指导非常相同的基本机制，而是一种更戏剧化和不同的情况：在这样的例子中，自然通过开发加工和利用感觉输入的全新方法来增加功能性。

　　需要注意米尔纳和古代尔的叙述（与 B 节中的例子不同）没有将反思思维描述为简单的"离线"策略的使用和用来促进当下流畅行动的编码。相反，它将自然描述为正建造一种新（尽管毫无疑问是由旧部分组成的）的认知机器，允许某些动物以新颖的方式分类和理解他们的世界，而这种方式通过提取与观察者无关的信息（关于物体外形、识别、功能等等）来实现感觉输入的概念化。这种编码格式化、包装，以及将感觉信息用于概念思维和推理的模式，创造了米尔纳和古代尔（1998）建议性称为"关于视觉世界的洞见、后见和远见"的系统。

　　我这里的目的并不是试图完整描述或批判性评价这一提议（Clark，1999a；Schenk，2010）。相反，我引用它仅仅是为了说明这里的经验不确定性。或许实际上如泰伦、史密斯和其他人所说，更高级思维和推理的神经机制与在线行动控制的机制完全连续。但事实也可能完全相反，最有可能的是，我们遇到的是一个微妙且复杂的策略混合物，其中新型的信息处理程序与更原始的系统和平共存，有时还会相互利用和合作（更多关于这种相互作用的可能形态的有趣猜想见 Damasio，1999，2010）。

"知觉符号系统"的研究（Barsalou，1999，2003，2008，2009）提供了一个吸引人的方式将强调感觉运动参与的动力系统理论与更高层次（甚至是"表征饥渴"的）认知能力的一种叙述相结合。其思想是，概念思维可以熟练地使用被巴萨卢称为模拟器的东西，"一个模拟器就是一个跨多个模态（其中每个模态加工某一类属性）分布的动力系统，聚集了不同实例的信息"（Barsalou，2011）。因此巴萨卢认为，"啤酒"模拟器将包含许多协调多模态（而不是非模态）信息，即关于不同啤酒的外观、口感和气味，它们出现的典型语境，它们对消费者的影响，等等。近期和当下语境的细节征用并区别了多个模拟器的活动以实现"情境概念化"。就其本质而言，这种概念化包含（在恰当情况下）关于如何与所表示的项目进行实际交互的信息。更重要的是，对于当前的目的，它们开始提出一种我们可能解决认知渐进主义问题的方式。由于模拟器和情境概念化使得系统重新利用连续的、度量丰富的那类信息，即在线感觉运动参与的特征，使得信息适合控制各种形式离线推理（例如，想象如果我们发动汽车、从后门进入邻居家的房子、要一瓶琥珀麦酒等将会发生什么）。巴萨卢认为，基于知觉运动的模拟器的构建和使用构成了概念加工的一种形式，其可能广泛分布在各个动物物种中。然而，在人类中，相同的装置可以使用语言复述被选择性地激活，即"单词激活模拟器以及更大语言结构以合成和生成的方式细分情境概念化"（Barsalou，2011）。因此，语言可以作为一种认知技术，使我们能够使用同一基于模拟器的资源做更多的事情。这是我们将在下一章中探讨的主题。

因此，知觉符号系统描述仍保持在一个非常不精确的水平，并仅仅是在转移（而不是解决）复杂的问题，即所有那些信息是如何确切地被调节、情境化并用来指导行动的。但它指出了一个有前途的方向，并且如我们将要看到的，通过我们与世界互动所需要和提供的各种统计学信息，它实现了相当直接的目标。这一解释恰巧与最近关于预测性大脑的猜想相对应（见 Barsalou，2009，2011，以及接下来第 11 章的讨论）。不过，我们必须非常小心地对待认知渐进主义的学说。这个学说既不够精确（关于什么算作连续性、渐进变化等），实证上也不可靠。关注自然对实时反应和感觉运动协调等基本问题的解决方案的形态，无疑使我们受益良多。至于它是否能教会我们足够的知识来理解心智特性本身，仍然是未知的。

方框 7.3

行动视角 vs 知觉视角？

文本中简要谈到的米尔纳和古代尔（1995）有争议的提议是，构成视觉引导行动（例如接触）的潜在神经系统与那些构成有意识视觉识别、分类经验和想象的潜在神经系统截然不同。一个指示性的例子包括所谓的铁钦纳对比错觉（见图 7.3），这是一个错觉尺寸扭曲的例子，我们通常错误判断了中间圆盘的大小。在最上面的图中，两个中间圆盘（事实上）大小相同，而在下图中它们大小不同。在每个案例中，周围圆环的大小让我们的知觉错误表征了中间圆盘的实际大小，在它们相同时（上图）将它们看作不同，在它们不同时（下图）将它们看作相同。

这里的知觉经验提供的内容明显错误表征了中间圆盘的实际大小。但也存在一个转折点，阿格利奥特、古代尔和德索萨（1995）使用薄扑克筹码作为圆盘建立了一个物理版本的错觉，并接着让受试者"如果两个圆盘看起来大小相同，则拿起左边的圆盘；大小不同，则拿起右边的"（Milner and Goodale，1995）。

令人惊讶的结果是，即使受试者没有察觉到——但明显受到错觉影响——他们的运动控制系统也能产生一个精确匹配的抓握，受试者的拇指与其他手指间的孔径与圆盘的实际（而非错觉）尺寸相同。这一孔径不是通过触摸和调整达到的，而是视觉输入的直接结果。要重申的是，它仍然没有反映受试者视觉经验中错觉的圆盘大小，而是实际大小，简而言之即"光圈"：

抓握大小完全由目标圆盘的真正大小决定，而受试者表明他们对视错觉敏感的行为（即拿起两个目标圆盘中的一个）本身是不被错觉影响的。

（Milner and Goodale，1995）

这个结果某种程度上的确令人震惊。米尔纳和古代尔认为，它表明构成视觉觉知的加工过程可能与构成行动视觉控制的加工过程之间完全独立。这一提议也不仅仅被这些（有趣但或许有些边缘的）视错觉案例所证明。解剖学数据和脑损伤患者的数据表明了视觉觉知系统和视觉运动行动系统之间存在分离。例如，患者腹侧流损伤，不能在视觉上识别物体或分辨形状，不过他能够流畅、方向感很好地精确抓握物体，即使那些物体非常相似而他无法从视觉上辨别。相比之下，其他背侧流损伤的患者"在视力上没有太大问题（即能在视觉场景中识别物体），但在拿起他们能看见的物体上有很大困难，就好像他们不能使用任何来自视觉场景的空间信息"（Gazzaniga，1998）。

关于"双视觉系统假说"的争论已经被证明是卓有成效的，

现在有（包括正反两方面）的大量文献（见 Milner and Goodale，2006；Schenk，2010；Schenk and McIntosh，2010）。

图 7.3　图中展示了铁钦纳对比错觉。在上图中，两个中间圆盘实际大小相同，但看起来不同；在下图中，被大圆盘所环绕的中间圆盘变得稍微大了些，因此显得两个中间圆盘的大小相同。（来自 Milner and Goodale，1995，已获得许可）

第8章

认知技术：超越裸脑

8.1　概述

　　我们已经走过很漫长的旅程。从一开始把心智看作符号处理器的想象，到令人兴奋的矢量编码和亚符号人工智能，一直到迅速发展的与现实世界实时交互的复杂系统。随着旅程的继续，一个问题变得更为迫切：如何把目前来自机器人、人工生命以及情境化认知的研究工作的见解与所谓更高阶认知的各种能力和活动相联系？简言之，如何把关于"具身的、环境嵌入的"认知研究与关于抽象思维、事前规划、假设推理、审慎考虑等——更标准、经典进路的落脚点——的现象相联系？

为了寻求这样的联系，有两个直接的选项：

1. 以一种深度混合的观点看待内部计算引擎本身。把大脑描绘成快速、忙乱的"在线"、利用环境的策略所在地与提供各种"离线"推理的、许多更为符号化的内部模型的所在地的混合物。

2. 将基本的"技巧包"式策略坚持到底——把高级推理的机制看作在前2章中探索过的机制类型（动力耦合等）的深层延续（没有真正新的架构和特征）。

在这一章中，我将考虑第三个选项——或许它其实只是前面两个选项的微妙变形组合。

3. 把大量高级认知描述为植根于用于在线的、自适应反应相同的基本能力类型的操作，但被调节和应用于外在的和/或人工的认知辅助的特殊领域——正如我将描述的，这是宽构件（wideware）或认知技术的领域。

在这里，摒弃所有无偏见讨论的伪装是有好处的。因为对心智和认知技术之间联系的兴趣正是我自己研究项目的核心，我从丹尼特（Dennett，1995，1996）、赫钦斯（Hutchins，1995）、科什和马格里奥（Kirsh and Maglio，1994）、唐纳德（Donald，2001，2010）、迪昂（Deheane，2009）及其他学者那里得到了启发。

核心观点是，拥有心智或者拥有与人类物种独特的、顶级的成就相联系的特殊类型的心智，这产生于多种因素和力量间富有成效的碰撞点——有些是身体的，有些是神经的，有些是技术的，还有一些是社会和文化的。结果，理解人类思维和理性的独特之处的研究计划可能依赖于一个比认知科学已经习以为常的关注点更广泛的范围：它不仅包括身体、大脑和神经的世界，还包括我们的生物性大脑在其中学习、成熟和操作的支持物和辅助物（笔、纸、个人计算机、习俗）。

一个简短的趣事有助于铺垫。以专业的调酒师为例，在一个嘈杂而拥挤的环境中面对多个饮品点单，专业调酒师以惊人的技巧、精确性来调制和分发饮品。但这种专业表现的基础是什么？它全部来自精细的记忆和运动技能吗？绝对不是。在对比新手和专业调酒师的心理学实验中（Beach，1988），很显然专业调酒师的技能涉及内部和环境因素之间的微妙交互作用。专业调酒师在顾客下单的时候就挑选和排列具有独特形状的玻璃杯，然后他们使用这些持续的线索来帮助回忆和排列特定的点单顺序。因此在涉及统一形状玻璃器皿的测试中专业调酒师的成绩会直线下降，而新手的成绩则不会受任何这类控制所影响。专业调酒师已经学会了塑造和利用其工作环境以改变和简化生物性人脑所遇到的任务。

因此，外部世界的某些部分经常发挥着一种神经外的记忆储存库的作用。我们可能会故意留下一卷胶卷在我们的桌子上来提醒自己把它拿去冲洗，或者我们也可能会在纸上写下一句"冲洗胶卷"并把它留在桌子上来提醒自己。作为语言和文字的使用者，我们掌握一种特别方便和有效的方法，可以把数据和观念从生物性大脑卸载到多样的外部媒介上。我认为，这个技巧是不可低估的，因为它不仅影响我们所掌握的数据的量，而且影响我们所能对其施加的操作种类。在丰富的语言环境中培养出的生物性大脑的问题求解过程，往往与语言、文本、符号和图表密切相关。在海量的语言和文本中训练出的人类大脑，当然会发展出直接将这些可靠出现的各种各样的外部支持物和辅助物"考虑在内"的计算策略。

以写作一篇学术论文的过程为例。你长时间努力工作，在结束的时候你很开心。作为一个优秀的物理主义者，你假定最终智力产品的所有功劳都属于你的大脑：人类理性的所在地。但你其实太大方了，因为实际上发生过的事情（也许）更像是这样：大脑支持对某些旧文本、材料和笔记的复读，当复读这些东西时，它通过生成一些零碎的观点和批评来回应，接着这些观点和批评成为更多被储存在纸上、在页边空白处、在计算机磁盘里等等的标记，大脑的作用是将这些数据在干净的纸上重新组织并增加新的在线反应和观点，阅读、回应和外部重新组织的循环在一遍又一遍地重复，最终产品（故事、论证或者理论）产生了。但这个智力产品很大程度上要归功于那些在环境中重复的循环。功劳归属于在世界中具身的、嵌入的主体。赤裸的生物性大脑只是在空间和时间上延展的过程的一部分（尽管是关键和特殊的部分），这个过程涉及大量的神经外的操作，它们的联合行动创造了这个智力产品。因此从现实意义上说（或者我这样认为），"问题求解引擎"这个概念实际上就是整堆东西的概念（见方框 8.1）：大脑和身体在一个环境中运作。

对于我们自己创造的许多认知技术来说，一种理解它们在认知中作用的方式是将其看作提供互补操作给生物性大脑所自然发生的那些操作。不妨回顾一下把生物性大脑看作模式完成引擎的联结主义图景（第 4 章）。这种装置擅长把当下的感觉输入与联想的信息联结起来：你听到歌曲的第一小节就回忆起剩下的部分，你看到老鼠的尾巴就联想起老鼠的形象。那一大类计算引擎被证明极其擅长完成诸如感觉运动协调、面部识别、语音识别等任务，但它们并不太适合演绎逻辑、计划以及典型的顺序推理任务（见第 1 章和 2 章）。粗略地说，它们"擅于飞盘，拙于逻辑"——一种令人感到既熟悉又陌生的认知配置：熟悉是因为人类智能显然具有这种风格；陌生是因为我们反复地超越这些限制，如规划假期、解决复杂的序列问题等。

我最初在麦克勒兰德、罗姆哈特、斯莫伦斯基和辛顿（McClelland, Rumelhart, Smolensky and Hinton, 1986）那里看到的一个强有力的假说是：很大程度上，我们超越这些限制是通过把一个联结主义的、模式完成的装置的内部操作与各种各样外部的操作和工具结合起来，这些操作和工具用于把复杂的、序列性的问题简化为我们的大脑最熟悉的、更简单的模式完成操作的有序集合。因此，采用一个经典的示例，我们可以通过使用笔、纸和数字符号来解决长乘法的问题。于是我们进入一个外部符号操作和储存的过程，这样就把复杂的问题简化为我们已经掌握的一系列简单的模式完成步骤，首先把 9 和 7 相乘并把结果记录在纸上，接着再将 9 和 6 相乘，等等。

方框 8.1

天才的金枪鱼和巧妙的射水鱼

请通过类比的方式思考关于游泳机器的观点。特别是请思考蓝鳍金枪鱼，这种金枪鱼天赋异常。对其躯体的检查表明，它不应达到它所明显具备的水上能力：游得那样快、转动得那样紧凑、离开得那样迅速等等，这些对它的身体来说都太难了（大约是身体能做到的 7 倍）。对此的解释（依据流体力学家特里安塔菲夫妇的观点）是，这些鱼积极地在它们的水环境中创造和利用额外的推动力和控制力来源。例如，金枪鱼使用自然形成的涡流和涡旋来获得速度，并且它们拍打尾巴来积极地创造额外的涡旋和压力梯度，然后借此迅速地起跳或做类似动作。因此我认为，一台真正的游泳机器，是在其适当环境中的鱼——鱼加上它主动创造并最大化利用的周围结构和涡旋。在人类的情形中，认知机器看来也是同样扩展的（另见 Dennett，1999，第 12 章和第 13 章）。我们人类积极地创造和利用多种外部媒介，产生大量编码和操作的机会，它们的可靠存在会深深地烙入我们的问题求解策略的考虑中（金枪鱼故事的细节可见 Triantafyllou and Triantafyllou，1995，更多讨论见 Clark，1997）。

射水鱼提供了另一个巧妙使用外部结构的例子。这种鱼最初被施洛塞尔（Schlosser，1764）报告，其目标猎物是在红树林沼泽上紧紧抓住树枝的昆虫。射水鱼通过强有力的水流将猎物击落到水里供其食用。这些昆虫是牢牢地附着在枝权和植物上的，并不容易将其移动。射水鱼之所以能够挪开它们，只是因为其喷出的水流在冲击时大约有3000瓦／千克的特殊力量。这远远超出了脊椎动物的肌肉能够施加的最大力量（大约500瓦／千克）。多年以来，研究者（徒劳地）寻找能够放大这种喷射力量的未知内部结构。然而最近，这个谜被解开了。瓦伊拉蒂等人（Vailati et al.，2012）表明：

　　……肌肉力量的放大出现在鱼身之外，这是由于喷流的水动力系统的不稳定性，类似于在按需喷墨打印中出现的情况。

（Vailati et al.，2012）

　　使用高速摄像机分析，瓦伊拉蒂等人展示了射水鱼用它的嘴巴去操控喷流出来时的速度，有利于在喷流的头部形成一个独立的大液滴。随着喷射的推进，这个领头的液滴会被喷流的尾部充气、膨胀，使得（通过一个轴向压缩过程）质量和动量从喷流的尾部转移至头部。结果是，由于这个"外部的水动力系统杠杆"，喷流的头部产生出一股远远超出未被调整的喷流所能产生的力量。通过这种方式：

　　……射水鱼有效利用一种外部机制来放大肌肉力量，就像射手使用弓一样。

（Vailati et al.，2012）

用认知人类学家埃德·赫钦斯的话来说，使用笔、纸和数字符号的价值就在于：

> （这些工具）允许（使用者）做人们擅长的那类事情时完成那些需要完成的任务：识别模式、建构世界的简单动力系统模型，以及操作环境中的对象。

> （Hutchins，1995）

稍作思考就会明白，这个描述很好地捕捉到认知技术中的好例子到底好在哪里：近年来的文字处理软件包、网页浏览器、鼠标和图标系统等等。当然，它也表明我们最初创造这些工具的许多尝试错在哪里——使用那些环境（早期的录像机、文字处理机等）所需要的技能恰恰是生物性大脑觉得最难支持的那些技能，诸如回忆和执行长的、实质上任意的操作序列（Norman，1999）。

我认为以下看法也同样富有成效，即把使用文字和语言标签的实践本身视为一种原初的"认知技术"——是我们生物性大脑的一种有力的附加装置，它简直改变了人类理性的空间。我们之前注意到，书写文字作为一种外部记忆的形式和操作活动的新类型，其作用显而易见（但也是有力和重要的）。而我相信，正是文字作为对象的出现，有着某些更深远且被普遍忽略（Dennett，1994，1996）的重要结果。接下来谈谈更深远维度上的文字作用。

对于一个生物性学习装置来说，文字能够在搜索空间中充当有力的过滤器。粗略地说，这个观点是，学会将概念与离散的任意标签（文字）联想起来，使人更容易使用那些概念来限制未来的搜索，并因此有能力掌握一连串更为复杂且越来越抽象的观念。换句话说，这个判断（也可见Clark and Thornton，1997）是将一个知觉上简单、稳定、外在的东西（诸如一个单词）与一个观念、概念或知识片段联系起来，能有效地把概念凝结成一块认知的建筑砖块——随后这个东西可以被看成一个简单的基本特征，用于未来阶段的思考、学习和搜索。

这个宽泛的猜测［其统计和计算基础在 Clark and Thornton（1997）有探讨］近来似乎被某些关于黑猩猩认知的研究所支持。汤普森、奥登和博伊森（Thompson，Oden and Boyson，1997）研究了黑猩猩的问题求解过程。汤普森等人展示的是，黑猩猩被训练用一个任意的塑料标识物（比方说一个黄色三角形）去标示成对的相同的对象（诸如两个相同的杯子），并使用另一个不同的标识物（比方说一个红色圆形）去标示成对不同的对象（诸如一只鞋子和一个杯子），然后能够学会解决一类新的抽象问题。这类问题对没有经历过符号训练的黑猩猩来说是难以解决的，因为它涉及对相同和不同之间的更高阶关系的识别。因此，面对两对（不同的）相同的东西（比方说两只鞋子和两个杯子），更高阶的任务是判断这两对东西展示出相同的关系，换句话说就是判断你看到两个相同性的例子。这种更高阶判断（甚至人类受试者刚开始也会觉得困难）的例子如表 8.1 所示。

表 8.1　高阶的相同性和差异性

杯子 / 杯子	鞋子 / 鞋子
=	一阶相同性的两个例子
=	高阶相同性的一个例子
杯子 / 鞋子	**杯子 / 鞋子**
=	一阶差异性的两个例子
=	高阶相同性的一个例子
杯子 / 鞋子	**杯子 / 杯子**
=	一阶差异性的一个例子和一阶相同性的一个例子
=	高阶差异性的一个例子

受过标记训练的黑猩猩成功地完成了这项困难任务，研究人员猜测这可以用它们关于外部标记的经验来解释。因为这种经验可以使得黑猩猩在面对比方说一对相同的杯子时调取出相同性标识（正如实验中的一个黄色三角形）的心理表征，面对两只相同的鞋子时也会同样引发黑猩猩调取那个标记的心理表征。那样的话，更高阶的任务被有效地简化为简单、低阶的把两个黄色塑料标识识别为"相同"的任务。

因此外部标识和标签的经验使大脑自身有能力——通过表征那些标识和标签——去解决那些复杂和抽象程度超出我们解决能力的问题。这个直观的结论越来越明显地可被广泛适用于人类理性（见方框 8.2）。我们可以如此猜想，学习一组标识和标签（当我们学习一门语言的时候我们都会这么做），非常类似于掌握一个新的知觉模态。因为这就像一个知觉模态那样，把我们世界的某些特征展现得具体且鲜明，并允许我们将我们的思想（和学习算法）锁定于一个新的基本对象领域。这个新的领域把先前复杂而难以驾驭的知觉模态压缩成简单的对象。这些简单对象可以快速地揭示出更多（否则会隐藏的）模式处理方式，正如在关系之间的关系案例中那样。当然整个过程是深度迭代的——我们打造新的文字和标签来具体化规律性，这些规律性我们最初只能通过其他文字和标签的背景才得以概念化。这种迭代策略的最有力和令人熟悉的具体运用，或许就是人类的科学大厦本身。

因此，用塑料标识训练黑猩猩的例子只是案例之一，这些案例的效果很可能具有更普遍和惊人的效力（Dennett，1994；Clark，1998a）。一旦流畅地使用标识，知觉场景中的复杂性质和关系就能够有效地被人为重构成简单的可检测整体。其效果就是减少了对场景描述的复杂性。科什（Kirsh，1995）就是用这些词来描述对空间的智能利用。例如，当你把你购买的东西放到一个袋子里而把我买的放进另一个，或者当厨师把已清洗和未清洗的蔬菜放到不同地方，这样做的效果就是使用空间的组织化来简化问题求解过程，通过使用空间的邻近性来减少描述的复杂性。直观上看，一旦描述的复杂性因此减少，选择性注意和行动控制的过程就可以对一个场景中由于"未标记"而无法定义的元素进行这种标识。伴随标识和标签的经验可以是获得类似结果的一种便捷方式。空间的组织化通过物理归类的方式将知觉和行动引向在功能或外表上等价的类，从而减少了描述的复杂性。贴标签允许我们将注意力集中在所有且只有那些属于等价类（红鞋子、绿苹果等）的东西。这样，语言和物理的归类都允许选择性注意停留在那些东西上，并且这两种资源看起来是密切配合发挥作用的。空间归类被用于教导儿童单词的意义，而对单词的心理回忆可以被用于控制空间归类的活动。

因此单纯贴标签就已发挥着一种类似于"增强现实"①的功能，我们通过这样的方式简便而不受限制地将新的归类和结构投射到知觉场景中。贴标签是方便的，毕竟它避免了在现实中把东西归为一类的物理麻烦。它也是不受限制的，因为它可以按照单纯的空间展示做不到的方式进行归类。例如，它允许我们选择性注意一张桌面的四个角，显然重新组织这一操作在物理层面上是做不到的！根据这种观点，语言标签是归类的工具，并且在这个意义上发挥着非常类似于真实空间中的重新组织的作用。但除此之外（与单纯的物理归类不同），它们有效和不受限制地增加新的"虚拟"东西（被回忆的标签本身）到场景中。这样，伴随标识和标签的经验改变和重塑了认知引擎的问题空间。

---

① 这种显示技巧的一个例子是，根据需求将绿色箭头投射到一副智能眼镜所显示的场景中，以标记通往某大学图书馆的路径。箭头会呈现为覆盖在真实的局部场景上，并且会随着主体的移动而更新。

方框 8.2

计数能力

斯坦尼斯拉斯·狄昂及其同事为数学领域中的类似主张增加了一组有力的证据。他们认为，生物性大脑展示出一种天生但模糊而低层次的计数能力，一种表征简单数量（1、2、3），识别出"更多""更少"以及数量变化的能力。但他们主张，人类的数学思维依赖于这种低层级、近似算术的先天系统与由基于语言的数量表征的发展所提供的新文化工具之间精巧的交互作用。他们主张，这种新工具的发展开始于使用身体的某些部分去提供一种"确定"数量的方式，对这些数量我们并没有精确的先天表征。

更具体而言，狄昂、史培基、皮内尔、斯坦尼斯库和垂思金（Dehaene，Spelke，Pinel，Stanescu and Triskin，1999）把成年人的算术能力描述为依赖于组合（和连锁）两种不同的认知资源的贡献。一种是天生的、基于顶叶的工具，用于近似的计数推理。另一种是习得的、基于左额叶的工具，用于精确算术中的、特定语言的数字表征。为了支持这个假说，作者们展示了证据，包括来自双语者算术推理研究、来自两个神经子系统之一具有不同损伤的病人研究，以及来自正常受试者在处理精确和近似的数字任务中的神经影像研究。在最后一项研究中，受试者在完成精确的任务时，其左额叶的言语相关区域表现出显著的活跃，而在近似的任务中则调用其在视觉空间推理中会用到的两侧顶叶区域。这些结果一起表明了"精确的计算依赖于语言，而近似的计算则依赖于非言语的视觉空间大脑网络"（Dehaene et al.，1999），并且"即便在基础算术的小范围内，多种心理表征也被用于不同的任务"。这个案例的有趣之处在于，这里额外的支持物和脚手架（在特定的自然语言中可用到的数字名称）是内部表征的，于是该过程要调用外在事物的意象供后续使用。这类似于黑猩猩对高阶关系判断的案例，但与我在本章后面将会考虑的艺术草图情况截然不同。狄昂（Dehaene，1997）用了一本书的内容来考察这些观点，并将它们联系于这样的观念（他后来称之为神经的再循环，见Dehaene，2004；Dehaene and Cohen，2007），即预先存在的、适应良好的大脑结构被文化演进重定向于新的目的。一个并行的、呈现简洁的关于阅读的故事，可见狄昂的论述（Dehaene，2009）。

一个相关的效应也可以在近来关于语言学习的研究中被观察到。在一个近期的综述中，史密斯和加瑟（Smith and Gasser，2005）提出了一个非常好的问题。假定人类如此擅长有根基的、具体的、感觉运动驱动的学习形式，为什么公共语言的符号系统会采取它们所具有的这种特殊和相当稀少的形式？

有人可能会预期，一种多感官的、有根基的、感觉运动的学习类型会青睐一种更加图标化的、类似于默剧的语言，在这种语言中的符号更类似于指称的对象。但语言肯定不是这样的……在大多数词语的发音与它们所指称的对象之间没有内在的相似性：词语"dog"的形式并没有暗示我们它所指称的那类事物，并且"dig"和"dog"形式上的相似性也没有传达其意义上的相似性。

（Smith and Gasser，2005）

　　简言之，这个问题是"为什么像我们这样具有如此明显多感官感觉运动的主体，其语言是一个任意的符号系统？"。

　　当然，一个可能的回答是，语言之所以像那个样子，是因为（生物学上基本的）思想也像那个样子，并且语言的形式和结构反映了这个事实。但另一个回答刚好相反，有人可能会认为，语言之所以像那个样子，是因为思想（或者说，生物学上基本的思想）并不像那个样子。根据这种相反的观点，一个本质上不依赖语境的、由任意的符号构成的公共系统，其计算价值就在于，这样的系统能够推、拉、扭曲、诱导并最终与各种非任意的、感官丰富的、语境敏感的那些生物学基本编码形式相结合。①

　　来自语言形式编码的直接认知优势也被埃尔默-巴斯克斯、史培基和卡茨内尔松（Hermer-Vazquez, Spelke and Katsnelson，1999）的研究所表明。实验人员向前语言期的婴儿展示房间中一个玩具或食物的位置，接着让他们转过身或者重新定向，然后要求他们寻找想要的东西。位置信息只能通过记住关于墙的颜色及其几何形状的联合线索来确定（如玩具可能被藏在长的墙和短的蓝色墙之间的角落），而房间被设计为无法通过单独充分识别几何或颜色的线索来定位，只有把二者结合在一起才能产生一个确切的结果。尽管前语言期的婴儿能够很好地探测和使用这两类线索，但研究表明，他们仅仅会利用几何信息来定位，随机地在两个几何上不可区分的位置之一进行搜索。而成人和更大的儿童则很容易就能够把几何和非几何的线索结合起来解决问题。重要的是，除了儿童的语言使用情况，儿童的智力或发展阶段的任何其他衡量标准都无法预测他们能否成功地将这些线索结合起来。只有那些能够同时在语言中结合空间和（例如）颜色的词汇的儿童（他们可能会把某事物描述为长的绿色墙的右边），才能够解决

---

① 这个图景很好地符合巴萨卢对公共符号与"知觉符号系统"之间关系的说明（下文的 8.2 节），见 Barsalou, 2003 和（关于知觉符号系统的一个更丰富的案例）Barsalou, 1999。

问题。埃尔默-巴斯克斯等人（Hermer-Vazquez et al., 1999）于是探究了语言在这个任务中的角色，要求受试者去解决不同种类的问题，一类任务需要整合几何和非几何信息，另外一类任务则只需要其中一种信息。第一个任务涉及跟读在耳机里放的话语，另一个任务涉及用他们的手跟随在耳机里放的节拍打拍子。在后一个任务中所需要的工作记忆至少与前一个任务所需要的一样多。然而完成话语跟读的受试者并不能解决整合信息的问题，而那些跟随节拍的受试者则不受影响。研究者们得出结论，主体的语言能力以某种方式（讨论可见 8.2 B 节）确实积极地参与他们解决需要整合几何和非几何信息问题的能力中。

　　生物性大脑伴随语言形式资源的增强，也可以启示人类思维的另一个强大而独特的方面，一个在本书导论部分简单提到过但又在整个后续讨论中被忽略掉的方面。我想到的是我们进行二阶话语、思考（和评估）我们自己思想的能力。因此请考虑一种强大的能力，包括自我评估、自我批评和精心打磨的补救回应。[①] 例子可能包括，识别出自己计划或论证中的一处错误并进一步投入认知努力去弥补它，反思我们自己在某些类型情境中最初判断的不可靠性并因此特别谨慎地行事，通过考察在我们自己思维中的逻辑转换来看看我们如何得出某个特定结论，思考那些我们认为最有利于思维的条件并努力将它们实现。这份清单可以继续列出，但思考的模式应该是清楚的。在所有这些案例中，我们有效地思考我们自己的认知概况或者特定的思想。这种"思考的思考"很有可能是一种独特的人类能力——这种能力显然没有被这个星球上其他不使用语言的动物所共享。既然如此，我们会很自然地好奇这是不是一种完整的思维，在这种思维中，语言扮演着生成的角色，这种思维不只反映语言的使用或被语言的使用所扩展，而是直接依赖于语言本身的存在。

---

① 　强调这些主题的一些论述包括 Changeux and Connes, 1995；Bickerton, 1995；de Villiers and de Villiers, 2003；Bermúdez, 2005。

概略地说，我们很容易看到这是怎么产生的。因为一旦我们用语言（或在纸上）形成一个思想，它就同时成了我们自己和他人的一个对象。作为一个对象，它是我们可以思考的那类事物。在创造这个对象时，我们不需要思考我们的思考——但一旦它在那里了，我们立即有机会把它当作一个独立的对象来对待。因此，语言表述的过程创造出一种稳定的结构，后续的思考可以与这种结构相连接。杰肯道夫提出了这样一个关于句子内部复述的潜在作用的转折性观点，他认为对句子的心理复述可能是我们自己的思想能够成为进一步关注和反思对象的首要方式（Jackendoff，1996）。这种二阶认知动力系统的涌现，很有可能是在人类的文化演进中各种外部技术脚手架得以真正井喷的根源之一。这是因为我们能够思考我们自己的思考，我们才能够积极建构我们的世界，以将其设计为能够提升、支持和延展我们自己的认知成就的方式。这个过程也反哺自身，因为书面文本和符号的出现允许我们开始将一系列更为复杂且扩展的思想和推理固定为进一步的考察和关注的对象。

作为在行动中的认知技术（宽构件）的最后一个例子，让我们离开语言和文本以及符号操作工具（个人计算机等）的案例，考虑草图在某些艺术创作过程中的作用。范鲁文等人（Van Leeuwen，Verstijnen and Hekkert，1999）提出一个对抽象艺术创作的详细描述，把它描述为非常依赖于"想象、绘制和评估（然后再绘制、再评估等）的一个交互作用过程"。作者们探讨的问题是，为什么需要画草图？为什么不"在脑海中"想象最终的艺术作品然后直接落实在画布上？他们通过使用多个真实且富有细节的案例研究得出的回答是，在心理意象之中，人类的思想在某些非常特定的方面受限制，而在在线知觉过程中则不受这些限制。特别是，我们的心理意象似乎被设置为更具有解释性：较缺乏发现新奇的形式和成分的能力。支持这种限制观点的一个有趣证明（Chambers and Reisberg，1985；见方框 8.3）是，比起面对一幅真实的图画，回忆和想象更难发现一个模棱两可图形的第二种解释。与之相对，把想象中的元素组合成新的整体则十分容易。例如，在想象中把字母 D 和 J 结合成一把伞（Fineke, Pinker and Farah，1989）。

为了解释这些结果，范鲁文等人认为我们（内在的）想象能力确实支持"合成转换"（synthetic transformations），其中的成分保持其形状但被重新结合成新的整体（如 J+D ＝伞的案例），但缺乏把一个想象中的形状拆解为完全新的成分的"分析"能力（如将沙漏分解为重叠的平行四边形的案例，如图 8.2 所示）。这是因为（他们猜测）后一类案例要求我们首先解绑对形状现有的解释。

于是他们主张，某些形式的抽象艺术非常依赖于有意地创造"多层次意义"——在这些案例中，一种视觉形式在持续的观察中支持了多种不同的结构解释（见图 8.3）。假定心理意象受到特定限制，很有可能这些多重可解释形式的发现非常依赖我们首先绘制草图，然后重新感知（而不是想象）的这类试错过程，接着我们可以调整和重新绘制草图来创造出一组越来越多层次的结构解释。

方框 8.3

想象的 vs 知觉的
对模棱两可图的"切换"

钱伯斯和赖斯贝格（Chambers and Reisberg，1985）要求（具有良好想象能力的）受试者去观察和回忆一幅绘画。这幅画是"可切换的"——能够被看作两个不同的事物之一，但不能同时被看作这两个事物。著名的例子包括鸭 / 兔图（见图 8.1）、老妇

/ 少女图、脸 / 花瓶图，以及许多其他的图片。

　　实验者挑选了一组受试者，利用斯利（Slee，1980）的视觉细化量表（Visual Elaboration Scale）将这些受试者按照"意象生动性"排序。受试者之前并不知道鸭 / 兔图，他们用相关的图片（内克尔立方体、脸 / 花瓶图）被训练以确保他们熟悉待考察的现象。他们被简短地展示鸭 / 兔图，并被要求形成一个心理意象以便后面能够画出来。然后他们被要求注意其心理意象并寻找另一个可能的解释。实验者会提示他们尝试转移他们的注视点，如从左下方转到右上方。最终，他们被要求画出该图像并寻找他们绘画的另一个可能的解释，结果令人震惊。

　　尽管包括了几个具有"高生动性"的图片，接受测试的 15 名受试者中没有一个能够重构出意象中的刺激……与之形成鲜明对比的是，所有受试者都能发现自己绘画中的另一种解释。这清楚地表明，受试者确实拥有对鸭 / 图的准确记忆并且他们理解我们的重构任务。

　　（Chambers and Reisberg，1985）

　　对于我们的目的而言，这里的启示是，通过简单的信息外化装置（从记忆中画出图像），然后面对着外部踪迹使用在线的视觉知觉，受试者的问题解决能力明显被扩展。这个"进入世界的循环回路"允许受试者发现新的解释，这项活动（见正文）很可能是某些形式的艺术创作的核心。艺术智能似乎并不"全在大脑之中"。

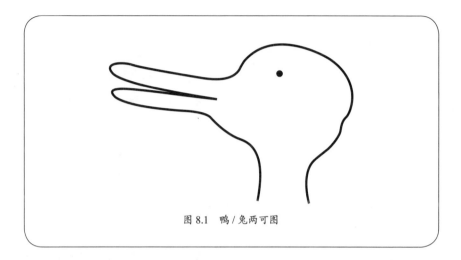

图 8.1 鸭 / 兔两可图

　　由此便可理解，草图的使用对艺术家来说并不只是方便，也不单纯是一种储存特定观念的外部记忆或持久媒介。相反，外化和知觉的迭代过程是整合进艺术认知本身的过程中的。一种现实的用计算机模拟人类大脑支持这类艺术创作的方式，同样需要利用自身的一种（想象的）资源来支持合成转化，以及利用另一种在环境中循环的资源来允许在线知觉系统去搜索"分析"转换空间。

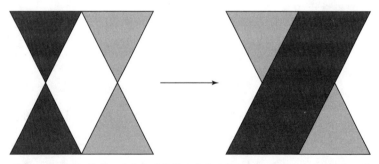

图 8.2　新的重组作为一种分析的转换形式很难在想象中实现。左边的图像，最初由两个沙漏结合而成，要求在新的重组中被看成两个重叠的平行四边形。图片经 van Leeuwen et al., 1999 的作者以及出版商美国大学出版社的慷慨准允重印。

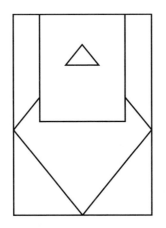

图 8.3　一个简单例子，在某些类型的抽象艺术中发现的某种多层次结构。图片经 van Leeuwen et al.，1999 的作者以及出版商美国大学出版社的慷慨准允重印。

于是人们猜测，在人类认知进化中的一个巨大跳跃或不连续性涉及人类大脑重复创造和利用宽构件的独特方式——各种类型的认知技术能够扩展和重塑人类理性的空间。比起这个星球上的任何其他生物体，我们都更多地利用非生物性的宽构件（仪器、媒介、符号）去补足我们基本的生物性信息处理模式，创造出延展的认知系统，其计算和问题求解的配置与那些裸脑的配置截然不同。

8.2　讨论

（A）积极愚钝悖论（及其自举法解决）

任何试图通过诉诸大脑与技术的一种共生关系来解释我们独特智慧的尝试，所面对的最明显问题就在于循环性的威胁。当然，这个担忧是，只有内在具有智慧的大脑才能够在一开始就拥有知识和必要条件去创造这些认知技术。所有这些宽构件不可能凭空出现。这就是我将讨论的积极愚钝悖论（paradox of active stupidity）。

　　确实有某些事情值得担忧。如果人类（正如我已断言的）是仅有的能够使用如此广泛且交互式认知技术的物种，那么对这种能力的解释似乎很可能会以某种方式转向人类大脑（或者可能是人类大脑和身体，不妨回顾一度流行的关于工具使用和与其他手指相对的大拇指的故事）的独特特征。于是我们要明确，在本章中主张的猜测并不意味着否定某些关键的神经和／或身体特异性的存在。相反，我的目标是把任何这些特异性描述为种子，而不是对我们认知能力的完整解释。这个观点是，某种相对较小的神经（或神经／身体）特异性是一种点燃智力森林之火的火花。让我们假定，大脑是文化和技术进化的某种先决条件能够实现（礼貌地讲，或许是这项工程的某种相当小的调整）的全部原因。因而迪肯（Deacon, 1997）主张，由于我们前额叶相对于大脑的其余部分不成比例地扩大，人类大脑才能够独特地学习把任意符号与意义联系起来的丰富而灵活的方案。于是，这是使人类语言习得成为可能的神经特异性的一个竞争性解释，而（那种类型的）语言很有可能是推动整个过程启动的基础"认知技术"（UR 技术）。还有许多可选的解释（其中特别有趣的一个，我认为可以参见 Fodor, 1994）。[1]但关键是，一旦文化和技术进化的过程启动，对我们当代人类成就的解释很大程度取决于一种迭代的自举法（iterated bootstrapping），大脑和（第一代）认知技术合作从而设计和创造出新的、更丰富的技术环境，在这种环境中（新的）大脑和（第二代）认知技术继续合作，创造出第三代环境供另一批大脑在其中学习，等等。

　　我认为，当与被称为神经建构主义（neural constructivism）的神经科

---

[1]　福多把首要的特异性定位为觉知到我们自己思想的内容的能力中（他认为是人类所独有的）：不只是在想"天在下雨"，而且知道"天在下雨"是我们思想的内容（Fodor, 1994）。福多主张，这个特异性有助于解释我们独有的能力，即积极地建构我们的世界以便能可靠地产生为真的思想——科学实验的核心技巧。

学观点（仍是猜测性的）结合时，认知技术的有效迭代这个观点是特别有启发性的。神经建构主义（见方框 8.4）强调发育的可塑性作用，它允许人类的脑皮质积极地建构和结构化自身来回应环境的输入。这个过程的可能结果之一是放大了我称之为"认知吻合"（cognitive dovetailing）的效应。在认知吻合中，神经资源变得结构化，以便将可靠的外部资源和操作纳入其问题求解路径的核心。这样，内部和外部的资源得以相互补充完成操作，使得二者一起紧密配合，像一个精确铆合的关节一样紧密。例如，可以思考娴熟的调酒师把生物性回忆和形状不同的玻璃杯物理排列结合起来解决鸡尾酒调酒问题，或者金枪鱼（方框 8.1）通过创造它随后将用到的漩涡来游泳的方式。现在来看一个年轻的大脑，它在一个带有笔、纸、个人计算机等东西的环境中学习解决问题。大脑可能发展出问题求解策略把这些支持物考虑在内，就像调酒师的大脑把不同形状玻璃杯的可用性考虑在内来减轻记忆的负荷。这表明，在神经建构主义者（见方框 8.4）关于发育模式的相当特殊的语境中，那个年轻的大脑甚至可能会发育出一种皮质的架构，特别适合于促进一种共生的问题求解机制，在此机制中神经子系统、笔、纸和对个人计算机的操作平等地参与执行互补和精心编排的操作中。

于是神经建构主义的观点支持了一个特别有力的关于认知技术的自举法的说法。如果神经建构主义是真的，那么不仅基本的生物性大脑可以随着周围技术的发展而实现越来越多目标，而且生物性大脑直接生长出一个皮质的认知架构——适合它学习和成熟的特定技术环境。大脑和认知技术的这种共生关系，一次又一次地重复但又伴随着新的技术以不同的方式塑造新的大脑。这可能是一个黄金循环的起源，一个大脑-文化相互影响的良性螺旋，它允许人类的心智去到任何动物的心智从未去过的地方。

方框 8.4

神经建构主义

神经建构主义者把神经（特别是脑皮质）的生长描述为依赖经验并且涉及新的神经回路（轴突、树突）的真实建构，而不只是细微调整其基本形状和形式都已经确定的回路。结果是学习装置本身改变了，作为有机体-环境间交互作用的结果——学习不只是改变知识的基础，还会改变计算的架构本身。神经建构主义观点的证据主要来自近来的神经科学研究（特别是在发育认知神经科学中的研究）。关键的研究涉及脑皮质移植，在这类研究中视觉皮质的组块被转移到其他皮质的位置（诸如躯体感觉或听觉的皮质）并被证明具有可塑性，它们发育出适合新位置的反应特征（Schlagger and O'Leary，1991；Roe et al.，1990）。也有研究表明特定的皮质反应特征深度依赖于在皮质的某些部分与特定类型的输入信号之间的发育交互作用（Chenn，1997），还有越来越多关于人工神经网络的建构主义研究：联结主义网络的架构（单元和层的数量等）本身随着学习进程而改变（例如 Quartz and Sejnowski，1997）。这里的核心信息是，不成熟的皮质惊人地同质，并且它"需要外周传入，既有内在产生的也有由环境决定的，实现其区域的特异化"（Quartz，1999）。正是这类显著的可塑性最好地说明了正文中做出的最有力版本的吻合主张。神经建构主义的研究议程在这部两卷本的文集中被详细描述（Johnson et al.，2007；Sirois et al.，2007）。

（B）模块与机制

在 8.1 节中我们看到的几个例子都是关于公共语言编码对人类完成各种任务的影响。然而，这种影响的精确机制仍然存在争议。因此请考虑儿童结合几何和非几何（如颜色）线索的能力研究。我们发现，这些能力似乎与儿童在语言中结合颜色和几何词汇的能力一起出现，且以某种方式依赖于它。埃尔默-巴斯克斯、史培基和卡茨内尔松（Hermer-Vazquez, Spelke and Katsnelson, 1999）以及他们之后的卡卢瑟斯（Carruthers, 2002）把这些结果解释为，伴随公共语言的经验产生出一个独特的内部表征媒介供信息的跨模块整合。根据卡卢瑟斯的观点，被编码句子的语言形式模板提供了特殊的表征机制，使来自其他模块（"封装的"）资源的信息得以交互作用。这是一个吸引人而又具挑战性的故事，我在这里还不能给出完全公正的判断。但这个故事预设了特定的（且很有争议的——见Fodor, 2001）关于心智的观点，认为心智是大量（不仅仅是外围）模块化的，要求语言形式模板给多种知识来源以富有成果的联系。

假设我们抛弃了大量模块化的预设呢？另一种说明语言在确保复杂的多线索问题求解过程中作用的方式是，把语言的结构描述为提供实质上的脚手架给选择性注意，将注意力分配到场景中的复杂（在这个案例中是颜色/几何的连接）方面。根据这一说法，语言资源使我们更好地控制选择性注意，将注意的倾向性放到更为复杂的特征组合上，这并不牵强。例如研究已经发现，儿童表现出对他们正在学习的语言敏感的注意偏向性（Bowerman and Choi, 2001；Lucy and Gaskins, 2001；Smith, 2001）。史密斯引用这样的研究结果明确主张，习得的语言语境成为"充当自动控制注意力的线索"。当走到语言领域之外，眼动可以调用（不仅仅反映）注意的过程来帮助我们解决问题（进一步的例子见 Spivey, Richardson and Fitneva, 2004；Spivey, Richardson and Dale, 2008）。

于是可以得到一个对这些线索组合研究结果的可能的替代说明。对复杂的组合线索的注意可能需要（可能是无意识的）调取至少某些相关的词项。这解释了实验结果并且正好符合前文对简单标签的认知影响的说明。在每个案例中，语言的活动（就像其他形式的身体行动）提供脚手架给注意力的分配，使我们得以针对遇到场景中复杂、合取或其他难以捉摸的元素。

（C）神经先决条件

在 8.1 节中曾提出文字和语言形成一种"认知生态位"（cognitive niche）：一种动物建构的结构，能富有成效地转化我们的认知能力。但我们必须小心，不要夸大这种案例，因为即使语言以许多深层和不明显的方式赋予我们认知能力，但如果认为这种能力的赋予出现在某种神经真空中也是十分错误的。很明显，只有某种类型的主体（是人而不是仓鼠）才适于接受由一座公共语言大厦所产生的赋权效应。因此，我们需要理解的是在神经外与神经的创新之间保持的微妙平衡，使得语言的公共物质结构有能力（在某些物种而不是其他物种中）扮演重要的认知角色。这显然是一个巨大且未被理解的话题，所以我将把我的评论限制在对可能的内部神经脚手架的单个说明性（尽管是猜想性）的描述上，这种内部脚手架能够支持前面考察过的关键案例之一。

我想到的案例是我非常喜欢的一个例子，即接受标记训练的黑猩猩学习到了关系之间的关系。正如我们看到的，似乎只有受过语言或标记训练的动物（人类或者有标记训练历史的黑猩猩）能够学习完成这项更高阶的任务。因此，黑猩猩对具体标签或标识的经验似乎是造成差别的差异所在，但并非所有动物都能够从标记训练中受益。猴子与黑猩猩不同，即使成功经过标记训练之后，也没能完成更高阶的任务（Thompson and Oden，2000）。为什么会这样呢？

一个耐人寻味的猜测是，要想从标记训练中获得这种类型的收益，需要特定神经资源的存在，这些神经资源存在于内部产生信息处理和评估的过程中。特别是，有证据表明，在右外侧前额叶皮质（RLPFC）集中参与各种各样表面上完全不同的任务中，所有这些任务都涉及对自我生成信息的评估（Christoff et al.，2003）。这些任务包括评估一个伦敦塔任务中的可能步骤（Baker et al.，1996），处理工作记忆任务中自我生成的子目标（Braver and Bongiolatti，2002），以及在一次延迟后记住执行一个预期的行动（Burgess et al.，2001）。总的来说，右外侧前额叶皮质已被发现在各种各样的任务中被调用，包括推理、长时记忆的检索以及工作记忆。根据克里斯托夫等人的研究，把所有这些案例联合起来的，是明确（有注意、有意识地）评估各种类型在内部生成信息的需要。克里斯托夫等人认为，与样本的关系匹配任务所要求的正是这种类型的处理：它要求明确地把注意力指向内在生成的关于（在这个案例中）相同和不同的一阶关系信息。作者们认为，在内部信息处理中右外侧前额叶皮质的参与需要充分利用关于相同和不同的具体标记的先前经验，这解释了猴子（没能完成任务）、黑猩猩（成功完成任务）和 5 岁的人类（似乎更加擅长完成任务）之间的差异。因为对比最相关的大脑区域（布罗德曼 10 区），人类的相对大小是黑猩猩的两倍。

考虑到这些行为学的和神经解剖学的综合证据，克里斯托夫等人猜测：

> 对自我生成信息的（这个）显式处理过程可能是前额叶在感知-行动循环中参与某种最高阶的转换的例子……（并且）可能也是人类区别于其他灵长类的心理过程之一。
>
> （Christoff et al.，2003）

这些关于右外侧前额叶皮质的猜测可能正确也可能不正确。对我的目标而言，关键是这幅相当具体地浮现的普遍图景。根据这幅图景，存在特定的神经创新使得某些物种（而不是其他物种）有可能将具体标记与抽象关系联系起来的能力受益匪浅。使用那种能力来撬动进一步的能力（诸如思考更高阶关系）需要外部的脚手架所不能单独提供的某些能力（诸如对内在产生信息的评估所涉及的能力）。尽管如此，外部的脚手架，在有能力充分利用它的主体身上，本身就能扮演关键的角色，正如前面看到的在受过标记训练和没有受过标记训练的黑猩猩之间的差异。神经创新和结构化的认知生态位都是"造成差异的差异所在"。因此，我们认知科学关注的适当焦点是多元和非排他的。我们需要理解关键的神经操作，并且我们需要理解它们如何与各种形式的神经外的脚手架协作以产生出如此有助于我们成功问题求解的认知系统。

（D）兑现价值

有人会主张，大脑加上技术能够比"裸脑"获得更多成就，这一简单的观察结果并没有多么新颖或令人惊奇。即使是彻底的"吻合"图景，即大脑加上可靠的支持物一起行动，成为整合的问题求解套装，对认知科学的研究项目而言似乎也很少具有实践意义。那么，把人类心智视作一个其边界并非皮肤和颅骨的复杂系统，其可兑现的价值有多少？

一个实际但完全否定的含义是，不可能有单独的"认知层次"（回顾第2章）把我们所有的研究限制在上面，也不可能有任何有唯一边界的系统（诸如大脑）可以限制我们的兴趣（作为认知科学家寻求思想和智能的自然根基）。例如，要理解调酒师的技能，我们不能把我们的注意力局限在调酒师的大脑中，相反我们必须注意积极的环境建构对于问题求解过程的贡献。尽管如此，试图把所有东西（大脑、身体、环境、行动）一下子全部考虑进来是不现实的。科学通过简化和聚焦来运作，常常把不同要素的贡献隔离起来。然而，一个真正的方法论可能性，是使用另外的方式去聚焦和简化。不同于通过把问题空间（我认为是不切实际地）划分为脑科学、身体科学和文化科学来简化，我们应该聚焦（这是有可能的）在交互作用上。为了使问题易于处理，我们可以聚焦在小的、理想化案例的交互作用中，在这些案例中各种要素开始结合在一起。简单的现实世界机器人学的研究（诸如在第 6 章中讨论过的机器蟋蟀）为了解这种交互动力系统提供了一扇窗口。另一个有用的工具是对多尺度模拟的巧妙使用：这里的代表性研究包括在交互作用的群体中把人工进化与个体终身学习结合起来的研究（Ackley and Littman，1992；Nolfi and Parisi，1991），考察简单主体的非常大规模集合性质的研究（Resnick，1994），以及关注成功的问题求解过程与逐步积累的使用环境中的支持物和人造物之间关系的研究（Hutchins，1995；Hutchins and Hazelhurst，1991）。

　　认知机器人学（特别是认知发展机器人学）领域中的近期研究已经做了许多工作来表明，对于利用身体和世界特征的那些整体活动系统的强调具有可行性和解释力。例子包括威廉等人（Weiller et al.，2010）表明运动的可能性如何影响（模拟的）机器人编码世界的信息；邦加德、济科夫和利普森表明一个机器人如何使用自己的行动去产生它自身形态（身体结构）的模型，使其得以快速适应接下来的伤害或身体改变（Bongard，Zykov and Lipson，2006）；斯蒂尔斯综述了大量以语言和社会交流的涌现为目标的多主体模拟和机器人实验（Steels，2011）。

　　因此，对延展系统（包含多种异质要素）的强调，其可兑现价值是迫使我们关注它们自身的交互作用：看到很多对人类层面的智能起重要作用的东西并非隐藏在大脑、技术甚至社会中，而是在所有三者之间的复杂且交织的相互作用和协作中（对绘制草图和艺术创作的描述是我脑海中关于那类事物的一个很好的例子，但几乎所有形式的人类高级认知活动都具有相同程度的交互复杂性）。对这些交互作用空间的研究并不容易，且同时依赖于新的多学科联盟与新形式的建模和分析。然而，回报是值得期待的：这简直就是一个新的认知科学合作领域，以大致平等的地位包括神经科学、生理学与社会、文化和技术的研究。

（E）自我的边界

对于我们这些被前文呈现的那类延展系统图景所吸引的人来说，一个更有问题的领域涉及自我和主体性概念。那个永不停歇运转地构成我心智的物理系统是一个包括（有时）在我的物理（生物）身体之外循环的要素和操作的系统，确实是真的吗？说得戏剧化些，我是一个愚笨的、存在于一个非常智慧和支持我的世界之中的主体，还是我是一个智慧的主体但我的边界（见 Clark and Chalmers，1998）并不仅仅是皮肤和颅骨的边界？这个话题我们将在第 9 章详细讲述，所以这里我将仅限于论述一些要点。

我们可以从询问一个简单问题开始。为什么当我们使用（例如）一台起重机举起一个重物时，我们（恰当地）不把起重机看作是增强我们个体肌肉的力量；而当我们坐下来使用纸、笔和图表微调一个论证时，我们倾向于"忽略"支持物和工具的贡献，更加倾向于把智力成果看作纯粹是我们努力的结果？我自己的观点是（正如在正文中提到的），差异之一在于神经的问题求解过程本身适应于深入和重复地使用认知宽件的方式，另一个差异或许在于交互作用本身的循环和交互的本性。举起重物时，起重机司机和起重机的贡献相对独立，而艺术家和草图之间的影响模式似乎明显更为复杂、交互和互惠。或许并非偶然，在那些案例中使用者和工具结合的相互影响模式是最为互动和持续调节的（赛车手和汽车、风帆冲浪运动员和帆等），我们最倾向于在日常话语中谈论一种主体–机器的统一体。要点是，在任何案例中，这里的话题都不简单。请考虑另一个明显的担忧，"扩展系统"图景如果意味着提出（其实它并不需要的）一种相关的心理延展，这将迅速导致个体心智的荒谬膨胀。因此，这个担忧是［在 Clark and Chalmer（1998）和 Clark（2008）中有很长的讨论〕允许（采用来自正文的案例）把画草图的操作看作艺术家自己心理过程的一部分，不可避免地导致诸如把我放在车库中的《大英百科全书》数据库看作我的全部知识的一部分。然而，这种直觉上有害的扩展（"认知膨胀"）并非不可避免。将可以看作我的心理机制一部分的支持物和辅助物限制在那些至少在需要时可以可靠地获得并像生物处理和记忆一样自动使用（访问）的支持物和辅助物上，是非常恰当的。这些简单的标准可以再次允许艺术家的草图和盲人的手杖参与进来，而阻挡车库中尘封的百科全书。它们还积极地欢迎对可能的未来技术的心智扩展描述：赛博朋克的神经植入物允许思想高速接入《大英百科全书》的数据库，更不用说已经存在的耳蜗和视网膜的植入物正在为未来更具认知导向的各种生物技术探索铺平道路（见方框 8.5）。

方框 8.5

赛博格和软件主体

两种类型的技术进步似乎已经准备以全新的方式扩展人类的心智属性。

第一类已经广为人知但仍在普遍性和复杂性方面快速进步，例如所谓的软件主体。一个简单的软件主体例子是一个程序，它监控着你的在线阅读习惯、你经常访问的新闻群、在线购买 CD 的习惯，然后搜索出符合你明显兴趣的新品。更复杂的软件主体会监控在线拍卖并代表你出价和销售，或者会购买和出售你的股份和红利。

请思考这种可能性：想象你从 4 岁开始使用网络。专用的软件主体追踪和适应你新兴的兴趣和随机的探索，然后它们帮助将你的注意力引导到新的观点、网页和产品上。在接下来的 70 年里，你和你的软件主体被锁定在一个共同进化的变化和学习的复杂舞蹈中，每个主体间都互相影响着。在这样一个案例中，从非常现实的意义上说，这些软件实体看起来不像是你的问题求解环境的一部分，而更像是你的一部分。现在面对着更宽广世界的智能系统是生物性的你加上软件主体。这些外在的代码束对智能系统的贡献相当于在你大脑中活跃的各种亚个人的认知功能。它们在不断地工作，为你涌现的心理配置做出贡献。或许你最终算是在"使用"软件主体，只不过以同样弱化和最终矛盾的方式，你也算是在"使用"你的海马体或前额叶吗？

鉴于专用的、共同进化的软件资源把个体的认知系统扩展到皮肤和颅骨的局部边界之外，各种形式的生物电子植入物似乎准备从生物性的皮肤包裹内部改变计算架构。知觉输入系统已经受益于修复技术，这些技术涉及直接把植入的电子器件连接到生物性的神经束和神经元上。某些人工耳蜗现在可以绕过听觉神经而直接接入脑干（见 LeVay，2000）并成功帮助了聋人；实验性的人工视网膜现在已经能抵消某些成人失明的原因，诸如老年性黄斑变性。赛博格未来的下一步必定是把这种植入的电子器件更加直接地连接到涉及推理、回忆和想象的神经系统中。尽管探索方式粗鲁且公开，但这一步已经迈出了，其先驱者例如雷丁大学的控制论教授凯文·沃里克。沃里克正在实验使用植入物，将他身体中的神经束连接到一台数字计算机上，这台计算机能够记录、回放和分享（通过其他人身上的相似植入物）信号（Warwick，

2000）。实际上我们可以想象，艺术家的草图被展示为在艺术创作某些过程中的一个关键外部循环，未来某天会被植入技术所取代或补充，使我们能够将我们通常的知觉能力调用到一种辅助的视觉显示上，这打开了一扇通往生物能力与人工（但现在内化了的）支持之间的更强大的共生关系之门。

简言之，人类的心智属性正沿着一条爆发性的轨道加速发展，兼并了越来越多外部的和人工的结构作为认知机制的组成部分，同时从内部改造自身，将更多专用微妙的电子接口增强在线生物系统。要回答我们是谁，我们是什么，我们在哪里，这些都是下一代人类生活所面对的文化、科学和伦理的主要难题（关于这些主题的论述，见 Clark，2003）。

然而，赛博朋克的案例可能会有误导性，因为它们似乎支持这样的观念，即一旦植入的设备位于皮肤和颅骨的边界里，它就可以算作是个体心智的物理基础的一部分，但在这之前还不是。这似乎不是原则性的，如果一个与植入物功能相同的复制品被系在我的腰带上，或者拿在我的手上，为什么要加以区别呢？容易获得且自动调用似乎才是真正关键的。作为生物性大脑的一部分很好地确保了这些关键特征，但它至多是一个充分而非必要的条件。

这里也确实存在滑向另一个极端的危险。一旦心智被牢牢地定位在颅骨里，人们就会试图问是否可以更精细地定位。因此请考虑一个由赫伯特·西蒙（Herbert Simon）所表达的观点：西蒙很清楚地看到，外部世界的某些部分经常发挥着一种非生物类型记忆的功能。但是西蒙没有把（符合前面提到的限制条件的）那些部分看作认知系统的适当部分，而是选择走另一条道路。关于生物性的、在线的记忆，西蒙建议我们"不是把这种信息密集的记忆看作有机体的一部分而是它所适应的环境的一部分"（Simon，1982）。这里的部分问题无疑源于西蒙对生物性记忆过于消极的观点（仅仅是储存观）——我们现在知道，当面对生物性计算系统时，旧的数据／过程的区分只有极小的作用。但我猜测，更深层的问题涉及某种类似于由（内部和外部的）支持系统（记忆等）所围绕的"核心主体"的底层图景。这个图景与我们在前面几章已经综述过的联结主义、神经科学和人工生命的大量研究结果并不兼容。这些近期的研究没有把智能界定为任何一种特殊的核心过程，而是把智能刻画为来自多条且通常目的很特殊的路径，某些路径跨越神经的身体和环境边界，常常在没有受到任何一种稳定、独特、核心化控制的情况下运作。西蒙的观点最有力地衬托出一种消极的记忆观以及对某类核心化的"真正"认知引擎的承诺。无论我们乐意在多大程度上抛弃这些承诺，我们都应当乐意接受真正的系统扩展的可能性，即外部过程和操作被算作个体人类智能不可或缺的方面（进一步的考虑见方框 8.6）。

方框 8.6

认知修复

以一个引起我注意的案例作为结尾，它来自卡罗琳·鲍姆（Carolyn Baum），华盛顿大学医学院职业疗法的领头人。鲍姆被某些阿尔茨海默病患者的能力所困惑，他们在社区中独自生活，维持着较高水平的独立行动能力，这与他们在专门用来测量其独立生活能力的标准测试中的得分相当不一致。当鲍姆和她的同事

（如见 Baum，1996）观察到这些病人家中的环境时，困惑被解开了。原来其环境中充满了支持物和脚手架，能够部分弥补神经缺陷：房间可能被贴上标签，重要的物品（银行账簿等）被放在清晰可见的地方以便在需要时容易被找到，对人脸、名字和关系的"记忆簿"随时可用，且特定的常规活动（如在上午 11 点坐公交去唐尼家吃午饭）被严格遵守。这样的认知脚手架可能是病人自己做出的安排，随着其生物性退化的恶化被逐渐放到适当位置上，以及/或者由家人和朋友设置。

于是，当第一次遇到这种对外部脚手架的极端依赖时，我们很容易将其视为强调一种生物中心主义的观点，认为个体在心理上受到了严重的损害。然而我主张，这种倾向性看法并非源于任何内部–外部边界的深层事实，而是源于对内部–外部复合体的不熟悉（这些不是我们中的大多数人使用的外部支持物）和非充分理解（外部支持物目前只能够弥补阿尔茨海默病的少数衰退效应）。

因此请再次考虑艺术家和草图。在这个案例中，我们自己并没有仅仅因为创作过程涉及重复和实质上片段式的勾画和再知觉，就哀叹艺术家缺乏"真正的"创造性。我们也不会仅仅因为诗歌只是随着笔和纸的大量探索活动而出现，就减少对诗人的尊敬。要看我在这里得到了什么，接下来请想象正常的人类大脑呈现出阿尔茨海默病大脑的典型特征，并且想象我们已慢慢进化出一个社会，在此社会中被鲍姆的阿尔茨海默病患者所有效利用的各种支持物和脚手架已经成为常态。最后，请反思那恰恰就是（在某种意义上）我们已经做的事情：我们的个人计算机、草图和笔记簿以大致相同的方式补足了我们基本的生物性认知配置。或许看到在人类大脑与外部技术之间正常的深度认知共生关系，将会激发我们重新思考某些关于什么是认知缺陷的观念，并且投入更多精力去探索一幅使用各种形式的认知脚手架进行完整和真正的认知修复的图景。

第 9 章

延展心智

9.1 概述

在本书第一版出版后，在本书第 8 章中简要介绍的关于系统延展的一些最激进的观点吸引了人们大量的兴趣。这些观点主张所谓延展心智假说（Clark and Chalmers，1998；Clark，2008；Menary，2010）。延展心智的支持者认为即使是非常熟悉的人类心智状态（如相信某某的状态）也可以部分地被位于人类大脑之外的结构和过程所实现。这些观点远远超出了一个重要却不那么有挑战性的论断，即人类认知高度依赖外部的框架和支持物。相反，它们将心智自身（或更准确地说是，实现我们一些认知过程和心理状态的物理机制）描述为在人类可达到的条件下，可以延展至皮肤和颅骨的边界之外。如果这是正确的，心智的机制就不需要被限制在皮肤和颅骨内的肉体组织中，而是可以向外将各种总体上是身体的甚至非有机体的要素纳入这一机制环路。

尽管这种观点本质上听起来很极端，却在最近种类繁多的研究中（以不同程度和形式）出现，包括但不限于哲学、心理学、机器人学。[①] 在哲学上，它区别于更标准的外在主义观点（如 Putnam，1975a；Burge，1979，1986），即关于远端环境在内容固着中的作用。它也区别于任何纯粹模态的观点，即认为心智机制的作用可能变得不只是神经结构（或许存在一些奇怪的或外星的生物中，甚至在人类未来的化身中）。相反，该观点认为我们一些实际的认知状态和过程的物理载体可能不只包括通常的神经假设。

在考虑这些问题时，重点是关注载体和内容之间的区别。对一个内容丰富的心智状态的加工最有可能是整个主动系统（或许在一些历史和 / 或环境的语境中）的属性。在那个系统中，某些持久性的物质方面在使系统加工（无论是偶然的还是倾向性的）某一特定心智状态方面发挥着特殊作用。这些物质方面便是内容的载体。"延展心智"假说实际上是一个关于延展载体的假说，即载体可能（或被主张为）被分布于大脑、身体和世界之间。正如丹尼特（1991a）和赫尔利（1998）所强调的，我们混淆了载体与内容，可能会危及哲学与科学。

[①] 一个有代表性的例子，参见 Wilson，1994，2004；Haugeland，1998；Hurley，1998；Rowlands，1999，2003，2006；Noë，2004，2009；Wheeler，2005；Menary，2007；Sutton，2010；Thelen and Smith，1995；Spivey et al.，2004；Gray et al.，2006；Beer，2000；Hutchins，1995；Malafouris，2008；Roepstorff，2008。

　　克拉克和查尔莫斯（1998）旨在说明，给定正确的额外条件，外在的轨迹（笔记本中的铅笔记号，虽然也可能是智能手机中的闪存编码）可以被合理地考虑为特定的倾向性信念的物理载体。当轨迹大体上（我们在后面会看到，这个"大体上"很重要）为与内在记忆轨迹同类的控制动作做好准备时，它会为主体的一些倾向性（见方框 9.1）信念提供一个延展的物理基础。这里的主张不是说外在的被动编码可能以某种方式被表现的与内在生物性记忆流动的自动响应资源一模一样，而是说，在一定的条件下，外在编码能足够深入地融入推理的即时策略，以共享大量内在象征信念的粗略功能作用。

　　有两个例子生动地展现了原论文。第一个例子中有一个玩着老式街机游戏俄罗斯方块的人类主体。这个人类玩家拥有尝试识别下落的几何形块的选项：（1）通过心理旋转；（2）通过使用认知行动（Kirsh and Maglio，1994；见方框 9.2），即使用屏幕上的按钮来使下落的几何形块旋转。读者之后被要求想象（3）在不久的将来一个拥有标准想象旋转能力的人类主体，他还配备了能够快速旋转所需图像的神经反应视网膜装置，就像使用旋转按钮一样。为了启动后面这种（外在发生的）旋转，这个未来人类发出了一个直接来自运动皮质的思想指令。

方框 9.1

恒常信念

　　一个倾向性的或"恒常的"信念就是主体持有的信念，即使那一时刻他没有复述这种信念。因此，我的倾向性信念包括我出生在 11 月，我的父亲是一名叫詹姆斯的伦敦警察。重要的是，我相信这些事情，即使我没有有意识地提取它们。正是这种恒常信念（或思想实验希望表明的）有时被神经和神经外编码的精妙结合所支持。对该思想实验的一个有趣的回应提出，修改这种恒常信念的地位，将它们看作非心智归属 [也就是说，将恒常信念从一个主体的心智状态清单中删除（Gertler，2007；同见Coleman，2011）]。这是一个巧妙的回应，但与我们对自己和他人行为的日常解释并不十分相容（见 Clark，2008）。

方框 9.2

认知行动

认知行动（Kirsh and Maglio，1994；Maglio et al.，2003；Kirsh，2004）与实践行动相对立。后者旨在使某物在物理上接近目标，走向冰箱取出啤酒是一个实践行动。认知行动可能会也可能不会提供物理上的接近。与实践行动相反，它们旨在提取或揭示信息，看冰箱内部有什么食材可以用来做今晚的晚餐是一种温和的认知行动。因此，认知行动是：

旨在改变主体的信息加工系统输入的行动。它们是主体所拥有的改变外在环境以提供所需关键信息的行动。

（Kirsh and Maglio，1994）

或者:

认知行动——使心理计算更容易、更快或更可靠的物理行动——是一个主体为了改变其计算状态而执行的外在行动。

（Kirsh and Maglio，1994）

认知行动可能通过减少内在记忆的需求、生物引擎需要采取的步骤数、计算出错的可能性，或通过将以上任何因素结合而带来好处。

克拉克和查尔莫斯认为:（1）看起来是一个心智旋转的简单例子,（2）看起来像一个非心智（仅仅是外在的）旋转的简单例子，而（3）现在看来很难归类。根据假设，所涉及的主要计算操作（运动指令、在下一时间阶段反馈快速旋转效应至低层感知系统）与（4）中的相同。然而我们关于心智的直觉现在看起来还远没有如此清晰，现在来考虑一个火星人玩家（4）,（由于不明的生态学因素）其自然认知设备只有（3）中想象的那种生物技术的快速旋转机制。在火星人案例中，我们会毫不犹豫地将快速旋转机制看作火星人心智加工的一个要素。

以思想实验为跳板，克拉克和查尔莫斯提出了作为一条经验法则的对等原则，即:

对等原则

当我们面对一些任务时，如果世界的一部分作为一个发生在我们大脑中的过程发挥作用，我们会毫不犹豫地将其作为认知过程的一部分，那么世界的那个部分（在那个时刻）就是认知过程的一部分。

（Clark and Chalmers，1998）

换句话说，为了识别出认知状态和过程的物质载体，我们应该（在规范性上）忽略皮肤和颅骨的旧的新陈代谢的边界，转向解决问题的整体的计算和功能的组织。因此，对等原则提供了一个"忽略的面纱"式的测试来帮助避免生物沙文主义的偏见。将它应用在手头的例子上，它使得我们将标准玩家对外在旋转按钮的认知使用、主体在不久的将来对赛博朋克植入物的使用，以及火星人玩家对其天赋的使用全部按照认知的标准来对待。

当然，它们之间还是有不同的。最引人注目的是，在（2）中快速旋转机制位于头部之外，通过感知读取结果，而在（3）与（4）中这一机制均位于皮肤和颅骨的边界内并且结果被内省读取。下面我将回到这些问题。尽管如此，有人论证说，至少有一个基于皮肤和颅骨内外的明显共性而不是简单偏见的证据，可以同样被初步认定。我们认为，最重要的区别不是关注皮肤和颅骨之间武断的界限，或知觉与内省之间脆弱的（并且潜在地循环论证的）主张，而是更基础的可能性和通用性的功能问题。标准玩家对快速旋转按钮的使用受限于俄罗斯方块控制台的可用性，而赛博朋克和火星人玩家在面对世界时运用的资源是一般天赋的一部分。

进一步推进论证，克拉克和查尔莫斯之后考虑了第二个例子，该案例旨在解决可能性问题并将讨论扩展到"行动者关于世界的信念"这一更核心的问题。这就是奥托与印加的案例。印加听说纽约现代艺术博物馆有一场有趣的展览，她思索着，回想起它在第53街，之后便出发了；奥托患有轻度的阿尔茨海默病，因此他总是带着一本厚厚的笔记本，当奥托听到了有用的新信息时，他总是会将它写进笔记本里，他听说了在纽约现代艺术博物馆的展览，从他可靠的笔记本中查阅了地址，之后便出发了。我们声称，就像印加一样，奥托走向第 53 街是因为他想要去博物馆并相信（甚至是在他查询笔记本之前）它在第 53 街。在两个例子中，被存储信息的大致功能性都非常相似（或可以这么说），因此有必要相似地处理。克拉克和查尔莫斯得出结论，奥托的长期信念并不全在他的大脑中（尽管出于一些原因而不同于那些支持哲学上更为人熟知的外在主义主张，见方框 9.3）。但是，克拉克和查尔莫斯允许有意识的心智状态很可能只是受大脑内的局部过程的支配。但就心智的范围超过有意识的、正发生的内容而言（例如，包括长期倾向性信念和大量持续但无意识的活动），似乎没有理由把这种状态的物理载体限制在大脑或中央神经系统的范围内。

方框 9.3

经典外在主义与主动外在主义

　　更传统的外在主义形式（Putnam，1975a；Burge，1979，1986）关注一些远端的和历史的特征，它们被认为会影响信念的内容而不一定会影响它们的局部物理载体（这些信念被编码的方式）。经典的案例涉及水（H_2O）和孪生地球水（XYZ）的信念，它们是不同的化学物质，但展现了同样的表面属性，并以相同的方式被两个主体的神经状态编码（让我们称之为印加和孪生印加）。普特南和伯格认为，尽管神经编码相同，但印加和孪生印加对水的信念是不同的：因此，不同之处必须在明显的意义上可被追溯至当下因果惰性的特征。如果我现在被 XYZ 包围（在打下这行字时突然被传送至孪生地球），由于我个人经历，我的信念仍然是关于标准水的。在这些案例中，重要的外在特征明显是被动的，在此时此地驱动认知的过程中没有起到任何作用。相反，在克拉克和查尔莫斯描述的案例中相关的外在特征是活跃的，它们是局部装置的一部分，扮演着因果角色，促使行动产生。除去笔记本的编码，奥托就不会去第53街；若把它换成错误地编码为第56街，奥托就会去那里。在这里，产生目标行为的因果活动的物理组织似乎遍布整个生物有机体和世界。

为了回应对可用性和可移植性的担忧，克拉克和查尔莫斯提出了一组粗略但现成的额外标准，要求非生物候选者符合这些标准，才能被纳入个人的处置信念支持系统。它们是：

1. 资源是稳定可得且常用的（奥托总是带着笔记本，在查询笔记本前不会回答"不知道"）。

2. 被检索到的信息或多或少是自动背书的。它通常不应该受到批判性审查（例如不同于他人的观点），它应该被认为是像从生物性记忆中清晰地检索到的东西一样值得信任。

3. 资源中包含的信息应该在我们需要的时候能够简单地得到。

4. 笔记本中的信息已经在过去的某个时间点被有意识地背书，并且确实是这种背书的结果。

在原始的讨论中，第4个特征作为信念标准的地位是不确定的。或许一个人能通过潜意识的知觉或记忆篡改来得到信念？如果这样的话，"过去有意识的背书"标准看起来太强了。另一方面，放弃这个要求则会为不受很多人欢迎的潜在倾向性信念（我们在讨论部分会回到这个问题）的激增敞开大门。

四条标准的应用提供了相当直观的一组假定的个体认知延展的结果。

在你家书房中的一本书不会被算在内，赛博朋克的植入物将会被算在内，谷歌的移动访问不会被算在内（其不符合条件 2 和 4），奥托的笔记本会被算在内，其他人存储的知识通常不被算在内（但可能在一些稀有的例子中算），如此等等。因此，总的来说这一主张是基于恰当的（并且绝不是实践上达不到的）条件，倾向性信念的机制可能会在复杂的生物技术矩阵中得到广泛应用。

作为行动中延展认知的第二个例子，需考虑肢体动作在思考和推理中的作用。这个例子是恰当的，因为尽管很明显肢体动作本身是一个机体的活动，但它不仅仅是一个神经活动。另外，肢体动作被证明展示了一些关键的特征，其可用性似乎超越了生物体自身的边界。戈尔丁-梅多（2003）在对人类肢体动作的本质和组织进行大量研究后，提出了一个有趣的问题：肢体动作都是完全形成的思想的表达，因此，它主要是主体间交流的工具（听者通过他人的肢体动作获取意义），还是可能作为实际思想加工的一部分？一些线索表明，它可能不仅仅是表达性的，包括我们在打电话时、在自言自语时、在伸手不见五指的黑暗中也会做出动作，并且肢体动作随任务的难度、在说话者必须在选项之间选择时、在推理问题而不仅仅是描述问题或已经知道解决方案措施时也会增加。

一个紧缩论者可能会认为，这些效应中的大多数都可以很容易地被解释为仅仅是联想——没有观察者的肢体动作只是一个习惯，是我们在一般交往语境中由肢体动作的经验形成的。然而结果是，天生的盲人说话者在说话时也会做出肢体动作，而他从未看见听者说话，也从未见过他人在说话时做手势。另外，即使他们知道是在与盲人说话时，也这么做（同见 Iverson and Goldin-Meadow，1998，2001）。

假设（为论证之便）肢体动作在思想中发挥某种活跃的因果作用，那么会是什么作用？一种找出答案的方式是观察当肢体动作被从可用的资源组合中移除时会发生什么。为了研究限制肢体动作对思想的影响，戈尔丁-梅多和同事（Goldin-Meadow et al., 2001；Goldin-Meadow, 2003）让两组儿童对照记忆一份表单，之后让他们在尝试回忆表单之前做一些数学题。一组（称为肢体动作自由组）能够在解答数学题时自由地做肢体动作，另一组（称为无肢体动作组）被告知不能做肢体动作。在做数学题时被限制肢体动作对与之分离的记忆任务（记忆表单中的单词）造成了强大而显著的不利影响。在戈尔丁-梅多看来，对此最佳的解释是，肢体动作的行为以某种方式改变或减少了总体神经认知负荷的方面，因此为记忆任务释放了资源。

在继续探讨这个观点之前，排除一种很明显的代替描述是有必要的。根据这种代替描述，记住不做肢体动作的努力（在无肢体动作组中）增加了记忆的负载，进行肢体动作（在肢体动作自由组中）则减少了负载。如此一来，无肢体动作组确实会表现得更不好——但不是因为肢体动作减轻了负载；相反，记住不做肢体动作却增加了负载！幸运的是，一些儿童和成人在做数学题的阶段自发地选择不做肢体动作。这允许主试通过指令和自发的（因此可能是不费力的）倾向来比较去除肢体动作的效应。结果证明，即使肢体动作的缺失是自发的选择，对最初任务的记忆也同等地减弱（见 Goldin-Meadow, 2003），这支持了肢体动作自身发挥某种积极认知作用的主张。

戈尔丁-梅多认为，一个关于这种积极作用的本质的重要提示出现在我们观察肢体动作-言语不匹配的案例中（Goldin-Meadow, 2003）。这些例子中所说和所做的肢体动作 [①] 相矛盾。例如，你在做出一对一映射的动作，却没能意识到这种映射在你同时尝试解决问题时的重要性。有许多这样的例子被发现，并且（重要的是）肢体动作往往预示儿童在稍晚时会有意识地在言语中发现正确的解决方案。即使正确的解决方案没有被很快找到，适当的肢体动作的出现结果也预示着那个儿童能够比那些肢体动作没

---

① 戈尔丁-梅多的大部分内容都致力于将意义归因于自发的自由环境。另见 McNeill, 1992, 2005。

有表现出这种默契的或不成熟理解的儿童更容易学到正确的解决方案。

在最后，戈尔丁-梅多引出了下面的故事（正如她明确指出的那样，同样来自大卫·麦克内尔的奠基性作品，见 McNeill，1992，2005）。戈尔丁-梅多提出，肢体动作的物理行动在学习、推理以及认知改变中发挥积极的（而不仅仅是表达的）作用，通过提供一种代替的（模拟、运动、视觉空间的）表征方式。在这个意义上：

> 肢体动作……延展了说话者和听者可用的表征集合。它能冗余地反映通过语言形式表征的信息或者延展那个信息，只有通过视觉或运动形式才可能增添细微的差别。
>
> （Goldin-Meadow，2003）

那种特殊的视觉运动形式的编码被认为进入了另一种与其他语言形式编码的持续耦合的相互影响之中。肢体动作因此持续通知并改变语言思维，换句话说，二者形成了一个真正耦合的系统。

全部这些表明，做出肢体动作不只是一些完全由神经实现的思维过程的动作表达。相反，做出肢体动作是一组耦合的神经-身体表达的一部分，后者自身被有用地视为一个生物体的思维延展过程（见方框 9.4）。在肢体动作中我们似乎面对着一个真实的、普通的认知系统，其运行机制超出纯神经领域。这种认知上十分丰富的展开不需要停留在生物有机体的边界内。正如我们在第 8 章中看到的，非常相似的事情可能会发生在我们同时忙于书写和思考的时候。完全形成的思想并不总是落在纸面上。相反，纸面只提供了一个媒介，在媒介中通过某种耦合的神经读写的呈现，使我们能够探索只有在此条件下才能够使用的思考方式。

把所有这样的案例统一起来便形成了这样的一个观点（Dennett，1991a；Clark，2008），即将大量人类认知看作认知自我刺激的各种形式。

这样的例子包含了一个可识别的认知过程，它在一些主体中运行并产生输出（语言、肢体动作、表情、书面文字），这些输出作为输入不断循环、推动认知过程。这在认知上与强制进气系统相当。一个更熟悉的例子（Clark，2008）是涡轮驱动的汽车发动机。涡轮增压器用来自发动机的排气流转动涡轮机，后者又转动气泵使之将气流压缩至发动机中。压力将更多的空气挤压至每个气缸中，使更多燃料被混合，导致更有力的爆发（这驱动着发动机，使其产生为涡轮机提供动力的排气流）。这一自我刺激的汽车构造提供了高达 40% 的所需动力。排气流是发动机的输出，同样是可靠的、自生的输入。毫无疑问，整个涡轮增压循环应该被视为汽车自身整体动力机制的一部分。肢体动作被认为可能是认知涡轮驱动的一种形式：正如书写辅助思考一样，肢体动作可能既是系统的输出又是自生的输入，在延展的神经-身体认知机制中扮演着重要的角色。如果这种描述是正确的，则真正的认知引擎有时是一个延展的系统，包含多重的、通常是自我维持的循环，包括神经外的和（像在奥托的笔记本例子中）身体外的循环。

方框 9.4

肢体动作与思想塑造

肖恩·加拉格尔，在最近关于肢体动作和思想的一个有价值的讨论中写道：

尽管我们没有明确地意识到我们的肢体动作，但即使在它们无助于交流过程的情况下，它们也可能暗中促进了我们认知的改变。

（Gallagher，2005）

加拉格尔在他对具身性的"前意向性"（prenoetic）作用的描述这一更大的框架下探究肢体动作的主题。这是一个艺术术语，被加拉格尔用来表示身体在构建心智和意识中的作用。该观点认为，关于身体和身体指向等事实为感知、记忆以及判断["意向性"（noetic）因素]等有意识活动提供了背景。我们得知，前意向性的表现"有助于构建意识，但没有明确表现在意识内容中的行为"。因此，举个非常简单的例子，具身的主体从一个特定的空间视角知觉世界。那个视角塑造了在现象经验中明确赋予我们的东西，但其自身并不是我们经验的一部分。相反，它"塑造"或"建构"了经验（关于这个例子，见 Gallagher，2005）。通过这种方式，加拉格尔在"塑造"认知和（根据梅洛-庞蒂在描述言语的认知角色中的用法）在"思想的实现"中谈论肢体动作的作用。这种表达方式回避了一个棘手的问题，即是否把肢体动作看作思想和推理的实际机制的一部分。但加拉格尔在这段引文的脚注中说道：

或许……我们称之为心智的某些方面只是我们倾向于称之为表达的东西，即发生的语言实践（"内在言语"）、肢体动作、表达动作。

（Gallagher，2005）

加拉格尔猜测，肢体动作同时是思维借以"实现"的途径和心智的一方面——思想本身的一个方面。

9.2　讨论

（A）奥托的两步

一个常见的对奥托思想实验的最初反对意见（原论文中也考虑并驳回了这一反对意见）是：

> ……所有奥托（先前）所相信的是笔记本中的地址。那个信念（第一步）导致了观察，而观察（第二步）又导致了（新的）关于实际街道地址的信念。

这被称为奥托的两步。尽管其最初看起来是正确的，克拉克和查尔莫斯却认为这个反驳失败了。为了知道为什么，我们需要问：为什么我们不以同样的方式来描述印加？为什么我们不说印加仅有的先前信念是储存在她记忆中的信息，并将她的回忆描述为印加的两步？直觉上的理由似乎是在印加的例子中，两步模型添加了虚假的复杂性："印加想要去纽约现代艺术博物馆。她相信她记得地址，且她的记忆提供了第 53 街的信息。"另外，似乎在一般的事件过程中，印加对她的记忆没有任何信念，她只是无意识地使用了它。但克拉克和查尔莫斯认为，奥托也是如此：奥托也是如此使用笔记本的，他只是在生物记忆提取失败时自动地使用它。检索笔记本内容被深层地、类似潜在人格地整合进了奥托的问题解决过程中，正如俄罗斯方块的专业玩家对外在旋转的唤起一样。因此，这个观点认为引入额外的关于笔记本的信念来解释奥托的行为，增加了不必要且心理学上不真实的复杂性，正如引入额外的关于生物记忆的信念来解释印加的行为一样。

（B）认知标志

亚当斯和埃扎瓦（2008）用一本书的篇幅来批判支持延展心智的论

证。大部分批判都源于对认知标志的需要——是什么使得一些状态或过程最初被视为认知的？没有对这一问题的回答，他们担心可能就不存在关于"在哪里"的问题的有意义争论。亚当斯和埃扎瓦认为"异类过程控制的非衍生表征"的出现可作为一个可信的认知标志。在笔记本中找到的那类提示词不足以达到这两个标准，它们包括衍生的（即某种意义上由人类记下的）意义，并且它们与在大脑中对应的部分的活动方式不同（例如它们没有表现出各种我们熟知的心理学效应，如倾向于较晚进入记忆列表内容的近因效应）。

关于非衍生表征（亚当斯和埃扎瓦在这里也称之为非衍生内容）的问题是复杂的（Clark，2005，2008），但需要注意的一点是，许多这种内在内容／表征事实上出现在包括生物和其他资源的假定的总体认知系统中。所以，这里真正的问题是，在许多显然包含非衍生表征和内容的认知过程中，衍生表征和内容作为真实元素的可接受性如何。我们的直觉似乎并不排除这一点。因此，考虑在脑海中操作韦恩图和欧拉图（用来代表集合成员关系的经常重叠的圆）的画面。其所涉及的思想拥有内在内容，但也存在一个真实的意义，即我们审视衍生表征的内在表现，以便根据常规的框架读取意义。

那么亚当斯和埃扎瓦提出的认知标志的另一个元素——强调被我们在大脑中找到的"异类过程"（idiosyncratic kinds of processes）控制的那个元素怎么样呢？一个更主要的担忧是，现在这可能会引出另一个问题（或至少会堆砌一个问题）来反对延展认知的支持者，因为（见 Wheeler，2005）它似乎优先考虑大脑中的过程，将其作为对余下过程的判断基准。这是克拉克和查尔莫斯希望规避的错误，他们提出的问题不是"这个或那个生物的外在过程和大脑内的过程在异类细节上有多么相似"，而是"假设这一过程在大脑中被发现，并以此控制行为，那么我们会有充分的理由将其判断为一个认知过程吗？"。注意，这个问题我们完全可以自问而不用先采取任何明确的"认知标志"。

更一般地说，我们应该质疑的是这个观点：真实认知状态和过程的空间应该通过（根据亚当斯和埃扎瓦的标准）人类大脑中加工的"异类特征"而被辨识出来。假设猫的大脑被证明没有展现出这些标志性特征，我们应该得出结论说猫的记忆不是真正的记忆吗？亚当斯和埃扎瓦对这些担忧保持警惕，但没有发现它足够重要，而是将其划为对人类和非人类认知形式之间可能的"家族相似性"的猜测。但更深层的担忧是，认知这一概念，无论是人类的还是其他的，不能以任何不引出问题的方式建立于人类内在组织的具体细节中。这使我们绕了一圈又回到了我们最开始关于功能主义的讨论（见第 1 章，方框 1.4 ）。

（C）耦合与因果构成性谬误

亚当斯和埃扎瓦（2008）也拒绝了被他们描述为认知延展的"耦合论点"。这些论证是他们用来展现以下（有问题的）基本形式的：延展认知机制是仅仅通过展示"认知有机体与其环境之间的因果联结"来进行论证的。但总的来说，就像作者所正确坚持的，其中没有"蕴含"这种必然性。用中子轰击原子核会引起核裂变。核裂变在这里由轰击引起，但（引入一个在这些讨论中占重要地位的艺术术语）核裂变本身是由大原子核分裂为更小的原子核，轰击的中子引起了这个变化但并没有参与它的构成。延展心智的论点是否犯下了"耦合-构成谬误"类似的错误，将因果输入作为系统自身的一部分了呢？

延展心智的支持者，经常坚持各种形式的因果耦合的重要性，但不该认为任何旧的耦合都会起作用。相反他们的观点是，特定的耦合拥有作为结果的外在编码信息的"稳态"，以此来控制选择和行动。正是这一稳态之后发挥了实际作用。因此，耦合仅仅是达到目的的方式。因此，（更多细节讨论见 Clark，2008）可能最好将耦合看作一种手段，不是直接建立关于构成（这依赖于耦合产生的信息流的细节）的事实，而是提供能够支持足够密集和可靠的信号交换的物质连接。这是在标准的神经描述中十分常见的活动。正确的密集耦合（例如复杂互惠因果交换）确实是以下解释的一部分，例如为什么左右神经半球——当耦合以及因此产生的信息流处于正确的形式时——被当作一个更大的整合加工系统的两个部件而不是当作两个处于因果交互中的自主处理器。作为一个（但绝不是唯一）"正确种类"的耦合的因果具体例子，回想一下更早的时候描述的"认知涡轮驱动"的例子：肢体动作和书写辅助思考的例子。在这里，一个在一些行动者中运行的可辨识的认知过程活跃地产生输出（言语、肢体动作、表情、书面文字），这些输出作为输入持续循环并推动认知过程。在这些例子中，对同时将原因（系统的输入）算作系统机制的构成性部分的担忧似乎是不合时宜的。

（D）关于肢体动作的一些担忧

肢体动作的涡轮驱动模型很有吸引力，并且确实有助于解释大量报告中出现的经验数据。尽管如此，这一点仍然是可能的，即神经活动实际上做了所有被我们归为实际肢体动作自身的认知工作。如果被证明所有肢体动作带来的认知上的好处实际上都是由一个隐蔽的、完全神经的路径实现的，那么情况就会如此。我们至少有两个怀疑的理由。

第一，一些天生没有胳膊的主体可以经验到肢体动作（Ramachandran and Blakeslee，1998）。他们也可能得到"认知红利"吗？如果是的，那么这个红利就不是被将思想具体化的身体物质载体的行动所实现的，而是被一个更隐蔽的、完全内在的回路实现的。第二，考虑一下患者 IW（Cole，Gallagher，and McNeill，2002）。IW 脖子以下没有感觉并且接收不到来自他胳膊的本体感受反馈，但他似乎是以一种自发的、通常是下意识的方式产生了（甚至在人为失明的条件下）精妙地与时间相连的、表达性的、非标志性的肢体动作。如果 IW 在人为失明的条件下得到了认知红利，其必定通过了一些隐蔽的、纯神经的路径。这样的路径可能包括非功能性运动指令的复制（所谓的输出复制）的直接作用（Wolpert，1997；Wolpert et al.，1998），或者它可能反映了"包含肢体动作的产生而不是肢体动作自身的运动前预备过程"（Cole，Gallagher and McNeill，2002）。

这看起来是一个开放的经验问题。如果肢体动作（如它似乎是的那样）是由于我们想要表达自己的结果而出现，那这个事实自身就解释了在幻觉的例子中肢体动作的存在和 IW 中肢体动作的再次出现。但如果实际物理肢体动作之后通过"涡轮驱动"路线给予了额外的认知红利，那么我们就不应该在这些例子中看到同样的红利。

但正如以下简单的比较所展示的，情况是复杂的。考虑一下我们熟悉的边书写边思考的例子。尽管在黑暗中，尽管我们感觉不到手的移动，试着将东西写下来也可能有助于我们思考！但如果我们能感觉到我们手的移动，因此增加了一个自我刺激的循环，红利可能会增加。如果我们也能在书写的时候看到写了什么，完成另一个自我刺激的循环（但想象使用快速消失的墨水这样做），认知红利仍然可能进一步增加。最后，如果轨迹维持的时间更长一些，我们仍然可能得到进一步的红利，以致自我刺激的循环能够以跨越时空的各种方式被传播。

因此，尽管缺少肢体或本体感受的反馈，仍需要通过实验检查 IW 和 / 或幻觉肢体动作是否真的得到了认知红利。如果他们确实得到了认知红利，他们得到的程度是否相同？［并且如果他们确实如此，那么其最终是否建立了内部路线模型，或其是否可能反映了一些替代的、补偿性的但仍然总体上包括身体的循环的涌现吗？（例如，手语者表现出用一些口部运动作为主动的非标志性肢体动作的形式；见 Fontana，2008）。］

（E）总线传输，大脑与认知结构

亚当斯和埃扎瓦（2008）还提出了一个不同的——或许由于不那么直截了当而更恶性的——耦合-构成谬误的版本。在这个版本中，延展心智的支持者进行了一种争论的转移，从因果耦合说明"转变为认知系统的概念，并自那里向认知过程延展到大脑的边界之外的观点"移动。例如在克拉克和查尔莫斯（1998）中发现的谬误版本。但正如他们再次正确地指出的，"一个人不能假设一个 x 过程遍及一个 x 系统的每个部分"。此外，不是一个执行 x 的系统的每个部分都是我们可能认为的表现引擎自身的一部分。一个空调系统可能包含管道和管道胶带，尽管这些是必要的，但不是空调过程自身的一部分：他们不是主动的空气冷却机制。

各种生物外的循环和起伏可能是管道和管道胶带的认知等价物，可能在某种微弱意义上有助于形成延展认知系统，而不是以任何形式将真正的认知加工延展到大脑外？诚然，正如亚当斯和埃扎瓦自己指出的，大脑内部发生的一些东西可能正好落在了这一分界线的错误一边：

> ……有可能大脑中的一些神经元通路仅仅从一个脑区传输或交换信息到另一个脑区，而不以任何方式被转换为认知信息。这种神经元通路仅仅是在电子数字计算机术语意义上的总线，或许胼胝体仅仅是一条总线。
>
> （Adams and Aizawa，2008）

似乎仅信息转移（对于亚当斯和埃扎瓦而言）不足以确保其作为一个真正的认知加工元素的地位，因为那里（明显）没有实际的加工发生。即使假设其活动仅转移信息，似乎很明显胼胝体确实有助于实现负责正常人类认知的认知结构，其实现的大脑两半球间复杂的双路信息流的具体模式对于一般人类认知至关重要。认为这一贡献在某种意义上是认知惰性的观点似乎判断错误了，尽管我们同意它所做的不是和我们在像 V1、V2 和 V4 神经区域中发现的同一种信息或表征的活动转换。对于这些不同，亚当斯和埃扎瓦（2008）继续提出"或许联结皮质视觉区域 V1、V2 和 V4 的神经元通路仅仅是信息总线"——这个提议或许他们也觉得困惑，因为他们很快补充道"由于它可能具有的这种逻辑的和法则的可能性，我们的猜测是，专门用于信息转移的神经元道路即使有，也是少之又少"。

这是发人深省的。一个通路"只用作信息转移"意味着什么？它可能意味着，被携带的信息在穿过通路时不发生变化。即，仅仅是穿过通路而不会将其改变，通路自身不对它做任何事。例如，一罐可乐不会由于经过管道而被改变。在这个（非常有限的）意义上，通路自身不会加工信息（即亚当斯和埃扎瓦关于管道自身不会冷却空气的类比）。但我们现在看到这个区分是多么难以捉摸，因为很明显，这种信号或信息的"纯粹转移"与深刻的——实际上绝对深远的——信息加工意义完全相容。具体的转移、总线强制执行或使之可能的信息流模式可能恰恰是允许整体机制执行其所做加工的原因。

因此考虑一个第 4 章描述过的那种简单的三层反馈联结主义网络。这种网络受它们所能执行的计算种类的限制，因为它们缺少任何形式的记忆，仅仅以相同的方式反应相同的输入（一旦受过训练），无论其在任何输入序列中的位置如何。但现在在系统中加入一个简单的反馈循环，将其调试为埃尔曼（Elman, 1990）所描述的所谓的简单循环网络（SRN）。所有简单循环网络中的循环所做的是在 T 时刻复制回伴随着 T+1 时刻的下一个输入的隐藏单元的状态。这个循环不对在其中穿行的信息做任何事。在那个意义上，它与亚当斯和埃扎瓦更早描述的"纯粹的信息总线"一致。任何信息都是被例如元件的反应和更新功能所加工的。但正如我们在第 4 章看到的，简单循环网络拥有所有种类的反馈网络所缺乏的计算属性。或者考虑一下，当一些远程回归联结被添加到这个混合中时，特定的区域密集联结的复杂网络会发生什么。即使是几个这样的添加物也能将一个纯粹的复杂网络变成所谓的小世界网络，并具有其蕴含的所有特殊属性（例如见 Strogatz，2001）。在这些例子中，因果交换模式"仅仅"能够成为构成一个认知结构而不是另一个认知结构的部分。

假设我们把这幅图景应用到更广阔的生物外循环和联结中呢？这样的循环和联结允许内在资源和外在资源（例如手写句子的外在编码）进行相互调节的交换。那么，无疑可以设想用普通的生物外结构建立合适的因果交换模式可能会在一些情况下以同样的方式转换我们自己的有效认知结构。一些理论家（包括 Dennett，1991a；Hutchins，1995；Clark，2006；Donald，1991）认为情况确实如此，并且它拥有（如第 8 章中论证的）至少理解人类心智与推理独特之处的部分关键。如果这个观点是正确的，那么人类心智可能是通过本质上混合的认知结构来实现的，因为人类特有的地方（例如我们的创造和反思高等数学思想的能力，或创建并调用远超可见和直接可及领域的概念的能力）依赖于信息流在跨越大脑、身体和各种生物外界部分的系统中被运行和维持的方式。

最后，可能不值得为心智或认知的标签而争论不休，因为这两个标签在这些外部元素内部发生的处理，就像尝试将内部神经描述切割成主动处理器和"纯粹的信息总线"一样。但是，只要这种区分是有意义的，我们就应该乐意承认通常情况下，根本没有加工发生在外部结构中。很显然，一个可靠的笔记本自身不做任何种类的信息加工。它是一个储存和提取回路中的节点，是被定义为横跨大脑、身体和世界的加工机制中的一种缓冲器和连接。在这些方面中，笔记本（尽管它可能不是在你的手机中工作的小型计算机程序）可能确实看起来更像是一个被动的信息管道而不是一个处理器。尽管如此，正如我们所见，正确管道（正确的连接和联结）的提供经常足以使一个特定的认知结构（一个人能够做 x、不能做 y 等）被表现出来。

（F）整合与认知系统

在一个重要的对延展心智描述的批判中，鲁珀特（2009）强调了一个整合、持续的信息系统的观念。鲁珀特说：

> 一个状态是认知的，当且仅当它由一个或多个机制的激活组成或通过激活一个或更多个机制来实现时，这样的机制是综合集合的元素，其成员以因果且独特的方式促成认知现象的产生。
>
> （Rupert，2009）

鲁珀特在这里允许我们先行把握一些可用的对一个认知现象的专有概念。但他认为，仅凭这一点不足以决定一个个体的认知状态或过程的边界。他提出，最好的办法是仔细评估某种状态或过程在多大程度上可以被证明是一套综合的、持续存在的机制的一部分，这套机制"有助于在各种条件下产生大量的认知现象，作为因果相关要素出现在各种重叠的类似机制集合中"。鲁珀特得出结论，只有通过诉诸这一"整合的认知结构"，我们才能做出区分：

> 一方面，认知作为一个自然类型；另一方面，一般认知只在一些时候是相关的计算、信息流以及动态交互。
>
> （Rupert，2009）

鲁珀特提出，这样一种观点拥有足够的优势，那就是能够解释（并证明）传统认知心理学的大量数据、理论和实验的同时，还能留出足够的空间来探索并接纳许多聪明和意想不到的自然认知者为实践和认知成功服务的方式，构造并开发各种环境机会。因此它融合了保守主义（相对于标准认知心理学观点）和大量来自如动力系统理论、机器人学、发展心理学和系统发育理论等新的激动人心的结果的能力：所有理论和数据的使用在经验上有助于激发关于延展认知系统的讨论。因此，为了代替"延展认知假说"，鲁珀特提倡他之前（Rupert，2004）所命名的"嵌入认知假说"，即"典型的认知过程以令人惊奇和复杂的方式依赖于生物体对外在资源的使用"。

鲁珀特的担忧的基本样貌因而清晰了。双方都能容纳所有经验数据和实验，因此，保守性和与现有认知心理学传统的契合被认为是获胜的关键。根据这一观点，将持续整合系统作为我们的研究对象使现有的实践具有意义，容纳来自所有更新视角的重要内容，并因此论证支持嵌入概念胜于延展概念。

人们对这一论证中的关键步骤有可能存在质疑，即认为整合持续系统是并且应该是认知心理学探究的唯一对象。因为存在两种方式可以划分实验和理论这块蛋糕，正是这一步使得人们呼吁将与之相关的保守主义作为一种王牌。对这一主张，我认为既不成熟（由于在当代认知科学和认知心理学的研究正在兴起）且在任何情况下都是过分局限的。为什么我们不能为各种实验和理论的目的（有用的讨论见 Craver，2009），以若干不同方式划分我们的蛋糕？例如，假设我们的目的是理解一个人（一个处于社会和技术中的实体）所能做的认知，我们可能需要研究包括身体和世界间循环的那类系统。但如果我们的目的只是理解持续生物有机体能独自进行的认知（例如通过数学推理），我们可能会限制所有非生物支持物和辅助物的使用，例如允许用手指计数但不能用便签本。类似地，如果是为了发现神经组织独自的认知能力，我们可能会阻止被试在实验中使用他们的手指作为计数的辅助工具。当触及机制的更深处，如果我们的目标是跟踪一个具体神经子结构的认知贡献，我们可能会用经颅磁刺激（TMS）来激活或抑制一些具体的神经区域，这一技术的引入使得成百上千的实验解释百花齐放。对我来说，似乎真正的危险不是我们忽视了任何我们应该关心的关键系统，相反，危险的是我们也很容易允许不间断的脑科学的进步来使我们看不到更大的身体和社会技术回路深刻的计算的重要性。当然，延展心智的图景被设计出来正是为了避免这种危险。

9.3 餐后甜点：元素人遇见 Metamento

想象某种新发现的生物具有更复杂和能更好地利用环境的生命周期。当这一生物以这种方式生存时，其生长并损失了各种各样的结构元素。各种各样的腿、钳、翅膀、眼睛、耳朵等，所有这些在一波又一波的表现遗传变化中来来去去。来去的东西不是发展程序的任何简单功能。相反，这一生物是为了适应环境命运突发奇想的变化而发展出这样的繁盛期部分的。少量的树木、金属、汁液、塑料、橡胶以及石头，都作为新涌现的身体形式和结构的核心来进行公平竞争，之后根据需要、用途和可实现的新陈代谢的多变性而存续或衰败。让我们将这强烈迷人的身体-变色龙命名为元素人，以那部老漫画中的角色命名，其不断变化的表面形式会与之呼应。

我们应该如何看待元素人？首先，似乎很清楚（对我来说，但那之后我已经相信延展心智）各种来来去去的附属物等被视为元素人的身体形式的适当部分，尽管是暂时的。确实如此，尽管事实是我们能够像鲁珀特当时可能坚持的那样，我们可以根据生物在各个时刻的形状和能力讲述不同的故事：在这个故事中把东西分解为任何最容易通过鲁珀特对持续性和最大整合的测试的形态学元素。让我们假设，如果我们这么做，最终我们会隔离出一种很少在野外见到的核心主干。这种核心主干不能感知或移动，但总是准备好利用一系列由环境决定的开放式机会去变形为能够感知或移动的存在。

对我来说，我们似乎有两种可行的看待元素人的方式，两种都可以根据我们自己转换解释目的而选择其一。例如，假设在某些例子中存在影响变形能力的基因问题。那么我们可能会想把主干作为一个实体且需要修复的目标。但对于大多数日常目的，以及对于理解在我们面前反复变更其多样的感受器和效应器组时活跃、繁荣的生物的本质，我们会想要将每个临时化身都作为当下的物理主体对待。

现在，你可能会说，这都是元素人例子中好的地方。因为在这个想象的例子中我们能够通过视觉（并且以许多其他形式）毫无问题地察觉到并锁定重要的临时统一体。正是这可感知的统一体和随之而来的时机，为了互动而真正驱动着我们的知觉。对于每个元素人的变形，尽管（让我们假设）当下的感受器和效应器缺少长期的整合与持续性，只是存在一个突然出现的我们的可感知的统一，但在心智的例子中，什么可能与物理例子中当下形式的视觉检查相对应？正如有可能存在此时此地的充分的物理统一性而没有完全和持久的物理整合情况一样，即使没有完全和持续的认知整合，似乎也有可能存在充分的此时此地的认知统一。关于奇偶性探究和自我刺激回路的深思都是为了研究和探索这种难以审视的地带。当然，在这一论证的语境中，我们不允许做的一件事是，简单地假设需要的心智统一是生物或有机体统一的某种直接功能。

很明显，在总体身体形态上我们还不（至少目前不）特别像元素人。但这一世俗的物理事实可能使我们看不到我们在心智层面上与元素人惊人的相似程度。我们可能会像元素人一样，将少量的遭遇和设计的世界反复深入地合并进认知路线中，再根据需要、用途以及我们能够实现的社会技术保护层，使认知路线持续存在或被抛弃。如果是这样的话，那么这里至少存在两个完美契合的认知科学计划：一个旨在解释使我们能够成为这些心智元素人的形成和成型的局部的、有机的过程，另一个以不断涌现的混合生物-社会-技术的心智作为研究对象（关于这两个计划的更多内容见Clark，2008）。

第 10 章

生成性知觉经验

10.1 概述

有人（Varela，Thompson and Rosch，1991）认为最好不要把知觉经验理解为纯粹的内在事件，而应该把它理解为通过主体熟练的感觉运动行为来实现的东西。生成论的版本各式各样（例如，Thompson，2007；Di Paolo，2009；Di Paolo et al.，2008；Froese and Di Paolo，2011），但我只关注一个具体的、相当有影响力的版本：一个与阿尔瓦·诺伊的工作密切相关的版本（Noë，2004；O'Regan and Noë，2001）。如果诺伊是正确的，那么知觉经验获得其内容和特征，依赖于主体对感官刺激因运动而变化的方式的内隐知识。它是如何工作的，它对心智和经验的科学研究意味着什么？

根据诺伊的理论（2004），知觉就像绘画。绘画是一个持续的过程，在这个过程中，眼睛探索场景，然后快速回到画布，然后再回到场景，以此类推，形成一个积极探索和局部反复认知理解的密集循环。正是这种处于情境的、引人入胜的活动的循环构成了绘画行为。诺伊声称"看的过程"（更普遍地说是知觉的过程）同样是由一个积极探索的过程构成的，在这个过程中，感觉器官反复探索世界，在需要知道的基础上传递部分和有限的信息。按照诺伊的说法，正是这种处于情景的、与世界互动的、整个动物活动的循环，构成了知觉经验的基础。根据这种观点，"知觉不是碰巧发生在我们身上的事情，它是我们所做的事情"（Noë，2004）。我们把这种生成论的形式称为知觉经验的强感觉运动模型（strong sensorimotor model，SSM）。

强感觉运动模型不仅仅声称你需要一个主动的身体作为知觉的平台。一个有趣的说法是，熟练的身体动作和知觉在某种意义上是紧密纠缠或交织在一起的。这里的出发点是（正确和重要的）观察，即知觉是主动的。

> 想象一个盲人在一个杂乱的空间里不停地轻触，通过触摸来知觉这个空间，不是一次性的，而是通过时间、通过有技巧的探索和移动。这是，或者至少应该是我们正在知觉的范例。
>
> （Noë，2004）

在此基础上，诺伊补充道：

> ……通过这种方式，所有的知觉都是类似于触摸的：知觉经验

通过我们拥有的身体技能来获得内容。我们知觉什么取决于我们做什么（或我们知道该怎么做）；这取决于我们准备做什么……我们生成我们的知觉经验：我们付诸行动。

（Noë, 2004）

根据诺伊的说法，其中的一个重要含义是，内部表征（如果存在这样的表征）无法讲述整个故事，无论是绘画还是观看。

画作产生的充分因果基础当然不是画家的内在精神状态，而是画家、场景和画布之间的动力系统互动模式。为什么不对视觉说同样的话呢？在这种方法下，视觉将取决于大脑、身体和世界。

（Noë, 2004）

就视觉（和一般的知觉）而言，一个理论结构特别适合这个动力系统目标，那就是感觉运动依赖的概念（奥里根和诺伊在 2001 年首次将其称为"感觉运动偶然性"，诺伊在 2007 年的报告中也称其为"感觉运动期望"）。感觉运动依赖是指运动或变化与感觉刺激之间的关系。这种关系可能有很多种，但它们都有一个共同点，那就是它们都涉及一种循环，将现实世界的物体和属性与感官刺激的系统变化模式联系起来。这些感官刺激的变化模式可能是由主体的运动引起的（这是核心案例），就像我们用头部和眼睛的运动来扫描一个视觉场景，它们也可能是由物体本身的运动引起的，或者由环境框架中的其他元素（如照明或光源的变化）引起的。此外，这些各种变化模式的一些特征将归因于物体本身的属性（例如，一条沿其长度的水平直线的自相似性，当眼睛沿着这条直线运动时，产生不变的视网膜刺激模式；见 O'Regan and Noë, 2001）。与此同时，其他特征（这将在我们随后的讨论中突显出来）将归因于人类视觉器官的特质。例如，由于眼球的曲率，当眼睛上下移动时，投射到视网膜上的同一条直线就会严重扭曲。

不同的感觉模式也显示出一般不同的动作-刺激的特征。在视觉中，将自己的身体移向视觉固定的物体会导致视网膜上扩张的流动模式，而移开会导致收缩的流动模式。触觉和听觉没有相似的特征。或者，再举一个例子，人类视觉具有较强的中心敏锐度和较有限的周边采样。这意味着眼睛沿着被知觉物体的运动会产生一种独特的模式，即一种独特的空间交替密集和较浅采样模式。同样的动作也会产生丰富的色彩信息，因为这主要是通过中央视觉获得的。即使是眨眼会导致视网膜输入暂时空白这一残酷事实，也可以被视为视觉动作输入信号的一部分，而眨眼对触觉或听觉没有类似的影响（另见 O'Regan and Noë，2001）。

根据强感觉运动模型，知觉世界就是利用我们对多种感觉运动依赖的内隐知识。强感觉运动模型认为，正是我们对这些感觉运动依赖的内隐知识解释了我们知觉体验的内容和形式（视觉、触觉、听觉等）。这种对感觉运动依赖的认识（或期望）的强调，也是为了替代对被认为经验的内在"感"属性的感受质（参见附录 2）的标准诉求。我们不是在经验中意识到这些神秘的内在品质，而是生成我们的知觉经验。例如，以形状和空间属性为例：

……生成主义观点否认我们通过将空间属性与各种感觉联系起来去表征知觉中的空间属性。无论是触觉、视觉还是其他感觉，都没有圆或距离的感觉。当我们在知觉中经验到立方体时，我们之所以这样做，是因为我们认识到它的外观会（或可能会）因运动而变化，它呈现出一种特定的感觉运动特征。

（Noë，2004）

总而言之，强感觉运动模型将有意识的知觉经验描述为由知觉者主动部署（她所"行使"）的内隐知识组成，这些知识将感官输入与运动、变化和行动相关联。诺伊告诉我们："我们的知觉能力，不仅取决于，而且是由我们所拥有的这种感觉运动知识构成的。"（Noë，2004）。或者，用一个更新的表述来说："知觉是一种活动，它需要运用关于行动影响感官刺激方式的知识的练习。"（Noë，2007）。

诺伊声称，这一说明为一系列涉及感官替代和神经重塑的现实世界现象提供了简洁而令人信服的解释。这里的经典例子是触觉–视觉感觉替代（tactile-visual sensory subsitution，TVSS；见方框 10.1）。虽然可能不太为人所知，同样令人印象深刻的是被称为"声音"的听觉–视觉替代系统（在 O'Regan and Noë，2001 中有一些详细讨论；另见 Meijer，1992）。在这个系统中，对头戴式摄像机的视觉输入被系统地转换为听觉模式；视野内高的物体发出高音，而视野内低的物体发出低音；横向位置由立体声的平衡来表示，亮度由声音的响度来表示，等等。至关重要的是，当受试者移动摄像机时，音响范围会发生变化。随着时间的推移，受试者开始学习碰到的不同物体的特有特征模式（感觉运动依赖性）。在最初的版本中，受试者学会了区分（例如）植物和雕像，以及垂直交叉和圆圈。在这些实验中，整体效果虽然强大，但远未创造出一个真正的完全以声音为媒介的视觉体验。但是，感觉运动依赖理论的主张是大胆而清晰的：无论在多大程度上，你都可以用另一条路径重建同样的身体对感觉和运动的依赖，你将重建最初知觉经验的全部内容和特征。根据奥里根和诺伊的说法，这解释了为什么巴赫-y-利塔的一些受试者报告（例如）当他们安装触觉–视觉感觉替代系统时，感觉好像看到了一个若隐若现的球。通过强调感觉运动依赖性特征的相似性和差异性，这些描述巧妙地解释了这些系统创造准视觉体验的意义，以及由此产生的体验（目前）的不足之处。例如，一个隐约可见的物体有一个清晰的感觉运动特征，其不变的特征可以通过声音或触觉刺激模式捕捉，也可以通过（更典型的）视网膜刺激模式捕捉。相比之下，很细粒度的颜色信息目前还不能被这些替代系统很好地捕获。然而，在每一种情况下，争论的焦点不是神秘的、不可言说的感受质的存在或不存在，而是将现实世界的物体和属性与变化的感官刺激模式联系起来的独特循环的存在或不存在，不管它们是如何构建的。

据说，同样的故事也解释了关于小雪貂的视觉输入重新连接到听觉皮质的显著结果（Sur et al.，1999）。在这里，"听觉"皮质区域（多亏了早期的重塑）开始支持视觉特有的感觉运动回路，后来似乎支持改造后完全正常的视觉能力。因此：

> 小雪貂的"听觉"皮质的神经活动恰当地嵌入了"视觉"感觉运动动力系统中，承担"视觉"功能。
>
> （Noë，2004）

简而言之，在这里，对标志性感觉运动依赖空间形状的诉求，要么取代了对感觉（感受质）的内在属性的诉求，要么取代了对更顽固（但可以说同样无法解释）的同类——特定皮质区域的假定特殊属性的诉求。因此，感觉运动理论在"仅凭神经理论就可以解释"的情况下是成功的（Noë，2004）。起作用的只是"神经系统支持具身和嵌入动物活动的方式"。因此，对于诺伊来说，经验：

> ……不是由大脑引起和在大脑中实现的，尽管它的因果性依赖于大脑。经验是在有技巧的动物的主动生活中实现的。
>
> （Noë，2004）

　　因此，生成论者接受了一个结果，这个结果远远超出了关于"延展心智"的主张。因为这里的观点是，有意识经验的物理基础在某种程度上本质上是延展的。如果这些论点是正确的，那么在某种深层意义上，有意识的、定性经验的可能性与我们的具身性以及我们移动和行动的能力密切相关。这种联系必须不仅仅是工具性的：它们必须超越表明运动和行动改变我们知觉的内容。就像在延展心智的例子中，争论的焦点是某些心理或认知状态的物质载体的本质和位置。这种对物质载体（而不是内容）的关注解释了为什么不能从诸如"牙齿"中存在疼痛感之类的事实中简单推断出意识经验背后的基础结构（在相关意义上）是延展的。因为问题不在于有意识的思想所关注的事物状态是不是神经外的：它们几乎总是神经外的。这也不是一个关于什么使思想个体化的问题，例如关于一颗牙齿的思想。这里的生成论者开始挑战的是关于使思想或经验发生的物质基础的位置和本质的观点。因此，举个简单的例子，知觉到的运动本身并不是"在大脑中"：运动（通常至少是）存在于世界中。但我们仍然可能会问运动知觉的物质载体的位置，这是一个关于实现运动检测的身体活动的本质和位置的问题，这种活动通常被认为发生在"大脑"中。事实上，这种机制的关键元素看起来可以进一步定位到视觉皮层中包含对运动高度反应的细胞区域（MT 区域），此区域可以被选择性地损坏，从而使世界被知觉为一组静态时刻（Marcar，Zihi and Cowey，1997）。当代神经科学的标准观点描述了发生在"大脑"中的所有关键（局部机制）活动，强感觉运动模型建议——至少对于某些形式的意识经验——我们应该探索一个更大的物质画布：它包括处理循环，这些循环延伸到身体其他部分和（可能是）世界的状态或活动。

10.2 讨论

（A）感觉运动沙文主义？

强感觉运动模型可能为某种形式的感觉运动超敏反应所困扰。令人担忧的是，这种模型对身体形态和动力的非常微小的细节变得极度敏感，结果是，该模型过早地对各种关于知觉经验、神经活动和具身化行动之间关系的紧密性等方面初步开放的（经验）问题给出承诺（Clark and Toribio, 2001；Clark, 2008）。正如我们所使用的术语，感觉运动沙文主义者认为：没有令人信服的理由时，绝对相同的知觉经验需要绝对相同的细粒度的感觉运动轮廓。因此我们读到：

> 拥有像我们这样身体的生物应该拥有和我们一样的视觉系统。事实上，只有这样的系统才能参与我们所参与的相同范围的感觉运动相互作用。

（Noë, 2004）

或者：

> 要像我们一样看，你必须有一个感觉器官和一个像我们一样的身体。

（Noë, 2004）

因此，其立场是，虽然一些粗粒度的同构可能足以开始呈现不同具身的视觉经验（如触觉-视觉感觉替代的简单形式的示例），但正常人类视觉经验的精细细节需要一个总体的感觉运动轮廓，它非常敏感地再现了人类具身化的所有特殊细节。

　　请注意，这个结论并不是基于这样一个事实（如果这是事实的话），即感觉运动学习在获得某些类型的知觉知识和理解中起着关键作用。因为这种学习的结果很可能是一种理解形式，这种理解形式系统地对感官刺激的某些变化不敏感，从而夸大了其他的变化。还请注意，讨论的感觉运动依赖模式本身不可能是经验空间中（在表象空间中）关于琐碎痛苦的模式。因此，经验的每一次差异都意味着一些经验上的不同。但是，如果我们走出现象学舞台，那么任何关于细粒度的感觉运动依赖主张似乎都涉及对本应是一个开放的经验问题的过早解决。

　　因此，想象一个具体的例子，假设某些感觉运动依赖的模式涉及运动和视网膜刺激之间的关系，并且假设具身中的一些非常小的差异使得这些模式的差异非常小。这当然是一个开放的经验问题，即这种刺激的每一个差异是否都会对随之而来的任何有意识的知觉经验的内容和特征产生影响。在处理过程中，无论我们选择关注什么地方，情况也是如此，即使我们选择改变皮质而不是视网膜刺激的模式。事实上，系统性的不敏感可能起到某种功能性的作用。很容易想象，设计和工程方面的考虑将有利于对知觉输入进行各种缓冲、过滤和重新编码，这样有意识的知觉经验的内容和特征就可以相当程度地脱离特定感觉运动回路的细粒度而确定（对于这样的论点，参见 Clark，2008）。

（B）感觉替代的结果是什么？

　　如上所述，关于触觉-视觉感觉替代的研究是否为强感觉运动模型提供了初步证据？这一论点的核心在于，只有当受试者开始了解主动移动摄像机的方式从而产生输入的系统性变化时，经验才开始似乎是"类似视觉的"（包括重述这个老生常谈的例子，即若隐若现的经验）。在这一点上，受试者的经验不再感觉（仅）像触摸，开始感觉有点像视觉。这样的结果导致诺伊提出了一个非常强烈的主张，他声称：

> 一般来说，决定意识的不是刺激本身建立的神经活动，而是神经活动嵌入感觉运动动力系统的方式。

（Noë，2004）

这种"嵌入"据说对意识的哲学和科学理解产生了深远的影响：诺伊认为，仅靠神经活动是不足以产生意识经验的。按照诺伊自己的术语，我们可以将其称为对"神经充分性"的拒绝。

然而，不能仅根据触觉-视觉感觉替代（和相关的）证据来证明这种拒绝具有合理性。因此，这是不合理的，因为这一论点错误地定位了整个感觉运动回路在训练和协调支持意识知觉的神经系统中所起作用的证据，与这些回路（或者可能是对这种回路的内隐知识）在意识知觉本身中持续发挥作用的证据。然而，没有任何经验证据支持后一种说法。因此，证据留下了一个开放的可能性，即具身活动只是神经群体中参数设置或重置的因果前提条件——这些参数一旦设置，就足以激活这些神经群体（无论如何实现）以带来有问题的经验（对于这个论点，参见 Block，2005）。

（C）最佳解释争论

然而，在这里可能有一个更微妙的举措，最初由赫尔利和诺伊（2003）提出，后来由赫尔利（2010）扩展。这一举措试图削弱训练前/后区别的重要性，因为它不关注最局域的经验机制本身，而是关注对经验质量和特征的最佳解释。因此，一个建议是我们可以将注意力从赫尔利（2010）所称的"充分性问题"（例如，在什么系统中，某种活动模式足以获得隐约可见的视觉经验）转移到解释性问题（在这种情况下，为什么这种神经状态与隐约可见的视觉经验具有神经相关性）。因此，回到触觉-视觉感觉替代的例子，假设在训练和适应之后，至少一些不同的神经区域现在与重建的"视觉"处理有关。鉴于这样的结果，我们可能会合理地问，标准视觉和触觉–视觉感觉替代支持的视觉有什么共同点?

　　赫尔利和诺伊认为,仅从神经数据来看,答案并不明显。相反,他们的共同点是支持赫尔利(2010)所描述的"独特的延展动力":一个涉及大脑、身体和对世界的主动探索的分布式过程。赫尔利认为,正是这种延展的动力模式的相同性,最好地解释了经验性质的相同性。因此,即使仅凭神经物质中的活动就足以(在训练之后)满足经验的需要,我们对这种经验的视觉定性本质的解释还需要看得更远。

　　这个新版本的论点虽然避免了以前的担忧,但未能为强感觉运动模型提供足够的支持。为了理解这一点,假设重要的(决定知觉经验的定性本质的东西)是纯粹的内部表征状态所实现的功能平衡。同样的功能平衡可能以各种方式得到神经支持(也许,就像在触觉–视觉感觉替代中一样,通过相当不同的总输入通道反映内部状态的募集反应)。但这不会对关于心智机制的位置或本质的标准观点构成威胁。内在主义似乎已经有足够的资源来解释单一经验状态下不同神经相关的存在。

(D)理解经验

　　也许"可变的神经相关性"论点在知觉经验例子中的具体应用有一些特别之处。赫尔利和诺伊(2003)声称,在这个领域,他们的观点比表征的观点具有明显的优势,因为:

> ……当人们注意到某些感觉运动偶然性是视觉的特征时……它(变得)可以理解为什么它像是看而不是听,以一种受视觉而不是(那些)听觉的感觉运动偶然性特征支配的方式去感知。
>
> (Hurley and Noë,2003)

　　这里的想法是,了解到区域 Q 中的一些神经活动模式 P 与视觉经验相关让我们想知道：为什么所有这些都支持视觉（而不是例如触觉）经验？相比之下，有人认为：

> ……当解释视觉的感觉运动模式特征时，我们有一个"啊哈"反应，我们通过感觉运动偶然性的动力模式看到了视觉的特别之处。
>
> （Hurley and Noë，2003）

但这又有可能低估标准方法的资源（并相应地高估提出的替代方法的资源）。对于一个好的神经中心解释来说，需要不仅仅指定一个区域或活动模式作为一种或一类经验的神经相关，然后就把它放在那里。它还可以清楚地说明，（例如）既然这样或那样的信息现在以这样或那样的方式在功能上保持平衡，知觉者为什么会倾向于说和做他们想说和做的事情：例如，视觉而非听觉的特征。这些行为可能包括报告正在逼近的事，在接收到棒球即将到来的指定视觉信息时闪避，等等。这样的结果至少应该让人感到轻微的"啊哈"！尽管如此，它可能被认为不足以解释为什么视觉经验具有它所拥有的特定的定性特征（Dennett，1991a，尽管存在丹尼特对这种所谓缺陷的著名否定）。但是，正如赫尔利和诺伊（2003）坦然承认的那样，生成／可变的神经相关性的故事在这一点上同样只能保持沉默。

（E）虚拟表征？

另一种旨在支持强感觉运动模型的论证以一些既定的事实为起点，这些事实涉及当下知觉理解的局限性（为了方便回顾，请参阅 Stafford and Webb，2005）。例如，颜色信息的视觉提取不会延伸到我们与世界视觉接触的边缘，因为对颜色敏感的细胞几乎都位于光感受器填充密集的中央高分辨率中央凹中（尽管亮度可以一直被检测到，有时我们从中得到颜色线索）。此外，视觉对细节的敏感度只有在那个小的中央凹窗口中才会高。

然而，正如丹尼特（1991a）和其他人所指出的那样，我们经验到的世界并不仅仅是中间的只有细节和色彩的部分。为什么不仅仅是这一部分呢？

一个可能的答案（它很好地建立在前面第 5 章中讨论的"主动视觉"的工作上）是场景看上去"一直"是有色彩和细节的，因为我们把易访问性误认为是内部编码。因此，我们隐含地知道，我们可以通过移动头部和眼睛来随意检索颜色信息和越来越精细的细节，以便通过一系列称为眼跳的快速眼球运动来扫描场景。解开这一暗示的最常见方法是，认为细节丰富的视觉经验是虚幻的：我们认为我们经验到丰富的细节但实际上我们没有（Dennett, 1991a；Ballard, 1991；O'Regan, 1992；Churchland et al., 1994）。相反，我们只是简单地向自己呈现这个场景充满了可访问细节这一事实。然而，一个替代的（并且就目前目的而言更有趣的）解释表明，所体验到的丰富根本不是一种幻觉。相反，（有人认为）正确的经验是，我们的知觉经验不仅取决于当前的神经编码和活动，还取决于这些编码的结合：我们自己的眼跳动作能力以及外部场景的实际细节（另见例如 Noë, 2007, 2008）。（正如诺伊所言）颜色、细节等都是被"虚拟呈现"的：

> ……世界以虚拟的方式呈现在经验中，就像来自远程服务器的信息呈现在您的桌面上一样。世界的存在实际上要归功于我们与它绑定的方式，我们通过正确的网络连接类型以身体的形式与它联系在一起。眼睛的转动、头部的转动、身体的运动，为我们带来了我们需要的细节。由于我们对它的在线、动力访问，世界实际上存在。
>
> （Noë, 2007）

这个观点再次强调，视觉经验是部分地由我们的行为和我们所处的世界构成的。因此，正如强感觉运动模型所要求的那样，我们对细节等的经验的最佳解释是：这些经验并不仅仅由内在神经活动决定。

　　然而，这里存在一个问题。因为正如诺伊自己所指出的，类比为远程服务器并不一定是确保这一结论的好方法。这似乎表明"经验只在是一种潜在的可能性时才有这种内容"。但是，仅仅将经验作为潜在的可能性肯定不是强感觉运动模型的朋友和敌人之间争论的焦点。目标是经验本身，而问题是决定那个（实际的，而不是潜在的）经验本质的局部物理活动是什么？在这里，诺伊提出了一个有趣但最终相当令人费解的建议。他建议（与在计算机案例中不同）"你不能把经验作为一个发生的且仅仅是潜在部分的考虑因素"，因为：

> 任意选择一个发生因素。现在思考一下，它也是结构化的，也有隐藏的方面，它只是潜在的存在。

　　　　　　　　　　　　　　　　　　　　　　　　　　（Noë，2007）

并且补充道：

> ……这也许是本文中最重要的观点，经验的存在自始至终都是虚拟的。这是与计算机案例的一个重要区别。

　　　　　　　　　　　　　　　　　　　　　　　　　　（Noë，2007）

　　因此，各方都同意，我们似乎一直能看到颜色，但我们此时此地的信息提取更有限。但现在诺伊建议，试着关注你在真正的（此时此地）中央凹视野中看到的（例如）你所拥有的彩色衬衫的那一部分。事实证明，视觉场景的这一部分也有结构，因此（根据诺伊的观点），它似乎只是因为你也可以根据需要选择关注它的部分。以此类推，无论你选择什么位置和特征都是同样的结果。因此，诺伊声称经验是"全程虚拟的"。因此，与计算机案例不同，真正经验到的（可以说是已经局部编码的内容）和通过潜在经验到的（通过在线动态访问可以获得的内容）之间没有对比。

这一论点将如何发挥作用目前还不明显。虚拟表征故事的最初"纯潜在"版本似乎总体上是合理的（Clark，2002），但它实际上并不支持强感觉运动模型（正如诺伊承认的那样）。更困难的"全程虚拟"版本试图避免这种缺陷，但这样做是以相当费解为代价的。这种说法仅仅是说我们总是能够注意到更多细节，从而将更多细节带到经验中吗？如果是这样，我们就完全不清楚为什么它支持强感觉运动模型之类的东西。也许，决定任何经验的不是神经活动的一个瞬间，而是一个随时间推移延长的过程？这听起来似乎很有道理（我们很快就会回到这个问题上来），但是至少在第一次通过时，似乎重要的是神经活动随着时间的推移以这样或那样的方式进化。在这种情况下，有意识的经验机制可能仍然"全部在大脑中"，但条件是头部会随着时间的推移而持续存在，并且神经编码以某种方式进化。这也完全不足以达到建立强感觉运动模型的要求。

（F）动力系统纠缠

赫尔利（1998）建议，我们应该抵制从简单的线性流的角度思考的诱惑，在这种线性流中，感官传递输入被逐步处理和完善，直到一个输出（通常是运动动作）被选择。正如我们在第 5 章中看到的那样，这样的图景（赫尔利在 1998 年称之为输入输出图）在许多方面受到了挑战。但关键的观察结果是，运动处理和知觉理解各自都由大量持续的循环相互作用展开，其中，因为能动主体构建传入的信息流，递归神经回路和身体动作不断相互作用（另见 Lungarella and Sporns，2005；Clark，2008）。

然而，为了将这些关于复杂神经动力系统和主动知觉的观察结果转化为强感觉运动模型的论据，我们需要添加一些更丰富的成分。特别是，我们需要将复杂的循环过程与以下主张结合起来，即支持有意识的经验的循环是那些（不只是在大脑内，而是）通过大脑、神经外身体甚至世界运行的循环中（Hurley，1998；Thompson and Varela，2001；Noë and Thompson，2004a，b；Noè，2008；Cosmelli and Thompson，2010）。因此，汤普森和瓦雷拉写道：

> 我们推测，意识主要取决于大脑动力系统嵌入动物生命躯体和环境背景的方式，因此可能其内在属性没有足以产生有意识经验的最小内部神经关联。
>
> （Thompson and Varela，2001）

正是出于这种观点，科斯梅利和汤普森认为，（非神经）身体的作用是如此重要，与神经处理本身错综复杂地交织在一起，我们不能简单地从其他部分"切掉"神经元素。这种现象的根本原因被认为是一种动力复杂性（Clark，1997，2002a；Wheeler，2005），有时被称为连续的相互因果关系。这种复杂性存在于"所有状态变量相互作用的密集的非线性系统中，且单个变量的任何变化都与整个系统的状态密不可分"（Cosmelli and Thompson，2010）。仅举一个可能的例子，情绪经验有时被认为依赖于大脑和神经外身体之间高度复杂、时间延展的过程循环（Varela，1999；Thompson and Varela，2001）。一旦我们接受了这种情感经验的模型，我们似乎就迈出了接受视觉经验的一小步，从而将相关的循环延展到更广阔的世界。

要完成这样的论点需要最后一个要素。从直觉上讲，视觉经验可能仍然完全取决于由身体和世界的持续参与所引起的复杂的大脑活动。情绪的情况也是如此，如果（比如）我们想象各种涉及身体的回路只有在它们向大脑和中枢神经系统"报告信息"时才重要，但假设我们拒绝诺伊所称的视觉经验的"快照图片"（完全由大脑在某一时刻的状态所决定），而是认为正是这些过程足以满足有意识的经验产生，而且这些过程本质上是随时间进化的呢？在这种情况下，可能某些形式的循环（涉及身体和世界）的参与还有发挥的空间——用第 9 章中引入的术语来说——一种构成性，而不仅仅是一种因果性工具作用。

假设我们同意（这似乎是独立合理的），如果没有大脑状态的一些时间进化就不会有经验，因此我们同意，要使信息变得有意识，需要经过一段时间。因此，通常情况下大脑不可能"在瞬间"达到支持意识经验的那种状态。这一事实本身并不能达到运用强感觉运动模型的要求。因为它可能仍然是这样的情况：可能是递归神经回路的作用，通常需要时间，直到超过某种阈值才能建立激活（Lamme，2006；Block，2007）。这种时间进化的作用与神经内在主义者和意识经验的物理基础的快照概念可以完全兼容。如果我们愿意，我们甚至可以放宽这里的快照元素，同时保留内在主义。也许，即使达到了正确的激活状态，由此产生的状态仍然需要持续一段时间才能经验到有意识的知觉。即便如此，这（还）仍然没有理由让我们在大脑之外寻找足够的经验物质基础。但是，最后假设神经状态（支持给定经验的神经状态）不仅需要持续存在，而且随着时间的推移以某种特定的方式进化，在这里，人们也很容易为内在主义的直觉辩护，认为无论这种标志性的演化是什么，它肯定是神经状态的进化。所以，我们需要做的就是以某种方式带来同样的状态进化，从而确保经验（纯粹在内在地）发生。

然而，正是在这一点上，事情变得模糊且更加有趣。因为，正如赫尔利（1998）所指出的，倾向自然主义的哲学家更愿意拒绝最后一种考虑。也许一些特定的经验（不是所有的经验，让我们假设，但有些）需要一种神经状态"标志性的"时间进化，在没有正确的神经外脚手架的情况下，这些神经状态在自然秩序下根本无法发生。因此，作为一个粗略的类比，考虑一个大型管弦乐队的情况，如果没有指挥，他们就无法像那样演奏（对于强感觉运动模型来说，"指挥"当然是通过身体和世界的循环）。在这方面，诺伊建议：

> ……也许唯一的方法——或者唯一生物学上可能的方法——就是通过液体滚过舌头来产生一个人喝葡萄酒时所享受的味道。在这种情况下，液体、舌头和滚动动作将成为经验发生的物理基础的一部分。
>
> （Noë，2004）

同样地，除非你真的在这样或那样的环境中行动或行为，否则丰富的视觉场景可能永远不会像那样。

这是构成性的还是仅仅是因果依赖？我认为答案并不明确。但在这一点上，我们至少分离出在这里似乎是最合理的论点：从深层次的、时间上丰富的、动力系统纠缠的争论到知觉经验本质上与具身、行动和涉及世界的循环交织在一起的结论。这个论点抓住了科斯梅利和汤普森（2010）等生成论者关于身体对经验建构的深刻参与以及诺伊（2007，2008）关于世界参与的大部分看法。

这就足够了吗？我认为一篇介绍性的文章最好不讨论这个问题。

方框 10.1

感觉替代

由保罗·巴赫-y-利塔及其同事在 20 世纪 60 年代和 70 年代首创的最早的触觉-视觉感觉替代系统是将钝化的"钉子"网格安装在盲人受试者的背部，并通过头戴式摄像机获取输入信息。作为对摄像机输入的响应，网格的特定区域变得活跃，会轻轻地刺激网格下的皮肤。起初，受试者只报告有一种模糊的刺痛感。但在戴上网格参与各种目标驱动的活动后（例如走路、吃饭等），报告发生了戏剧性的变化。受试者不再感到背部发痒，并开始报告对若隐若现的物体等粗糙、类似视觉的经验。一段时间后，一个球扔向头部会引起本能和适当的闪避。因果链是"异常的"：视觉的系统输入得以产生是通过后背的触觉信息引发的。但是，所携带信息的性质，以及它对行动控制的支持方式暗示了视觉模式。使用此类设备的行动可能非常令人印象深刻。在最近的一篇文章中，巴赫-y-利塔等人指出，触觉-视觉感觉替代系统具有：

> ……足以完成复杂的知觉和"眼"手共同协调任务。这些任务包括人脸识别、准确判断球滚动的速度和方向（当球滚过桌子边缘时，击球准确率超过 95%），以及复杂的检测-组装任务。
>
> （Bach-y-Rita et al., 2003）

这种有效感觉替代的关键是目标驱动的运动参与。至关重要的是，头戴式摄像头必须受到主体的有意运动控制。这意味着大脑实际上可以通过运动系统进行实验、发出指令、改变输入，从而开始形成关于触觉信号可能携带信息的假设。这样的训练产生了相当灵活的新的主体-世界循环。一旦接受了头戴式摄像机的使用训练，操作摄像机的运动系统就可以改变，例如，变为手持摄像机而不失去灵敏度。触控板也可以移动到新的身体部位，不会造成触觉和视觉上的混淆：在网格下挠痒痒不会造成"视觉"

效果（Bach-y-Rita and Kercel，2003）。

虽然这些技术还处于试验阶段，但现在已经越来越先进了。后背安装式的网格通常被在舌头上安装硬币大小的阵列所取代，并扩展到其他感官模式。巴赫-y-利塔和凯尔塞尔举了一个很好的例子，即包含丰富触摸传感器的手套使麻风病患者能够重新开始用手感觉。患者戴上手套后，将信号传输到前额安装的触觉盘阵列，并迅速报告指尖的触摸感觉。这大概是因为传感器上的运动控制通过对手部的指令来运行，因此感觉随后被投射到该部位。

第 11 章

预测机器：大脑引擎

11.1　概述

　　机器人学、人工生命以及在"具身认知"的总观点下的工作似乎隐隐地将人类心智视为某种组织松散的装置。因此，心智被理解为是由一系列在大脑、身体和世界之间的快捷且杂乱的活动实现的，心智在适应成功中缓慢地积累着。但如果神经机制至少被证明是比"自适应混合"图景所认为的更为统一会怎样？如果在内心世界有一些基本的策略在起作用会怎样？如果，直截了当地说，存在通用的计算基础统一（并解释）感知、推理和行动的多种表现会怎样？这些是最近研究的主旨，即将大脑描述为专门从事概率预测的持续活跃的预测引擎。这一最终的（并且或许最具思辨性的）草图简述了这一新兴的"概率预测机器"视角，然后对其内容和范围提出了一些棘手的问题，以及它们可能（或不会）对具身和嵌入的认知科学研究计划意味着什么。

作为概率预测内在引擎的大脑图景有其更一般的根基，即将大脑作为参与"无意识推理"持续过程中的引擎的观念（Helmholtz，1860，1962）。这里的理念简单却深刻，假设你被展示了像图 11.1 那样的一幅图像。

图 11.1 梯形

（来源于 Hack 104 on Stafford and Webb's "Mind Hacks" website, used by permission）

这一图像（或更确切地说是图像在你视网膜上的映射）到底反映了两个可能产生它的不同的现实世界情境中的哪一个是不明确的。第一个可能性是一个左侧比右侧长的扁平梯形，第二个可能性是一个方形，从一端向外突出，很像一扇窗户。通过闭上一只眼睛，你去除了关键的深度线索，这时图像似乎倾向于倾斜的方形。亥姆霍兹的发现是这种情境在很多方面是常态而不是例外，因为裸露的感觉信号会与大量的（事实上是无限的）可能会使其产生的不同现实世界的情境保持一致。

有很多解决这一困难的方法，其中一些我们已经在之前的章节遇到了。例如，生态心理学、生成主义和主动视觉的重要研究都强调我们自我生成的运动能在多种方式上帮助消除感觉信号的歧义。但是，除了这些策略，似乎非常可能的是知觉——我们人类和许多其他动物享有的丰富的、揭示世界的知觉——有时必须使用基于概率知识的推理，我们正是以这种方式展开探索。

短语"丰富的、揭示世界的知觉"意在强调知觉与世界的接触，这种接触使动物（像我们一样）经验到有结构的外在领域世界。例如，它可能会被拿来和那种允许机器人追踪光源、细菌追踪化学梯度的简单联系相比较。如果"预测机器"被证明是正确的，那么丰富的揭示世界的知觉就包含大脑运用关于世界的存储知识。但是，这种存储知识将不会采取第 1 章和第 2 章中讨论的那种经典的结构编码形式。相反，它将由相互连接的概率预测的成分组成。这种表征模式暗示了当我们表征世界的一个状态或特征，如可视对象的深度时，我们不使用计算的值而使用所谓的"条件概率密度函数"来做到这一点，后者编码了"给定可用的感觉信息，对象处于不同的深度 Z 的相关概率"（Knill and Pouget，2004）。为了计算这种相对概率，视觉系统依赖大量获得的概率知识，反映（例如）当下环境充满了从侧面看是矩形、从水平看是相当窄的梯形。这种知识允许大脑消除歧义并赋予传入的感觉信号以意义。为了真正地理解通知知觉经验的预先存在知识的力量，可以尝试倾听被称作"正弦波会话"的修正语音。

在所有这些例子中，大脑可能被用作储存概率知识（在贝叶斯主义的传统中，有时被称作先验知识，见方框 11.1）来将信号与噪声区分开。在这些描述中，大脑将先前预测（这里是通过听到未修正的句子快速建立起来）与传入的感觉证据结合，来产生反映其最可得的关于世界状态的假说的知觉。

这一知觉作为推理的观点得到了视觉科学家理查德·格雷戈里的支持，他发表了一系列有影响力的著作（如 Gregory，1980，1998），并形成了整个被称作"综合分析"的认知心理学的研究传统（例如 Neisser，

1967；近期回顾见 Yuille and Kersten，2006）。但是，只有在最近几年这些广阔的视角才被用在具有高级计算能力的身体上（Hinton et al.，1995；Rao and Ballard，1999；Hinton，2007a），它们被表明（粗略地说）在神经元层面上是成立的（Mumford，1992；Friston，2005）并且与心理物理学和认知心理学中令人信服的研究成果相融合，这些研究成果表明大部分知觉符合不确定性下的推理原则（Knill and Pouget，2004）。

　　一个有前景且结合了所有这些元素的解释是基于知觉的"分层预测编码"模型（Rao and Ballard，1999；Lee and Mumford，2003），以及最近拓展至包含行动（Friston，2005，2010；Brown et al.，2011）在内的研究。我将整个复杂的过程简称为预测加工（predictive processing，PP）。这一进路拓展性地使用了概率的"内在模型"，它们将其放置在一个新的框架中，这个框架与被动的、以输入-输出为主的经典和联结主义传统中大量先前工作的进路截然不同。它们（本质上）通过使用存储信息来预测当前感觉输入，并只加工预期的多层流的偏差（见方框 11.2），以回避用一种连续的、递增的方式加工大量信息的需要。但它们也通过实行可适用于表征复杂结构关系的加工层次避免了早期联结主义方法（见第 4 章）最严重的限制（一些好的讨论，见 Tani，2007；Friston，Mattout and Kilner，2011）。

方框 11.1

贝叶斯，大脑和超越

　　贝叶斯法则［因 Thomas Bayes（1702—1761）命名］描述了一种改变现有信念以回应新的信息或证据的最佳方式。感觉证据的例子表明了如何根据假设对感觉数据（例如视网膜上的光线作用，或者更真实地讲，由对场景的积极探索而产生的光线作用）的预测程度来更新对一些假说（例如，有一只猫在垫子上）的信念。在这么做时，它假设了某种信念的先前状态并具体说明如何在新证据的指导下改变那个信念。这允许我们的背景模型（信念的先前状态的来源）在越来越多新证据到来的时候持续合理地更新。

对于我们的——不可否认相当局限的——目的而言，这里的数学过程并不重要（小巧的入门读物见 Doya and Ishii，2007，以及更日常的见 Bram，2012），但是数学过程达成的是更完美的东西。它允许我们根据背景信息来适应一些传入的感觉数据的影响，这些背景信息是关于（1）如果世界确实是处于这样或那样的状态，得到那个数据的机会（即"给定假设下数据的概率"，也就是说假设对数据的预测程度）；（2）假设的先验概率（不管数据如何，猫在垫子上的概率）。将所有这些综合起来，就可以正确估计（基于你所知道的）给定新的感觉证据下假设的修正（后验）概率。这里的好处是一旦你已经将你的先前信念更新为了后验信念，后验信念便能作为下一次观察的先前信念。

这一综合是重要的，因为描述背景信息的失败会严重歪曲对新证据影响的评估。典型例子包括如何基于准确检测的阳性结果来评估你患有某种疾病的可能性，或基于一些法医的（如 DNA）证据来评估被告有罪的可能性。在各个例子中，证据的适当影响比我们直觉上想象的要更加依赖之前出现这种情况（或有犯罪嫌疑）的先验概率，而与具体证据无关。因此本质上，贝叶斯法则结合了先验知识（例如，关于基本概率）和卡尼曼（2011）所称的"证据的诊断性"，即证据偏好一个假设而非另一个的程度。正如宇宙学家卡尔·萨根的名言所说的，"杰出的观点需要杰出的证据"。

概述中讨论的预测加工模型执行的正是"理性影响适应"这种过程。它们通过一组自上而下的概率预测与传入的感觉信号结合来完成这一过程，其中概率预测基于系统关于世界和其对自身感知和加工随语境变化的可靠性的了解。有一个贝叶斯法则的重述特别清楚地表达了其与这种基于预测的感知模型的关系。这一重述［由乔伊斯（2008）翻译成散文］说道：

一组数据的两个假设条件的概率之比等于它们的无条件概率（基准线）之比乘以在预测数据上第一个假说优于第二个假说的程度。

（Joyce，2008）

你可能会认为，贝叶斯法则的缺点是，只有你已经知道所有关于无条件概率（先验和"统计背景条件"）的东西时，所有这些才管用。这就是所谓的"经验贝叶斯"（Robbins，1956）做出的一种特殊的、几乎是魔法般贡献的地方。因为在一个层次体系中（见方框11.2）所需的先验本身能够在数据中进行评估，并使用一个层次上的评估来为下面的层次提供先验（背景信念）。在预测加工结构中，多层结构的出现包括这种层次结构中的一个层次置于下面的层次之上限制形式的"经验的先验"。这些限制可以逐渐被感觉输入自身调节（用第 4 章中讨论的那种标准的梯度下降的方式）。由于分层和相互联结的皮质结构与连线，这一多层的学习程序看起来是神经元上可实现的（Lee and Mumford，2003；Friston，2005；Bastos et al.，2012）。

但是，有些地方需要注意。大脑执行着某种形式的近似贝叶斯推理的观念越来越流行。在最广义的形式下，这只意味着大脑使用了一个生成模型（一个体现有关统计学任务结构的背景知识的模型）来计算当前给定感觉证据的情况下对世界的最佳猜测（"后验分布"）。这种方法不需要带来良好的结果或最佳推论。生成模型可能是错的、粗糙的或不完全的，这可能因为训练环境过于局限或扭曲，或者因为真实分布太难学习或不可能以可用的神经回路来实现。这种条件迫使我们使用近似物。寓意是"所有最佳推理都是贝叶斯式的，但不是所有贝叶斯式的推理都是最佳的"（Ma，2012）。大脑是如何（假设其这么做）编码相似功能或概率分布的也并不清晰。换句话说，这里有很大的空间，并需要小心处理（有用的探究见 Ma，2012）。

方框 11.2

预测编码

预测编码最初是作为通信信号处理的一个数据压缩策略被提出的（关于其历史见 Shi and Sun，1999）。思考一项图像传输基本任务。在大多数图像中，一个像素的值通常预测其相邻像素的值，而这两个值之间的差异标志着重要的特征，如物体间的边界。这意味着对于接收者来说，只需对"未被预测"的变化进行编码，就能压缩丰富图像的代码，即真实值与预测值偏离的情形。因此，需要被传输的只是当下实际的信号与预测信号之间的不同（即"新颖的东西"，也被称作"预测误差"）。这大大节省了带宽，这一机制正是詹姆斯·弗拉纳根等人20世纪50年代在贝尔实验室开发的技术背后的驱动力（回顾见 Musmann，1979）。这种压缩技术的衍生物现在被用于各种形式的音频压缩及（最值得一提的）视频的动态压缩编码，即假设（预测）图像从一帧到下一帧保持相同，只编码由于运动、遮挡等造成的偏离。在所有这些情况下，需要"向上"传递的信息只有预测误差：预测信号的偏离。

这些模型的基本结构可以在简单感官知觉的研究中得到最好的介绍。一个熟悉的观点将感知描述为本质上是一个"自下而上"特征探测的过程。举一个研究得最多的例子，视觉皮质因此被"传统地"视作一个神经特征探测器的层级，以及被自下而上的刺激特征驱动的神经群反应（Egner et al., 2010）。这种观点认为，大脑知觉是被动的且受刺激驱动的，它接受来自感官的能量输入，并通过一种从最简单的特征到更复杂的特征逐步积累的方式将其转化为连贯的知觉。从像素强度上升到线和边，再到复杂的意义丰富的图形（如茶杯），以一种乐高积木的方式累积结构和复杂性。

分层预测编码通过逆转这种被动的证据累积框架来工作。在这些模型中（Rao and Ballard，1999；Lee and Mumford，2003；Friston，2005，2010）知觉是通过跨越多个空间和时间尺度的"自上而下"的循环预测产生的。这些预测是概率性的而非命题的，并且它们涉及通过驱动感觉信号呈现的当前世界的性质和状态。自上而下的预测允许这些系统以如前所述的那种方式应对嘈杂和模糊不清的感觉输入。向下的预测反映了系统"期望"的当下输入，因为其基于已了解的关于世界和当下环境的东西。那些预测与传入的感觉数据合起来（以一种灵活的方式，见下文）以更好地猜测世界，即信号源。因此，将驱动感觉信号与一个丰富的多层大量自上而下预测进行比较。错误匹配被预测的东西导致"预测误差信号"，被用来略微调整或改变预测直至与感觉信号相适应。这一过程——我们将简短地看一个例子——同时运行并连续跨越多重层次的加工。

　　但首先，（用来驱动预测的）知识如何获得呢？一些可能是在神经机制的基本形态天生的、固有的。但多层预测加工进路的一个主要吸引力是，它非常自然地将自己导向了一种无监督的学习形式，在这种情况下，预测的尝试提供了学习动力，使更好的预测成为可能。每个"更高的"神经群持续地尝试预测着其下神经群的（正在进行的）周而复始的状态。在学习期间，那个预测被与实际出现的状态相比较，并且产生预测的神经群通过标准梯度下降的方式（见第 4 章）缓慢地（自动地）自我调整，以便逐渐减少错误。因此预测任务是一个"自举引导"的过程。为了预测句子中的下一个单词，了解关于语法（以及更多）的东西是很有帮助的。但学习大量的语法的一个方式正是寻找预测句子中下一个单词的最佳方式。所以你能用预测任务来引导你的语法学习，并在之后用于未来的预测任务。

　　一个经典例子是拉奥和巴拉尔（1999）在视觉皮质中的预测编码模型（见方框 11.2）。拉奥和巴拉尔实现了一个多层神经网络，其输入是来自自然场景图片的样本（图像块）。这个网络没有具体的引导任务或目的。相反，视觉信号以一个层次系统加工形式，各层都试图利用递归神经网络预测较低层次的活动。如果反馈成功地预测了较低层的活动，便不需要进一步的行动。预测失败则导致对生成预测的模型（最初只是随机的一组连接权重）的调整和修正，从而缓慢地传递关于掌控该领域规律的知识。在这一结构中，层次间向前的联结只携带自上而下预测和实际低层次活动之间的"误差"（Rao and Ballard，1999），而反向或循环的联结携带预测自身。

各层次中的加工元素（"单元"）由两个功能不同的单元亚群组成。一个亚群（即"表征单元"）编码了对世界的（当下的）期望状态，因此捕捉到该层次在其偏好描述层次上的最佳假设。在表征单元中的活动没有被当下准确预测时，另一个亚群（错误或"意外"单元）就会反应。[①] 在层次内表征单元活动和传入的预测匹配时，错误单元会静默下来，因为这时它们正在处理的感觉信息已经被适应和"解释掉了"。

在接触了成千的图像块之后，拉奥和巴拉尔的网络已经学会了使用第一层的反应来提取特征，如定向的边缘和线条，而第二层捕捉了符合包含更大空间布局的图式特征的集合。利用预测编码策略，并且只给定来自自然图像的信号的统计属性，因此网络能够引入数据源（自然场景的图像）结构建立一个简单多层模型。这一模拟也巧妙地捕捉到了被称为末端停止（end-stopping）的"非经典感受野"效应（见方框11.3）。

---

① 在这些实现中（一篇同样可用的文章参见 Spratling，2012），表示单元由其自身和以下层次的误差单元驱动，横向和向下（即发送到下面的层）发送预测。错误或"意外"单元与自己和以上层次的表征单元进行对话。

方框 11.3

末端停止与重复抑制

末端停止发生在（例如 Rao and Sejnowski，2002）一个神经元强烈地对落在其典型感受野中的短线段做出反应的时候，但该反应随线段变长而逐渐减小。预测编码解释是，反应随线段变长而减小，因为在自然情境中，更长的线段和边缘是统计常态。因此，在学习之后，较长的线段首先被第二层网络预测（以及作为一个假设被反馈）。在较短的线段驱动时，那些第一层"边缘细胞"的强连线反映了错误或不匹配，发生这种情况是因为异常的短线段最初并没有被更高层次的网络预测到。这意味着末端停止细胞可能以所在世界的方式来学习和反映：它们反映自然场景中线段和边缘的典型长度。在一个不同的世界中，这种细胞会学习不同的反应。

在"重复抑制"（Grill-Spector et al.，2006）中，刺激引起的神经活动在刺激重复时减少。萨默菲尔德等（2008）操纵了刺激重复的局部相似，表明在重复不大可能 / 未被期望时重复抑制效应本身会减弱。预测加工的解释是，重复通常会减少反应，因为它增加了可预测性（第二个情况比第一个更可能发生）并因此减少了预测错误。如果这是正确的话，重复抑制就会作为大脑中预测加工的一个非常直接的效应出现。因此，其严重性可能会根据我们局部的知觉预期而有所不同（就像萨默菲尔德等发现的）。

现在想象同一过程的一个更丰富、更多层的变体。在这里，顶层预测越来越涉及离散和抽象的物质（一般捕捉更大时间和空间尺度上的规律，比如一个展露的视觉信息流被语境化为与一场足球赛有关时）。相反，低层次预测追溯空间或时间特征是连续的、局部的和细粒度更高的状态，例如（如塑料啤酒杯的）表面的纹理。这样的状态一般对自身传感器的小动作更敏感。在这些极端之间，插入你能想象得到的尽可能多的预测层次和种类。给定这样一个多层的预测机器，感知的任务是将传入的多模态传感器信号与各层次上适当、一致、自上而下的预测相匹配。

因此，成功的预测取决于拥有一个好的"生成模型"，这意味着一套知识能够"自上而下地"建构当下的感觉信号体系。生成模型表现为多种形式（例如 Friston and Price，2001 中的讨论），但核心观念是发展和利用更高加工层次的表征形式，其更加"坚实"且允许系统预测控制更低层次的图式（它们自己对感觉边缘的能量刺激起反应）规律。传统的联结主义系统（见第 4 章）旨在减少输入和需要的输出之间的误差，而基于多层生成模型的系统是更加基础地自组织的，不断尝试减少内部加工各阶段中预测活动和实际活动之间的误差。这种系统受到成功自我预测的元任务驱动。这意味着"不存在'输出'，因为单元的表征意义不是预先指定的，而是在学习中涌现出来的"（Fristonand Price，2001）。由于"低层次单元的反应是更高层次活动的一个强功能"，因此预测加工式学习引起的表征对语境高度敏感。这种系统是很有吸引力的，因为它们集合了联结主义、古典主义和动力主义的关键特征。它们展现了统计上驱动的联合学习，支持语境敏感的结构编码（回忆上文 4.2，并见 Tenenbaum et al.，2011；Griffiths et al.，2010），并非常自然地从预测误差最小化的自组织动力系统中涌现出来。

在这样的一个结构中，知觉只在向下预测试图匹配传入的感觉信号时形成。但这一匹配自身是一个多层的、逐层的物质，其中对一般性质或场景"要点"的快速知觉可能在使用非常一般的期望和简单的（例如低空间频率，见 Kveragaet al.，2007；同见 Bar，2007）线索建立的首次匹配的基础上被执行。另外，大量语境信息经常在遇到新信息之前就已存在。这很重要，在生态正常的情况下，大脑并不是突然"启动"，还要对一些随机或意外的输入进行处理！所以许多种类的自上而下的影响有大量出现的空间，甚至在刺激物被呈现之前。因此，预测的大脑是一个无休止的、积极主动的（Bar，2007）器官，不断地用自己最近和更远的过去的历史来组织和识别其内部环境，以对外部刺激的干扰做出反应。总之，持续存在的感觉输入作用事实上只是限制大脑持续进行的自上而下猜测的尝试。这使人回想起马克斯·克劳维斯的名言（也是罗道夫·利纳斯和拉梅什·詹的名言）：知觉是受控的幻觉。如果这种模型是正确的，我们的大脑所做的就是尝试猜测外面有什么，并且在我们的猜测捕捉到了不断进化的感觉数据的意义上，我们知觉到了世界。

这显然是一个很微妙的过程。我们不能总是看到我们期望的，尽管使用自上而下的期望对处理噪声和不确定性至关重要。为了适应这一点，预测加工描述的一个重要特征是，被给予驱动感觉信号（因此还有关于那个信号的预测误差的值）的权重可以根据其确定或不确定的程度来变化。这一点通过相应地改变误差单元上的增益（使用标准听觉类比的"音量"）而实现。这一点的效果是，允许大脑改变不同层次上感觉输入和先前期望之间的平衡（Friston，2009）。这意味着整个层次序列中任意加工层次的感觉预测误差（因此还有感觉输入和先前期望的相关影响）的权重本身可能是被灵活调节的。有时被描述为"经验（自上而下的）先验和（自下而上的）感觉证据"（Friston，2009）。

分层预测加工进路的一个主要功能结果是知觉和想象的共同构建。二者是共同构建的，因为一个这样的网络在第 N+1 层必须能够使用自上而下的联结生成的感觉数据，就像被展示在第 N 层的那样。因此，这种系统能够生成自己的"虚拟"感觉数据。从某种意义上讲，这很常见。就像辛顿指出的：

生动的视觉意象、梦境以及语境对局部图像区域的解释上的消
除歧义效应表明，视觉系统能够执行自上而下的生成。

（Hinton，2007b）

在另一种意义上它是令人惊奇的。它意味着知觉，在像我们一样的生
物中，是和（至少是功能上类似的）想象共同出现的。使用这种资源，一
个能够感知事件 x 的某种状态的生物，可以内生地"自上而下地"生成那
个知觉的一种（想象的）虚构。

另一个概念上的有趣结果是，知觉和理解都是共同构建的。以这一方
式感知世界就是不仅利用感觉信号现在是什么样的知识，还利用其可能会
如何随时间变化和发展的知识。只有通过这种长期和大规模的知识，我们
才能每时每刻稳定地匹配传入的信号和适当的期望（预测）。但知道那一
点（知道当下的感觉信号可能如何在时间中改变和发展），需要了解大量
关于世界是什么，以及世界中的实体和事件的种类等信息。采用这种策略
的生物，在看见草丛以那种特定方式摆动的时候，就已经期望看到美味的
猎物出现，并且已经期望感受到自己的肌肉紧绷、准备猛扑的感觉。一个
拥有对世界的那种控制力的动物或机器，已经深入地理解世界了。

最后，关于行动这一具身认知科学的关键又是什么呢？一个有趣的推
测说道：

……通过知觉解释传入的信息的最佳方式，与通过运动行动控
制正在进行的信息的最佳方式是非常一致的……因此，存在一些掌
控着神经功能的具体计算原则的观点看起来是合理的。

（Eliasmith，2007）

在最近关于主动推理的研究中，出现了这种相似性（例如 Friston，

2009；Friston et al.，2011）。其声称，行动包括一种自我实现的预言，其中神经回路首先预测被选择行动的感觉（具体来说是本体感觉）后果。但这些后果并不会立刻获得，因此预测误差接踵而至，却会在之后通过以引起它们的方式来移动而被消除。这一情节被霍金斯和布莱克斯利（2004）很好地捕捉并描述为：

> 尽管听起来很奇怪，但当涉及你的行为时，你的预测不只先于感觉，还决定了感觉。想要进入序列中的下一个图式时，你会对接下来应该经验的事情进行级联预测。当级联预测展现时，其生成了完成预测必需的运动指令。思想、预测和行动都是沿皮质层次向下移动的序列展现的同一部分。
>
> （Hawkins and Blakeslee，2004）

所有这些削弱了感知和行动之间的计算边界。可以确定的是，在适应方向上仍然存在明显（并且重要）的不同（Shea，2013）。这里的感知将神经假设与感觉输入匹配，并涉及"预测当下"，而行动将展现（本体感觉）的感觉输入带入神经预测的行列。正如安斯康姆（1957）的著名评论所说，该不同就像查询购物清单以选择购买什么（从而让清单决定购物车的内容）和列出一些实际购买的东西（从而让购物车的内容决定清单）之间的不同。但尽管存在这一清楚且重要的适应方向的不同，作为神经计算基础的形式被证明可能是相同的。在这一描述中，运动皮质和视觉皮质之间的主要不同更多地在于预测什么种类的东西（例如具有与之相关的本体感觉影响的运动轨迹），而不是如何预测它。

这些发展是激动人心的。它们满足了一些（但不是全部，见 11.2 讨论部分）被本书第 4~10 章中联结主义、机器人学和动力系统工作中的例子激发的直觉。另外，它们同时照顾到了故事开始时一些更经典的直觉。

这预示着一个长期存在的竞争消失的新时代吗？还是说，预测加工自身仅仅是基于丰富内部模型的信息加工范式的最后希望？

11.2　讨论

（A）沉默是金？

预测加工进路的早期例子（如上文描述的拉奥和巴拉尔在 1997 年的开创性工作）遇到了一些难题，因为它们似乎与简单到复杂特征检测的前馈级联的更标准图景截然不同。这一难题被科赫和波焦（1999）的文章很好地捕捉了：

> 在预测编码中，将感觉神经元看作检测特定的"触发"或"偏好"特征的常见观点被颠倒过来，转而认为物体的表征是激活活动的缺失。这似乎与从初级视皮质延伸到下颞叶皮质的（指示那些神经元的数据）以强烈的活动回应越来越复杂的物体是不一致的，包括以适当的方式扭曲并从特定的角度观察的个人面部或回形针。
>
> （Koch and Poggio，1999）

这一担忧的一个变体强调了成功的反应通常包含感觉信号所选方面的强化观念（并且从表面上看与预测加工不一致）。人们可能会怀疑，这样的强化与核心预测编码策略（见方框 11.2）不一致，在该策略中，传入信号的良好预测方面"被解释掉"，只剩下未被预测的元素（残差）来驱动进一步的加工。

这两种担忧最终都没有被证明是正确的。要知道为什么，请回忆早先描述的结构故事。要注意的关键特征是各加工层次同时由"表征单元"和"误差单元"组成。因此，表征单元在各层次的活动反映了系统当前的最佳假说（在那个描述的层次上）。因此，当向更高层级移动时，越来越复杂的表征确实在加工中被形成和使用。随着这里加工的展现，误差单元的活动被抑制，横向相互作用的表征单元的活动最终会被选择和塑造。通过这种方式，预测加工描述再生产越来越复杂的表征流，并且避免与假设感觉信号被选择方面的自上而下的强化描述［例如，Desimone and Duncan（1995）的那种偏好竞争模型］相矛盾。

（B）证据限制

关于预测加工描述的一个主要担忧，到目前为止仍未被确凿的经验数据证实。这可能部分地是由于实验设计中的不足（直到最近仍然缺少好的检验预测加工模型的范式，如 Summerfield and Egner，2009；Egner et al.，2010），更不用说解释复杂成像数据的尖锐难题。结果，许多预测加工模型的经验支持仍然是令人不快且间接的（综述见 Clark，2013）。

例如，预测加工提供了一个关于感觉加工中跨模态和多模态效应的令人信服的解释。这种广泛存在的效应构成了感觉神经科学最近十年的主要发现之一（例如 Hupé et al.，1998；Murray et al.，2002；Smith and Muckli，2010）。因此，穆雷等人展现了高层次形态的信息对初级视皮质中细胞的反应的影响，而史密斯和穆克利则证明了甚至在完全未受刺激的（即没有经过驱动感觉信号的直接刺激）视觉区域的相似效应（使用部分遮挡的自然场景作为输入）。即使明显"单模态的"早期反应也是被来自其他模态的信息影响的（Kriegstein and Giraud，2006），因此经常会反映各种多模态的联系。这一整个语境效应的谱系很自然地从预测加工模型中产生。如果所谓的视觉、触觉或听觉感觉皮质实际上使用一连串来自更高层次的反馈来活跃地预测展开的感觉信号（即最初用各种视觉、听觉、触觉等的感受器库进行转换的信号），那么我们发现甚至是在"早期"感觉反应上的广泛的多模态和跨模态的效应（包括各种"填充"）便不足为奇了。出现这种情况的一个原因是，现在早期感觉反应的观念在某种意义上是有误导性的，因为引起预期的语境效应会简单地以所有方式在系统中传播、启动、生成，以及改变远在初级视皮质的"早期"反应。

在总体神经解剖学的层次上，预测加工结构充分理解并运用了具有大量且明显功能不对等（例如，Friston，2005；Bubic et al.，2010）的反复联结的复杂神经解剖学。它通过一个单一的基础机制解释了一些表面上不同的现象（比如末端停止和重复抑制，见方框11.3）。另外，从穆雷等（2002）开创性的功能性磁共振成像（fMRI）研究开始，涌现出一批有支持力的功能性磁共振成像和脑电图（EEG）研究，揭示了预测编码叙事假设的一些关键效应。在这里，随着高水平区域对视觉形态的解释，V1中的活动被抑制了，这与成功的更高层次预测被用来解释预测成功的感觉数据保持一致。其他最近的研究似乎证实了该一般描述（例如 Alink et al.，2010）。

不过，正如我们看到的，这些模型的一般结构形式的一个非常重要的含义是，加工的各层次应该包含两个功能不同的单元子集（"表征单元"和"误差单元"）。但对于这些关键的、功能不同的子集，直接、明确的神经证据仍然没有被发现。巴斯托斯等人（2012）提供了关于皮质微型回路得以实现所需结构的方式的一个详细但仍然是推测性的描述，但这些模型需要更多证据来证明清晰的功能分离（在错误编码和表征之间）的存在。

（C）筹划与推理

那么筹划和推理呢？概述部分描述了知觉和行动的一个有希望的整合进路，但其他的认知呢？在这里，我认为有理由感到乐观。一个拥有丰富且有力的生成模型的动物，能够预测跨越许多时间和空间尺度的感觉信号，似乎能很好地"离线"使用那个模型——用它想象未来可能的展开并选择一个相应的行动（例如，Grush，1995；Clark and Grush，1999；

Grush，2004）。

一个有前景的想法（Friston，Mattout and Kilner，2011）是我们通过暂时隔绝并重新调整标准的预测生成机制自身来模拟可能的未来。因此，想象预测生成机制暂时与感觉轰炸的常见影响和它们的即时运动影响隔离开（或许通过"精确加权"预测误差的装置的巧妙使用；详细建议见Friston，Mattout and Kilner，2011）。假设我们之后进入了一个高层次神经状态，其简陋的民间心理学解释可能会是"我伸手去拿杯子"。运动行动并没有接着发生，但所有其他生成模型中交织着的元素仍准备以通常的方式行动。其结果应该是伸手去拿的一个"心理模拟"，并因此对其最可能的后果有所理解。可以说，计划在这里作为一种"受控的梦"而出现：一个自诱导的模拟，其中用于在线知觉的生成模型在没有限制感觉输入和阻止携带运动行动的情况下运行。

这种心理模拟提供了一个有吸引力的方式，为从具身反应的基本形式到计划、考虑和离线反应的能力铺平了道路（见 Barsalou，1999，2009；Grush，2004；Pezzulo，2008；Pezzulo et al.，2013；Hesslow，2002；Colder，2011）。因此，预测加工（以及更一般地基于概率生成模型的）进路的主要好处是它们使同样广泛的计算设备能够进行感觉、行动和筹划。确切地讲——尽管在这一点我们小心翼翼地走进了一些极具推测性的领域——我们希望推理自身最终被并入行动和感知的联合机制，因此将筹划作为概率推理的再想象表征了博特维尼克和图森特（2012）所描述的"将筹划和信息加工的其他形式作为一个整体"的"潜在变革性的新想法"。这不是要否认筹划包含不同神经区域（尤其是前额叶皮质），而是说，筹划或许通过在与感知-行动循环的通常需求相隔离的模式下运行相同的机制，采用了许多和感知与行动相同的核心计算策略（对该基于模拟的通用进路的一个精彩回顾见 Hesslow，2002）。

（D）再论感觉运动偶然性理论

感觉经验以某种方式与预测和期望密切相关的观点引起了第 10 章中讨论的感觉运动偶然性理论（O'Regan and Noë，2001；Noë，2004，2009）工作的共鸣。但是存在着一个重要的不同，由于（至少是在 Noë，2004，特别是 Noë，2009 的解释和辩护中）感觉运动偶然性理论似乎致力于一个脆弱得难以置信的加工描述：这种理论忽略了任何对内部表征的多层堆叠（实现分层生成模型）的重要诉求，而内部表征通过许多干预阶段将自上而下的期望转化为对感觉输入的实际起伏的预测。从预测加工的视角看，这种描述——尽管在它们对知觉的描述中对预测和期望的强调完全正确——有可能故意忽视关键的内部机制，而这些机制使我们这样的大脑能够推断出世界中复杂的隐藏因果结构。相反，从感觉运动偶然性理论的视角看，预测加工理论看起来暗示了丰富的多层内部世界模型的使用，这似乎与知觉内容直接建立在关于动作对传入感觉刺激影响的"内隐知识"基础上这一更朴素的观念不一致。

在关于形成知觉和（更一般的）智能反应的内部感官的争论中这一观点的冲突由来已久。在最普遍的形式中，它是假定了丰富的内部表征结构（以及相关的计算操作）的认知描述和那些试图用最小形式的内部表征或完全非表征策略来协调智能反应的认知描述之间的冲突。这种冲突首先出现在行为主义者、认知主义者和控制论者之间的争论中。这些争论以经典人工智能愿景（尽管是暂时的）的初步胜利结束，即本书开始时提到的"作为符号处理软件的心体"（关于这一时期及其他的简短描述见 Boden，2007；更多关于被忽略的控制论维度信息见 Pickering，2011）。该主题的变体后来描述了一些动力主义者和联结主义者（第 4 章）之间的争论，前者是"极端具身认知"的拥趸（见 7.2 的讨论），而后者认为分布表征的丰富结构的使用需要运用联合学习的新形式。"具身认知"的兴起和现实世界机器人学的研究（第 6 章和第 7 章）助长了反表征主义的底气，新的关注点聚焦于许多能够减少或改变内部认知负荷的建构我们世界的新方式上（第 8~10 章）。

从表面上看，预测加工（像之前的经典进路和联结主义进路一样）似乎致力于一个非常丰富的内部表征序列。但我自己的怀疑是，它可能致力于用适当数量的（概率地表达的）内部表征来完成这一工作。我不会试图在这里解决这个问题，而（在剩下的两节中）将讨论备选方案的空间并对新出现的现象做出一些评论。

（E）内部模型：朋友还是敌人？

在最近的一项研究中，神经机器人学家谷淳坦率地写道：

> 尽管"内部模型"已经被禁止在基于行为的机器人学社群中发声（Brooks，1991），但我们认为没有内部模型的行为系统是盲目的。
>
> （Tani，2007）

谷淳以"盲目的"一词来表示这样的系统被封闭在感觉运动模式中，尽管这些模式快捷且有效率，但在输入和响应之间却倾向于实现简单但不灵活的映射。如果我们要建模和理解更先进的系统——一个能够模拟非事实事件、规划未来并且识别语境影响的系统，应该能以许多方式改变它们的识别和反应模式——我们需要以某种方式将基于行为的机器人的功能和对周遭世界更丰富、更流畅的知觉相结合。基于这一点，谷淳继续描述了一系列机器人实验，这些实验用一种特殊的循环神经网络来实现一种层次预测编码的形式（关于联结的基本类型见第 4 章；关于谷淳的"有参数偏好的循环神经网络"和预测加工之间密切关系的讨论见 Friston, Mattout and Kilner，2011）。

主导性的观点是正确的内部模型解决了一个关键问题。它们允许一个系统将处理世界的真实感觉运动理解与（至关重要地）串行发展的更高层次抽象的涌现理解结合起来。这些抽象（更"坚实"的更高层次编码在上文的 11.1 中描述）为更具组合性和策略性的操作打开了大门，如解决新异的运动问题、参与目标导向的计划以及离线意象中的预测试行为，但它们并不游离于具身行动的基础外。相反，它们构成了一种可能会被认为是那些交互的"动态编程语言"：举个例子，在这一语言中，"持续的感觉运动序列自动地被分割为一组可再利用的原始行为"（Tani，2007）。重要的是，更高和更低层次的状态在这里"共享一个物理动态系统的度量空间"。这是因为更高层次的形式作为密集的双向交互的结果而发展，其工作是捕捉更低层次的感觉运动模式。

另外，在一篇题为"发展神经机器人的预测编码策略"的论文中，朴俊哲等人（2012）展示了运用自组织分层框架中的预测误差最小化来学习运动序列的优势。其他此类应用包括三枝亮等人（2008）的工作，他们描述了一个基于预测误差的例程，在该例程中多模态感觉预测使得人型机器人能够了解自身和环境。所有这些都表明，坚实的更高层次抽象和丰富多层的内部模型只要在支持活跃的具身主体自组织实践的背景下、基于预测的学习的压力下发展，就应该被看作朋友而不是敌人。由此产生的生成模型是非线性的、动态的，并且深植于感觉运动交互的空间中。没有它们，基于行为的机器人或许不可能超出有限用途的知觉行动例程的模拟。

并非所有人都同意这一点。在对预测加工模型的一个批判性评价中，弗勒泽和池上（2013）认为"环境的属性不需要被编码和传输到更高的皮质区域，但不是因为它们已经被世界的内部模型所预期，而是因为世界是它自己最好的模型"。弗勒泽和池上在这里援引了机器人学家罗德尼·布鲁克斯的著名口号。在第 5 章以及我们接下来对机器人学和动力系统理论的讨论中（第 6 章和第 7 章），我们考察了智能、自适应反应能够利用持续存在的（并且可以主动控制的）环境提供的许多机会的各种方式。通过对世界的学习，我们确实最小化了内部加工的负荷。但我们应该对这样的策略能够完成灵活的自适应行为所需要的所有工作的主张保持怀疑（回想一下在 6.2 和 7.2 中提出的担忧）。我现在要补充一点，我们还应该对其保持怀疑的想法是，在独立工作的情况下，这种依靠表征的策略能够传递我们人类所享有的那种丰富的、揭示世界的知觉：对于（其中包括）选举、年度降雨量统计、经文、悖论以及扑克游戏所在世界的有意识的知觉。为了经验一个充满如此多样的隐藏原因的世界，我们似乎必须在各种时间尺度上对传入的能量通量做一些超乎寻常的事情——这样的事情可能是预测驱动的获取和自上而下的概率生成模型部署的核心。如果目前最高技术水平的机器学习（例如"深度学习"方面的研究；评论见 Hinton，2007a；Bengio，2009）正步入正轨，如果它们能够在不使用外部隐藏原因的内部表征或内部（生成）模型的情况下被了解，那么那些经文、悖论，甚至扑克游戏似乎就不可能成为它们自身的最佳模型。在我们可能确实允许并直接引出对世界的行动来完成大多数艰难工作（例如前文第 6 章中讨论的白蚁建造的策略）的情形中，并不显然会——仅仅通过单独调用这种策略——存在任何表达世界的经验。

但是，看起来完全正确的是，像我们这样的大脑是我曾听到的、哲学家和计算机科学家亚伦·斯洛曼形容的"高产的懒惰"的能手。因此当我们巧妙地使用同样有效的身体或世界时，我们可能不会依赖于一个丰富的内部模型，而许多我们的确使用的内部模型最多也只是局部的，建立在对具身的、问题简化的行动的各种调用上［见 Clark（2008）和本书第 8 章］。有趣的是，已经有人提出（例如，Daw et al.，2005；Gershman and Daw，2012）智能主体可能会利用一种概率元模型来决定何时使用"快餐式"的知识稀释策略以及何时利用计算上代价更高昂的模型。那将会提供（见 Clark，2013b）一个有序的方式来容纳多种表征稀释策略和更大的概率框架中的策略。

（F）人之为人

预测加工描述了一个似乎真实地描述了人类和许多（不同程度上的）其他动物的进化策略。灵活的反应能力以及面对一个富有意义的、结构化的世界似乎不是人类物种独有的特权。即使是筹划，尽管形式非常受限，看起来也被从老鼠到鸽子的其他动物所展现。因此重要的是要问，框架以什么方式（如果有）具体地说明人类的认知形式？

一个可能性（Conway and Christiansen，2001）是，人类神经组织的适应性已经以某种方式在我们中间共同创造了一个比在其他动物中发现的更加复杂和语境灵活的分层学习系统。就预测加工框架允许分布层级中泛滥的语境依赖的影响而言，同样的基本操作原则可能会（给定一些路由和影响的新机会）导致本质上新颖的行为和控制形式的出现。另一个（高度互补的）可能性包括一个人类生命特征的强力综合体，尤其是我们暂时协调社会交互（Roepstorff，2013）和我们构建人造物与设计环境的能力。这些因素中的一些也已经出现在其他物种中，但人类的情况是：整个镶嵌图案在灵活的结构化符号语言（这是康韦和克里斯蒂安森研究的目标）和一个几乎强迫性动力下聚集起来，并参与共同的文化实践。我们因此能够在面向勒普斯托夫等（2010）称为"模式化的社会文化实践"的转换语境中反复重新安排我们的核心认知技能。这些包括使用作为"物质符号"（Clark，2006）和复杂社会例程（Hutchins，1995）的符号编码。

从这一观点出发，可以考虑将我们的许多以符号为中介的环路（见上文第8章和第9章）纳入物质和社会文化中：包含笔记本、画板、智能手机和与其他主体的读写会话的环路。这样的环路高效地实现了新形式的循环加工。在社会文化的情况下，这些环路创造了被哈森等人（2012）描述为"大脑-大脑耦合"的系统，其中，"一个大脑的知觉系统与另一个的运动系统耦合"能够出现联合行为的新形式。在这些情况下两个或更多具身主体可能会暂时地实现新的分布加工组织。这些组织似乎是结构符号交流出现的关键，但由此产生的结构符号形式有其自身的生命。多亏了所有那些具体的公共载体（说出的语言、写下的文章、图表和图片），与其他生物不同，我们最好的现实模型是以低维形式提供的，作为稳定的、可检验（见第 8 章）的对象，适合公共的批评和改进。因此，我们的最佳世界模型是累积的、共同分布的论证的基础，而不仅仅是个体思想出现的方式。

在所有这些方式中，人类认知的结构化是通过文化分布的过程完成的，并产生一系列设计者环境，这些环境对人类思想和理性的发展和展现的影响怎么高估也不为过（Smith and Gasser，2005）。这样的结构似乎很好地被我们在第 8 章见到的"神经建构主义"视角描述了。根据这一视角：

> 大脑的结构……和环境的统计学都不是固定的。相反，大脑连通性受到输入、经验和活动依赖过程的影响，这些过程塑造和结构化了大脑的模式和强度……这些变化，反过来又导致了与环境的交互的改变，对未来被经验和感知到的东西产生因果影响。

（Sporns，2007）

结果是，人类建立的环境成为一个新的可代际传递结构的强有力的来源，这些结构环绕、搭建，甚至可能从根本上改变了我们生物学大脑的活动。

如果那些大脑可用的最强有力的内部工具之一是多层预测驱动的学习，我们能隐隐地想象神经-社会-文化展现的一个强大的预测改进循环。在一个集体维持的自我推动的螺旋中，我们达到的理解被给予了具体且可传播的形式。它们在不断发展的社会和物质资源网络中被共享、旋转和过滤，并通过结构化实践不断反馈，这些实践为我们提供了新的模式，它们本身也适合使用形式丰富的概率预测驱动学习来参与。举个例子，考虑团体音乐表演的结构化实践产生塑造和结构化未来音乐探索的传统（以及有时候是乐谱和外在编码）的方式。我们以这样的方式训练新的心智来预测新颖的、人为生成的模式，给音乐搜索、演奏和探索提供了一组不断变化的基础和技术。当我们不断为自己的预测驱动学习而改变目标时，同样的过程展现在每一个领域中。我敢打赌，这种令人兴奋的（身体上的以及世俗上的）变化是我们人类独特的核心。

第 12 章

（未竟的）结论

在一个充满挑战性、近乎漫谈式的文本中得到坚定的结论是不合适的。但快速浏览完本书后，我们可以得出一个适度可靠的启示。人类心智是一种构成性的渗透系统，它被理解为用于支撑和解释我们灵活、适当且（有时）较少理性的反应模式。它是一个反对任何单一层次分析的系统，如计算的或物理动力系统的层次，而且它反对任何单一学科的视角，例如哲学、神经科学、文化和技术研究、人工智能或认知心理学的视角。此外，它不仅是一个复杂的多维系统，也是一个真正的渗透系统——"渗透"（leaky）是指心智的许多关键特征和性质精确地依赖于不同组织层次和不同时间尺度上发生的事件和过程之间的相互作用。

因此，人类的心智特性栖居于智能系统设计空间中一个偏僻的角落。它所栖居的设计空间角落的边界是极其模糊的，以各种直觉性区隔的策略和解决方案来标识。这些区隔纵横交错在心智和身体、个体和环境之间以及思考者和他的思维工具之间。

这种边界的模糊性具有一些明显的优势。文化和生物适应的过程不再被内在和外在的直觉性的区隔所标识，而是可以寻找一个奇妙的又令人生畏的丰富策略空间，从而发现稳健、更低廉、令人惊奇和打破边界的进路去获取成功和生存。在前面的章节中已经有例子展现和证实了上述说法。

这里只是随便复述三个：我们已经看到，神经运动控制是如何由弹性的肌肉和肌腱系统的内在协同来简化和转变的；生物视觉如何反复利用身体运动和环境存储信息；以及更高级的认知能力（例如抽象艺术的创造）如何依赖于神经加工、身体运动和多样的辅助工具、道具、人工制品的复杂交互作用。

生物大脑在这一异质的要素和力量组成的复杂网络中运行并完成了这一壮举。它使得一些物理秩序的要素（如我自己、我的猫而不是岩石、树木或细菌）能够认识世界和我们自己。然而大脑并不能单独完成这些，只有当大脑在一个行动主体身上运转，且主体本身置于更宽广的社会和技术世界中时，我们人类所具有的心智的各种特性才会涌现出来，至少大脑的独特贡献最终可能引起更多关注。由此所揭示的大脑是一个永动的引擎，永远都在试图预测即将发生的感觉输入流，并与身体和周围环境进行持续不断的循环因果交互过程。

在我们这场旅程的最后，似乎最清晰的就是，使得智能行为成为可能的"心智特性"是大脑、身体和世界为自适应和认知成功而共同作用的一系列丰富的动态交互的产物。作为一种本质上跨越边界的现象，心智因此成了极其困难的研究对象，这是一种始终在变动的目标，关于它的最佳描述和解释原则上无法通过使用单一的工具、视角和分析模式来构建。对心智的科学研究需要在全新尺度上跨学科努力和多学科合作，在包括融合身体、文化和环境架构等多重的组织层次上探究自适应反应。"心体是心智的软件吗？"曾几何时，这是一句响亮的口号。但它已经完成了使命，心智的科学研究正勇往直前。

附录 1

背景知识：二元论、行为主义、功能主义等

本书与当下大多数的哲学分析方式非常接近：以神经科学、认知心理学和人工智能为工具来尝试理解何谓心智。在以下这个简短的说明中，我将粗略地介绍一些在历史上具有重要地位的相关理论。

1. 二元论

当我们对自己的思想、感受和信念进行内省时，我们不会发现其中有什么东西与物理对象相似。信念可能是重要的，也可能微不足道；感受可能是强烈的，也可能是微弱的，但绝不是字面意义上巨大的、有颜色的、沉重的等等。那么，仅凭内省的证据，我们可能会倾向于得出这样的结论：心智是完全独立于物质世界的，而且与物质截然不同。这种完全自然的观点被称为二元论。

二元论被认为是一种关于心智本质的哲学理论，但稍显简略且空洞。它告诉我们心智不是什么：它不是像身体、大脑、桌子或椅子那样的普通物理实体。但尴尬的是，它对心智实际可能是什么却保持沉默。不过，知道"月球不是由绿色奶酪构成的"还是有意义的，即便你不知道月球实际上是由什么构成的。因此，让我们先从二元论者这个基于怀疑的主张开

始——心智不是物理实体。于是，一个问题产生了：心智这个非物理实体和与它一起在世界中共同活动的物理身体之间的关系是什么？

大约在 17 世纪，二元论处于全盛时期，存在三个主要的竞争理论来解释这种关系：

1. 平行论（parallelism）
2. 副现象论（epiphenomenalism）
3. 交互论（interactionism）

1. 根据平行论，心智与身体是截然不同的，因果关系也完全独立。任何一方都无法影响对方。那么，这又该如何解释两者表面上似乎存在的因果联结呢，例如我们的愿望引起了行动，打击头部会产生幻觉？其中的关键是同步性。上帝，或其他力量和主体，已经安排好一切事物，使心理和物理两种因果秩序和谐地运行。就像两台理想的、精确的时钟，只要设定为同一个初始时间，然后让它们一直运行下去，即便不互相支持和校准，两者依然会保持完全一致。

平行论的困难在于，究竟是谁设定了时钟？如果是上帝的话，那为什么上帝会施行这种笨拙的把戏呢？

2. 副现象论与平行论类似，断言物理因果是独立于心理的，但在另一个方向上降低了要求。副现象论者允许物理对心理具有因果力，但否认心理对物理存在因果作用。根据这一观点，心智有点儿（尽管只是有点儿）像汽车排出的废气，废气伴随着发动机的活动，并由发动机的活动引起，但它（通常）不能为汽车提供动力。类似地，副现象论者认为，信念、思想和其他心智经验都是由大脑活动引起并伴随着大脑活动的，但它们实际上并没有引起身体的行动，它们只是认知蛋糕上的糖霜而已。这的确是一个违反直觉的推论，毕竟我确实的感受是：想要喝一杯"皮特的邪恶啤酒"的欲望，驱使我长途跋涉前往当地的旅馆。在这个观点之下，我们似乎不得不接受一个奇怪的结论，那就是为心智现象保留一个特殊位置，仅仅是出于对内省证据的尊重。

3. 交互论是二元论立场中最具吸引力的。它把心理和物理视为截然不同但又具有因果关联的事物，从而避免了平行论和副现象论某些过度形而上的观点和内省的不合理性。交互论最著名的形式是笛卡儿二元论。在笛卡儿的著名模型中，心智是完全非物理实体的，它通过影响颈部的松果体而作用于身体，身体也通过同样的途径来影响心智。

反对笛卡儿二元论的一个最常见的问题是：身体和心智这两个截然不同的事物如何成为一个单一因果网络的一部分？我们知道且能想象物理实体如何影响物理实体，但是非物质的心智是如何做到这一点的呢？

这个质疑有一定的说服力，笛卡儿二元论需要对其给出一种解释才能更有说服力。不过，我们得承认，许多完全不像是物理实体的东西仍然可能对其他物理实体起作用。一个典型的案例就是铁屑受磁场的作用。所以，这并不表明笛卡儿的交互论在概念上是不可能的。

那么为何二元论被抛弃了？

上述的二元论在很大程度上已被科学和哲学所抛弃。心智现在被认为是根植在物理身体中的，那么这样的交互问题就不会出现。有很多因素导致二元论的衰败，其中最重要的可能是以下几点：

1. 心智明显依赖于物理实体。药物（如百忧解或迷幻药）以一种已知的方式影响着大脑，进而系统地影响我们的心境和情绪。脑损伤——例如被钢筋穿过前额叶皮质——同样具有破坏性。智能生物的演化与大脑结构的变化有关。所有这些都表明，我们至少需要寻找大脑活动和心智活动之间的系统性关联（Churchland，1988）。那么，为什么要假设这里存在着两个需要寻找关联的事物，而不是只有一个展示出多种属性的事物呢？唯物主义——我们所处理的只是一种事物或实体，即物质——似乎在基于简单性的标准上获胜了。

2. 支持二元论的正面论证难以令人信服。大体上有（a）"怎么可能？"论证，以及（b）内省论证。

a. "怎么可能"论证依赖于寻找一些人类的属性，并追问道："仅仅只有物理系统如何能做到这些？"例如，笛卡儿认为推理和计算超越了任何单纯的物理系统的能力。但在今天，我们的直觉早已被各种智能手机、平板电脑和智能眼镜所影响，我们不太会选择使用"计算"作为论据，而是倾向于选用"坠入情网""欣赏交响乐""有创造力"等。但神经科学和人工智能领域的工作正在坚定地侵蚀着"有些事情是单纯的物理系统无法做到的"这类信念。因此，我们能做 x、y 或 z 的事实，不再能很好地用于论证我们不可能"仅仅"是物理系统。

b. 内省论证是一个更难处理的问题。它的主要思路是：我们就是知道信念不是大脑或身体的一种状态。因为我们能通过观察"自己的内心"与考察自己的感受，从而做出判断。这里的困难是，内省是一种脆弱的证据。诚然，我们知道我们的感觉并不是大脑的状态。但那又怎样呢？我可能对我的胃部有一种感受，这种感受让我不认为我有轻微的沙门氏菌感染，但我仍然可能轻微感染沙门氏菌。这个表达似乎过于简单，但总体观点是明确的。尽管内省所揭示的东西与对身体状态的知觉采用了不同的描述，但除非有人能证明两者完全不是一回事，否则我们不需要接受内省作为支持二元论的决定性证据。

因此，二元论缺乏解释力和独立的正面证据。那么，我们还能如何理解心智呢？

2. 行为主义

可能第一个反对二元论的主要哲学立场，并未基于刚才所描述的解释缺陷，而是源于哲学内部的一个运动，它有时被称为语言学转向（linguistic turn）。其主要观点是：哲学谜题的根源其实是语言谜题。吉尔伯特·赖尔在 1949 年出版的《心的概念》一书中，指责二元论和整个身心问题的争论都未能理解关于心智的谈论在我们语言中的作用。根据赖尔的说法，心智哲学被笛卡儿的神话迷惑了。笛卡儿的神话实际上是这么一种思想：认为心智是只有内省才能知道的心灵圣地。这个神话使哲学家们倾向于寻找这个心灵圣地与公共世界中的人、物和行动之间的某种关系。但是这项任务被认为是错误的。赖尔声称，哲学家们没有理解关于谈论心智的意义，这在很大程度上就像一个人没有理解谈论一所大学的意义一样——当一个人接连被带进图书馆、学院楼、体育场和宿舍时，他抱怨道："是的，这些我都看到了。可是大学在哪儿呢？"答案是，大学不是如学院楼、宿舍等以外的东西，它是由这些东西所构成的那个组织。因此，赖尔认为，心智并不是其所有公开行为表现以外的东西——谈论心智只是谈论行为本身的一种组织方式。当我们说玛丽喜欢教书时，我们并不是说玛丽内心有一种幽灵般的爱伴随着她的职业活动，相反，我们仅仅指玛丽实际和潜在的行为将遵循某种模式。这个模式可以被表达为关于玛丽在某些情况下会做什么的一个很长的合取命题。例如：

> 如果给她一本新的教材，她就会接受；
>
> 如果有人问她是否喜欢教书，她会说喜欢；
>
> 如果她看到一个老师有好的教学表现，她就会努力模仿……诸如此类。

　　这一行为主义观点，简而言之，就是关于心灵的谈论挑选出行为倾向性。它把某人在某情况下可能会做的事情分离出来，它并没有挑出一种内在的心灵圣地。经典的类比是化学倾向性，如可溶性。说 x 是可溶的，并不是说 x 隐藏着某种神秘的可溶性，而是说如果你把 x 放入水中，x 就会溶解。关于心灵的谈论挑出了更复杂的倾向性（如保罗·丘奇兰德所称的"多重追踪倾向"，见 Churchland，1988），但倾向性仍然是他们的全部。

　　下面我将呈现关于行为主义的三个问题：

　　1. 倾向性分析看起来要么是无限的，要么是循环的。如果我们必须列出一个给定的信念让一个主体在其可能处于的每一种可能的情况下会做什么，那将是无限的。如果我们的倾向性清单存在对其他心理状态不可减少的引用，那么它就是循环的。例如，玛丽会努力教书，只要她是快乐的且不认为教书会毁了她的生活。

　　2. 倾向性分析似乎想要完全排除内部密室。但内部密室这种想法是不是有些道理呢？我们难道没有内在的感受、痛苦和想象之类的吗？

　　3. 这是浅薄的解释。它充其量只是指出了我们是如何使用心理概念的，但这并不一定是关于心智探究的终结。即使"可溶的"意思只是"会在水中溶解"，我们也可以继续追问可溶性这种倾向的基础是什么。我们可以问某物怎么会溶解在水中，同样地，我们也可能会问，一个人怎么可能喜欢教书呢？这些解释应当诉诸表层教学行为以外的一系列事实。实际上，从表面上看，行为主义似乎犯了"方法行动者谬误"（method actors' fallacy，见 Putnam，1980），把真正的神经状态（例如疼痛）归因于任何表现出恰当行为的人，而否认它会出现在任何能够抑制所有与疼痛有关的行为和言语表达的人身上。

3. 同一论

　　20 世纪 50 年代中后期，哲学家们开始意识到——或者说重新发现——哲学生活不仅仅是对日常语言概念的分析。例如，哲学可以通过检验科学理论图式的概念一致性，从而对心智和心理机制的研究做出贡献。这里的意思不是检验一个特定的、运作良好的科学理论，比如神经生理学，而是考虑对心智的普遍科学解释的可理解性和理论含义。其中的一个学说——也是这一节的主题——就是所谓的心脑同一论。简单而言，这一图式认为心理状态就是大脑活动。

　　这一图式是由普莱斯、斯马特和阿姆斯特朗（参见 V.C.Chappell，1962 编辑的作品集）等哲学家在一些经典论述中所提倡、讨论和完善的。在这里，哲学的任务并不是决定心理状态是否算作大脑活动，这属于普通科学的工作，相反，哲学要考虑的是这个理论图式是否有可能是正确的。假设思想、信念和感觉与大脑活动是同一的，这个说法是有意义的吗？

　　怀疑它的理由包括：

　　1. 莱布尼茨律问题
　　2. 反对物种沙文主义

　　莱布尼茨律指出，如果两个描述挑出同一对象，那么在一个描述下为真的陈述，在另一个描述下也必然为真。据此，如果蜘蛛侠真的是彼得·帕克，那么对蜘蛛侠而言是真的陈述，对彼得·帕克也为真，反之亦然。如果梅姑妈是彼得·帕克的亲戚，那么她一定也是蜘蛛侠的亲戚。如果蜘蛛侠趴在天花板上，那么彼得·帕克也必然趴在天花板上。形式表达是：

$$(X)(Y)[(X=Y) \rightarrow (F)(FX \leftrightarrow FY)]$$

无论对蜘蛛侠有何看法，许多哲学家都无法理解心脑同一性论题如何能符合莱布尼茨律的要求。考虑以下的分析：

1. 空间位置。一个大脑状态存在于特定的空间当中，比如在我眼球后面 10 厘米处。但对于任何心理状态而言，比如"'马克·麦圭尔为红雀队效力'这个信念在我眼球后面 10 厘米处"这个说法显然不成立。

2. 真值。一个信念可能是真的，也可能是假的。但是，大脑状态怎么可能有真有假呢？

3. 感觉内容。疼痛可能是尖锐的或刺痛的。但是，大脑状态会是尖锐的或刺痛的吗？

4. 权威。我似乎对自己的心理状态有一定的权威。如果我真的相信我很痛苦，看起来我一定是对的。但是我似乎对我的大脑状态没有任何权威，神经生理学家肯定能纠正我的错误。

一种回应这些反对意见的方式就是迎难而上。例如说："'大脑状态有真有假''心理状态处在特定空间中'这些说法貌似不可信，但确实如此。"这就好比闪电貌似不是一种放电现象，但它确实是。如果你看到闪电时可以确信自己看到了闪电，那么当你看到某类放电现象时也可以如此确信，不管你是否知道。这种回应背后的想法是，莱布尼茨律在涉及人们关于对象属性的信念，而不仅仅在对象的实际属性的情况下是不可靠的。为了再次采用保罗·丘奇兰德的策略（Churchland，1988），我们可以构建以下明显错误的论证来展示问题所在：

1. 玛丽·简·沃森相信蜘蛛侠是个英雄。

2. 玛丽·简·沃森不相信彼得·帕克是一个英雄。

所以，

3. 根据莱布尼茨律：彼得·帕克与蜘蛛侠并不同一。

由此，同一论在莱布尼茨律的危机中得以幸存。在历史上，它屈服于另一种截然不同的反对意见（尽管其先进观点在当下越来越流行）。这种反对意见最初由希拉里·普特南在 1960 年以《思想与机器》为开头的一系列论文中提出，是一种针对物种沙文主义的反对立场。对同一论的一个强有力的解读，似乎是认为一个心理状态的类型（例如，高兴、生气、看到蓝色、认为里根是危险的）与一个大脑状态的类型（例如，某一组特定神经元、C 纤维或其他别的神经元放电）等同。但细究起来，这种说法显然是不可信的。考虑以下例子。

假设我们认为"疼痛"与"C 纤维 1-9 放电"类型是同一的，因此，没有 C 纤维的生物不会有疼痛。但这似乎是一个非常轻率的，甚至是专断性的主张。难道我们就不可能遇到看起来明显能够感知疼痛（他们会畏缩、呻吟等）但缺乏 C 纤维的外星生物吗？也许，有不少我们愿意认为会感到饥饿或愤怒等心理特性的动物没有 C 纤维。又也许，我们很快就会建造出用仿神经芯片取代神经元的智能计算机系统。难道我们必须直接排除所有的这些不同类型的物理系统也拥有某些心理状态的可能性吗？当然不是。假设我们发现不同的人有不同的大脑结构，比如当弗雷德感觉到疼痛时 C 纤维 1-9 放电，而当安迪感觉到疼痛时 D 纤维 1-7 放电。心理学上会因为它们在决定行为类型方面的共同作用，而把这些不同的大脑状态归为一类。强类型同一论（strong type-type identity theory）对这种概括能力并不能公正地处理，结果可能看起来是一种物种沙文主义。

对此，同一论者的一个解决办法是，宣称每一个心理状态的出现都与某一个大脑状态等同。它是同一论的"词例"版本，之所以这样命名，是因为它将心理事件的词例（个体发生）与大脑事件相关联，而没有宣称心理事件类型与大脑事件类型的等同。这一办法的困难是，它在解释力上很弱，没有让我们明白为什么任何特定的物理状态应该与它所对应的特定心理事件等同。其中一种补救方法，是以这样的一种想法为基础来构建的，即心理学上的归类在某种程度上是为了把物理上不同的大脑状态组合在一起，因为它们在决定行为方面具有共同的作用，但也要避免行为主义者将心理状态与外在行为混为一谈的错误。这正是普特南所做的，其结果是科学心智理论的另一种哲学图式，即功能主义。

4. 机器功能主义

正如丹尼特所指出的，第一波同一论者面临着一项无望的任务，类似于要找到一种对所有时钟的共性的纯粹物理解释。用物理学的语言来说，我们找不到有用的描述来说明日晷、发条钟和石英数字钟作为钟表的共性。将这些不同的物理对象联系在一起的是我们赋予它们的目的、功能或用途。故此，似乎不需要任何有用的物理描述来描述我的愤怒、狗的愤怒、火星人的愤怒和机器人的愤怒都有什么共性。从某种意义上说，这似乎是不同物理状态所具有的功能实现了这些主体身上被统称为愤怒的状态。因此，功能主义是科学心智理论的一个图式。

理解功能主义的一个方式是与计算机程序进行类比。程序只是完成一项工作的配方，在非常抽象的层次上可认为是对输入执行的一组操作，并产生特定的输出——可能是一个数字或句子。在这样一个抽象的层次上定义的话，同一个程序可以用不同的高级语言来编写（BASIC、PASCAL、LISP、JAVA、PERL 等），并且在使用不同硬件的机器上运行。一个关于程序的抽象想法（它的输入-内部操作-输出配置）能在图灵机的描述中被刻画（见第 1 章）。实际上，它只是对一个固定的操作集的描述，该操作集可以执行任何作为输入的给定的符号串。要点是，这个程序的抽象概念不是"硬件沙文主义"。同样定义的同一个程序可以在许多不同的物理机器上运行。实际上，功能主义者声称，心智之于身体／大脑，就像程序之于物理机器。

这个类比是如此令人满意，以至于最初的功能主义者更进一步，声称不仅：

（C1）心智之于大脑，犹如程序之于机器，而是

（C2）心智就是一个程序，（在人类中）以大脑作为其支持硬件运行。

C2 通常被称为机器功能主义。由于本书大部分内容都与机器功能主义有关，我将不再在这里进一步探讨这个立场。

5. 取消主义

到目前为止，我们的任务是看看哪种科学理论的普遍图式能够解释我们对心智的谈论和对物理世界的某种（功能的、行为的或其他的）描述之间的关系。问题就这样产生了：什么样的科学理论可以算作关于心智的理论？

有些人会认为这是一个错误的目标。因为它似乎假定了众多我们关于心智现象的常识性看法，以及由此构成的我们关于心智的常识观念（至少在很大程度上）是正确的。实际上，它假定了真的有希望、欲望、恐惧、信念等东西的存在，而科学的工作就是解释它们。然而，人们曾经认为有鬼魂和吸血鬼、认为真空充满了神秘的以太，以及有许多被科学证明是错误的想法。想象一下，一个学科致力于研究哪种科学理论可能解释以

太的存在，真是浪费时间！科学告诉我们的是不存在以太，所以解释以太存在的任务永远不会出现。关于心智的常识观念也会遭遇类似的命运吗？那些如此认为的人自称为取消唯物主义（eliminative materialism）者（如Churchland，1981）。在他们看来，哲学的任务不是通过简单地发现什么科学图式解释了心智的常识观念来预先判断问题，而是批判性地检验解释，以确定常识观念是否合理。同样，这是在正文中讨论的一个主题，我在此不做深入探讨。然而，要注意到取消唯物主义并不一定是一种全或无的学说。例如，丹尼特（Dennett，1987）认为，我们关于心智的一些常识性观点可能会在未来的某些科学理论中找到归宿。他只是否认了我们应该要求任何好的理论都能捕捉到我们所有的前理论直觉。

最激进的取消唯物主义预言，常识框架中几乎没有任何东西会保留下来。信念、欲望、希望和恐惧都将在某种未来的心智科学中被抛弃。我怀疑，在科学得到长足发展、能够在我们需要时提供各种新的可用概念之前，这一立场甚至难以理解。在当下，我们很难看到这样一门未来的科学是如何成为一门心智科学的。当然，这可能只是可预测概念的短视。另一方面，似乎确实有一大堆相关的概念，包括行动、信念和欲望，它们构成了心智的概念。我们当然可以放弃一些、修改另一些，但我们真的能把它们都抛弃吗？而且，这些概念的正当性在多大程度上取决于它们能否在某些科学理论中占有一席之地呢？取消唯物主义的优点是，它足够激进，可以把这些问题展示出来。

附录 2

意识及元难问题

现在关于意识的讨论无处不在。曾在 20 世纪中后期的一段岁月里，这个词在科学界很少被提及，但那些日子已经过去了。如今，意识成了一个新领域中的明星，有关于它的各种书籍、会议和期刊，也有百科和网站。这充满了兴趣、希望，也让人振奋。但是，有没有一种关于它的理论，甚至是一个有希望的故事梗概呢？奇怪的是，很难说有。这是因为，首先，意识这个词似乎并不是指向一个单一的、稳定的目标。我们需要区分各种可能的目标，并评估每一个目标的现状。其次，目前还不清楚（特别是针对一些比较深奥的目标）到底什么才算得上是关于意识的理论、概述、故事或解释等等。

意识理论的一些可能目标包括简单的觉知状态、自我觉知、言语报告的可通达性、对有意行为的控制的可通达性，以及备受关注的——原始感觉或感受质，即那种使生命值得活下去或（有时）值得舍弃的独特感受和感觉。

简单的觉知状态可以大致定义为我们对周围环境相当敏感，能够处理接收到的信息并做出恰当反应的状态。自我觉知包括表征我们自己的能力和意识到我们自己是独特的主体。言语报告的可通达性包括以某种方式通达至我们自己的内心状态的能力，以及用口头（或手语等）描述我们这些发现的能力。对有意行为的控制的可通达性表现为一种"信息平衡"，即我们的一些知识或想法能够指导一系列开放的计划和行动——如果缺失了这种信息平衡，例如盲视患者使用他们视盲区中获得的视觉信息，其能力是受限的（详见下文）。至于原始感觉和感受质是什么？令人沮丧的是，很难更确切地说明这些东西是什么。我们只能求助于那些老生常谈的暗示和词语：苹果的红色、桃子的味道、难以精确言表的刺痛等等。正如金在权曾经说过的那样："如果这都不起作用，也许没有什么能起作用了。"（Kim，1996）。

即使是这份关于意识理论的可能目标的部分清单，也有一些让人注目的地方。主要是，只有最终目标（感受质）才会威胁到我们的认知科学解释和理解的标准模式。其余的要么与我们所知的内容有关（在多问几个问题后，内部表征了什么），要么与控制行动的信息平衡或与其他认知子系统共享的方式有关。因此，关于信息内容和信息平衡的理论能够解释大部分的"有意识的觉知"。但问题是，这最终行得通吗？

为了了解它们能走多远，让我们简单地考虑一下认知神经科学中与意识相关的一些研究：盲视研究、绑定和神经振荡研究、双视觉系统假说，以及"全脑工作空间"和"动力系统核心"这些逐渐发展的概念。

"盲视"（blindsight）是一种有趣的现象，它已成为认知科学中对意识进行分析的主要素材之一。盲视患者的视觉皮质受损，从而出现了盲视区域。这些患者声称看不到盲视区域内的任何东西，但如果要求猜测其中的内容，他们的表现会优于随机水平（Weiskrantz，1986）。例如，患者可以成功地猜测在盲视区域内是否有灯光闪烁，甚至可以根据这些对象的形状来调整手和手腕的姿势（Marcel，1988）。但当他们被问及这些成功的反应是否有视觉经验作为支撑时，他们要么坚持根本没有任何经验，要么报告了一些模糊的、不确定的、本质上不算是视觉的东西。针对这种情况的标准看法是，成功的反应植根于原始的中脑加工过程，而成熟的现象意识（感受质、直感等）则依赖于进化上新近形成的皮质活动。然而，另一种相反的观点是，盲视实际上是在所谓的"盲视区域"内仍保留了小部分能通往的大脑皮质神经通路的视觉区域——视觉"热点"，从而能成功做出反应（Gazzaniga，1998）。无论怎样，在这些案例中的患者对实际视觉经验的否认仍然十分有趣。在这里，那种我们通常认为是由视觉经验指引的视觉引导行动，是在不伴随经验的情况下产生的。一个略显粗糙但诱人的想法是（Leopold，2012）：找出这两种情况之间关键的神经差异，就能找到那些难以捉摸的感受质的生理位置。

让我们考虑另一个神经科学的猜想。米尔纳和古德尔（Milner and Goodale，1995，2006）对视觉加工中存在两个解剖学上（连接神经区域的）的神经通路，做出具有不同的功能作用的描述。这两个神经通路（腹侧和背侧）长期以来被称为"what"通路和"where"通路，因为腹侧通路被认为主要负责物体识别和再认，而背侧通路则负责空间定位（Ungerleider and Mishkin，1982）。然而，米尔纳和古德尔的观点则相反，他们的假设是：背侧通路支持着对精细运动的指引，而腹侧通路则支持与视觉意识有关的知觉。据此，我们也许在腹侧通路活动时知觉到一个物体，而我们拥有触碰和抓取一个物体的能力取决于背侧通路的活动（Milner and Goodale，1998）。这样的理论有助于解释为什么一些脑损伤的猴子和人类患者（例如在第 7 章方框 7.2 中谈论过的米尔纳和古德尔著名的主体 D. F.）能够在没有视觉觉知的情况下表现出视觉引导行动。在这些案例中，腹侧通路受损而背侧通路不受影响。类似地，背侧通路受损而腹侧通路完好似乎会产生出触碰-抓取缺陷，但同时有正常的物体识别、正常的定位和空间位置判断（Jeannerod，1986）。两个通路相对独立的活动也体现在正常的行为表现中。在某些视错觉里（参见方框 7.2），会把一个物体在意识中经验为比它本身更大。然而，尽管有错觉，我们通常能产生出正确的预备抓取动作：手指的摆放位置是依据物体的实际大小，而不是依据有意识的知觉中的错觉（Haffendale and Goodale，1998）。就我们的目的而言，米尔纳和古德尔的模型最重要的方面是对伴随着腹侧通路活动的有意识的视觉意知的发现，其宣称："腹侧通路所完成的处理（包括其编码的形式）与我们的意知可使用的表征是一致的（Milner and Goodale，1998）。"

考虑另一个不同的进路：克里克和科赫关于意识和 40 赫兹脑电震荡的早期工作。这项工作的重点是实现绑定的神经机制，其中绑定是指在携带不同类型和项目信息的神经群之间建立某种关系。例如，在对一个正在说话的脸部的表征加工中，有一部分需要是把 MT 区的运动探测器与 V4 区的色调探测器绑定起来（Crick and Koch，1997）。克里克和科赫指出，这样的绑定也许是由不同神经群中锁定频率的振荡所支持的，这种锁定则可能由连接大脑皮质和高度关联的丘脑的回路所介导——这称为丘脑-皮质回路。在 40 赫兹附近（实际上是 35~70 赫兹）的同步震荡被描述为将各种神经表征的特征连接成一个连贯的整体，然后将其置于工作记忆中，进而为调整各种各样的行动和报告控制提供连贯的知觉（Crick and Koch，1997；关于这一早期工作以及它所引发的后续理论的精彩描述，参见 Koch，2012）。

继续分析这个大主题下的其他研究：全脑工作空间理论（global workspace theory，参见 Baars，1998，2002）将意识描述为信息平衡，它使得信息在多个神经区域中进行广泛传播，从而能控制多种形式的行动和反应。当信息进入（功能性地定义为）"全脑工作空间"时，就可以实现这种平衡。在一个对此功能方案的神经实现中（Dehaene and Naccache，2001；Dehaene et al.，2003；Deheane and Changeux，2011），意识可能存在于"一个放大、收集和组织来自其他皮质区域信息的顶叶-额叶系统，以便将它们整合进有意和可控的行为中"（Dehaene，2007）。更一般地：

　　　　该模型强调具有远程连接的分布式神经元的作用，特别是在前额叶、扣带和顶叶区域的密集分布，能够把多个专用处理器连接起来，并能以无意识且瞬发的方式在大脑范围内广播信号。那些神经元形成了所谓的……作为一个有意识的"全脑神经元工作空间"，其打破了神经系统的模块化，并能够向许多目标神经元广播信息。根据我们的假设，这样的广播创造了一种全脑的可通达性，这种可通达性被经验为意识，并能够被报告出来。

（Deheane and Changeux，2004）

最后，动力核心假说（Tononi and Edelman，1998；Edelman and Tononi，2000；Tononi，2004）借用了复杂性理论的工具和视角来给出关于意识的观点，认为意识涉及使用可重入连接形成的神经元系统中的临时活动集群，其具有高度的"整合性"和"分化性"。这些都是相当复杂的概念，但大体而言，分化性意味着状态的唯一性，整合性则涉及把各种状态结合在一起形成复杂的整体。在这基础上，托诺尼（Tononi，2008）提供了有趣（或说是有挑衅意味）的方法来测量由此产生的意识的数量，即用整合信息的数量来识别它，也就是：

由一个多元素复合体所产生的信息量，超过了其组成部分产生的信息量。

（Tononi，2008）

我无意在此探讨或尝试评估这些不同的进路（更细致的讨论可参见 Seth et al.，2006）。相反，我现在想回到刚开始的那个烦人的问题：这些证据、理论和猜想能告诉我们关于意识现象本身的什么呢？当然，答案取决于我们对"意识"这个含混的词所能做出的精确解释，以及我们如何构想各种诸如"通达""平衡""报告""质感"等现象之间的关系。

在相关的哲学文献中，有一个重要举措，就是严格区分两个定义。其中一个是内德·布洛克（Block，1997）所称的通达意识（access-consciousness），另一个是布洛克所称的现象意识（phenomenal-consciousness）。通达意识是关于信息平衡的，"是通达意识的状态，能直接控制思想和行动"。当信息（例如视觉中出现的一个物体）能够指引有意行动和言语报告时，它就被认为是有通达意识的。另一方面，现象意识则无法定义，只能"指认"。它是关于味道、气味、颜色的感受，是关于品尝着清新的玛格丽塔，同时感受着热辣的墨西哥阳光照在你的背上，并享受（或忍耐）着墨西哥流浪乐队连续演奏的"那种感受/那个样子"。这就是你的现象意识。

现在假设有人提供关于盲视的解释：患者的低阶加工机制是完好的，在必须做出反应时能够有良好表现，同时，其在使信息可通达至言语报告和有意行动的控制的某些方面上（也许是进入全脑工作空间的媒介或与动力系统核心的整合）是受损的。又或者，假设我们发现盲视患者的40赫兹振荡是中断的，这正是克里克和科赫认为的、与信息绑定和把其传递至工作记忆密切相关的东西。这些解释似乎确实在当今神经科学的范围之内，但这些故事最终能解释现象意识本身吗？

布洛克认为这些都没有说服力。他可能会说，这些故事所能做的，只是阐明了不算太神秘的通达意识。而关于意识的科学和哲学思考的（依然是根据布洛克的）重大错误是混淆了两者：提供一个关于通达性和信息平衡的良好的、有积极意义的故事，然后声称对其远房亲戚即现象意识做出了阐释，用充满计算的外衣来指出"那个样子"的概念就是那个样子的。

要看出其中的区别，请考虑以下情况：假设我可以制造一个机器人，它具有与米尔纳和古德尔模型中的腹侧和背侧通路等价的硅基结构。这样，一个计算级联支持语言反应和物体识别等任务，另一个则使用视觉输入来指导触碰和抓取等任务。但是，这样的机器人完全可能缺乏任何现象意识（难道不是吗）。它就是一个拥有双通路的僵尸，表现得跟我们一样，但缺乏所有感觉经验。例如，我们甚至可以理解为什么某些类型的硅基机器人失去了物体识别和报告的能力，同时保留了完整的触碰和抓取能力。但我们仍无法进一步理解是什么引起了伴随腹侧通路处理（或 40 赫兹振荡及其他）的现象经验。

大卫·查尔莫斯在关于意识的"易问题"和"难问题"的区分中，也表明了这样一种观点，即科学的推断能阐明通达意识，却无法解释意识的现象方面。查尔莫斯（Chalmers，1996，1997a）认为，"易问题"涉及功能能力，并以诸如"大脑如何识别物体""它如何将对象的各种特征整合成为一个整体""它如何区分维吉麦酱和马麦酱"等问题为特征。查尔莫斯把这些问题描述为"容易的"，只是想把它们与他所认为的更深层的谜题进行对比：为什么根据味道区分马麦酱和维吉麦酱的行为会涉及"就像那个味道"呢？为什么马麦酱的"那种感受"如此特别呢？查尔莫斯认为，认知科学解释的标准模式无法解决这些"难问题"。因为所有的标准故事都描述了功能能力（通过如此这般来区分某某事物，去将这些信息用于这个或那个目的，等等）。不过，（有人认为）一个展示出各种功能但没有感觉经验（"僵尸"）或有拥有非常不同的感觉经验的个体是可设想（逻辑上可能）的。因此，无论在功能层面怎样解释，都无法解释现象经验中最令人困惑的事实——具有确切感觉内容的真实感觉的存在。这就是莱文（Levine，1983）所称的"解释鸿沟"的威胁。因为，即使假设我们完全掌握了神经与人类意识的关联因素，并且能够识别出那些总是会产生例如马麦酱味道之类经验的神经活动的模式，但是为什么（该模式）会引起意识依然是无法回答的（Chalmers，1996）。简而言之，如果某种特定的信息平衡被证明是现象意识的必要和充分条件，那么仍然可能存在某种无法解释的东西——现象意识、"那种感受"、玛格丽塔的味道。

但这真的缺少了什么吗？有若干种方法可以怀疑这一点，但我只简述其中的两种：表征主义（representationalism）和（我姑且有点笨拙地称为）叙事主义（narrationism）。这使得我们会很自然地考虑其他一些替代策略来处理，甚至可能消除"难问题"本身。

　　表征主义者声称心智（包括所谓的现象意识的所有方面）是被表征所穷尽的。正如比尔·莱肯所言："心智没有任何特殊的属性是不被它的表征属性所穷尽的。"（Lycan，1997）。要成为表征主义者，最简单的方法就是声称，例如痛苦的感觉只不过是"x 部位有组织损伤"的内部表征（或类似的东西）。这样，德雷斯基（Dretske，1997）认为，使得某些状态有意识的是"它们使我们意识到其他东西的方式——我们所生活的世界和……我们自己身体的状况"。在表征主义者中，该如何拆解与内部表征相关的概念仍然悬而未决。例如，泰伊（Tye，1997）认为，我们不需要把这个想法看成是过分理智化的：并不是说能动者必须发展出像"组织损伤"这样的概念，相反，疼痛可能由一种"感觉表征"组成，其内容决定了现象特征（见 Tye，1997；方框附录 2.1 中考虑了一个从实验／神经科学角度出发的可能相关的方案）。

方框附录 2.1

身体与感觉

　　达马西奥（Damasio，1994）认为，身体的反馈和持续的身体意象是人类思维的重要组成部分。主要的观点如下：

　　如果本质上痛苦或快乐的身体状态不可能被感觉到，那么在人类的处境中就不会有苦难或福报，不会有渴望或怜悯，不会有悲剧或荣耀。

（Damasio，1994）

　　在微观的视角下，故事是这样的。首先基于先天的目标和生物"奖惩"系统，对成功或失败的觉察建立了一系列达马西奥所谓的"躯体标记"。躯体标记是一种将事件的意象/痕迹与本能反应（失败了会感到厌恶，成功了就感觉有吸引力）联系起来的状态。在未来类似的遭遇中，这个标记系统（在正常主体中）会自动运行，既会影响临场反应，也会影响我们深思熟虑的、反思后的一系列行动选择。整个系统的根本基础是我们对自己身体状态的感觉能力以及我们（最初的）先天倾向，将某些状态视为好的（愉快的），将另一些状态视为坏的（痛苦的）。这里特别重要的是我们具有去觉察和表征内部生物化学状态即内脏、皮肤和肌肉骨骼系统状态的能力。由此，人类的意识觉知是由"合格的身体状态"不断地告知的：一种并非总能有意识地感觉到的、对身体处于积极或消极状态的理解。甚至当我们在思考非身体问题时（例如回顾一个数学定理），我们会激活一种与物品、人或事件相关的身体景观回忆。正是这种与身体状态相关联的"意象"带着积极或消极的倾向持续存在，赋予了我们对其情感基调的经验：使痛觉是痛苦的，使记忆是愉快的，或使视觉是令人激动的。最后，根据达马西奥的说法，使我们感觉到自身的是一些身体表征关联——或参与建构——自我的神经表征的过程（这里的自我不能被理解为一个内在小人，而是一个基于现在和过去的身体表征、自传体记忆、语义知识和当前知觉的心理建构）。[①]

我必须承认，达马西奥的观点并不直接聚焦于现象意识（"那个样子"）。相反，其主要目标是情感、感觉和理性，以及三

[①] 我在这里概括出达马西奥（Damasio，1994）精心构建的长篇故事，希望我没有过分歪曲它。请参阅第8章。

者之间的深层联系。但是很明显，这至少也是一个关于各种各样的全面的现象意识的故事。[①] 毕竟，感受一种情绪是现象意识的范例之一，达马西奥的立场是清晰的："感受一种情绪的本质是体验这种（身体状态表征的）变化，并与启动循环的心理意象并置。"（Damasio，1994）

这种粗略的描述会让人觉得，这个观点——作为一个关于现象意识的故事——似乎是乞题的。诚然，我们不能通过使用痛苦或快乐的现象状态或"积极和消极"的倾向来解释现象意识。但事实上，故事并非如此浅显。在我的理解中，这个立场并不是说现象意识依赖于粗略或微妙的（"背景"）情绪差别。相反，在这些例子中，现象差别只是身体意象（包括内脏输入、获得的积极和消极联系等等）与知觉或意象加工的并置。达马西奥对这一重要领域细致入微的探索在之后这三篇被强烈推荐的著作中继续进行（Damasio，1999，2003，2010）。

表征主义也有两个不同的层次：一个是简单或一阶表征主义（如上所述），另一个被称为"高阶思维理论"（higher-order thought theory）。后者的观点是，当神经状态本身是思考的对象时，它就是有现象意识的。粗略地说，感到刺痛并不（仅仅）表征为某种组织损伤，而是对组织损伤的表征的思考。正如罗森塔尔（Rosenthal，1997）所言："如果神经状态伴随着对该状态的思考，那么它就会是有意识的。"

为什么要成为一名表征主义者？我认为，它的吸引力既有实用方面，

---

① 因此，达马西奥写道，"感受你的情绪状态，也就是意识到情绪"（Damasio，1994）。

也有理论方面。在理论方面，可以认为所有的现象意识状态都必须包含某种表征内容。即使是经常被引用的高潮体验，如果一个人足够固执的话，也可以被认为其与某些身体事件和过程有关。然而，我们不太清楚的是，为什么我们应该认为这些内容穷尽了现象感受，使得对内容的解释就是对整个体验的解释。对于高阶理论，在这里还有一些东西要说——我想之后再讨论这个问题。显然地，它在实用上的吸引力是不可否认的。我们对承载内容的内在状态（表征）的理解要比我们对感受质、原始感受等的理解要好得多（对我而言，我觉得放眼于最光亮的地方没什么不好的）。最后（一种方法论的观点），如果一种表征内容的差异，确实总是与一种现象感受的差异相对应，我们又有什么理由坚持有更多的东西需要解释呢？

第二种否认解释鸿沟的方式，与第一种有关（但不等同），我称之为"叙事主义"。这是一个略显笨拙的术语，但它比其他竞争的理论（如"感受质虚无主义""取消主义"等）更能抓准了理论立场。丹尼特是叙事主义的提出者和主要推动者，我现在怀着忐忑的心情，尝试着概述他（复杂但有价值）的版本。

丹尼特对这些问题的开创性处理来自 1996 年的一项长篇研究《意识的解释》（Dennett，1991a）——我认为这本书的名字叫《意识的实现》可能更好。因为，丹尼特观点的本质是，意识从某种意义上说，是被建构而不是被赋予的。它是通过使用（我们的内在操作）各种"心智工具"（Dennett，1996）来建构的，这些工具是我们浸润在文化和语言中获得的。我不指望能在这里把整个故事都讲清楚，但一个不至于太具误导性的概述如下所示。

第一步：意向性立场（intentional stance）。这个想法——在第 3 章中详述过——是指，一个系统有一种信念，在于只要它被视为一个相信者，就能很好地预测其行为。正如丹尼特（Dennett，1998）所指出的，这是一种"最大限度的宽容理解"，它没有对内在结构或组织提出任何明确的要求。

第二步：多重草稿（multiple drafts）。基于多种神经科学和认知心理学的发现，丹尼特（也参见 Dennett and Kinsbourne, 1992）把生物大脑描述为是多重的、半独立的处理通路的所在地。大脑并没有对输入做出单一的、最终的判断，在空间或时间上也不存在一个由系统确立的独特且确定的内容来决定意识状态的关键时刻。与此形成对比的是，传统模型中存在丹尼特反复提到的"中央处理区"，在这个区域中"所有东西都汇集在一起"然后做出判断，判断的内容决定了意识的主体对事物的看法。

第三步：叙事编织（narrative twist）。那么，像看到如此这般的东西、感受到手臂上的刺痛这类的体验从何而来？丹尼特认为，这种对内容的固着可能是人类生物大脑的一项特殊成就——这种成就之所以成为可能，并不是因为某些特殊的生物进化路径的存在，而是因为一种"用户错觉"的文化印记。正如丹尼特所说，"我们的意识不是一种与生俱来的东西，也不是我们先天硬绑定的一部分，在很大程度上，它是我们沉浸在人类文化中的产物"（Dennett, 1998）。我们极为沉浸在文化和语言的海洋中（当然，它本身是由于先天硬件的一些微小差异而实现的），由此在人类大脑中创造了一个新的"虚拟机"（关于此概念的一些讨论，见 Sloman and Chrisely, 2003），让我们能够以自身思维过程作为认知对象，以及编织一种人为地"固着"认知内容（关于我们是谁、我们在做什么，以及为什么我们这样做）的持续叙事。当然，内容并不是真的固着，因为在个人层面的叙事流之下，更基本的多重加工流仍然飞快地运行着。但是，由于新的顶层虚拟组织的存在，产生出一个显著的差异：我们现在会报告一种特定的经验流存在——如果你愿意的话，这是一连串判断或宏观考量的流，其中似乎涉及我们目前主观状态的性质的明确事实。丹尼特认为，我们之所以倾向于相信感受质，正是因为看似有固着内容的连续流的存在。但是这些感受质实际上只不过是由顶层的、受语言影响的、叙事编织的虚拟机做出的一连串判断：在合理的大脑可塑性之下，这个虚拟机并不是自然产生的，而是早期沉浸于文化和语言的海洋中的，或者更一般地讲，是沉浸于外在象征物和自我反思的文化实践所产生的几乎不可估量的影响中所产生的。

这里的要点是，拥有信念是普遍且基本的。但是，人类风格的意识觉知需要一层额外的判断，这种判断根植于一种通过文化灌输得到的能力，这种能力能够编造一个享有特权的报告或叙事："如果被要求（简要地说一件复杂的事），你或我就会讲的故事。"（Dennett, 1998）。意识是获得的，不是被赋予的。

还有许多其他关于意识的立场着实应该被考虑，但受篇幅所限无法逐一展开。例如，有一个观点（McGinn, 1989; Pinker, 1997）认为，纯正的定性觉知具有完美的物理解释，只是像我们这样的心智（大脑？）天生就无法理解它。我们稍后再回顾这个悲观的论断。现在，我们先"亡羊补牢"：我们已经放走了一种奇怪的羊，现在是时候清点一下羊圈了。

回顾布洛克的警告，不要把"通达意识"与"现象意识"的观点混为一谈。通达意识被认为没有那么令人困惑（用查尔莫斯的话来说，是一个"易问题"）。我们通过解释"信息平衡"的变化来解释通达意识——一项知识或存储的数据是否可以控制很多或很少的反应和判断、是否可以通达至言语报告等等。大体上，我们可以看到具体的神经科学或计算科学的分析如何解释这种控制模式。据克里克和科赫所说，绑定失败可能会导致整合失败和失去控制；据米尔纳和古德尔所说，腹侧通路的选择性损伤，可能会导致言语报告的失败的同时，仍然保留某些类型的运动控制的通达性，等等。

在这一点上，查尔莫斯可以坚持认为，再多的这类理解（对信息流模式和控制通达性的理解）都无法揭开现象意识之谜。假设信息平衡（广泛控制的通达性，包括对言语报告或符号判断的控制）被证明与现象经验是完美相关的，假设某一种信息平衡总是且只会在主体有一种现象经验时才出现，然而隐忧依然存在，我们无法解释为什么这两者会在一起，也无法解释为什么现象经验（至少看起来）具有特定的特征。更直白地说，问题在于"相关并非解释"。我认为，这就是查尔莫斯的主要观点——很难看出当前的科学方法能让我们走得更远。

在这一点上，明智的做法是停下来想一想。如果我们解释了所有关于"通达意识"的事实，真的还有什么被遗留下来吗？或者，这种表面上的缺失仅仅就是表面上的：只是"笛卡儿式的小人眼中虚幻的花招"（Dennett，1995）。由此，丹尼特认为，布洛克、查尔莫斯和其他人看到的是种类上的差异，而实际上只有程度上的差异：两个关键维度上的差异——"内容的丰富性和影响的程度"（Dennett，1995）。在此分析之下，盲视案例就是内容贫乏且影响有限的情况。相反，在现象意识完整的情况下，盲视就包含着丰富、翔实的内容和广泛的影响。但两者的差异并非由于后一种情况下存在某种额外的、幽灵般的事物（"真实的定性觉知"），它们只是在相同维度上存在程度差异。

我发现自己越来越被某种丹尼特式的收缩进路（我自己的尝试，见Clark，2000；Ward，Roberts and Clark，2011）所吸引。它的优点是一种纯粹的证实主义和解释经济原则。证实主义者的思路是观察到正确的信息平衡、通达等模式固定对应着生物体的行为，其在科学上与真实的现象意识是难以区分的。但是，一旦所有这些都是固定对应的话，为什么还要相信有一些额外物呢？经济原则也是显而易见的，如果通达意识（或某些相近的变体）与现象意识的可观察表现完美相关，为什么不把这两者说成是等同的呢？

要反对这样的观点，大可宣称第一人称视角不能被轻易忽视。正如金在权最近所言，如果你倾向于怀疑感受质是"额外"的，那么无论在科学上还是哲学上，任何人都无法说服你。在这里，金在权沿用布洛克引述路易斯·阿姆斯特朗谈及爵士乐的魅力的话，"如果你非得去问，那你永远也不会知道"（Kim，1996）。然而，这样的回应，应当让我们停下来思考一下。在任何其他科学或哲学辩论中，这样的说法都是不可接受的，为什么在这里却被允许了？

此外，像丹尼特那样的故事显然没有忽视第一人称视角。我们可以看到，丹尼特更宏大的叙事的本质是说，"我们（人类）的意识"是由文化和语言经验的影响创造的，它们共同营造出一个支持"用户错觉"的思维习惯，即一种统一意识的错觉，其决策和判断构成了关于我们是谁的叙事链，这就解释了我们第一人称视角的独特感受。但是，从某种意义上说，这里"人格"就作为主要的、受文化驱动的成就而出现；正是人格的感觉赋予了人类经验的特殊性。

但是，丹尼特在这方面的立场上似乎存在一些矛盾。因为，一方面丹尼特想指出，神秘的感受质的拥护者正在"将（丰富、控制等）程度的差异夸大为想象中事物间的差异"（Dennett，1997），但他也想说，由于文化依赖的用户错觉，人类确实是独特的。请原谅我又要引用一个冗长的段落：

> 为了具有意识——为了成为有"那种感受"的某种东西——就很有必要拥有某种信息的组织……它可以在我们这个物种而非其他物种身上迅速实现……我并不是说其他物种缺乏我们这种自我意识……我要说的是，除了纯粹的反应和辨别能力，还必须拥有一种组织才能算有意识，而这种组织在有感知的生物体中并不普遍。
>
> （Dennett，1998）

丹尼特给出划分物种间组织界限的概念，但也同样坚持认为，在人类物种的内部，各种反应和辨别现象只是程度上的差异。我觉得两者是很难调和的，因为很明显，其中一些现象，如主要由背侧通路引导的运动反应，根植于我们与许多其他动物共享的系统进化路径中。一个更简洁的丹尼特式故事也许是，认为意向状态（信念等）是普遍存在的，我们与其他动物的差异仅仅在于内容的丰富程度和控制调整的程度有所不同，而接受"我们的那种意识"（现在似乎是唯一的一种真正的意识）是一项有着独特的组织根源的特殊成就。

接下来看看僵尸（Zombie）这个概念。僵尸是指：

> 在分子层面和完整的物理学假设的低阶性质上与我完全等同，但他完全缺乏（现象）意识经验……他被置入一个完全等同的环境中……他会处理同样的信息、以类似的方式对输入做出反应……他会是清醒的，能够报告他的内在状态的内容，能够把注意力投放在不同地方，等等。只是这些功能都不会伴随着任何真正的意识经验。其中没有任何现象感觉，成为僵尸是没有感觉的。
>
> （Chalmers，1996）

简而言之，僵尸在反应和内在加工上，与你和我是等同的，但（可悲地？可喜地？不可能地？）缺乏真正的现象意识。僵尸也会说伤口是疼的、巧克力是好吃的，但并不存在经验。

（据我们所知）僵尸并不存在。实际上，我们甚至没有理由怀疑某人是僵尸，因为从定义上来说僵尸和非僵尸的反应和内部结构是一样的。那么，谁会在乎呢？为什么要讲这个故事？对于那些（像查尔莫斯一样）试图切断物理事实和现象内容之间的非偶然联系的人来说，这故事是很重要的。偶然联系是指恰好成立的联系，但也有可能并非如此。在查尔莫斯看来，任何基于物理、功能或信息加工的故事都无法解释我们为什么会有经验，或者无法解释为什么这些经验会有特定的感觉特性。支持这个观点的一个论点或考虑就是存在僵尸的逻辑可能性。因为，如果你能在原则上——在缺乏现象意识的情况下把物理的故事讲好，那么物理的故事就不能决定、固着或解释现象维度。僵尸在逻辑上是可能的吗？这无疑取决于逻辑！查尔莫斯坚持认为，这一观点本身并没有什么明显的矛盾。但我不相信仅凭这一事实就可以真正设想这种可能性。我个人的看法（但不在此赘述）是，我们所居住的特定"可能的世界"的事实设置了我们真正能够设想的世界的限制：这些限制比简单的、几乎仅是语法上不矛盾的事实所规定的限制要狭窄得多。

　　但让我们先把技术问题放在一边，关于僵尸的深层次问题显然有两个。首先，从定义上讲，如果没有"内部知识"，它们是无法识别的，这违背了（在我看来）纯粹的证实主义，即认为原则上真正的差异应当能够被共同商定的手段来检测。其次，就连查尔莫斯也承认："僵尸不太可能是天生的。在现实世界中，我的复制品应该都是有意识的。"但是，如果在现实世界中，物理和现象学事实的联系是如此紧密的话，那就很难说清楚，为什么对这些联系的本质和起源的充分理解不等于对（我们现实世界目的的）现象意识本身的充分理解。当然，仅仅揭开意识经验的若干个孤立的神经关联，并不能给我们带来深层的解释性理解。但假如我们发现了一个完整的系统，能溯源至系统进化树上的某个地方呢？假如我们开始看到某些损害如何系统地修复或引起某些经验上的扭曲呢？一旦这样的知识体系变得熟悉和久经使用的考验，看起来肯定会像是一个关于物理 / 现象联系的深层的解释性理解。

　　如果查尔莫斯接着说："好吧，你破解了现实世界的谜题，但你的理论并不完整，因为它无法解释所有逻辑上可能的世界。"那么科学家们将（正确地）感到困惑。在任何一个科学家能够充分设想的世界里，同样的联系都将存在。其他的世界似乎是空洞的、语法上虚构出来的，其真正的可设想性将受到严重的怀疑。这里涉及很复杂的问题，我就不再多说了。

但我深信：无论概念上有什么细微差别，关于现象意识这个重要问题，不应该把它与是否"可设想"这种不可靠、不规范的直觉联系起来，必须用更好的方法来深入探究。

查尔莫斯本人对这一难题的处理方法是，把现象经验视为基础的。也就是说，接受它最终无法被解释的事实，转而致力于理解将物理事实与经验事实联系起来的关联网络的形态。就像"物理学中没有任何理论能告诉我们为什么会有物质存在"（Chalmers，1997a），所以也没有什么能告诉我们为什么物质世界会有意识存在。但这并不妨碍我们寻求本章前面提到的那种相关性。更激进的是，查尔莫斯建议，我们可能需要认识到携带信息的物理状态拥有基础的"双重性"，其推论是，凡是有信息的地方，总会有某种程度的现象内容。

然而，我觉得给出这样的方案为时过早。因为，正如查尔莫斯也承认的，如果把现象内容视为基础的，就等于放弃寻找一个真正的还原论解释（参见 Koch，2012）。然而，现象经验在宇宙中表面的分布有力地表明，它是一种由相当复杂的组织属性所引起的特征，只在高度有序物质的有限区域中被发现，而不是一种基本的、因此更"均匀分布"的属性。如果僵尸论证是不成立的，我们就没有理由认为这种基于组织的故事是不可能的。因此，（同样假设僵尸论证不成立）将经验简单地描述为一个原始事实，是不成熟的悲观主义。

哲学家科林·麦金（McGinn，1989）和认知科学家史蒂芬·平克（Pinker，1997）提出了另一个不同的（但也同样是不成熟的）悲观主义，即认为人类的大脑可能天生就无法洞察现象意识的奥秘（也许是"认知闭合的"）。他们指出，考虑到人类大脑在理解各种关系和因果链的能力的进化程度，我们能理解意识的可能性并不比仓鼠能理解量子力学的可能性更高。

难道我们的双眼就会永远被蒙蔽吗？我不明白我们现在为什么要这么

想。与啮齿类动物的大脑不同，人类的大脑从语言、文化和技术中获得了不可估量的好处（参见第 8 章）。我们会跨时间和空间分配子任务，保留中间成果，创建各种工具、道具和脚手架来帮助我们不断前进。谁又能说清楚，究竟是什么从根本上限制了我们这些习惯了不断拓展自己思想的人的认知视野，以及为什么对意识问题的回应要落在（假定存在的）鸿沟的一侧，而不是另一侧。

最后，表征主义怎么样呢？这个论点认为，现象事实被表征事实所穷尽。这个故事对哲学界很有吸引力。我认为其原因是，与内容有关的问题是哲学主要关心的，而且令人感到安慰的是，像现象意识这种看上去很诡异的东西，可能会被简化为与熟悉的内容有关的事实。它令人感到安慰，但这是真的吗？显然，现在下结论还为时过早，我们当然有理由对此表示怀疑。

最基本的一个担忧是，在一些情况下，我们很难指出表征内容可能是什么。也许，在某种意义上，脚部疼痛表征了当下或即将发生的组织损伤（Dretske，1995；Tye，1997）。但隐隐不安的感觉呢？内源性抑郁呢？高潮感觉呢？在这些情况下，我们似乎都是有感觉的，但没有任何明确的表征内容或角色（对此，一种方案是将这些内容描述为"非概念的"，因此只能通过语言做出不完美的表达。参见 Tye，1997，2005）。

另一个担忧是，表征内容明显不充分。如果我们允许（当然应该允许）一些表征状态没有现象维度，那么为什么要假设是表征内容而不是缺失的"额外成分"使其他状态具有现象意识呢？即使表征内容是故事的一部分，它也不像是故事的全部。

二阶表征主义（又称"高阶思维理论"）可能是更好的选择。这里的关键是把"缺失的成分"视为额外的思维层次。在这个观点下，当我们表征自己的表征时，现象意识内容才会出现：我们对自己拥有的关于日落或者鸡尾酒味道的想法的表征进行表征。对此理论的一个直接担忧是，它似乎将现象意识与相当高级的元认知能力绑定起来了。至少从表面上看，思考自己的想法是大多数动物和婴儿可能无法做到的。因此，高阶思维理论的支持者们必须做出艰难的抉择：要么咬紧牙关，认为"几乎所有动物都缺乏意识经验"（Carruthers，1996）；要么找到某种方法来理解高阶思维这个概念，使其看上去是一个更普遍的现象。丹尼特（我认为，他关于"用户错觉"的故事使其倾向于承认一种相当复杂的高阶思维理论）就是咬紧牙关，认为其他动物根本不可能有被称为现象意识的状态（Dennett，1998）。像莱肯（Lycan，1997）和阿姆斯特朗（Armstrong，1997）这样的学者，则尝试让高阶状态变得不那么理性，而更像是一种对持续的心理活动的内在知觉，从而使其理论变得容易被接受（然而，这种区分可能不像看起来那么明显，参见 Guzeldere，1997）。

在我看来，说到底真正的谜题是：意识是否存在"难问题"？现象意识是否有什么特殊之处，使其超出了目前的科学探究的范围（如查尔莫斯和其他人所认为的那样），或者这只是解释一种反应和报告模式的问题（如丹尼特和其他人所建议的那样）？那么，一个"元难问题"（meta-hard problem）就是如何在这些选项中做出选择。本质上讲，这之所以困难，是因为（正如我们所看到的）僵尸思想实验——查尔莫斯论证的关键点——本身就和它想要揭示的主题一样是问题重重的！

鉴于目前的僵局，我认为我们需要探索一些其他的思考方式。有一种进路值得推荐，那就是探究普赖斯（Price，1997）所称的"难问题的心理学"。这个观点承认在解释现象意识方面似乎存在着一个特殊的问题，但试图将这种现象解释为一种植根于我们心理构成的认识论错觉，而不是逻辑的、本体论的或形而上学的差异造成的。从本质上讲，这是与"认知闭合"的支持者诉诸相同的事实（关注我们成功解释的基本经验等）。但是，它认为是心理学上的因素阻碍了我们寻找正确解释的能力。普赖斯认为，这种效应会使得我们对摆在面前的完美解释仍然感到不满意。这样的故事把难问题"心理学化"，并解释为什么我们如此强烈地想去寻找一个棘手的差异（尽管丹尼特和其他人都在努力），而实际上（这个故事发展下去）只是一个科学问题，就像其他的科学问题一样。

普赖斯首先问，我们为什么没有在其他地方发现"解释鸿沟"和"难问题"。是什么"让我们有时候从一个问题中走出来……我们的脸上都挂着微笑，心中也洋溢着温暖，并感到'是的，我现在明白了'"（Price，1997）。

当你仔细观察事物时，会发现这种理解的感觉更应当是一种惊奇感。正如休谟（Hume，1740）和其他人所认为，我们所发现的似乎是稳健的联结（x 可靠地伴随着 y），而不是某种内在的、透明的联系。即使允许我们需要找到反事实的稳健联结（Mackie，1974），以避免将偶然的规律误认为是原因，但在某种意义上，因果关系本身似乎总是难以捉摸的。也许我们所了解的一切都只是某些类型的事件具有可靠的（稳健的、反事实的）相关性（Popper，1980）。

但如果（深层的、稳健的、反事实可靠的、系统结构化的）相关性就是我们所能找到的一切，为什么在解释现象意识时，"解释鸿沟"看起来如此令人生畏？如果鸿沟总是存在的，只能由深层的、稳健的、反事实可靠的、系统结构化的相关性桥接起来，那么（在这种情况下）通过挖掘一个与现象意识不同方面相关的神经系统或组织系统，我们就可以像解释其他事物一样来解释意识。

普赖斯认为，这种差异（他沿用罗施 Rosch，1994 的观点）仅仅是心理上的。"解释性理解的温暖"是一种自我欺骗的结果，在这种自我欺骗中，我们幻想出一种"已经包含在其基础中的"结果（Price，1997）。（例如，思考一下那个显然是错误的、过时的胚胎学故事：成体被微缩储存在受精卵中。）在现象意识的讨论中，问题是我们通常从原因"看到"结果的技巧在这里不起作用，但这只是一个心理上的障碍（而不是逻辑的、本体论的或形而上学的）。

沿用罗施的观点，普赖斯列举了四种方法，使得我们自欺欺人地将结果透明地包含在原因之中。第一种，通过"看到"一种性质从其原因到结果的转移，如一个台球撞击另一个台球而"赋予"其运动。第二种，从内部视角看到我们的行为是我们意图的结果。第三种，把结果看作原因的一种"可接受的"转变（猫崽变成成年猫）。最后一种，将结果视为由一类原因所引起的（酸引起燃烧）。也许我们也使用其他的技巧，这四种方法并非穷尽无遗。这里的关键是，很难看出现象意识和它的物理基础之间具有以上这些关系。从某种意义上说，它是一个独特的情况——"与我们经验中的任何其他东西都不一样"。

然而，心理上的技巧就仅仅是种技巧。一个因果关系与我们已经习惯的因果关系相似，或者我们可以幻想结果已经存在于原因中的这些事实，根本无法使实际的关系在本体论上、形而上学上甚至逻辑上变得透明。要害是，当我们遇到或试图解释新类别的事物时，我们不应期待任何解释性理解的温暖，即使我们正好得到了（稳健的、反事实的等等）相关性也不行。

因此，普赖斯认为，现象意识可能呈现出一种类似现代物理学的情况，即需要花费时间和逐渐熟悉，才能将最初技术上可接受但解释上不令人满意的解释变成被接受的真正解释。他的结论是，我们对理解的直觉并不能很好地指导我们真正进步。

在我看来，人们可以将这种方法与所谓的现象概念策略相结合（Stoljar，2005）。这里的核心概念是，我们之所以（错误地）认为我们的意识理论中"缺失了某些东西"，是因为我们对意识状态的看法与我们对其他类型状态（如物理状态）的看法存在系统性差异。故此：

> 这一观点把（解释）鸿沟定位在我们关于物理过程的概念和关于意识的概念的关系中，而不是物理过程和意识本身的关系中。

> （Chalmers，2008）

查尔莫斯（Chalmers，2006）拒绝现象概念策略，并再次诉诸包含僵尸存在可能性的可感知论证。类似地，为了回应普赖斯，查尔莫斯（Chalmers，1997b）承认解释鸿沟总是潜藏在因果故事的底层，但声称这正是他的观点：在所有情况下，解释鸿沟都是"连接原则中的某些偶然性导致的，因为存在潜藏的、原始的、偶然的基本定律，而这正是我所赞成的。在这里我们有一种"可能不是这样子的"层次间的关系……"。他认为，这种鸿沟并不会干预所有情况。因为有时（他引用了统计力学和热力学之间的关系）低层次的事实对高层次的事实而言是必要的。只有当必要性不成立时，鸿沟才会出现。简单而言，查尔莫斯的回应就是，普赖斯的故事实际上支持而不是反对了查尔莫斯。

然而，我依然觉得这不能让人信服。如果正如查尔莫斯所允许的那样，我们能够为现象意识给出一个完全基于物理的故事，最终，就像我们解释为什么按下遥控器就会打开电视一样，"难问题"就是一种认知错觉。正如查尔莫斯所承认的，在这两种情况下，困难都出现在最后，当我们解开所有更高层的规律，然后问为什么大部分最基本的原则仍未破解时，在这里，我们对解释的挖掘结束了，"铁锹折了"（维特根斯坦的比喻）。但那又怎样？我们不会因为对"遥控僵尸"（就像我们的电视遥控器一样的设备，但在另一个逻辑上可能存在的宇宙中无法改变频道）的恐惧，就不再相信那个能完全解释实际的、真实的遥控设备运作的电磁学框架。相反，只有我们理解如此这般的组织结构（在一个受物理基本定律支配的世界中）如何产生我们试图解释的结果模式时，我们才能理解这个装置。我仍未看出，解释现象意识会带来任何与此完全不同的问题。那么，现象意识真的存在一个难问题吗？这个"元难问题"可能仍然是最难的，也是最重要的。

推荐阅读

第 1 章

Chapter 1 （"Intelligence, Thinking, and Artificial Intelligence"）of R. Pfeifer and J. Bongard's *How the Body Shapes the Way We Think* (Cambridge, MA: MIT Press, 2007) 对如何理解智力的一些基本动机问题提供了很好的、轻松的介绍。

Chapter 3 （"Computers and Thought"）of Tim Crane's (2003) *The Mechanical Mind: A Philosophical Introduction to Minds, Machines, and Mental Representation* (Second Edition, Penguin Books, London) 对算法、图灵机和"思维即计算"的概念做了很好的介绍。

一个对二元论的种类坚实的、一定程度上令人赞同的说明，见 D. Chalmers, *The Conscious Mind* (New York: Oxford University Press, 1996, Chapter 4)。

对于一般的哲学背景（同一性理论、行为主义、机器功能主义），一个好的起点是本书的附录 1 和 P. M. Churchland, *Matter & Consciousness* (Cambridge, MA: MIT Press, 1988)。另一个很好的资源是 D. Braddon-Mitchell and F. Jackson, *Philosophy of Mind and Cognition* (Oxford, England: Blackwell, 2nd edition 2007, Chapters l, 2, 3, 5, 6, and 7)。

如果想要了解广义计算性心智观点的概念，请参阅这两本书的导言。J. Haugeland, *Mind Design*, 1st edition (Cambridge, MA: MIT Press, 1981) 和 *Mind Design II*(Cambridge, MA: MIT Press, 1997)。前者（"Semantic engines:An introduction to mind design"）对句法/语义的区分特别好，后者（"What is mind design?"）增加了对近期进展有用的讨论。

关于图灵机的更多信息，见 J. Kim, "Mind as a computer,"［Chapter 4 of his excellent book, *Philosophy of Mind* (Boulder, CO: Westview Press, 1996)］。第 1~3 章涵盖了二元论、行为主义和同一性理论，也是强烈推荐的。第 4 章集中讨论了机器功能主义的出现，并详细讨论了反还原论的主题，这些主题在我的书中被以"是结构而不是实物"的主张进行讨论。安德鲁·霍奇斯的精彩网站 The Alan Turing Internet Scrapbook 包括一个有用的小型交互式 JavaScipt 图灵机模拟器，见 http://www.turing.org.uk/turing/scrapbook/tmjava. html，同样可见于阿兰·图灵主页：http://www.turing.org.uk/turing/index.html。

Chapter 1 "Naturalism and Mechanism" of B. Bechtel's (2008) *Mental Mechanisms:Philosophical Perspectives on Cognitive Neuroscience* (New York: Taylor & Francis) 提供了有用的、具有历史敏感性

的说明，其中特别清晰地说明了信息处理方法（第1.4节）。

对机器功能主义的哲学论述以及批判，请参见 H. Putnam, "The nature of mental states." In H. Putnam (ed.), *Mind, Language & Reality: Philosophical Papers, Vol. 2* (Cambridge, England: Cambridge University Press, 1975)，这是关于机器功能主义的经典而易读的论述。N. Block, "Introduction: What is functionalism?" and "Troubles with functionalism." *Readings inPhilosophy of Psychology*, Vol. 1 (Cambridge, MA: Harvard University Press, 1980) 都是清晰而批判的阐述，很好地反映了原始辩论的情况。

J. Searle, "The critique of cognitive reason," Chapter 9 of his book, *The Rediscovery of the Mind* (Cambridge, MA: MIT Press, 1992) 对基本的计算主义主张和假设进行了典型的直接批判。

关于经验性问题的有用的介绍是 S. Franklin, *Artificial Minds*(Cambridge, MA: MIT Press, 1995)，一本优秀的论文集可见 J. Haugeland, *Mind Design II*(Cambridge, MA: MIT Press, 1997)。

《国家地理》提供了一份图文并茂的（可免费访问）回顾，介绍了从1951年的跳棋程序开始到沃森在《危险边缘》节目中获胜等一些"人工智能的里程碑"。参见：https://www.nationalgeographic.com/culture/article/110217-watson-win-jeopardy-ibm-computer-humans-science-tech-artificial-intelligence-ai/。

第2章

关于经典人工智能和物理符号系统假设，见 A. Newell and H. Simon, "Computer science as empirical inquiry: Symbols and search." In J. Haugeland (ed.), *Mind Design II*(Cambridge, MA: MIT Press, 1997,pp. 81–110)，两位经典人工智能早期重要人物对物理符号系统假设的很好的原创性阐述。

对于经典人工智能向现代发展所做的努力，见 J. Laird, *The Soar Cognitive Architecture* (Cambridge, MA: MIT Press, 2012)。如果需要简短些的阐述，可尝试 J. Laird,Extending the Soar Cognitive Architecture. In Proceedings of the First C*onference on Artificial General Intelligence (AGI-2008)*, available from: http://sitemaker.umich.edu/soar/home。

对于经典（"基于规则的"）认知架构一般概念的简短处理，见 pp. 50–57 of P. Thagard's entry, "Cognitive Architectures" in K. Frankish and W. Ramsey (eds.), *The Cambridge Handbook of Cognitive Science* (Cambridge, UK: Cambridge University Press, 2012). Chapter 3 ("Computers and Thought") of T. Crane's *The Mechanical Mind* (2nd edition; London: Routledge, 2003) 提供了关于规则和表征的早期争论很好的阐述。

对于经典人工智能的重要批评，见 J. Searle, "Minds, brains and programs." In J. Haugeland (ed.), *Mind Design II*(Cambridge, MA: MIT Press, 1997,pp. 183–204) 中使用著名的中文屋思想实验对经典人工智能干净利落的、挑衅的批评。H. Dreyfus, "Introduction" to his *What Computers Still Can't Do* (Cambridge, MA: MIT Press, 1992) 有对"日常处理"的反驳和一些用联结主义替代经典人工智能的激起人们好奇的评论。D.Dennett, "Cognitive wheels: The frame problem of AI." In M. Boden (ed.), *The Philosophy of Artificial Intelligence* (Oxford, England: Oxford University Press, 1990, pp. 147–170) 是另一篇关于形式化常识推理问题，它具有丹尼特惯有的气魄和冲击力。

一些对经典人工智能及其吸引力和隐患的回顾，见 S. Franklin, *Artificial Minds* (Cambridge,

MA: MIT Press, 1995, Chapters 4 and 5)，以及收集在 Section 1（"Symbolic models of mind"）of W. Clancey, S. Smoliar, and M. Stefik (eds.), *Contemplating Minds* (Cambridge, MA: MIT Press, 1994, pp. 1–166) 的 11 篇回顾中所表达的不同视角。一个有用的文集是 J. Haugeland, *Mind Design II*(Cambridge, MA: MIT Press, 1997)，尤其是（除了上面引用的塞尔与纽厄尔和西蒙的部分）导论 J. Haugeland, and the papers by Minsky ("A framework for representing knowledge") and Dreyfus ("From micro-worlds to knowledge representation: A.I. at an impasse")。

一些较长的当代关于"通用智能系统"的经典理想的陈述，见 B. Goertzel and C.Pennachin (eds.), *Artificial General Intelligence* (Springer, 2006)。

要了解结合了经典编码和后续范式的特征的最新进路（如复杂的铰接结构的表征）与后续范式的特征，可尝试 Geoffrey Hinton's "Learning Multiple Layers of Representation" *in Trends in Cognitive Sciences*, 11:2007:pp.428–434。

关于逻辑基础的人工智能进路的最新的介绍，一个有用的资源是 D. Poole and A. Mackworth *Artificial Intelligence: Foundations of Computational Agents*（Cambridge University Press, 2010）—available free online under a Creative Commons license at:http://artint.info/index.html。

第 3 章

关于常识心理学话语的计算实在论，见 J. Fodor, "Introduction: The persistence of the attitudes" 和 "Appendix: Why there still has to be a language of thought"。它们是其著作 *Psychosemantics: The Problem of Meaning in the Philosophy of Mind* (Cambridge, MA: MIT Press, 1987, pp. 1–26, 135–154) 的第一章和最后一章。第一章展示了强烈的实在论对民间心理学解释的诉求，而最后一章提供了某些更为技术性的论证以清楚表述支持某种类型的内部编码。

将思想语言式的"计算实在论"视为心理加工过程的普遍说明，福多越来越怀疑其范围和最终成功，见其著作 *LOT 2: The Language of Tought Revisited* (Oxford, England: Oxford University Press, 2008) 中的 Introduction 和 Chapter 4 ("Locality")。一个易得的综述见 J. Prinz, "Has Mentalese Earned Its Keep? On Jerry Fodor's LOT 2" in *Mind* 120(478), 2011, pp. 485–501。

福多 2008 年著作的某些主题被紧凑地表达在福多的论文中，"Having concepts: A brief refutation of the 20th century" in *Mind and Language* 19(1), 2004, pp. 29–47。对其的一个回应见 Prinz and Clark, "Putting concepts to work: Some thoughts for the 21st century"，在同一期期刊中 (pp. 57–69)。

一个自由的观点认为民间心理学概念兼容于多个认知科学模型，见 G. Graham and T. Horgan, "Southern fundamentalism and the end of philosophy." In M. DePaul and W. Ramsey (eds.), *Rethinking Intuition* (Oxford, England: Rowman and Littlefeld, 1999)。

P. M. Churchland, "Eliminative materialism and the propositional attitudes" "Folk psychology and the explanation of human behavior, *A Neurocomputational Perspective* (Cambridge, MA: MIT Press, 1989, pp. 1–22, 111–128)。前一篇呈现了丘奇兰德原初的、前联结主义的对关于民间心理学框架的怀疑态度的某些基础构想，后一篇增加了关于联结主义以及与丹尼特的争论的评论。

丘奇兰德一个成熟的关于民间心理学的观点以及一个（特别地）后继理论的特点的表述，见其著作 *Plato's Camera: How the Physical Brain Captures a Landscape of Abstract Universals* (Cambridge, MA: MIT Press, 2012)。

对其关于民间心理学观点以及采取"多重可实现性"主题（见第 1 章，方框 1.4）观点的主要担忧，一个简洁有力的表述见 P. M. Churchland, "Functionalism at Forty: A Critical Retrospective" in *Journalof Philosophy,* 102(1), 2005, pp. 33–50。这篇也出现在一本有用的论文集中，被 P. M. Churchland 定名为 *Neurophilosophy at Work* (New York: CambridgeUniversity Press, 2007)。

关于工具主义和模式的实在性，可见 D. Dennett, "Real patterns" in *Journal of Philosophy,* 88, 1991, 27–51（当前意向性立场的一流表述）。也可见之前的一流表述，"True believers: The intentional strategy and why it works" in D. Dennett, *The Intentional Stance* (Cambridge, MA: MIT Press, 1987)。对这些话题的某些精彩讨论，以及对康威"生命游戏"的一个发人深省的论述，见 J. Bermúdez, "Rationality, mental causation and commonsense psychology, "chapter 6 of his *Philosophy of Psychology: A Contemporary Introduction* (New York: Routledge, 2005)。也可见 T. Crane "Understanding thinkers and their thoughts" (chapter 2 of *The Mechanical Mind:A philosophical introduction to minds, machines, and mental representation* (London: Penguin, 2003)。

某些批评，见 L. Rudder-Baker, "Instrumental intentionality" in S. Stich and T. Warfeld (eds.), *Mental Representation: A Reader* (Oxford, England: Blackwell, 1994, pp. 332–344)。一个清晰而直接的对"真正的信徒"论证的回应。

后续的争论，见 D. Dennett, "Back from the drawing board" in B. Dahlbom (ed.), *Dennett and His Critics* (Oxford, England: Blackwell, 1993, pp. 203–235)。这是丹尼特对各种批评的回应，所有这些批评都出现在同一文集中。特别地见以下章节 "Labels: Am I a behaviorist? An ontologist?"（pp. 210–214），"Intentional laws and computational psychology"（pp. 217–222），以及对 Millikan 的回应（pp. 222–227）。

一个精彩的延伸性分析，见 B. McLaughlin and J. O'LearyHawthorn, "Dennett's logical behaviorism" in *Philosophical Topics,* 22, 189–259, 1994。这是一个非常全面和有用的对丹尼特问题的"行为主义"批判性评估。也可见丹尼特在同一期的回应，pp. 517–522。

一个困难但值得投入的"真实的模式"观念可以在此文中发现，J. Haugeland, "Pattern and being" in B. Dahlbom (ed.), *Dennett and HisCritics* (Oxford, England: Blackwell, 1993, pp. 53–69)。

某种不同的风格，见 R. G. Millikan, "On mentalese orthography." In B. Dahlbom (ed.), *Dennett and His Critics* (Oxford, England: Blackwell, 1993, pp. 97–123)。这是一个与以上讨论的所有话题不同类型的进路。

最后，一个对因果解释的"操作主义"进路的不错的说明，可见 C. Craver, "Causal relevance and manipulation"，chapter 3 of his *Explaining the Brain: Mechanisms and the Mosaic Unity of Neuroscience* (Oxford, England: Oxford University Press, 2007)。

第 4 章

关于联结主义。J. McClelland, D. Rumelhart, and the PDP Research Group (eds.), *Parallel Distributed Processing: Explorations in the Microstruc-ture of Cognition* (Cambridge, MA: MIT Press, 1986, Vols. I and II) 仍然是对联结主义研究项目最好的介绍。该项目继续延展其范围，见 T. Rogers and J. McClelland, *Semantic Cognition: A Parallel Distributed Processing Approach* (Cambridge, MA: MIT Press, 2004)。这本专著的讨论被很好地总结于 T. Rogers and J. McClelland's "Précis of semantic cognition: A parallel distributed processing approach" in *Behavioral and Brain Sciences* 31: 2008:689–749。这里的页码范围不仅包括这篇概述也包括多篇评论（以及后面一篇有用的"作者回应"）。在众多篇精彩的评论中，我重点介绍由 Kemp and Tenenbaum（关于联结主义的研究与"结构化的概率模型"之间的联系——也可见接下来的第 11 章）、Marcus and Keil，以及 Quinlan 所写的评论（每篇都指出联结主义模型的明显局限）。

对最初的联结主义项目的读者友好的介绍包括 A. Clark, *Microcognition,* (Cambridge, MA: MIT Press, 1989)，和 A. Clark *Associative Engines* (Cambridge, MA: MIT Press, 1993)。P. M. Churchland's *The Engine of Reason: The Seat of the Soul* (Cambridge, MA: MIT Press, 1995) 是对联结主义范式极佳的易理解的说明。它包括对递归网络的实质性讨论并且结尾某些章节论述了道德和社会的影响。P. M. Churchland's *Neurophilosophy at Work* (NY: Cambridge University Press, 2007) 是一本全面的收录更近期论文的文集，其中特别突出的包括 "Catching Consciousness in a Recurrent Net" (this originally appeared in A. Brook and D. Ross (eds.), *Daniel Dennett: Contemporary Philosophy in Focus* (Cambridge: Cambridge University Press, 2002, pp. 64–81) 和 "Functionalism at Forty" (originally appeared in *Journal of Philosophy* 102:1:2005: 33–50)。S. Franklin's *Artificial Minds* (Cambridge, MA: MIT Press, 1995) 有一些有用的章节关于联结主义以及联结主义 / 经典主义的争论(Chapters 6 and 7)。更前沿的论述，见 P. S. Churchland and T. J. Sejnowski, *The Computational Brain* (Cambridge, MA: MIT Press, 1992, Chapter 3)。

互补学习系统（CLS）的视角被简洁地总结在 J. McClelland, "Memory as a constructive process: The parallel-distributed processing approach" in S. Nalbantian, P. Matthews, and J. L. McClelland (eds.), *The Memory Process: Neuroscientific and Humanistic Perspectives.* Cambridge, MA: MIT Press, 2011, pp. 129–151。

对人工神经网络建模非常前沿的教科书式的介绍，见 O'Reilly, R. C., and Munakata, Y. (2000). *Computational Explorations in Cognitive Neuroscience: Understanding the Mind by Simulating the Brain.* (Cambridge: MIT Press)。对许多同一话题的一个免费的、实时更新的文集，见 O'Reilly, R. C., Munakata, Y., Frank, M. J., Hazy, T. E., and Contributors (2012). *Computational Cognitive Neuroscience.* Wiki Book, 1st Edition。URL: http://ccnbook.colorado.edu。

一场有启发性的关于联结主义和符号规则的交流可参见 G. Marcus et al., "Rule learning by 7 month old infants." *Science,* 283, 77–80, 1999；J. McClelland and D. Plaut, "Does generalization in-fants learning implicate abstract algebra-like rules?" *Trends in Cognitive Sciences*, 3(5), 166–168, 1999 以及 G. Marcus 在同一期的回应。也可见 G. Marcus, *The Algebraic Mind: Integrating Connection-ism and Cognitive Science (Learning, Development, and Conceptual Change)* (Cambridge, MA: MIT Press, 2001)。

要了解把经典视角和联结主义视角的要素结合起来的混杂系统进路，可尝试 R. Sun, *Duality of the Mind* (Mahwah, NJ: Erlbaum, 2002); D. Jilk, C. Lebiere, C., R. O'Reilly., and J. R. Anderson, "SAL: An explicitly pluralistic cognitive architecture" in the *Journal of Experimental and Theoretical Artificial Intelligence* 20: 2008: 197–218。

关于民间心理学和系统性。由 C. McDonald and G. McDonald 编辑的文集 *Connectionism: De-bates on Psychological Explanation* (Oxford, England: Blackwell, 1995) 精彩且相当全面。更广泛的讨论可参见 W. Ramsey, S. Stich, and D. Rumelhart (eds.), *Philosophy and Connectionist Theory* (Hillsdale,

NJ: Erlbaum, 1991)。经典基于系统性对联结主义的批评是 J. Fodor and Z. Pylyshyn，"Connectionism and cognitive architecture: A critical analysis"，*Cognition* 28, (1988): 3–71, 但相关要点被更为普世的理论家所提出，例如 P. Smolensky, "On the proper treatment of connectionism." *Behavioral and Brain Sciences* 11, (1988): 1–23, 他后期（相当困难的）研究是关于优选理论和调和语法的 P. Smolensky & G. Legendre *The Harmonic Mind: From Neural Computation to Optimality-Theoretic Grammar.* Cambridge, Mass.: MIT Press, 2006 (*Volume 1: Cognitive Architecture and Volume 2: Linguistic and Philosophical Implications.*) 同时容纳了复杂的铰接结构和统计学习。对这项重要议题的进一步讨论，见 M. Christiansen and N. Chater, "Constituency and recursion in language"，in M. A. Arbib (ed.) *The Handbook of Brain Theory and Neural Networks*, (Cambridge, MA: MIT Press, 2003), pp. 267–271。

对语言和外在符号结构作用的讨论见 D. Dennett, *Darwin's Dangerous Idea* (New York: Simon & Schuster, 1995) 和 A. Clark, *Being There* (Cambridge, MA: MIT Press, 1997)。P. M. Churchland's *Plato's Camera: How the Physical Brain Captures a Landscape of Abstract Universals* (Cambridge, MA: MIT Press, 2012) 提供了对联结主义视角的综合介绍，并且强调神经处理过程可以被文化和语言实践所塑造和影响。

关于生物学上的合理性。对早期联结主义模型的神经可行性的诚实且复杂的讨论，见 P. S. Churchland and T. J. Sejnowski's *The Computational Brain* (Cambridge, MA: MIT Press, 1992)。对此的批判性攻击，见 G. Reeke and G. Edelman, "Real brains and artificial intelligence" in *Daedalus,* Winter, 143–173, 1988, reprinted in S. R. Graubard (ed.), *The Artificial Intelligence Debate* (Cambridge, MA: MIT Press, 1988)。也可见 the special issue of Connection Science on Biorobotics: *Connection Science* 10(314),1998。

关于状态空间语义学和跨越不同的总体架构的网络比较概念相似性的度量问题，见 Fodor and LePore 与 P. M. Churchland 之间的交流，收录于 R. McCauley (ed.), *The Churchlands and Their Critics* (Oxford, England: Blackwell, 1996, Chapter 6) 以及 C. MacDonald 回应 Clark 与 Stich and Warfield 之间的交流，收录于 C. MacDonald and G. MacDonald (eds.), *Connectionism: Debates on Psychological Explanation* (Oxford, England: Blackwell, 1995, Chapters 9 and 11)。也可见 Paul Churchland 对 Fodor and LePore 的回应，收录于 P. M. Churchland and P. S. Churchland, *On the Contrary: Critical Essays 1987–1997* (Cambridge, MA: MIT Press, 1998, Chapter 7)。这三卷文集也可被推荐为对围绕联结主义进路的哲学争论的全面综述。

近期一些对联结主义这个替代方案的形态及其引发的议题的哲学讨论，见 J. Bermúdez, *Philosophy of Psychology: A Contemporary Introduction* (New York: Routledge, 2005) 的第 5 章（"Neural networks and the neurocomputational mind"）和第 9 章（"Propositional attitudes: contents and vehicles"）；建模领域有见地的综述，见 M. Thomas and J. McClelland, "Connectionist models of cognition" in R. Sun (ed). *Cambridge Handbook of Computational Psychology* (Cambridge: Cambridge University Press, 2008, pp. 23–58)。

积极捍卫联结主义进路作为解释涌现认知现象的最佳选择，见 J. McClelland, M. Botvinick, D. Noelle, D. Plaut, D. T. Rogers, M. Seidenberg, and L. Smith, "Letting structure emerge: Connectionist and dynamical systems approaches to understanding cognition" in *Trends in Cognitive Sciences,* 14:2010:348–356。同样的主题，见 J. McClelland, "Emergence in cognitive science" in *Topics in Cognitive Science*, 2:2010:751–770。

最后，在对复杂、铰接结构的学习和表征中的某些发展的综述，见 G. Hinton, "Learning multiple layers of representation" in *Trends in Cognitive Sciences,* 11:2007:428–434。

第 5 章

关于马尔层次分析的更多内容，见 J. Bermúdez, *Philosophy of Psychology: A Contemporary Introduction* (New York: Routledge, 2005) 的 2.1 节（"Explanation at different levels"）。

对感知和行动的神经科学的一般介绍，可见 M. Jeannerod, *The Cognitive Neuroscience of Action* (Oxford, England: Blackwell, 1997)。这本书覆盖了关于接触和抓取的研究，并且是对心理学和神经科学之间的接口特别宝贵的介绍。也可见 A. D. Milner and M. Goodale, *The Visual Brain in Action* (Oxford, England: Oxford University Press, 1995)，给出了关于视觉和行动的一个清晰但又激发争议的故事。对这个故事的某些新进展，见 A. Milner and M. Goodale, "Epilogue: Twelve years on" in A. Milner and M. Goodale (eds.), *The Visual Brain in Action* (2nd ed., pp. 207–252; Oxford: Oxford University Press, 2006)。T. Decety and T. Giezes 的综述文章 "Neural mechanisms subserving the perception of human actions" in *Trends in Cognitive Sciences,* 3(5), 172–178, 1999 也是一份有用的资源。

对于认为镜像神经元只不过是联想学习的结果这种观点的简短辩护，见C. Heyes "Mesmerising mirror neurons" in *NeuroImage,* 51:2010:789–791。更长的辩护见 C. Heyes, "Where do mirror neurons come from?" in *Neuroscience and Biobehavioral Reviews,* 34, 2010, pp. 575–583。要了解在联合行动的特殊背景中的行动感知，见 G. Knoblich and N. Sebanz, "The social nature of perception and action" in *Directions in Psychological Science* 15:3:2006:99–104。

有见地的关于分析和解释的层次问题在哲学、计算和神经科学上的讨论，见 C. Craver, *Explaining the Brain: Mechanisms and the Mosaic Unity of Neuroscience* (Oxford: Clarendon Press, 2007)。P. S. Churchland and T. J. Sejnowksi, *The Computational Brain* (Cambridge, MA: MIT Press, 1992) 是一部厚但易读的计算神经科学论著，对分析的层次和描述的层次这些议题进行了特别有用的讨论。P. S. Churchland, *Neurophilosophy*(Cambridge, MA: MIT Press, 1986) 包含关于基本神经科学和神经解剖学的有用且易读的入门介绍。

M. Gazzaniga (ed.), *The Cognitive Neurosciences* (4th edition, 2009, Cambridge MA: MIT Press) 是一份巨大且精彩的资源，是包含关于大脑的各方面及其在人类行为中的地位的权威且清晰的文章。稍微缩小范围，M. Gazzaniga, R. Ivry, and G. Mangun, *Cognitive Neuroscience: The Biology of the Mind* (New York: W.W. Norton, 3rd edition, 2008) 是该领域的一份近便的叙述性说明。

关于交互式视觉和变化盲视的研究被很好地描述在 P. S. Churchland, V. S. Ramachandran, and T. Sejnowski, "A critique of pure vision." In C. Koch and T. Davis (eds.), *Large-Scale Neuronal Theories of the Brain* (Cambridge, MA: MIT Press, 1994, pp. 23–60)。也可见 D. Simons and D. Levin 的综述文章 "Change blindness" in *Trends in Cognitive Sciences,* 1, 261–267, 1997；以及 D. Simons and R. Rensink, "Change blindness: Past, present and future" in *Trends in Cognitive Sciences* 9:1:2005:16–20。也可见 D. Ballard, "Animate vision" in *Artificial Intelligence*, 48, 57–86, 1991。后者保留了关于对现实世界、现实时间视觉的计算研究的精彩介绍。

关于指示指针的观点见 D. Ballard, M. Hayhoe, P. Pook, and R. Rao, (1997) "Deictic codes for the embodiment of cognition" in *Behavioral and Brain Sciences*, 20, 723–767，以及一些讨论

见 pages 99–102 of R. Rupert, *Cognitive Systems and the Extended Mind* (Oxford: Oxford University Press, 2009)。关于视觉搜索的行动主动性的更多例子，见 B. Tatler, M. Hayhoe, M. Land, and D. Ballard, "Eye Guidance in natural vision: Reinterpreting salience" in the *Journal of Vision* (2011) 11(5):5, 1–23。

一个对现实世界机器人学的早期研究的很好回顾，见 J. Dean, "Animats and what they can tell us" in *Trends in Cognitive Science,* 2(2), 60–67, 1998。一个整合了哲学、机器人学和神经科学的主题的更长论述，见 A. Clark, *Being There: Putting Brain, Body and World Together Again* (Cambridge, MA: MIT Press, 1997)。

一个有趣且有见地的对现实世界机器人学的综述，见 R. Pfeifer and J. Bongard, *How the Body Shapes the Way We Think* (Cambridge, MA: MIT Press, 2007)。第 4、5、6 章和我们的讨论尤其相关，并且（分别）论述了一般原则、发展机器人学和人工进化。

最后，要了解在理解和建模大脑网络和神经动力系统中某些最激动人心的发展，可见 O. Sporns, *Networks of the Brain* (Cambridge, MA: MIT Press, 2011)。一个有用的实验的博客和面谈，可见 http://www.brainsciencepodcast.com/bsp/brain-networks-with-olafsporns-bsp-74.html。这是一个脑科学博客，是一整个大资源。每次面谈都包括音频链接、参考资料和文字转录。其他与本章中提出的问题相关的优秀博客包括 M. Arbib (on mirror neurons)，R. Pfeifer (on embodied artificial intelligence) 和 L. Shapiro (on embodied cognition)。完整清单可见 http://brainsciencepodcast.com。

第 6 章

机器人学和人工生命研究的一个优秀的总体介绍见 R. Pfeifer & J. Bongard,*How the Body Shapes the Way We Think* (Cambridge, Mass. M.I.T. Press, 2007)。涵盖许多相同主题的更大更详细的介绍，见 R. Pfeifer and C. Scheier, *Understanding Intelligence* (Cambridge, MA: MIT Press, 1999)。

S. Levy, *Artificial Life* (London: Cape, 1992) 是一篇关于人工生命的历史和早期实践的新闻报道，它很好地补充了 S. Franklin in *Artificial Minds* (Cambridge, MA: MIT Press, 1995) 中所采取的更具论述性的方法。*Artificial Life: An Overview* (Cambridge, MA: MIT Press, 1995) 重印了 *Artificial Life* 的前三期，包括优秀的、特别约稿的概述文章，涵盖机器人技术、集体效应、进化模拟等。它包括 Ray、Luc Steels、Pattie Maes 和 Mitchel Resnick（以及其他人）优秀的介绍性概述。

为了更好地处理有关涌现和集体效应的问题，强烈建议读者阅读 M. Resnick, *Turtles, Termites and Traffic Jams* (Cambridge, MA: MIT Press, 1994)。这是一个有趣的基于模拟的介绍，从简单规则的交互中涌现出复杂的效果。在网上可用的软件：http://education.mit.edu/starlogo/，新版 Starlogo TNG（2012 年发布）增加了 3D 图形和声音、基于块的编程接口和键盘输入。

M. Wheeler's *Reconstructing the Cognitive World: The Next Step* (Cambridge, MA: MIT Press, 2005) 是对"在线"和"离线"认知中的连续性、表征和表征作用问题的扩展讨论。A. Clark, *Supersizing the Mind: Embodiment, Action, and Cognitive Extension* (New York: Oxford University Press, 2008) 讨论了身体的作用以及身体行动、神经处理和环境结构结合的多种方式。

有关涌现、表征和生命与心智关系的哲学问题的更多信息，见 M. Boden (ed.), *The Philosophy of Artificial Life* (Oxford, England: Oxford University Press, 1996)，特别是 Langton、Wheeler、Kirsh 和 Boden 的论文。A. Clark, *Being There: Putting Brain, Body and World Together Again* (Cambridge,

MA: MIT Press, 1997) 是对许多核心问题的延伸探讨。T. Chemero, *Radical Embodied Cognitive Science* (Cambridge, MA: MIT Press, 2009) 是对非表征方法的丰富、持久的辩护，其基础是动力系统和生态心理学。

R. Beer, "Dynamical Systems and Embedded Cognition" in K. Frankish and W. Ramsey (eds.), *Cambridge Handbook of Artificial Intelligence* (Cambridge: Cambridge University Press, 2012) 提供了他所称的 "情境的、具身的、动力系统的"（situated, embodied, dynamical，SED）方法（阅读本文第 6 章和第 7 章后，此材料可能会得到最好的理解）。关于物理实现重要性的基本观点，见 H. Chiel and R. Beer, "The brain has a body" in *Trends in Neuroscience,* 20, 553–557, 1997。这是一个极好的、简短的证据总结，有利于将神经系统、身体和环境视为一个统一的系统。R. McClamrock, *Existential Cognition: Computational Minds in the World* (Chicago: University of Chicago Press, 1995) 是一个执行良好的哲学论证，认为心智本质上是嵌入环境的，B. Webb, "A Cricket Robot" (*Scientific American,* 275, 62–67, 1996) 是对机器蟋蟀研究的一个友好解释。Webb, B., "Using robots to understand animal behavior" (*Advances in the Study of Behavior,* 38:2008:1–58) 是一篇非常全面的介绍，强调了行为研究和机器人研究相结合的力量。关于昆虫多模态预测控制集成工作的讨论，见 M. Payne, B. Hedwig, and B. Webb (2010), "Multimodal predictive control in crickets"，（*Lecture Notes in Computer Science,* 6226:167–177）。

有大量的会议记录可能提供了人工生命实际实践的最佳视角。例如，*Artificial Life 1–13* (and counting) published by MIT Press, Cambridge, MA。

第 7 章

关于动力系统理论的易懂的介绍，可以试试 R. Abraham and C. Shaw, *Dynamics—The Geometry of Behavior* (Redwood, CA: Addison Wesley, 1992); A. Norton, "Dynamics: An introduction" in R. Port and T. van Gelder (eds.), *Mind as Motion* (Cambridge, MA: MIT Press, 1995)；或者（也许对哲学家和认知科学家来说是最好的）J. A. Scott Kelso, *Dynamic Patterns: The Self-organization of Brian and Behavior* (Cambridge, MA: MIT Press, 1995, Chapters 1–3)，其中也有关于有节奏的手指运动研究的描述。另一个包括广泛讨论动力场理论的优秀介绍是 G. Schöner, "Dynamical systems approaches to cognition" in J. P. Spencer, M.S. Thomas, & J. L. McClelland (eds.) *Toward a Unified Theory of Development: Connectionism and Dynamic Systems Theory Re-Considered.* (New York: Oxford University Press, 2008)。

早期关于婴儿踏步的研究，见 E. Thelen and L. Smith, *A Dynamic Systems Approach to the Development of Cognition and Action* (Cambridge, MA: MIT Press, 1994)，相关批评讨论请参见 A. Clark, "The dynamical challenge", *Cognitive Science,* 21(4), 461–481, 1997。

关于持久性伸手的经典 "动力场" 处理，见 E. Thelen, G. Schöner, C. Scheier, and L. Smith, "The dynamics of embodiment: A field theory of infant perseverative reaching", *Behavioral and Brain Sciences*, 24:2001:1–33。像往常一样，这篇文章中出现了大量的优秀评论。重点包括 Spencer、Markman 和 Freeman 的评论，以及 Munakata、Sahni 和 Yerys 的评论。关于这个研究项目的更多信息，见 J. Spencer, S. Perone, S., and J. Johnson, "The dynamic field theory and embodied cognitive dynamics" in J. P. Spencer, M. S. Thomas, & J. L. McClelland (eds.), *Toward a Unified Theory of Development: Connectionism and Dynamic Systems Theory Re-Considered* (New York: Oxford University Press, 2009, pp. 86–118)。关于这个研究项目的简要回顾，参见 J. Spencer, S. Perone, and A. Buss (2011), Twenty years and going strong: A dynamic systems revolution in motor and cognitive development, *Child Development Perspectives* 5: 260–266。

对于知觉符号系统的故事，好的研究始于 L. Barsalou, "Perceptual symbol systems", *Behavioral and Brain Sciences*, 22:1999:577–660。关于这个项目的一些发展，参见 L. Barsalou, "Abstraction in perceptual symbol systems", *Philosophical Transactions of the Royal Society of London: Biological Sciences,* 358, 2003, 1177–1187，关于与 "作为预测机器的大脑" 的联系，参见 L. Barsalou, "Simulation, situated conceptualization, and prediction", *Philosophical Transactions of the Royal Society of London: Biological Sciences*, 364, 2009, 1281–1289。关于模拟、表征、动力系统理论和具身的一般问题的广泛讨论，参见 G. Pezzulo, L. Barsalou, A. Cangelosi, M. Fischer, K. McRae, and M. Spivey, M., "The mechanics of embodiment: A dialogue on embodiment and computational modeling" *Frontiers in Cognition*, 2(5), 2011, 1–21。

关于瓦特调速器的论点，参见 T. van Gelder, "What might cognition be if not computation?", *Journal of Philosophy*, 92(7), 345–381, 1995；相关批评讨论参见 A. Clark, "Time and mind"，*Journal of Philosophy*, XCV(7), 354–376, 1998。

以下两篇文章为关于内部表征的辩论提供了一个好窗口：A. Clark and J. Toribio, "Doing without representing?", *Synthese*, 101, 401–431, 1994; F. Keijzer, "Doing without representations which specify what to do", *Philosophical Psychology*, 11(3), 267–302, 1998。后者是一个相当激进的对动力系统理论的哲学上精明的辩护，前者则多少有点怀疑。关于从动力系统理论和生态心理学的角度对任何重要的内部表征概念的全面攻击，见 A. Chemero, *Radical Embodied Cognitive Science* Cambridge, MA: MIT Press, 2009。

R. Port and T. van Gelder (eds.), *Mind as Motion* (Cambridge, MA: MIT Press, 1995), 包含了许多有趣的、具有启发性的论文。我特别推荐 van Gelder 和 Port 写的导言 "It's about time", Jeff Elman 写的 "Language as a dynamical system"（是联结主义和动力系统理论的良好结合），以及 R. Beer 的面向机器人学的论文 "Computational-dynamical languages for autonomous agents"。关于对瓦特调速器的例子和对内部表征的动力挑战的彻底和富有启发性的最新讨论，参见 W. Bechtel's *Mental Mechanisms: Philosophical Perspectives on Cognitive Neuroscience* (New York: Routledge, 2008) 的第5章（"Representations and mental mechanisms"），该章最后对 Barsalou 的 "感知符号系统" 的说法进行了有益的讨论。

关于认知渐进主义的广泛概念的进一步讨论，参见 J. Fodor, *Critical Condition* (Cambridge, MA: MIT Press, 1998, Chapter 17, pp. 203–214)，以及 L. Barsalou "Continuity of the conceptual system across species", *Trends in Cognitive Sciences*, 9, 2005, 309–311。喜欢创新的读者也可以看看 P. König 和 N. Krüger 的（有益但困难的）实验处理：P. König and N. Krüger, "Symbols as self-emergent entities in an optimization process of feature extraction and predictions", *Biological Cybernetics*, 94: 2006: 325–334。

最后，关于对认知本质的动力描述形态的一些探索性讨论（关于什么使一个系统算作认知而不仅仅是复杂的描述），请尝试参考 X. Barandiaran and A. Moreno, "On What Makes Certain Dynamical Systems Cognitive", *Adaptive Behavior*, 14: 2006: 171–185。

第 8 章

L. Barrett's *Beyond the Brain: How Body and Environment Shape Animal and Human Minds* (Princeton University Press, 2011) 对许多行为方式提供了系统而有趣的分析，在这些方式中人类和动物（即非人类动物——我们当然也是动物）的行为由身体的和环境的丰富背景结构与机会所支持。

R. Pfeifer and J. Bongard 使用大量机器人的和基于模拟的例子来考察相同的图景，见 *How the Body Shapes the Way We Think: A New View of Intelligence* (Cambridge, MA: MIT Press, 2006)。

对于某些关于使用环境结构来增强生物性认知的有持续影响的洞见，特别见 E. Hutchins, *Cognition in the Wild* (Cambridge, MA: MIT Press, 1995)，这是一个异常丰富和详细的对多个外部因素如何对海运过程做出贡献的说明（说来奇怪，首先阅读此书的第 9 章是个好主意）。Daniel Dennett 已经在这方面做了开创性的概念工作，特别见 D. Dennett, *Darwin's Dangerous Idea* (New York: Simon and Schuster, 1995, Chapters 12 and 13) 和 D. Dennett, "Making Things to Think With", Chapter 5 of his excellent *Kinds of Minds* (New York: Basic Books, 1996)。对于我自己试图聚焦的相似观点，见 A. Clark, *Being There* (Cambridge, MA: MIT Press, 1997, Chapters 9 and 10) 和我更近期的书，*Supersizing the Mind: Embodiment, Action, and Cognitive Extension* (New York: Oxford University Press, 2008)。

对于另一个（广义维果茨基社会建构主义的）视角看待社会和工具中介的行动，见 J. Wertsch, *Mind as Action* (New York: Oxford University Press, 1998)。

稍微更加计算导向的对环境结构作用的说明包括 D. Kirsh and P. Maglio, "On distinguishing epistemic from pragmatic action", *Cognitive Science*, 18, 513–549,1996；以及多篇论文在 P. Agre and S. Rosenschein (eds.), *Computational Theories of Interaction and Agency* (Cambridge, MA: MIT Press, 1995)，特别是由 Agre, Beer, Hammond et al. and Kirsh 写的文章。

更多关于语言与思想之间的可能关系，见文集 P. Carruthers and J. Boucher (eds.), *Language and Thought* (Cambridge, England: Cambridge University Press, 1998)，特别是由 Carruthers 和 Dennett 写的文章。我的文章，A. Clark, "Magic Words: How Language Augments Human Computation" 也出现在那里。更多关于语言 / 思想 / 文化的联系，见 J. Bruner, *Acts of Meaning* (Cambridge, MA: Harvard University Press, 1990)。J. Bermúdez (2005) *Philosophy of Psychology: A Contemporary Introduction* (New York: Routledge, Chapterle "Thinking and Language"）很好地考察了可能性的空间。

对于在神经特异性与一连串技术创新之间的相互作用，见 D. Dennett, *Kinds of Minds* (New York: Basic Books, 1996, Chapters 4–6); M. Donald, *Origins of the Modern Mind* (Cambridge, MA: Harvard University Press, 1991, Chapters 6–8); T. Deacon, *The Symbolic Species* (New York: Norton, 1997); S. Mithen, *The Prehistory of the Mind* (London: Thames and Hudson, 1996, especially Chapters 9–11)。

对于以神经建构主义著称的进路，见 D. Mareschal, M. Johnson, S. Sirois, M. Spratling, M. Thomas, and G. Westermann (2007) *Neuroconstructivism: Volume 1, How the Brain Constructs Cognition* (New York: Oxford University Press)。这个话题的更多内容，见 D. Mareschal, S. Sirois, G. Westermann, and M. Johnson (2007) *Neuroconstructivism: Volume 2, Perspectives and Prospects* (New York: Oxford University Press)。

关于人类-技术联盟观点的延伸论述，见 A. Clark, *Natural-Born Cyborgs: Minds, Technologies, and the Future of Human Intelligence* (New York: Oxford University Press, 2003)。

对于把语言视为使得我们自己的思想成为进一步思想和注意对象的特殊观点，见 R. Jackendoff, "How language helps us think", published with replies in *Pragmatics and Cognition,* 4(1), 1–34, 1996。特别是见 Barnden, Clark, and Ellis 的回应。J. Bermúdez, *Thinking Without Words* (New York: Oxford University Press, 2003) 的第 8 章（"Language and Thinking About Thoughts"）和第 9 章（"The Limits of Thinking Without Words"）与这个讨论特别相关。

对于一些不同的、难懂的但非常有价值的对这些话题的看法，见 C. Taylor, "Heidegger, language and ecology" in C. Taylor (ed.), *Philosophical Arguments* (Cambridge, MA: Harvard University Press, 1995)。

关于话题（在接下来的第 9 章将用很长的篇幅讨论）*"where does the mind stop and the rest of the world begin?"*，可见 A. Clark and D. Chalmers, "The extended mind" (*Analysis,* 58, 7–19, 1998)。也 可 见 J. Haugeland, "Mind embodied and embedded" in J. Haugeland (ed.), *Having Thought* (Cambridge, MA: Harvard University Press, 1998)。对于这个"延展心智"故事的某些近期批评（更多可见第 9 章）见 F. Adams and K. Aizawa, *The Bounds of Cognition* (Blackwell, 2008) 和 R. Rupert, *Cognitive Systems and the Extended Mind* (New York: Oxford University Press, 2009)。对于我自己回应的一个简短总结，见我对这两本书的综述，"Much ado about cognition: Combined critical notice" in *Mind* 119(476), 2010, pp. 1047–1066。

对于联结主义者关于外部符号作用的提议，见这一章 "Schemata and sequential thought processes in PDP models" in J. McClelland, D. Rumelhart, and the PDP Research Group, *Parallel Distributed Processing,* Vol. 2 (Cambridge, MA: MIT Press, 1986, pp. 7–58)。关于这个重要话题近期的某种思考，可见 G. Lupyan, "What do words do? Toward a theory of language-augmented thought" in B. H. Ross (ed.), (2012), *The Psychology Of Learning and Motivation, Vol. 57* (pp. 255–297)。

第 9 章

现在有更多的文献致力于延展心智。一个好的起点是 A. Clark and A. D. Chalmers, "The extended mind", *Analysis*, 58:1:1998; 7–19)。This is widely reprinted; for example in D. Chalmers(ed.), *Philosophy Of Mind: Classical and Contemporary Readings* (Oxford University Press, 2002)。关于主要问题的更广泛视角，见 R. A. Wilson and A. Clark, "How to Situate Cognition: Letting Nature Take Its Course" in P. Robbins and M. Aydede(Eds.), *Cambridge Handbook of Situated Cognition*(Cambridge: Cambridge University Press, 2009, 55–77)。

关于这些领域中更广泛的可能观点的导论包括 R. Menary, *Cognitive Integration: Mind and Cognition Unbounded* (New York: Palgrave/Macmillan, 2007)；M. Rowlands, *Externalism: Putting Mind and World Back Together Again* (Acumen/McGill-Queen's University Press, 2003)；L. Shapiro, *The Mind Incarnate* (Cambridge, MA: MIT Press, 2004)。

对原始延展心智描述的主要批判包括 F. Adams and K. Aizawa, *The Bounds of Cognition* (Malden, MA: Blackwell Publishing, 2008) 和 R. Rupert, *Cognitive Systems and the Extended Mind* (New York: Oxford University Press, 2009)。其中的要点也可参见更简短的 F. Adams and K. Aizawa, "The bounds of cognition", *Philosophical Psychology* 14:1:2001:43–64；R. Rupert, "Challenges to the hypothesis of extended cognition", *Journal of Philosophy*，101:8:2004:389–428。

以各种论文持续的争论出现在 R. Menary called (guess what) *The Extended Mind* (Cambridge,

MA: MIT Press, 2010)。其亮点包括 Introduction（"The Extended Mind in Focus"）by R. Menary；"The Varieties of Externalism" by S. Hurley, and "Exograms and Interdisciplinarity" by J. Sutton。

关于功能主义和延展认知的问题被很好地呈现在 M. Sprevak in "Extended cognition and functionalism", *Journal of Philosophy*, 106, 503–527, 2009。更多关于这个问题的内容，尝试 "In Defense of Extended Functionalism" by M. Wheeler, which appears in the R. Menary (ed.) collection mentioned above, 和 J. Kiverstein, "The Meaning of Embodiment" forthcoming in *Topics in Cognitive Science*。

推动争论向前发展的其他最近研究包括 M. Sprevak, "Inference to the hypothesis of extended cognition" in *Studies in History and Philosophy of Science*, 41, 353–362；M. Wheeler, *Reconstructing the Cognitive World: the Next Step* (MIT Press, 2005)；K. Sterelny, "Externalism, epistemic artifacts, and the extended mind" in Richard Schantz (ed.), *The Externalist Challenge* (New York: de Gruyter, 2004, pp. 239–254)；以及 R. A. Wilson, "Collective memory, group minds, and the extended mind thesis", *Cognitive Processing*, 6.4:2005:227–236。关于群体和社会建制的问题的更多内容，见 S. Gallagher and A. Crisafi, "Mental institutions" in *Topoi*, 28 (1):45–51 (2009)。

关于具身性、延展性和解释的整个复合问题在 A. Clark, *Supersizing the Mind: Embodiment, Action, and Cognitive Extension* (New York: Oxford University Press, 2008) 中以大量新例子和对信息流的自我建构的强烈强调所考虑，这包括 Dave Chalmers 总结其关于整个争论的观点的一篇简短但重要的前言（pp. ix-xvi）。

关于肢体动作的工作，见 S. Goldin-Meadow, *Hearing Gesture: How Our Hands Help Us Think* (Cambridge, MA: Harvard University Press, 2003)，以及更短的内容见 S. Goldin-Meadow and S. Wagner, How Our Hands Help Us Learn, *Trends in Cognitive Sciences* 9:5:2004:234–24。

最后，关于整个争论的一些不同角度，见 E. Di Paulo, "Extended life" in *Topoi* 28(1) 2009:9–21 和 M. Silberstein and A. Chemero, "Complexity and extended phenomenological-cognitive systems" in *Topics in Cognitive Science* 4 (2012):35–50。

第 10 章

感觉运动依赖理论的经典探讨参阅 J. K. O'Regan and A. Noë，A sensorimotor approach to vision and visual consciousness，*Behavioral and Brain Sciences* 24/5: 939–1031；A. Noë, *Action in Perception* (Cambridge, MA: MIT Press, 2004)。要了解这两种探讨之间的一些重要区别，请参阅 A. Clark, "Vision as dance: Three challenges for sensorimotor contingency theory" in the free online journal, *Psyche*, 12 (1) 2006。

由 O'Regan and Noë 共同发表的 *The Behavioral and Brain Sciences piece* 得到了大量认知科学家和哲学家的有趣回复以及作者本人的回应。请特别参看 Block, Clark and Toribio, Goodale, Humphrey, Lamme and Landman, Scholl and Simons 的评论。

A. Noë's *Out of Our Heads: Why you are not Your Brain, and Other Lessons from the Biology of Consciousness*. (New York: Hill and Wang, 2009) 旨在作为一种更广泛地容易接受的处理方法，主要关注对意识体验的"神经充分性"的排斥。

批判性评价包括 N. Block's "Review of Alva Noë, Action in Perception" in the *Journal of Philosophy*, CII, 5, 259–272, 2005；J. Prinz, "Is Consciousness Embodied?" in P. Robbins and M. Aydede (eds.), *Cambridge Handbook of Situated Cognition* (Cambridge: Cambridge University Press, 2009 pp. 419–436); A. Clark, "Vision as dance: Three challenges for sensorimotor contingency theory", in the free online journal *Psyche*, 12 (1) 2006。

Gary Williams 有一篇很好的博客文章（以及其后的讨论）论述了所有这些批评者的主张，即 Noë 的描述使体验和行动之间的联系过于紧密。访问博客 http://philosophyandpsychology.wordpress. com，并且搜索 Alva Noë，或者直接输入：http:// philosophyandpsychology.wordpress.com/tag/al-va-noe/。

D. Ward 批判性地审视（并拒绝）上文 10.2 中所提到的一些论点在他的 "Enjoying the spread: Conscious externalism reconsidered," appearing in *Mind*, 121 (483) 2012, pp. 731–751。关于将这些问题与最近的神经预测工作联系起来的回应（下面的第 11 章），参见 A. Clark, "Dreaming the whole cat: Generative models, predictive processing, and the enactivist conception of perceptual experience", *Mind*, 121(483), 2012, pp. 753–771。

有关这些问题的进一步讨论，包括弱生成主义和强生成主义之间的有用区别，请参阅 K. Aizawa, "Consciousness: Don't give up on the brain" in the *Royal Institute of Philosophy Supplement,* 85 (67):263–284 (2010)。

收录在 J. Stewart, O. Gapenne, and E. Di Paolo (eds.), *Enaction: Towards a New Paradigm for Cognitive Science* (Cambridge, MA: MIT Press, 2010) 中的论文，很好地体现了生成主义立场的广阔而多样的空间。最精彩的部分包括 D. Cosmelli and E. Thompson, "Embodiment or Envatment?Reflections on the Bodily Basis of Consciousness"；E. Di Paulo, M. Rohde, andH. De Jaegher, "Horizons for the Enactive Mind: Values, Social Interaction,and Play"；A. Sheya and L. Smith, "Development through sensorimotor interaction"；以及 A. Engel, "Directive Minds: How Dynamics Shapes Cognition." 关于强调有关生活、心智和自主性问题的全面浏览，请参阅 E. Thompson, *Mind in Life: Biology, Phenomenology and the Sciences of Mind* (Cambridge, MA: Harvard University Press, 2007)。

最近关于感官替代工作的回顾，参见 Bach y Rita and Kercel, "Sensory substitution and the human-machine interface", *Trends in Cognitive Sciences*, 7:12: 2003, pp. 541–546。要了解这项技术的现状，请参阅 *AssistiveTechnology for Blindness and Low Vision,* edited by Roberto Manduchi and SriKurniawan (CRC Press, 2012) 中的论文。这里有一篇出色的文章 "Sensory Substitution of Vision: Importance of Perceptual and Cognitive Processing" by J. Loomis, R. Klatzky, and N. Giudice。

第 11 章

一些层级预测编码方面的文献有很强的数学性。对一些核心观念的一个好的（无数学上要求）一般性导论可参见 K. Kveraga, A. Ghuman, and M. Bar, "Top-down predictions in the cognitive brain", *Brain and Cognition*, 65: 2007, pp. 145–168)。另一个好的、视野宽广的导论是 A. Bubic, D. von Cramon, and R. Schubotz, "Prediction, cognition and the brain", *Frontiers in Human Neuroscience*, 4（25）：2010, pp. 1–15。

同时从实验心理学和哲学视角撰写的优秀导论性文本，见 J. Hohwy, *The Predictive Mind.* (Oxford University Press, 2013)。

可以读到的、不要求太多（有时一定也不要求）数学背景的关键稿件包括 R. Rao 和 D. Ballard 的有影响力的早期描述，"Predictive coding in the visual cortex: A functional interpretation of some extra-classical receptive-field effects", *Nature Neuroscience* 2(1), 1999, pp. 79–87；T. Lee and D. Mumford, "Hierarchical Bayesian inference in the visual cortex" (*Journal of Optical Society of America, A.,* 20(7): 2003, pp. 1434–1448) 以及 (much of) K. Friston, "A theory of cortical responses", *Philosophical Transactions of the Royal Society of London, B: Biological Sciences,* 29, 360(1456):2005:815–836。

关于许多关键主题的经验研究（尽管没有完全的计算和神经科学基础）可尝试阅读 R. Gregory, "Perceptions as hypotheses", *Philosophical Transactions of the Royal Society of London, B:* 290,1980,pp. 181–197）。要一览更广阔空间的可能神经基础，见 A. Engel, P. Fries, and W. Singer, "Dynamic predictions: Oscillations and synchrony in top-down processing", *Nature Reviews: Neuroscience*, 2:2001:704–716）。

更广阔的贝叶斯框架，见 D. Knill and A. Pouget, "The Bayesian brain:The role of uncertainty in neural coding and computation" in *Trends in Neuroscience*, 27(12):2004,pp. 712–719。对概率在当下感知模型中作用的一个有用的分类，见 W. Ma, "Organizing probabilistic models of perception", *Trends in Cognitive Sciences*, 16:10:2012:511–518。以及贝叶斯定理的一个易得的线上入门，见 http://plato. stanford.edu/archives/fall2008/entries/bayes-theorem/。

哲学向的导论，见 A. Clark, "Whatever next? Predictive brains, situated agents, and the future of cognitive science" in *Behavioral ;and Brain Sciences* (In Press, 2013)。这本论文集还包括一组有用的评论，以及作者的一个回复。在许多优秀的评论和批判中，我尤其推荐 Friston；Rasmussenand Eliasmith；Spratling；Egnerand Summerfield；Paton, Skewes, Frith and Hohwy；Dennett；Littleand Sommer；Roepstorff；Froeseand Ikegami；Andersonand Chemero 撰写的文章。这些中的最后两篇尤其有用，因为它们表现了来自极端具身认知的挑战。这一讨论见期刊 S. Edelman and A. Cleeremans, eds., *Frontiers in Theoretical and Philosophical Psychology* (In Press, 2013)，并且可以在线上获取：http://www.frontiersin.org/Theoretical_and_Philosophical_Psychology/。

关于更一般视角的活跃大脑的一个启发性讨论，见 W. Bechtel's *Mental Mechanisms: Philosophical Perspectives on Cognitive Neuroscience* (New York: Erlbaum, 2008, pp. 201–238) 的第 6 章（"From Responsive to Active Mechanisms"）。也见 M. Bar, "The proactive brain:using analogies and associations to generate predictions", *Trends in Cognitive Sciences*, 11:7:2007:280–289）。

要了解预测加工进路在行动上的意义，一个好的说明可参见 J. Hohwy, A. Roepstorff, and K. Friston, "Predictive coding explains binocular rivalry: an epistemological review."。关于这一描述中的一些问题以及它们解决方案的猜测的讨论，见 Hohwy's book, *The Predictive Mind* (New York: Oxford University Press, 2013) 的第 13 章。也见 J. Hohwy, "Attention and conscious perception in the hypothesis testing brain" in *Frontiers in Psychology*, 3:96 (2012)。

关于更广阔空间的概率生成模型为基础方法的讨论，见 C. Eliasmith, "How to build a brain: From function to implementation" in *Synthese*, 153(3): 2007, pp. 373–388；R. Grush, "The emulation theory of representation: Motor control, imagery, and perception.", *Behavioral and Brain Sciences*, 27:2004:377–442；G. Hinton, "Learning multiple layers of representation" in *Trends in Cognitive Sciences*, 11:2007:428–434 以及 Y. Bengio, "Learning deep architectures for AI" in *Foundations and Trends in Machine Learning*, 2(1):2009:1–127。一个有用的关于预测编码中的计算工作的综述是 Y. Huang and R. Rao, "Predictive coding", *Wiley Interdisciplinary Reviews: Cognitive Science*, 2: 2011, pp. 580–593。

已经存在一些关于"涌现联结主义"与"结构贝叶斯主义"对比的相对优点的争论。关于联结主义一方，见 J. McClelland, M. Botvinick, D. Noelle, D. Plaut, D., T. Rogers, M. Seidenberg and L. Smith, "Letting structure emerge: connectionist and dynamical systemsapproaches to cognition", *Trends in Cognitive Sciences*, 14(8): 2010, pp. 348–356。关于结构贝叶斯主义一方，见 (in the same issue, pp. 357–364) T. Griffiths, N. Chater, C. Kemp, A. Perfors and J. Tenenbaum, "Probabilistic models of cognition: Exploring representations and inductive biases."。

关于预测和情感的有趣推测可参见 L. Barrett and M. Bar, "See it with feeling: Affective predictions in the human brain" in *Philosophical Transactions of the Royal Society*, B 364:2009, pp. 1325–1334。这一篇作为关于预测和大脑的一个特殊的论文集（由 M. Bar 编辑）的部分出现。其他在同一本特殊论文集中被推荐的贡献包括 L. Barsalou, "Simulation, situated conceptualization, and prediction"; M. Bar, "Theproactive brain: memory for predictions" 以 及 R. Llinás and S. Roy, "The 'predictionimperative' as the basis for self-awareness."。所有论文都是线上可得的：http://rstb.royalsocietypublishing.org/content/364/1521。

附录 1

有几本教科书为本附录中涉及的主题提供了极好的介绍。我特别推荐 J. Kim, *Philosophy of Mind* (Boulder, CO: Westview, 2006, 2nd Edition)；D. Braddon-Mitchell and F. Jackson, *Philosophy of Mind and Cognition* (Wiley, 2000, 2nd Edition)。其他推荐包括 G. Graham, *Philosophy of Mind: An Introduction* (Oxford, England: Blackwell, 1998) 以及丘奇兰德的经典著作 P. Churchland, *Matter and Consciousness*, 2nd revised edition (MIT Press, Cambridge, MA, 1988)。

W. Lycan and J. Prinz (eds.), *Mind and Cognition: An Anthology* (3rd Edition, Blackwell, London, 2008) 是一个优质的论文集，涵盖了功能主义、同一论、取消主义，并包括（第三版的新内容）额外的主题，如情绪、动物心智和最近关于感知内容的研究。David Chalmers (ed.), *Philosophy of Mind: Classical and Contemporary Readings* (Oxford University Press, New York, 2002) 在着重概念问题同时，囊括了许多关于基础话题的经典论文。

附录 2

关于这一领域大部分内容的透彻和丰富的综述，见 D. Chalmers, *The Conscious Mind* (Oxford: Oxford University press, 1996)。相关讨论在以下的文献中仍在继续 D. Chalmers, *The Character of Consciousness* (New York: Oxford University press, 2010)。

关于最近的经验研究领域的综述，见 B. Baars and A. Seth, "Theories and models of consciousness" in the *Elsevier Encyclopedia of Neuroscience*, Elsevier, 2009。

C. Koch, *Consciousness: Confessions of a Romantic Reductionist* (Cambridge, MA: MIT press, 2012) 是最近关于意识的神经科学工作的一个出色且可读性很强的理论。其他专著包括 G. Edelman and G. Tononi, *Consciousness: How Matter becomes Imagination* (London: penguin, 2001) 以及 G. Tononi, *Phi: A Voyage from the Brain to the Soul* (New York: Pantheon, 2012)。托诺尼的"整合信息理论"在以下文献中有很好的总结 C. Koch, "A 'complex' theory of consciousness", *Scientific American (Mind)*,

August, 2009, pp. 16–19。

对这些问题的彻底"生成主义者"（见第 10 章）的观点，与托诺尼研究的主旨密切相关，见 E. Thompson and F. Varela, "Radical embodiment: Neural dynamics and consciousness" in *Trends in Cognitive Sciences*, 5:10: 2001, pp. 418–425。

一个涵盖意识的心理学、哲学和神经科学的有用的论文集，见 M. Velmans and S. Schneider, *The Blackwell Companion to Consciousness* (Wiley-Blackwell, 2006)。以下是一本虽然现在有些过时，但十分优秀的以经验研究为重点的论文集 A. Marcel and E. Bisiach (1988), *Consciousness in Contemporary Science* (Oxford: Oxford University press)。

S. Blackmore, *Consciousness: An Introduction* (Hodder, 2010) 为许多核心争论提供了一个友好的展示平台，并对药物、梦和冥想进行了一些有趣的探索。

以下是一个有用的、富有哲理的早期论文集 M. Davies and G. Humphries (eds.), (1993), *Consciousness: Psychological and Philosophical Essays* (Blackwell, Oxford press)。另一个全面和广泛的论文集，见 N. Block, O. Flanagan, and G. Güzeldere (eds.), *The Nature of Consciousness: Philosophical Debates* (MIT press, 1997)。这本书涵盖了本章所探究的大部分领域，包括 William James 的经典选段，以及 McGinn，Dennett and Kinsbourne，Crick and Koch，Block，Searle，Flanagan 等人的开创性贡献。我特别推荐 "Consciousness and Content" 一节（很难，但很有收获），其中有 Cohn，McGinn，Martin Davies，Michael Tye and Christopher Peacocke 的贡献。

有关感知内容这个主题的一个很有挑战性的观点，见 M. Tye (1997), "The problem of simple minds: Is there anything it is like to be a honey bee?" in *Philosophical Studies*, 88, pp. 289–317。从那时起，泰伊的观点有了很大的改变和发展，见 M. Tye, *Consciousness Revisited: Materialism without Phenomenal Concepts* (MIT press, 2009)。

讨论"难问题"的早期论文集，见 J. Shear (ed.), (1995), *Explaining Consciousness: The Hard Problem* (Cambridge, MA: MIT press)。这些论文涵盖了哲学、现象学和神经科学视角。一个有吸引力的收缩进路，见 P. M. Churchland, "The rediscovery of light" in *the Journal of Philosophy*, 93(5), 1996, 211–228。

关于现象概念研究的论文集，见 T. Alter and S. Walter (eds.), *Phenomenal Concepts and Phenomenal Knowledge: New Essays on Consciousness and Physicalism* (New York: Oxford University press, 2008)。查尔莫斯的论文 "Phenomenal Concepts and the explanatory Gap" 是其中一个亮点，而丹尼特的论文 "What RoboMary Knows" 亦是如此。

关于盲视的早期研究综述，见 L. Weiskrantz, "Blindsight Revisited" in L. Squire and S. Kosslyn (eds.), (1998), *Findings and Current Opinion in Cognitive Nueroscience* (MIT press). Farah 的论文（"Perception and awareness after brain damage"）以及 Koch and Braun 的论文（"Towards the newer correlate of visual awareness"）是在同一卷中推荐的优秀之作。

关于盲视研究有趣的新进展，见 D. Leopold, "Primary visual cortex: Awareness and blindsight" in *the Annual Review of Neuroscience*, 35: 2012, pp. 91–109 以 及 P. Stoerig, "Cueless blindsight" in *Frontiers in Human Neuroscience*, 3: 2010: 74, pp. 1–8。另见 P. Stoerig, "Hunting the Ghost: Toward a Neuroscience of Consciousness" in Philip David Zelazo, Morris Moscovitch, and Evan Thompson (eds.), *The Cambridge Handbook of Consciousness* (Cambridge, 2007)。

关于语言和意识的问题，见 P. Carruthers and J. Boucher (eds.), (1998), *Language and Thought:*

Interdisciplinary Themes (Cambridge University press, Cambridge)。

　　丹尼特关于人类意识建构的故事，在他这本冗长、艰深但有趣的专著中有详细阐述 *Consciousness Explained* (London: Little Brown, 1991)。但在他以下这本的小型通俗读本的第5、6章中，可以找到一些关于该主旨的奇妙而清晰的简要版本 *Kinds of Minds: Towards an Understanding of Consciousness* (New York: Basic Books, 1996)。多位学者对丹尼特观点的批评和探究，以及丹尼特的回应，见 *Philosophical Topics*, 22(1 & 2), 1994。一个非常好的论述，见 Kathleen Atkins' "Lost the plot? Reconstructing Dennett's multiple drafts theory of Consciousness" in *Mind and Language*, 11(1), 1996, pp. 1–43。

　　一个有影响力的、以神经科学为基础的、将意识、身体反馈和情感基调联系起来的观点，见 A. Demasio (1994), *Descartes' Error: Emotion, Reason and the Human Brain* (New York: Grosset/Putnam). 达马西奥在后来的一些论述中完善和扩展了这一观点，包括 *The Feeling of What Happens* (Vintage, 2000) 和 *Self Comes to Mind: Constructing the Conscious Brain* (Vintage, 2012)。

　　最后，最近关于意识和注意力之间的关系有大量的争论，建议从以下文献着手：C. Koch and N. Tsuchiya, "Attention and consciousness: Two distinct brain processes" in *Trends in Cognitive Sciences*, 11 (1), 2007, pp. 16–22。

参考文献

Abraham, R., and Shaw, C. (1992). Dynamics—*The Geometry of Behavior.* Redwood, CA:Addison–Wesley.

Ackley, D., and Littman, D. (1992). Interactions between learning and evolution. In C. Langston (ed.), *Artificial Life II.* Reading, MA: Addison–Wesley, 487–509.

Adams, F., and Aizawa, K. (2008). *The Bounds of Cognition.* Malden, MA: Blackwell Publishing.

Aglioti, S., Goodale, M., and Desouza, J. (1995). Size contrast illusions deceive the eye but not the hand. *Current Biology*, 5, 679–685.

Agre, P. (1995). Computational research on interaction and agency. In P. Agre and S. Rosenschein (eds.), *Computational Theories of Interaction and Agency.* Cambridge, MA: MIT Press, 1–52.

Alink, A., Schwiedrzik, C. M., Kohler, A., Singer, W., and Muckli, L. (2010). Stimulus predictability reduces responses in primary visual cortex. *Journal of Neuroscience*, 30, 2960–2966.

Amis, M. (1973). *The Rachel Papers.* London: Penguin.

Ananthanarayanan, R., and Modha, D. (2007). Anatomy of a Cortical Simulator, in *Proceedings of the 2007 ACM/IEEE Conference on Supercomputing*-SC '07 (Association for Computing Machinery Press, New York, 2007), p. 11

Anderson, M. L. (2010). Neural reuse: A fundamental organizational principle of the brain. *Behavioral and Brain Sciences*, 33, 245–313.

Ansari, D. (2011). Culture and education: new frontiers in brain plasticity. *Trends in Cognitive Sciences*, 16(2), 93–95.

Anscombe, G. E. M. (1957). *Intention*, Oxford: Basil Blackwell, 1957; 2nd edition, 1963.

Antony, L., and Levine, J. (1991). The nomic and the robust. In B. Loewer and G. Rey (eds.), *Meaning in Mind: Fodor and His Critics.* Oxford, England: Blackwell, 1–16.

Arbib, M. (1994). Review of A. Newell Unified Theories of Cognition. In W. Clancey, S. Smoliar, and M. Stefik (eds.), *Contemplating Minds.* Cambridge, MA: MIT Press, 21–39.

Armstrong, D. (1997). What is consciousness? In N. Block, O. Flanagan, and G. Güzeldere (eds.), *The Nature of Consciousness.* Cambridge, MA: MIT Press, 721–728.

Ashby, R. (1952). *Design for a Brain.* London: Chapman and Hall.

Ashby, R. (1956). *Introduction to Cybernetics.* New York: Wiley.

Baars, B. J. (1988). *A Cognitive Theory of Consciousness.* Cambridge, MA: Cambridge University Press.

Baars, B. J. (2002). The conscious access hypothesis: Origins and recent evidence. *Trends in Cognitive Sciences,* 6(1), 47–52.

Bach-y-Rita, P., and Kercel, S.W. (2003). Sensory substitution and the human-machine interface. *Trends in Cognitive Sciences,* 7(12), 541–546.

Bach-y-Rita, P., Tyler, M. E., & Kaczmarek, K. A. (2003). Seeing with the brain. *International Journal on Human-Computer Interaction,* 15, 285–296.

Baker, S. C., Rogers, R. D., Owen, A. M., Frith, C. D., Dolan, R. J., Frackowiak, R. S. J., and Robbins, T. W. (1996). Neural systems engaged by planning: A PET study of the Tower of London task. *Neuropsychologia,* 34(6), 515–526.

Ballard, D. (1991). Animate vision. *Artificial Intelligence,* 48, 57–86.

Ballard, D., Hayhoe, M., Pook, P., & Rao, R. (1997). Deictic codes for the embodiment of cognition. *Behavioral and Brain Sciences,* 20, 723–767.

Ballard, D., Hayhoe, M., Pook, P., and Rao, R. (1997). Deictic codes for the embodiment of cognition. *Behavioral and Brain Sciences,* 20, 4.

Bar, M. (2007). The proactive brain: Using analogies and associations to generate predictions. *Trends in Cognitive Sciences,* 11(7), 280–289.

Barrett, H.C. (2012). Evolutionary Psychology. In K. Frankish and W. Ramsey (eds.), *The Cambridge Handbook of Cognitive Science.* New York: Cambridge University Press, 257–274.

Barsalou, L. (1999). Perceptual symbol systems. *Behavioral and Brain Sciences,* 22, 577–660.

Barsalou, L. (2003). Abstraction in perceptual symbol systems. *Philosophical Transactions of the Royal Society of London B: Biological Sciences,* 358, 1177–1187.

Barsalou, L. (2008). Grounding symbolic operations in the brain's modal systems. In G. R. Semin and E. R. Smith (eds.), *Embodied Grounding: Social, Cognitive, Affective, and Neuroscientific Approaches.* New York: Cambridge University Press, 9–42.

Barsalou, L. (2009). Simulation, situated conceptualization, and prediction. *Philosophical Transactions of the Royal Society of London B: Biological Sciences,* 364, 1281–1289.

Barsalou, L. (2011). Integrating Bayesian analysis and mechanistic theories in grounded cognition. *Behavioral and Brain Sciences*, 34, 191–192.

Bastos, A. M., Usrey, W. M., Adams, R. A., Mangun, G. R., Fries P., and Friston, K. J. (2012). Canonical microcircuits for predictive coding. *Neuron,* 21, 76(4), 695–711.

Baum, C. (1996). Supporting the family: Strategies for managing neurological deficits in Alzheimer's and related disorders. MS, Washington University School of Medicine.

Beach, K. (1988). The role of external mnemonic symbols in acquiring an occupation. In M. M. Gruneberg and R. N. Sykes (eds.), *Practical Aspects of Memory.* New York: Wiley, 1, 342–346.

Bechtel, W. (1993). Currents in connectionism. *Minds and Machines,* 3,125–153. Bechtel, W. (1994). Natural deduction in connectionist systems. *Synthese,* 101(3), 433–463.

Beckers, R., Holland, O., and Denenbourg, J. (1994). From local actions to global tasks: Stigmergy and collective robotics. In R. Brooks and P. Maes (eds.), *Artificial Life,* IV. Cambridge, MA: MIT Press. 181–189.

Bedau, M. (1996). The nature of life. In M. Boden (ed.), *The Philosophy of Artificial Life.* Oxford, England: Oxford University Press, 332–360.

Beer, R. (1995). A dynamical systems perspective on agent–environment interaction. *Artificial Intelligence, 72,* 173–215.

Beer, R. (2000). Dynamical approaches to cognitive science. *Trends in Cognitive Sciences,* 4(3), 91–99.

Beer, R. (2003). The dynamics of active categorical perception in an evolved model agent. *Adaptive Behavior,* 11, 209–243.

Beer, R., and Gallagher, J. C. (1992). Evolving dynamical neural networks for adaptive behavior. *Adaptive Behavior,* 1, 91–122.

Bengio, Y. (2009). Learning deep architectures for AI. *Foundations and Trends in Machine Learning,* 2(1), 1–127.

Bermúdez, J. (2005). *Philosophy of Psychology: A Contemporary Introduction.* New York: Routledge.

Bermúdez, J. (2010). *Cognitive Science: An Introduction to the Science of the Mind.* Cambridge: Cambridge University Press.

Bertenthal, B. I. (1996). Origins and early development of perception, action, and representation. *Annual Review of Psychology,* 47, 531–559.

Bickerton, D. (1995). *Language and Human Behavior.* Seattle, WA: University of Washington Press.

Bisson, T. (1991, April). Alien/nation. *Omni.*

Block, N. (1980). Troubles with functionalism. In N. Block (ed.), *Readings in Philosophy of Psychology.* London: Methuen, 1, 268–305.

Block, N. (1997). On a confusion about a function of consciousness. In N. Block, O. Flanagan, and G. Güzeldere (eds.), *The Nature of Consciousness.* Cambridge, MA: MIT Press, 375–416. Originally appeared in *Behavioral and Brain Sciences,* 18, 227–247, 1995.

Block, N. (2005). Review of Alva Noë, *Action in Perception,* in *Journal of Philosophy,* CII, 5, 259–272.

Block, N. (2007). Consciousness, accessibility, and the mesh between psychology and neuroscience. *Behavioral and Brain Sciences,* 30, 481–548.

Boden, M. (1977). *Artificial Intelligence and Natural Man.* New York: Basic Books.

Boden, M. (1999). Is metabolism necessary? *British Journal of the Philosophy of Science,* 50, 231–248.

Boden, M. (2007). *Mind as Machine: A History of Cognitive Science.* Oxford: Clarendon Press.

Bongard, J., Zykov, V., and Lipson, H. (2006). Resilient machines through continuous selfmodeling. *Science,* 314, 1118–1121.

Botvinick, M. & Toussaint, M. (2012). Planning as inference. *Trends in Cognitive Scienc-*

es, 10, 485–588.

Bowerman, M., and Choi, S. (2001). Shaping Meanings for Language: Universal and Language-Specific in the Acquisition and Shaping of Semantic Categories. In M. Bowerman and S. Levinson (eds.), *Language Acquisition and Conceptual Development*. Cambridge, UK: Cambridge University Press, 475–511.

Braddon–Mitchell, D., and Jackson, F. (1996). *Philosophy of Mind and Cognition*. Oxford, England: Blackwell.

Bram, U. (2012). *Thinking Statistically*. CreateSpace, UK.

Braver, T. S., &Bongiolatti, S. R. (2002). The role of frontopolar cortex in subgoal processing during working memory. *NeuroImage*, 15, 523–536.

Bridgeman, B., Mayer, M. (1983). Failure to integrate visual information from successive fixations. *Bulletin of the Psychonomic Society*, 21, 285–286.

Brooks, R. (1991). Intelligence without representation. *Artificial Intelligence,* 47, 139–159.

Brooks, R. (1994). Coherent behavior from many adaptive processes. In D. Cliff, P. Husbands, J. A. Meyer, and S. Wilson (eds.), *From Animals to Animats 3*. Cambridge, MA: MIT Press.

Brooks, R. (2001). The relationship between matter and life. *Nature,* 409, 409–411.

Brown, H., Friston, K., and Bestmann, S. (2011). Active inference, attention and motor preparation. *Frontiers in Psychology,* 2, 218.

Bruner, J. (1990). *Acts of Meaning*. Cambridge, MA: Harvard University Press.

Bubic, A., von Cramon, D. Y., and Schubotz, R. I. (2010). Prediction, cognition and the brain. *Frontiers in Human. Neuroscience,* 4(25), 1–15.

Burge, T. (1979). Individualism and the Mental. In P. French, T. Uehling Jr., and H. Wettstein (eds.), *Midwest Studies in Philosophy*, Vol.4, Metaphysics. Minneapolis, MN: University of Minnesota Press.

Burge, T. (1986). Individualism and psychology. *Philosophical Review,* 95, 3–45.

Burgess, P. W., Quayle, A., and Frith, C. D. (2001). Brain regions involved in prospective memory as determined by positron emission tomography. *Neuropsychologia,* 39(6), 545–555.

Butler, K. (1998). *Internal Affairs: A Critique of Externalism in the Philosophy of Mind*. Dordrecht, The Netherlands: Kluwer.

Carruthers, P. (1996). *Language, Thought and Consciousness: An Essay in Philosophical Psychology*. Cambridge, England: Cambridge University Press.

Carruthers, P. (2002). The cognitive functions of language. *Behavioral and Brain Sciences,* 25, 657–726.

Chalmers, D. (1990). Syntactic transformations on distributed representations. *Connection Science, 2,* 53–62.

Chalmers, D. (1996). *The Conscious Mind*. New York: Oxford University Press.

Chalmers, D. (1997a). Facing up to the problem of consciousness. In J. Shear (ed.), *Explaining Consciousness: The Hard Problem*. Cambridge, MA: MIT Press. 9–32.

Chalmers, D. (1997b). Moving forward on the problem of consciousness. In J. Shear (ed.), *Explaining Consciousness: The Hard Problem*. Cambridge, MA: MIT Press, 379–422.

Chalmers, D. (2006). Phenomenal Concepts and the Explanatory Gap. In T. Alter and S. Walter (eds.), *Phenomenal Concepts and Phenomenal Knowledge: New Essays on Consciousness and Physicalism.* New York:Oxford University Press, 167–195.

Chalmers, D. (2008). Phenomenal Concepts and the Explanatory Gap, in Alter, T and Walter, S (2008) (eds.), *Phenomenal Concepts and Phenomenal Knowledge: New Essays on Consciousness and Physicalism* (New York: Oxford University Press,) 167–194.

Chambers, D., and Reisberg, D., (1985). Can mental images be ambiguous? *Journal of Experimental Psychology: Human Perception and Performance,* II(3), 317–328.

Changeux, J., and Connes, A. (trans. 1995). *Conversations on Mind, Matter and Mathematics.* Princeton, NJ: Princeton University Press.

Chappell, V. C., ed. (1962). *The Philosophy of Mind.* Englewood Cliffs, NJ: Prentice–Hall.

Chemero, A. (2009). *Radical Embodied Cognitive Science.* Cambridge, MA: MIT Press.

Chenn, A. (1997). Development of the cerebral cortex. In W. Cowan, T. Jessel, and S. Ziputsky (eds.), *Molecular and Cellular Approaches to Neural Development.* Oxford, England: Oxford University Press, 440–473.

Chiel, H., and Beer, R. (1997). The brain has a body: Adaptive behavior emerges from interactions of nervous system, body and environment. *Trends in Neurosciences,* 20(12), 553–557.

Christoff, K., Ream, J. M., Geddes, L. P., and Gabrieli, J. D. (2003). Evaluating self-generated information: anterior prefrontal contributions to human cognition. *Behavioral Neuroscience,* 117(6), 1161–1168.

Churchland, P. M. (1981). Eliminative materialism and the propositional attitudes. *Journal of Philosophy,* 78(2), 67–90.

Churchland, P. M. (1988). *Matter and Consciousness. Revised Edition.* Cambridge, MA: MIT Press.

Churchland, P. M. (1989). *The Neurocomputational Perspective.* Cambridge, MA: MIT/ Bradford Books.

Churchland, P. M. (1993). Fodor and Lepore: State–space semantics and meaning holism. *Philosophy and Phenomenological Research,* 53, 679–682.

Churchland, P. M. (1995). *The Engine of Reason, the Seat of the Soul.* Cambridge, MA: MIT Press.

Churchland, P. M. (2005) Functionalism at Forty: A Critical Retrospective in *Journal of Philosophy,* 102(1) pp. 33–50.

Churchland, P. M. (2007). *Neurophilosophy at Work.* New York: Cambridge University Press.

Churchland, P. M. (2012). *Plato's Camera: How the Physical Brain Captures a Landscape of Abstract Universals.* Cambridge, MA: MIT Press.

Churchland, P. M., and Churchland, P. S. (1990). Could a machine think? *Scientific American* 1990, 26–31. Reprinted in E. Dietrich (ed.), *Thinking Computers and Virtual Persons,* San Diego, CA: Academic Press, 157–171.

Churchland, P. M., and Churchland, P. S. (1998). *On the Contrary: Critical Essays 1987–1997.* Cambridge, MA: MIT Press.

Churchland, P. S., Ramachandran, V., and Sejnowski, T. (1994). A critique of pure vision. In C.

Koch and J. Davis (eds.), *Large-Scale Neuronal Theories of the Brain*. Cambridge, MA: MIT Press.

Churchland, P. S., and Sejnowski, T. (1990). Neural representation and neural computation. In W. Lycan (ed.), *Mind and Cognition: A Reader.* Oxford, England: Blackwell, 224–251.

Churchland, P. S., and Sejnowski, T. (1992). *The Computational Brain*. Cambridge, MA: MIT Press.

Clark, A. (1987). From folk psychology to naive psychology. *Cognitive Science,* 11(2), 139–154.

Clark, A. (1989). *Microcognition: Philosophy, Cognitive Science and Parallel Distributed Processing.* Cambridge, MA: MIT Press.

Clark, A. (1989). *Microcognition: Philosophy, Cognitive Science and Parallel Distributed Processing*, Cambridge, MA: MIT Press/Bradford Books.

Clark, A. (1990). Connectionist minds. *Proceedings of the Aristotelian Society, XC*, 83–102.

Clark, A. (1992). The presence of a symbol. *Connection Science,* 4(3/4), 193–205. Reprinted in J. Haugeland (ed.), *Mind Design II* (MIT Press, 1997) pp. 377–393.

Clark, A. (1993). *Associative Engines: Connectionism, Concepts and Representational Change.* Cambridge, MA: MIT Press.

Clark, A. (1995). Moving minds: Re-thinking representation in the heat of situated action. In J. Tomberlin (ed.), *Philosophical Perspectives 9: AI Connectionism and Philosophical Psychology.* Atascadero, CA: Ridgeview. 89–104.

Clark, A. (1996). Connectionism, moral cognition and collaborative problem solving. In L. May, M. Friedman, and A. Clark (eds.), *Minds and Morals.* Cambridge, MA: MIT Press, 109–128.

Clark, A. (1997). *Being There: Putting Brain, Body and World Together Again.* Cambridge, MA: MIT Press.

Clark, A. (1998a). Magic words: How language augments human computation. In S. Boucher and P. Carruthers (eds.), *Thought and Language.* Cambridge, England: Cambridge University Press.

Clark, A. (1998b). Where brain, body and world collide. *Daedalus,* 127(2), 257–280.

Clark, A. (1998c). Time and mind. *Journal of Philosophy,* 95(7), 354–376.

Clark, A. (1999a). Visual awareness and visuomotor action. *Journal of Consciousness Studes,* 6(11–12), 1–18.

Clark, A. (1999b). An embodied cognitive science? *Trends in Cognitive Sciences,* 3(9), 345–351.

Clark, A. (2000). A Case Where Access Implies Qualia? *Analysis* 60:265: 30–38.

Clark, A. (2002a). Is Seeing All It Seems? Action, Reason and the Grand Illusion. *Journal of Consciousness Studies,* 9(5/6), 181–202. Reprinted in A. Noë (ed.), (2002). *Is The Visual World A Grand Illusion?* Thorverton, UK: Imprint Academic, 181–202.

Clark, A. (2002b). Local associations and global reason: Fodor's frame problem and second-order search. *Cognitive Science Quarterly,* 2(2), 115–140.

Clark, A. (2003). *Natural-Born Cyborgs: Minds, Technologies, and the Future of Human Intelligence.* New York: Oxford University Press.

Clark, A. (2005). Intrinsic content, active memory, and the extended mind. *Analysis,* 65(1), 1–11.

Clark, A. (2006). Language, Embodiment and the Cognitive Niche. *Trends in Cognitive Scienc-*

*es,*10:8; 370–374.

Clark, A. (2007). Curing cognitive hiccups: A defense of the extended mind. *Journal of Philosophy,* CIV(4), 163–192.

Clark, A. (2008). *Supersizing the Mind: Embodiment, Action, and Cognitive Extension.* New York: Oxford University Press.

Clark, A. (2009). Minds in Space. In K. Mix, L. Smith, and M. Gasser (eds.), *The Spatial Foundations of Cognition and Language: Thinking Through Space.* New York: Oxford University Press, 7–15.

Clark, A. (2011). Finding the Mind (Book Symposium on *Supersizing the Mind: Embodiment, Action, and Cognitive Extension) Philosophical Studies* 152:3:2011: 447–461.

Clark, A. (2013a). Whatever next: Predictive brains, situated agents, and the future of cognitive science. *Behavioral and Brain Sciences,* 36(3), 181–204.

Clark, A. (2013b). The many faces of precision. *Frontiers in Psychology* 4:270: 2013. doi: 10.3389/fpsyg.2013.00270.

Clark, A., and Chalmers, D. (1998). The extended mind. *Analysis,* 58(1), 7–19. Reprinted in P. Grim (ed.), *The Philosopher's Annual,* Vol. XXI, 1998. Also reprinted in D. Chalmers (ed.), *Philosophy Of Mind: Classical and Contemporary Readings.* New York: Oxford University Press, 2002.

Clark, A., and Grush, R. (1999). Towards a cognitive robotics. *Adaptive Behavior,* 7(1), 5–16.

Clark, A., and Thornton, C. (1997). Trading spaces: Computation, representation, and limits of uniformed learning. *Behavioral and Brain Sciences,* 20, 57–90.

Clark, A., and Thornton, C. (1997). Trading spaces: Connectionism and the limits of uninformed learning. *Behavioral and Brain Sciences,* 20(1), 57–67.

Clark, A., and Toribio, J. (1994). Doing without representing? *Synthese,* 101, 401–431. Clark, A., and Toribio, J. (2001). Sensorimotor chauvinism?: Commentary on O'Regan, J. K., and Noë, A., "A sensorimotor approach to vision and visual consciousness." *Behavioral and Brain Sciences,* 24(5), 979–980.

Colby, K. M. (1975). *Artificial Paranoia.* New York: Pergamon.

Colder, B. (2011). Emulation as an integrating principle for cognition. *Frontiers in Human Neuroscience,* 5, 54.

Cole, J., Gallagher, S., and McNeill, D. (2002). Gesture following deafferentation: A phenomenologically informed experimental study. *Phenomenology and the Cognitive Sciences,* 1(1), 49–67.

Coleman, S. (2011). There is no argument for the extended mind. *Journal of Philosophy,* 108(2), 100–108.

Collins, S. H., Ruina, A. L., Tedrake, R., and Wisse, M. (2005). Efficient bipedal robots based on passive-dynamic walkers. *Science,* 307, 1082–1085.

Collins, S. H., Wisse, M., Ruina, A. (2001). A three-dimensional passive-dynamic walking robot with two legs and knees. *International Journal of Robotics Research,* 20(7), 607–615.

Connell, J. (1989). *A Colony Architecture for an Artificial Creature.* Cambridge: MIT AI Laboratory.

Conway, C., and Christiansen, M. (2001). Sequential learning in non-human primates. *Trends in Cognitive Sciences,* 5(12), 539–546.

Cosmelli, D. and Thompson, E. (2010). Embodiment or envatment? Reflections on the bodily basis of consciousness. In J. Stewart, O. Gapenne, and E. di Paolo (eds.), *Enaction: Towards a New Paradigm for Cognitive Science.* Cambridge, MA: MIT Press.

Crane, T. (2003). *The Mechanical Mind: A philosophical introduction to minds, machines, and mental representation* (2nd Edition). London: Penguin.

Craver, C. (2007). *Explaining the Brain: Mechanisms and the Mosaic Unity of Neuroscience.* Oxford: Oxford University Press.

Craver, C. (2009). Mechanisms and natural kinds. *Philosophical Psychology, 22*(5), 575–594.

Crick, F. (1981). *Life Itself: Its Origin and Nature.* New York: Simon & Schuster.

Crick, F., and Koch, C. (1997). Towards a neurobiological theory of consciousness. In N. Block, O. Flanagan, and G. Guzeldere (eds.), *The Nature of Consciousness.* Cambridge, MA: MIT Press, 277–292.

Crutchfield, J., and Mitchell, M. (1995). The evolution of emergent com-putation. *Proceedings of the National Academy of Sciences U.S.A., 92*, 10742–10746.

Cummins, R. (1996). *Representations, Targets, and Attitudes.* Cambridge, MA: MIT Press.

Damasio, A. (1994). *Descartes' Error.* New York: Grosset/Putnam.

Damasio, A. (1999). *The Feeling of What Happens.* New York: Harcourt, Brace and Co.

Damasio, A. (2003). *Looking for Spinoza: Joy, Sorrow, and the Feeling Brain.* New York:Harcourt-Brace and Co.

Damasio, A. (2010). *Self Comes to Mind: Constructing the Conscious Brain,* New York: Pantheon.

Damasio, A., and Damasio, H. (1994). Cortical systems for retrieval of concrete knowledge:The convergence zone framework. In C. Koch and J. Davis (eds.), *Large–Scale Neuronal Theories of the Brain.* Cambridge, MA: MIT Press. 61–74.

Daw, N. D., Gershman, S. J., Seymour, B., Dayan, P., and Dolan, R. J. (2011). Model-based influences on humans' choices and striatal prediction errors. *Neuron, 69*, 1204–1215.

Daw, N., Niv, Y., and Dayan, P. (2005). Uncertainty-based competition between prefrontal land dorsolateral striatal systems for behavioral control. *Nature Neuroscience, 8*(12),1704–1711.

Dawkins, R. (1982). *The Extended Phenotype.* Oxford, England: Oxford University Press.

Dawkins, R. (1986). *The Blind Watchmaker.* New York: Norton.

Dayan, P., and Hinton, G. (1996). Varieties of Helmholtz machine. *Neural Networks,9*, 1385–1403.

Dayan, P., Hinton, G. E. & Neal, R. M. (1995). The Helmholtz machine. *Neural Computation,7*, 889–904.

de Garis, H., Shuo, C., Goertzel, B., and Ruiting, L. (2010). A world survey of artificial brain projects, Part I: Large-scale brain simulations. *Neurocomputing, 74*(1–3), 3–29.

de Villiers, J. G. and de Villiers, P.A. (2003). Language for thought: coming to understand false beliefs. In D. Gentner and S. Goldin-Meadow(eds.), *Language in Mind: Advances in the Study of Language and Thought.* Cambridge, MA: MIT Press, 335–384.

Deacon, T. (1997). *The Symbolic Species.* New York: Norton.

Decety, J., and Grezes, J. (1999). Neural mechanisms subserving the perception of human actions. *Trends in Cognitive Sciences, 3*(5), 172–178.

Dehaene, S. (1997). *The Number Sense.* Oxford, England: Oxford University Press.

Dehaene, S. (2004). Evolution of human cortical circuits for reading and arithmetic: The "neuronal recycling" hypothesis. In S. Dehaene, J. Duhamel, M. Hauser, and G. Rizzolatti(eds.), *From Monkey Brain to Human Brain.* Cambridge, MA: MIT Press. 135–157.

Dehaene, S. (2007). A few steps toward a science of mental life. *Mind, Brain, and Education,*1(1), 28–47.

Dehaene, S. (2009). *Reading in the Brain.* New York: Penguin, Viking.

Dehaene, S., and Changeux, J. (2004). Neural mechanisms for access to consciousness. In M. Gazzaniga (ed.), *The Cognitive Neurosciences,* 3rd edition. New York: WW Nortonand Co. 1145–1156.

Dehaene, S., and Changeux, J. P. (2011). Experimental and theoretical approaches to conscious processing. *Neuron,* 70(2), 200–227.

Dehaene, S., and Cohen, L. (2007). Cultural recycling of cortical maps. *Neuron,* 56(2),384–398.

Dehaene, S., and Naccache, L. (2001). Towards a cognitive neuroscience of consciousness:Basic evidence and a workspace framework. *Cognition,* 79(1–2), 1–37.

Dehaene, S., Pegado, F., Braga, L., Ventura, P., Nunes G., Jobert, A., Dehaene-Lambertz, G., Kolinsky, R., Morais, J., and Cohen, L. (2010). How learning to read changes the cortical networks for vision and language. *Science,* 330(6009), 1359–1364.

Dehaene, S., Sergent, C., and Changeux, J. P. (2003). A neuronal network model linking subjective reports and objective physiological data during conscious perception.*Proceedings of the National Academy of Sciences, U.S.A* 100, 8520–8525.

Dehaene, S., Spelke, E., Pinel, P., Stanescu, R., and Triskin, S. (1999). Sources of mathematical thinking: Behavioral and brain imaging evidence. *Science,* 284, 970–974.

Dennett, D. (1981). *Brainstorms.* Sussex, England: Harvester Press.

Dennett, D. (1984). *Elbow Room: The Varieties of Free Will Worth Wanting.* Oxford, England: Oxford University Press.

Dennett, D. (1987). *The Intentional Stance.* Cambridge, MA: MIT Press.

Dennett, D. (1991a). *Consciousness Explained.* New York: Little Brown.

Dennett, D. (1991b). Mother Nature versus the Walking Encyclopedia. In W. Ramsey, S. Stich, and D. Rumelhart (eds.), *Philosophy and Connectionist Theory.* Hillsdale, NJ: Erlbaum, 21–30.

Dennett, D. (1991c). Granny's Campaign for Safe Science. I In B. Loewer and G. Rey (eds.), *Meaning in Mind: Fodor and his Critics.* Oxford: Blackwell. 255–319.

Dennett, D. (1994). Learning and labeling: Commentary on A. Clark & A. Karmiloff-Smith. *Mind & Language,* 8, 540–548.

Dennett, D. (1995). *Darwin's Dangerous Idea.* New York: Simon & Schuster.

Dennett, D. (1996). *Kinds of Minds.* New York: Basic Books.

Dennett, D. (1997). The path not taken. In N. Block, O. Flanagan, and G. Güzeldere (eds.), *The Nature of Consciousness.* Cambridge, MA: MIT Press, 417–420.

Dennett, D. (1998). *Brainchildren: Essays on Designing Minds.* Cambridge, MA: MITPress.

Dennett, D. *How to Do Other Things with Words.* Unpublished manuscript.

Dennett, D., and Kinsbourne, M. (1992). Time and the observer: The where and when of consciousness in the brain. *Behavioral and Brain Sciences,* 15, 183–247.

Desimone, R., and Duncan, J. (1995). Neural mechanisms of selective visual attention. *Annual Review of Neuroscience,* 18, 193–222.

D'Esposito, M. (2007). From cognitive to neural models of working memory. *Philosophical Transactions of the Royal Society of London B: Biological Sciences,* 362, 761–772.

Di Paolo, E. A. (2009). Extended life. *Topoi,* 28, 9–21.

Di Paolo, E. A., Rohde, M., and De Jaegher, H. (2008). Horizons for the enactive mind: Values, social interaction, and play. In J. Stewart, O. Gapenne, and Ezequiel A. DiPaolo (eds.), *Enaction: Towards a New Paradigm for Cognitive Science.* Cambridge, MA: 34.

Di Pellegrino, J., Klatzky, R., and McCloskey, B. (1992). Time course of preshaping for functional-responses to objects. *Journal of Motor Behavior,* 21, 307–316.

Diamond, A. (1985). The development of the ability to use recall to guide action, as indicatedby infants performance on AB. *Child Development,* 56, 868–883.

Diamond, A. (1990a). Developmental time course in human infants and infant monkeys, and the neural bases of inhibitory control in reaching. InA. Diamond (ed.), *The developmentand neural bases of higher cognitive functions.* New York Academy of Sciences.637–676.

Diamond, A. (1990b). The development and neural bases of memory functions as indexedby the AB and delayed response tasks in human infants and infant monkeys. In A. Diamond (ed.), *The development and neural bases of higher cognitive functions.* New York Academy of Sciences. 267–317.

Donald, M. (1991). *Origins of the Modern Mind.* Cambridge, MA: Harvard University Press.

Donald, M. (2001). *A Mind So Rare.* NY: WW Norton.

Donald, M.(2010). The Exographic Revolution: Neuropsychological Sequelae. In Malafouris L. & Renfrew C. (ed.), *The Cognitive Life of Things: Recasting the boundaries of the mind.* Cambridge, UK: McDonald Institute Monographs, pp. 71–79.

Doya, K., and Ishii, S. (2007). A Probability Primer.I In K. Doya, S. Ishii, A. Pouget, and N.R.P. Rao, (eds.), *Bayesian Brain: Probabilistic Approaches to Neural Coding.* Cambridge, MA: MIT Press, 1–13.

Dretske, F. (1988). *Explaining Behavior.* Cambridge, MA: MIT Press.

Dretske, F. (1995). *Naturalizing the Mind.* Cambridge, MA: MIT Press.

Dretske, F. (1997). Conscious experience. In N. Block, O. Flanagan, and G. Güzeldere (eds.), *The Nature of Consciousness.* Cambridge, MA: MIT Press, 773–788.

Dreyfus, H. (1972). *What Computers Can't Do.* New York: Harper & Row.

Dreyfus, H. (1992). *What Computers Still Can't Do.* Cambridge, MA: MIT Press.

Dreyfus, H. (1997). From micro-worlds to knowledge representation: AI at an impasse. In J. Haugeland (ed.), *Mind Design II.* Cambridge, MA: MIT Press, 161–205.

Dreyfus, H., and Dreyfus, S. (1986). *Mind over Machine.* New York: Free Press.

Dreyfus, H., and Dreyfus, S. (1990). Making a mind versus modeling the brain: Artificial intelligence at a branch point. In M. Boden (ed.), *The Philosophy of Artificial Intelligence.* Oxford, England:

Oxford University Press, 309–333.

Edelman, G. M., and Tononi, G. (2000). *A Universe of Consciousness: How Matter Becomes Imagination*. New York: Basic Books.

Egner, T., Monti, J. M., and Summerfield, C. (2010). Expectation and surprise determine neural population responses in the ventral visual stream. *Journal of Neuroscience,* 30(49), 16601–16608.

Eliasmith, C. (2007). How to build a brain: From function to implementation. *Synthese,* 153(3), 373–88.

Eliasmith, C. (2009). Dynamics, control, and cognition. In P. Robbins and M. Aydede(eds.), *Cambridge Handbook of Situated Cognition.* New York: Cambridge University Press, 134–154.

Eliasmith, C., Stewart T. C., Choo X., Bekolay T., DeWolf T., Tang Y., and Rasmussen, D.(2012). A large-scale model of the functioning brain. *Science.* 338(6111), 1202–1205.

Elman, J. (1991a). *Incremental learning or the importance of starting small* (Technical Report 9101). Center for Research in Language, University of California, San Diego.

Elman, J. (1991b). Representation and structure in connectionist models. In G. Altman(ed.), *Cognitive Models of Speech Processing.* Cambridge, MA: MIT Press.

Elman, J. L. (1990). Finding structure in time. *Cognitive Science,* 14, 179–211.

Elman, J., Bates, E. A., Johnson, M. H., Karmiloff-Smith, A., Parisi, D. & Plunkett, K. (1996) *Rethinking innateness: A connectionist perspective on development.* Cambridge, MA: MIT Press.

Erlhagen, W., and Schöner, G. (2002). Dynamic field theory of motor programming. *Psychological-Review,* 109, 545–572.

Feldman, H., and Friston, K. (2010). Attention, uncertainty, and free-energy. *Frontiers in Human Neuroscience* 2 (4), article 215.

Felleman, D., and Van Essen, D. (1991). Distributed hierarchical processing in primate visual cortex. *Cerebral Cortex,* 1, 1–47.

Finke, R., Pinker, S., and Farah, M. (1989). Reinterpreting visual patterns in mental imagery. *Cognitive Science,* 13, 51–78.

Fitzpatrick, P., Metta, G., Natale, L., Rao, S., and Sandini, G. (2003). Learning about objects through action: Initial steps towards artificial cognition. In 2003 *IEEE International Conference on Robotics and Automation* (ICRA). May 12–17, 2003; Taipei, Chian.

Fodor, J. (1983) *The Modularity of Mind.* Cambridge, MA: MIT Press.

Fodor, J. (1986). Why paramecia don't have mental representations. *Midwest Studies in Philosophy,* 10, 3–23.

Fodor, J. (1987). *Psychosemantics: The Problem of Meaning in the Philosophy of Mind.* Cambridge,MA: MIT Press.

Fodor, J. (1991). Replies. In B. Loewer and G. Rey (eds.), *Meaning in Mind: Fodor and His Critics.* Oxford, England: Blackwell.

Fodor, J. (1994). *The Elm and the Expert.* Cambridge, MA: MIT Press.

Fodor, J. (1998). *In Critical Condition: Polemical Essays on Cognitive Science and the Philosophy of Mind.* Cambridge, MA: MIT Press.

Fodor, J. (2001). *The Mind Doesn't Work That Way*. Cambridge, MA: MIT Press.

Fodor, J. (2008). *LOT 2: The Language of Thought Revisited*. Oxford: Oxford University Press.

Fodor, J., and LePore, E. (1993). Reply to Churchland. *Philosophy and Phenomenological Research*, 53, 679–682.

Fodor, J., and Pylyshyn, Z. (1988). Connectionism and cognitive architecture: A critical analysis. *Cognition*, 28, 3–71.

Fontana, S. (2008). Mouth actions as gesture in sign language. *Gesture*, 8(1), 104–123.

Ford, K. M., and Hayes, P. J. (1991). *Reasoning Agents in a Dynamic World: The Frame Problem*. Greenwich, CT: JAI Press.

Franceschini, N., Pichon, J. M., Blanes, C., Brady, J. M., and Franceschini, N. (1992). Frominsect vision to robot vision. *Philosophical Transactions of the Royal Society of London B: Biological Sciences*, 337(1281), 283–294.

Franklin, S. (1995). *Artificial Minds*. Cambridge, MA: MIT Press.

French, R. (1992). Using semi-distributed representations to overcome catastrophic forgetting in connectionist networks. *Connection Science*, 4(314), 365–378.

French, R. (1999). Catastrophic forgetting in connectionist networks. *Trends in Cognitive Sciences*, 3(4), 128–135.

Friston, K. (2002). Beyond phrenology: What can neuroimaging tell us about distributed circuitry? *Annual Review of Neuroscience*, 25, 221–250.

Friston, K. (2003). Learning and inference in the brain. *Neural Networks*, 16(9), 1325–1352.

Friston, K. (2005). A theory of cortical responses. *Philosophical Transactions of the Royal Society of London B: Biological Sciences*, 29, 360(1456), 815–36.

Friston, K. (2009). The free-energy principle: A rough guide to the brain? *Trends in Cognitive-Sciences*, 13, 293–301.

Friston, K. (2010). The free-energy principle: A unified brain theory? *Nature Reviews Neurosciences*, 11(2), 127–138.

Friston, K., Mattout, J., and Kilner, J. (2011). Action understanding and active inference. *Biological Cybernetics*, 104, 137–160.

Friston K., and Price, C. J. (2001). Dynamic representations and generative models of brain function. *Brain Research Bulletin*, 54(3), 275–285.

Friston, K., Samothrakis, S., and Montague, R. (2012). Active inference and agency: optimal control without cost functions. *Biological Cybernetics*, 106(8–9), 523–541.

Froese, T., and Di Paolo, E. A. (2011). The enactive approach: Theoretical sketches from cell to society. *Pragmatics and Cognition*, 19, 1–36.

Froese, T., and Ikegami, T. (2013). Commentary on Clark "Whatever Next? Predictive Brains, Situated Agents, and the Future of Cognitive Science" *Behavioral and Brain Sciences*. 36:3:213–214.

Gallagher, S. (2005). *How the Body Shapes the Mind*. Oxford, UK: Oxford University Press.

Gazzaniga, M. (1998). *The Mind's Past*. Berkeley, CA: University of California Press.

Gershman, S. J., and Daw, N. D. (2012). Perception, action and utility: the tangled skein. In M.

Rabinovich, K. Friston, and P. Varona (eds.), *Principles of Brain Dynamics: Global State Interactions.* Cambridge, MA: MIT Press, 293–312.

Gertler, B. (2007). Overextending the Mind? In B. Gertler and L. Shapiro (eds.), *Arguing About the Mind.* New York: Routledge, 192–206.

Gibson, J. J. (1979). *The Ecological Approach to Visual Perception.* Boston, MA: Houghton-Mifflin.

Gleick, J. (1987). *Chaos.* New York: Viking.

Gleick, J. (1995). Really remote control. *New York Times Magazine,* December 3, 1995, 42–44.

Glymour, C., Ford, K., and Hayes, P. (1995). The pre-history of android epistemology. In K. Ford, C. Glymour, and P. Hayes (eds.), *Android Epistemology.* Cambridge, MA:MIT Press, 3–21.

Godfrey-Smith, P. (1996a). Spencer and Dewey on life and mind. In M. Boden (ed.), *The Philosophy of Artificial Life.* Oxford, England: Oxford University Press, 314–331.

Godfrey-Smith, P. (1996b). *Complexity and the Function of Mind in Nature.* Cambridge, England: Cambridge University Press.

Goertzel, B., and Pennachin, C., eds. (2006). *Artificial General Intelligence.* Holland: Springer.

Goldin-Meadow, S. (2003). *Hearing Gesture: How Our Hands Help Us Think.* Cambridge, MA: Harvard University Press.

Goldin-Meadow, S., Nusbaum, H., Kelly, S., and Wagner, S. (2001). Explaining math: Gesturing-lightens the load. *Psychological Science*, 12, 516–522.

Goldin-Meadow, S., and Wagner, S. (2004), How our hands help us learn. *Trends in Cognitive-Sciences,* 9(5), 234–241.

Goodwin, B. (1995). *How the Leopard Changed Its Spots.* London: Phoenix.

Grant, E., and Spivey, M. (2003). Eye movements and problem solving: Guiding attention guides thought. *Psychological Science*, 14, 462–466.

Grasse, P. P. (1959). La reconstruction du nid et les coordinations inter–individuelleschez *Bellicositermes Natalensis et Cubitermes*sp. La theorie de la stigmergie: Essaid'interpretation des termites constructeurs. *Insect Societies,* 6, 41–83.

Gray, R. D. (2000). Selfish genes or developmental systems? In R. S. Singh, C. B. Krimbas, D. B. Paul, and J. Beatty, J. (eds.), *Thinking about Evolution: Historical, Philosophical, and Political Perspectives.* Cambridge, England, Cambridge University Press, 184–207.

Gray, W. D., Sims, C. R., Fu, W.-T., and Schoelles, M. J. (2006). The soft constraints hypothesis:A rational analysis approach to resource allocation for interactive behavior. *Psychological Review,* 113(3), 461–482.

Greenwood, G., and Tyrrell, A. (2006). *Introduction to Evolvable Hardware: A Practical Guide for Designing Self-Adaptive Systems.* New Jersey: Wiley-IEEE Press.

Gregory, R. (1998). *Eye and Brain: The Psychology of Seeing* (5th Edition). Oxford, UK: Oxford University Press.

Gregory, R. L. (1980). Perceptions as hypotheses. *Philosophical Transactions of the Royal Society of London B: Biological Sciences,* 290(1038), 181–197.

Griffiths, P. E., and Gray, R. D. (2004). The Developmental Systems Perspective: Organism-environmentsystems as units of evolution. In K. Preston, K. and M. Pigliucci (eds.), *Phenotypic Integration: Studying the Ecology and Evolution of Complex Phenotype*s. Oxford and New York: Oxford University Press, 409–431.

Griffiths, T. L., Chater, N., Kemp, C., Perfors, A., and Tenenbaum, J. B. (2010). Probabilistic models of cognition: exploring representations and inductive biases. *Trends in CognitiveSciences*, 14(8), 357–364.

Grill-Spector, K., Henson, R., and Martin, A. (2006). Repetition and the brain: Neural models of stimulus-specific effects. *Trends in Cognitive Sciences,* 10(1), 14–23.

Grush, R. (1995). *Emulation and Cognition.* PhD dissertation, University of California.

Grush, R. (2004). The emulation theory of representation: Motor control, imagery, and perception. *Behavioral and Brain Sciences,* 27, 377–442.

Güzeldere, G. (1997). Is consciousness the perception of what passes in one's own mind? In N. Block, O. Flanagan, and G. Güzeldere (eds.), *The Nature of Consciousness.* Cambridge, MA: MIT Press, 789–806.

Haffendale, A., and Goodale, M. (1998). The effect of pictorial illusion on prehension and perception. *Journal of Cognitive Neuroscience,* 10, 122–136.

Haken, H., Kelso, J. A. S., and Bunz, H. (1985). A theoretical model of phase transitions in human hand movements. *Biological Cybernetics,* 51, 347–356.

Hallam, J., and Malcolmn, C. (1994). Behavior, perception, action and intelligence—The view from situated robotics. *Proceedings of the Royal Society of London, Series A,*349, 29–42.

Harnad, S. (1994). What is computation? *Minds and Machines,* 4(4), 377–488.

Hasson, U., Ghazanfar, A. A., Galantucci, B., Garrod, S., Keysers, C. (2012). Brain-to-brain coupling: a mechanism for creating and sharing a social world. *Trends in Cognitive Sciences,* 16(2), 114–121.

Haugeland, J. (1981a). Semantic engines: An introduction to mind design. In J. Haugeland(ed.), *Mind Design.* Cambridge, MA: MIT Press. 34–50.

Haugeland, J. (1981b). The nature and plausibility of cognitivism. In J. Haugeland (ed.), *Mind Design.* Cambridge, MA: MIT Press, 243–281.

Haugeland, J. (1985). *Artificial Intelligence: The Very Idea.* Cambridge, MA: MIT Press.

Haugeland, J. (1997). What is mind design? In J. Haugeland (ed.), *Mind Design II.* Cambridge, MA: MIT Press. 1–28.

Haugeland, J. (1998). Mind Embodied and Embedded. In J. Haugeland, *Having Thought: Essays in the Metaphysics of Mind.* Cambridge, MA: Harvard University Press, 207–240.

Hawkins, J., and Blakeslee, S. (2004). *On Intelligence.* New York: Owl Books.

Hayes, P. (1979). The naive physics manifesto. In D. Michie (ed.), *Expert Systems in the Micro-Electronic Age.* Edinburgh, Scotland: Edinburgh University Press.

Hayes, P. (1985). The second naive physics manifesto. In J. Hobbs and R. Moore (eds.), *Formal Theories of the Commonsense World.* Norwood, NJ: Ablex, 1–36.

Hayes-Roth, B. (1994). On building integrated cognitive agents: A review of Allen Newell's Unified Theories of Cognition. In W. Clancey, S. Smoliar, and M. Stefile (eds.),*Contemplating Minds.* Cambridge, MA: MIT Press.

Heidegger, M. (1961). *Being and Time* (J. Macquarrie E. Robinson, Trans; first published in 1927). New York: Harper & Row.

Helmholtz, H. (1860/1962). *Handbuch der physiologischenoptik*, (Treatise on Physiological optics) ed. J. P. C. Southall, English trans., Vol. 3. New York: Dover.

Henderson, J., and Hollingworth, A. (2003). Eye movements and visual memory: detecting changes to saccade targets in scenes. *Perception and Psychophysics*, 65(1), 58–71.

Hermer-Vazquez, L., Spelke, E., and Katsnelson, A. (1999). Sources of flexibility in human cognition: Dual-task studies of space and language. *Cognitive Psychology*, 39, 3–36.

Hesslow, G. (2002). Conscious thought as simulation of behaviour and perception. *Trends in Cognitive Sciences*, 6(6), 242–247.

Heyes, C. (2010). Where do mirror neurons come from? *Neuroscience and Biobehavioral Reviews*, 34, 575–583.

Heyes, C. (2012). New thinking: the evolution of human cognition. *Philosophical Transactions of the Royal Society of London B: Biological Sciences*, 367, 2091–2096.

Hinton, G. (1990). Mapping part-whole hierarchies into connectionist networks. *Artificial Intelligence*, 46, 47–75.

Hinton, G. E. (2007a). Learning multiple layers of representation. *Trends in Cognitive Sciences*, 11, 428–434.

Hinton, G. E. (2007b). To recognize shapes, first learn to generate images. In P. Cisek, T. Drew, and J. Kalaska (eds) *Computational neuroscience: Theoretical insights into brain function*, eds. Elsevier, Holland. 535–548.

Hinton, G. E., Dayan, P., Frey, B. J. & Neal, R. M. (1995). The wake-sleep algorithm for unsupervised neural networks. *Science* 268:1158–60.

Hinton, G., and Shallice, T. (1989). Lesioning a connectionist network. University of Toronto Technical Report, CRG–TR–89–3.

Hinton, G. E. and Zemel, R. S. (1994). Autoencoders, minimum description length and Helmholtz free energy. In: *Advances in neural information processing systems*, Vol. 6,ed. J. Cowan, G. Tesauro & J. Alspector, Morgan Kaufmann.

Hodges, A. (1983). *Alan Turing: The Enigma*. New York: Simon & Schuster.

Hohwy, J. (2007). Functional integration and the mind. *Synthese*, 159(3), 315–328.

Holland, J. (1975). *Adaptation in Natural and Artificial Systems*. Ann Arbor, MI: University of Michigan Press.

Holland, J. (1992). Genetic algorithms. *Scientific American*, June, 66–72.

Hollingworth, A., & Henderson, J. M. (2002). Accurate visual memory for previously attendedobjects in natural scenes. *Journal of Experimental Psychology: Human Perception& Performance*, 28, 113–136.

Hollingworth, A., Schrock, G., and Henderson, J. M. (2001). Change detection in the flicker paradigm: The role of fixation position within the scene. *Memory & Cognition*, 29, 296–304.

Hume, D., ed. (1740). *A Treatise on Human Nature.* Oxford, England: Clarendon Press.

Hupé, J. M., James, A. C., Payne, B. R., Lomber, S. G., Girard, P., and Bullier, J. (1998). Cortical feedback improves discrimination between figure and background by V1, V2 and V3 neurons. *Nature,* 394, 784–787.

Hurley, S. (1998). *Consciousness in Action.* Cambridge, MA: Harvard University Press.

Hurley, S. (2010). The Varieties of Externalism. In R. Menary (ed.), *The Extended Mind.* Cambridge, MA: MIT Press, xxx–xxx.

Hurley, S., and Noë, A. (2003). Neural plasticity and consciousness. *Biology and Philosophy,* 18, 131–168.

Husbands, P., Smith, T., Jakobi, N., and O'Shea, M. (1998). Better living through chemistry: Evolving gas nets for robot control. *Connection Science,* 10(314), 185–210.

Hutchins, E. (1995). *Cognition in the Wild.* Cambridge, MA: MIT Press.

Hutchins, E., and Hazelhurst, B. (1991). Learning in the cultural process. In C. Langton(ed.), *Artificial Life II.* Reading, MA: Addison–Wesley.

Iida, F. and Pfeifer, R. (2004) "Cheap" rapid locomotion of a quadruped robot: Self-stabilization of bounding gait, *Intelligent Autonomous Systems* 8, p. 642–649.

Irwin, D. (1991). Information integration across saccadic eye movements. *Cognitive Psychology,* 23, 420–456.

Iverson, J., and Goldin-Meadow, S. (1998). Why people gesture when they speak. *Nature,* 396, 228.

Iverson, J., and Goldin-Meadow, S. (2001). The resilience of gesture in talk. *DevelopmentalScience,* 4, 416–422.

Izhikevich, E., and Edelman, G. (2008). Large-scale model of mammalian thalamocortical systems in *Proceedings of the National Academy of Sciences U.S.A.,* 105, 3593–3598.

Jackendoff, R. (1996). How language helps us think. *Pragmatics and Cognition,* 4(1), 1–34.

Jackson, F. (1982). Epiphenomenal qualia. *Philosophical Quarterly,* 32, 127–136.

Jackson, F. (1996). Mental causation: The state of the art. *Mind,* 105(419), 377–413.

Jackson, F., and Pettit, P. (1988). Functionalism and broad content. *Mind,* 97(387), 381–400.

Jacob, F. (1977). Evolution and tinkering. *Science,* 196(4295), 1161–1166.

Jacobs, R., Jordan, M., and Barto, A. (1991). Task decomposition through competition in a modular connectionist architecture: The what and where visual tasks. *Cognitive Science,*15, 219–250.

Jacobs, R., Jordan, M., Nowlan, S., and Hinton, G. (1991). Adaptive mixtures of local experts.*Neural Computation,* 3, 79–87.

Jeannerod, M. (1986). The formation of finger grip during prehension: A cortically mediated visuomotor pattern. *Behavioral Brain Research,* 19, 99–116.

Jeannerod, M. (1997). *The Cognitive Neuroscience of Action.* Oxford, England: Blackwell.

Johnson, J. S., Spencer, J. P., Schöner, G. (2008). Moving to higher ground: The dynamic field theory and the dynamics of visual cognition. In F. Garzón, A. Laakso, and T. Gomila (eds.), *Dynamics and Psychology [special issue]. New Ideas in Psychology,* 26,227–251.

Jordan, M. (1986). *Serial Order: A Parallel Distributed Processing Approach* (Report 8604). Institute for Cognitive Science, University of California, San Diego.

Jordan, M., Flash, T., and Arnon, Y. (1994). A model of the learning of arm trajectories froms patial deviations. *Journal of Cognitive Neuroscience,* 6(4), 359–376.

Joyce, J. (2008). Bayes' Theorem, *The Stanford Encyclopedia of Philosophy (Fall 2008 Edition),* Edward N. Zalta (ed.). Available at: http://plato.stanford.edu/archives/fall2008/entries/bayes-theorem/.

Kahneman, D. (2011). *Thinking Fast and Slow.* London: Allen Lane.

Karmiloff–Smith, A. (1992). *Beyond Modularity: A Developmental Perspective on Cognitive-Science.* Cambridge, MA: MIT Press/Bradford Books.

Kauffman, S. (1995). *At Home in the Universe.* London: Viking Press.

Keijzer, F. (1998). Doing without representations which specify what to do. *Philosophical Psychology,* 11(3), 269–302.

Keijzer, F., and Bem, S. (1996). Behavioral systems interpreted as autonomous agents and as coupled dynamical systems: A criticism. *Philosophical Psychology,* 9(3), 323–346.

Kelso, J. A. S. (1981). On the oscillatory basis of movement. *Bulletin of the Psychonomic Society,* 18, 63.

Kelso, J. A. S. (1995). *Dynamic Patterns.* Cambridge, MA: MIT Press.

Kim, J. (1996). *Philosophy of Mind.* Boulder, CO: Westview Press.

Kirlik, A. (1998). Everyday life environments. In W. Bechtel and G. Graham (eds.), *A Companion to Cognitive Science.* Oxford, England: Blackwell, 702–712.

Kirsh, D. (1995). The Intelligent Use of Space. *Artificial Intelligence,* 73(1–2): 31–68.

Kirsh, D. (2005). Metacognition, Distributed Cognition and Visual Design. In P. Gardenfors and P. Johansson (eds.), *Cognition, Education and Communication Technology.* New Jersey, Lawrence Erlbaum, 147–180.

Kirsh, D., and Maglio, P. (1994). On distinguishing epistemic from pragmatic action. *Cognitive-Science,* 18, 513–549.

Knierim, J., and Van Essen, D. (1992). Visual cortex: Cartography, connectivity and concurrentprocessing. *Current Opinion in Neurobiology,* 2, 150–155.

Knill, D., and Pouget, A. (2004). The Bayesian brain: The role of uncertainty in neural coding and computation. *Trends in Neuroscience,* 27(12), 712–719.

Koch, C. (2012). *Consciousness: Confessions of a Romantic Reductionist.* Cambridge, MA: MIT Press.

Koch, C., and Poggio, T. (1999). Predicting the visual world: Silence is golden. *Nature Neuroscience,* 2(1), 9–10.

König, P., and Krüger, N. (2006). Symbols as self-emergent entities in an optimization process of feature extraction and predictions. *Biological Cybernetics,* 94, 325–334.

Kreiter, A. (2006). How do we model attention-dependent signal routing? *Neural Networks,* 19, 1443–1444.

Kriegstein, K., and Giraud, A. (2006). Implicit multisensory associations influence voice recognition. *PLoS Biology,* 4(10), e326.

Kripke, S. (1980). *Naming and Necessity.* Oxford, England: Blackwell.

Kumaran, D. & McClelland, J. L. (2012). Generalization through the recurrent interaction of episodic memories: A model of the hippocampal system. *Psychological Review*, 119, 573–616.

Kveraga, K., Ghuman, A., and Bar, M. (2007). Top-down predictions in the cognitive brain. *Brain and Cognition,* 65, 145–168.

Laakso, A., and Cottrell, G. (2000). Content and cluster analysis: Assessing representational similarity in neural systems. *Philosophical Psychology.* 13 (1): 47–76.

Laird, J. (2008). Extending the Soar Cognitive Architecture. In *Proceedings of the First Conferenceon Artificial General Intelligence* (AGI-08).

Laird, J. (2012). *The Soar Cognitive Architecture.* Cambridge, MA: MIT Press.

Lamme, V. (2006). Towards a true neural stance on consciousness. *Trends in Cognitive Sciences,*10(11), 494–501.

Landi, V. (1982). *The Great American Countryside.* London: Collier Macmillan.

Langton, C. (1989). Artificial life. In C. Langton (ed.), *Artificial Life. Santa Fe Institute Studies in the Sciences of Complexity* (6). Reading, MA: Addison–Wesley.

Lee, D., and Reddish, P. (1981). Plummeting gannets: A paradigm of ecological optics. *Nature,* 293, 293–294.

Lee, T. S., and Mumford, D. (2003). Hierarchical Bayesian inference in the visual cortex. *Journal of Optical Society of America, A.,* 20(7), 1434–1448.

Lenat, D., and Feigenbaum, E. (1992). On the thresholds of knowledge. In D. Kirsh (ed.), *Foundations of Artificial Intelligence.* Cambridge, MA and Amsterdam, The Netherlands: MIT Press and Elsevier Science Publishers, 195–250.

Leopold, D. (2012). Primary visual cortex: Awareness and blindsight. *Annual Review of Neuroscience,* 35, 91–109.

LeVay, S. (2000). Brain invaders. *Scientific American,* 282(3), 27.

Levine, J. (1983). Materialism and qualia: The explanatory gap. *Pacific Philosophical Quarterly,* 64, 354–361.

Levine, J. (1994). Out of the closet: A qualophile confronts qualophobia. *Philosophical Topics,* 22(1), 1994.

Lucy, J., and Gaskins, S. (2001). Grammatical categories and the development of classification preferences: a comparative approach. In M. Bowerman and S. Levinson (eds.), *Language Acquisition and Conceptual Development.* Cambridge, UK: Cambridge UniversityPress, 257–283.

Lund, H. Webb, B., and Hallam, J. (1997). A robot attracted to the cricket species *Gryllusbimaculatus.* In P. Husbands and I. Harvey (eds.), *4th European Conference on Artificial Life.* Cambridge, MA: MIT Press, 246–255.

Lungarella M., Metta, G., Pfeifer, R., and Sandini, G.(2003). Developmental robotics: a survey. *Connection Science*, 15(4), 151–190.

Lungarella, M., and Sporns, O. (2005). Information self-structuring: key principles for learning and development. *Proceedings of the 2005 IEEE International Conference on Development and Learning,* pp. 25–30.

Lycan, W. (1991). Homuncular functionalism meets PDP. In W. Ramsey, S. Stich, and D. Rumelhart (eds.). *Philosophy and Connectionist Theory.* Hillsdale, NJ: Erlbaum, 259–286.

Lycan, W. (1997). Consciousness as internal monitoring. In N. Block, O. Flanagan, and G. Güzeldere (eds.), *The Nature of Consciousness.* Cambridge, MA: MIT Press,755–771.

Ma, W. Ji. (2012). Organizing probabilistic models of perception. *Trends in Cognitive Sciences*16(10), 511–518.

MacDonald, C., and MacDonald, G. (1995). *Connectionism: Debates on Psychological Explanation.* Oxford, England: Blackwell.

Mackie, J. L. (1974). *The Cement of the Universe.* Oxford, England: Oxford University Press.

Maglio, P. P., Wenger, M. J., & Copeland, A. M. (2003). The benefits of epistemic action outweigh the costs. In *Proceedings of the Twenty Fifth Annual Conference of the Cognitive Science Society.* 746–756.

Malafouris, L. (2008). Between brains, bodies and things: tectonoetic awareness and theextended self. *Philosophical Transactions of the Royal Society of London B: Biological Sciences,* 363(1499), 1993–2002.

Marcel, A. (1988). Phenomenal experience and functionalism. In A. Marcel and E. Bisiach(eds.), *Consciousness in Contemporary Science.* Oxford, England: Clarendon Press, 121–158.

Marcus, G. (2009). *Kluge: The Haphazard Construction of the Human Mind.* London: Faberand Faber.

Mareschal, D., Johnson, M., Sirois, S., Spratling, M., Thomas, M., and Westermann, G.(2007). *Neuroconstructivism: Volume 1, How the Brain Constructs Cognition.* NewYork: Oxford University Press.

Mareschal, D., Sirois, S., Westermann, G., and Johnson, M. (2007). *Neuroconstructivism: Volume 2, Perspectives and Prospects.* New York: Oxford University Press.

Markram, H. (2006). The Blue Brain Project. *Nature Reviews Neuroscience*, 7, 153–160.

Marr, D. (1969). A theory of cerebellar cortex. *Journal of Physiology,* 202, 437–470.

Marr, D. (1982). *Vision.* San Francisco: W. H. Freeman.

Mataric, M. (1991). Navigating with a rat brain: A neurobiologically inspired model for robot spatial representation. In J. A. Meyer and S. Wilson (eds.), *From Animals to Animats I.* Cambridge, MA: MIT Press.

Maturana, H. (1980). Biology of Cognition. In H. Maturana, R. Humberto, and F. Varela, *Autopoiesis and Cognition.* Dordrecht, The Netherlands: Reidel, 2–62.

Maturana, H., and Varela, F. (1980). *Autopoiesis and Cognition.* Dordrecht, The Netherlands: Reidel.

McBeath, M., Shaffer, D. and Kaiser, M. (1995). How baseball outfielders determine where to run to catch fly balls. *Science,* 268, 569–573.

McCauley, R. N., ed. (1996). *The Churchlands and Their Critics.* Oxford, England: Black–well.

McClelland, J. (2009). The place of modeling in cognitive science. *Topics in CognitiveScience,* 1, 11–38.

McClelland, J. (2011). Memory as a constructive process: The parallel-distributed processing approach. In S. Nalbantian, P. Matthews, and J. L. McClelland (eds.), *The Memory Process: Neuroscientific and Humanistic Perspectives.* Cambridge, MA: MIT Press, 129–151.

McClelland, J. L. (1989). Parallel distributed processing—Implications for cognition and development. In R. Morris (ed.), *Parallel Distributed Processing—Implications for Psychology and Neurobiology.* Oxford, England: Clarendon Press. 121–139.

McClelland, J., and Kawamoto, A. (1986). Mechanisms of sentence processing. In J. McClelland, D. Rumelhart, and the PDP Research Group, eds.(1986), *Parallel Distributed Processing: Explorations in the Microstructure of Cognition.* Cambridge, MA:MIT Press/Bradford Books, II, 272–326.

McClelland, J., McNaughton, B., and O'Reilly, R. (1995). Why there are complementary learning systems in the hippocampus and neocortex: Insights from the successes and failures of connectionist models of learning and memory. *Psychological Review,* 102,419–457.

McClelland, J., Rumelhart, D., et al. (1986). The appeal of parallel distributed processing. In J. McClelland, D. Rumelhart, and the PDP Research Group, eds.(1986). *Parallel Distributed Processing: Explorations in the Microstructure of Cognition.* Cambridge,MA: MIT Press/Bradford Books, II, 3–44.

McConkie, G. W. (1990). *Where Vision and Cognition Meet.* Paper presented at the H.F.S.P. Workshop on Object and Scene Perception, Leuven, Belgium.

McConkie, G. W., and Zola, D. (1979). Is visual information integrated across successive fixations in reading? *Perception & Psychophysics*, 25, 221–224.

McGeer, T. (1990). Passive dynamic walking. *International Journal of Robotics Research.* 9(2), 68–82.

McGinn, C. (1989). Can we solve the mind–body problem? In N. Block, O. Flanagan, and G. Güzeldere (eds.), *The Nature of Consciousness.* Cambridge, MA: MIT Press, 529–542.

McNaughton, B., and Nadel, L. (1990). Hebb–Marr networks and the neurobiological representation of action in space. In M. Gluck and D. Rumelhart (eds.), *Neuroscience and Connectionist Theory.* Hillside, NJ: Erlbaum.

McNeill, D. (1992). *Hand and Mind.* Chicago: University of Chicago Press.

McNeill, D. (2002). Gesture and language dialectic. *Acta Linguistica Hafniensia*, vol 34, 7–37.

McNeill, D. (2005). *Gesture and Thought.* Chicago: University of Chicago Press.

Mead, C. (1989). *Analog VLSI and Neural Systems.* Reading, MA: Addison-Wesley.

Meijer, P. B. L. (1992). An experimental system for auditory image representations. *IEEE Transactions on Biomedical Engineering,* 39(2), 112–121.

Menary, R. (2007). *Cognitive Integration: Mind and Cognition Unbounded.* Hampshire: Palgrave Macmillan.

Menary, R., ed. (2010). *The Extended Mind.* Cambridge, MA: MIT Press.

Metta, G., and Fitzpatrick, P. (2003). Early integration of vision and manipulation. *Adaptive Behavior*, 11(2), 109–128.

Michie, D., and Johnson, R. (1984). *The Creative Computer.* New York: Penguin.

Millican, R. (2006). Styles of Rationality. In M. Nudds and S. Hurley (eds.), *Rationality in Animals.*

Oxford, England: Oxford University Press, 117–126.

Millikan, R. (1984). *Language, Thought and Other Biological Categories.* Cambridge, MA: MIT Press.

Millikan, R. (1996). Pushmi–Pullyu representations. In L. May, M. Friedman, and A. Clark(eds.), *Minds and Morals.* Cambridge, MA: MIT Press, 145–162.

Milner, A., and Goodale, M. (1995). *The Visual Brain in Action.* Oxford, England: Oxford University Press.

Milner, A., and Goodale, M. (2006). Epilogue: Twelve years on. In A. Milner & M. Goodale(eds.), *The Visual Brain in Action* (2nd ed.). Oxford, England: Oxford University Press, 207–252.

Milner, D., and Goodale, M. (1998). The visual brain in action. *Psyche,* 4(12). At http://theassc.org/files/assc/2367.pdf

Minsky, M. (1994). Society of mind: A response to four reviews. In W. Clancey, S. Smoliar, and M. Stefik (eds.), *Contemplating Minds.* Cambridge, MA: MIT Press, 308–334.

Mitchell, M. (1995). Genetic algorithms: An overview. *Complexity,* 1(1), 31–39.

Mitchell, M. (1999). Can evolution explain how the mind works? *Complexity,* 4(3), 17–24.

Mitchell, M., Crutchfield, J., and Hraber, P. (1994). Evolving cellular automata to perform computations. *Physica D,* 75, 361–391.

Mithen, S. (1996). *The Prehistory of the Mind.* London: Thames and Hudson. Mitroff, S., Simons, D., and Levin, D. (2004). Nothing compares two views: change blindnessc an occur despite preserved access to the changed information. *Perception and Psychophysics,* 66(8), 1268–1281.

Mumford, D. (1992). On the computational architecture of the neocortex. II. The role of cortico-cortical loops. *Biological Cybernetics,* 66, 241–251.

Murray, S.O., Kersten, D., Olshausen, B. A., Schrater, P., and Woods, D. L.(2002). Shape perception reduces activity in human primary visual cortex. *Proceedings of the Natlional Academy of Sciences U.S.A.* 99(23), 15164–15169.

Musmann, H. (1979). Predictive image coding. In W. K. Pratt, *Image transmission techniques.* Academic Press.

Nagel, T. (1974). What is it like to be a bat? *Philosophical Review,* 83, 435–450.

Neisser, U. (1967). *Cognitive Psychology.* New York: Appleton-Century-Crofts.

Newell, A. (1990). *Unified Theories of Cognition.* Cambridge, MA: Harvard University Press.

Newell, A., Shaw, J., and Simon, H. (1959). *Report on a General Problem-Solving Program.* Paper presented at the Proceedings of the International Conference of Information Processing.

Newell, A., and Simon, H. (1958). Heuristic problem-solving: The next advance in operations research. *Operations Research,* 6, 6.

Newell, A., and Simon, H. (1976). Computer science as empirical inquiry: Symbols and search. *Communications of the Association for Computing Machinery,* 19, 113–126. Reprinted in J. Haugeland (ed.), (1997). *Mind Design II.* Cambridge, MA: MIT Press, 81–110.

Nilsson, Nils J. (1984). Shakey The Robot, Technical Note 323. AI Center, SRI International, 333 Ravenswood Ave., Menlo Park, CA 94025, Apr 1984. Available on the web at:http://www.ai.sri.com/

shakey/.

Nolfi, S and Parisi, D. (1991). *Auto-Teaching: Networks that develop their own teaching input.* (Technical Report PC1A91–03). Rome: CNR Institutes of Psychology.

Norman, D. (1992). Approaches to the study of intelligence. In D. Kirsh (ed.), *Foundations of Artificial Intelligence.* Cambridge, MA: MIT Press, 327–346. (First appeared in 1991, *Artificial Intelligence,* 47, 327–346.)

Norman, D. (1999). *The Invisible Computer.* Cambridge, MA: MIT Press.

Noë, A. (2004). *Action in Perception.* Cambridge, MA: The MIT Press.

Noë, A. (2007). Experience without the head. In T. S. Gendler and J. Hawthorne (eds.), *Perceptual Experience.* New York: Oxford University Press, 411–433.

Noë, A. (2008). Magic Realism and the Limits of Intelligibility: What Makes Us Conscious? In J. Hawthorne (ed.), *The Philosophy of Mind.* Oxford, England: Blackwell, 457–476.

Noë, A. (2009). *Out of Our Heads: Why You Are Not Your Brain, and Other Lessons from the Biology of Consciousness.* New York: Farrar, Straus and Giroux.

Noë, A., and Thompson, E. (2004a). Are there neural correlates of consciousness? *Journal of Consciousness Studies,* 11, 3–28.

Noë, A., and Thompson, E. (2004b). Sorting out the neural basis of consciousness. Authors reply to commentators, *Journal of Consciousness Studies,* 11, 87–98.

O'Regan, J. K. (1992). Solving the "real" mysteries of visual perception: the world as an outside memory. *Canadian Journal Of Psychology,* 46(3), 461–488.

O'Regan, J. K., and Noë, A. (2001). A sensorimotor approach to vision and visual consciousness. *Behavioral and Brain Sciences,* 24/5, 883–975.

O'Reilly, R. C., and Munakata, Y. (2000). *Computational Explorations in Cognitive Neuroscience: Understanding the Mind by Simulating the Brain.* Cambridge, MA: MIT Press.

O'Reilly, R. C., Munakata, Y., Frank, M. J., Hazy, T. E., and Contributors (2012). *Computational Cognitive Neuroscience.* Wiki Book, 1st Edition. Available on the web at: http://ccnbook.colorado.edu.

Oyama, S. (2000). *The Ontogeny of Information: Developmental Systems and Evolution,* 2nd Edition. Durham, NC: Duke University Press.

Oyama, S., Griffiths, P. E., and Gray, R. D. (2001). *Cycles of Contingency: Developmental Systems and Evolution.* Cambridge, MA: MIT Press.

Park, J.-C., Lim, J. H., Choi, H., and Kim, D.-S. (2012). Predictive coding strategies for Developmental heurorobotics. *Frontiers in Psychology,* 3, 134.

Patterson, K., Seidenberg, M., and McClelland, J. (1989). Connections and disconnections. In R. Morris (ed.), *Parallel Distributed Processing: Implications for Psychology and Neurobiology.* Oxford, England: Oxford University Press.

Paul, C. (2004). Morphology and Computation. In S. Schaal, A. Jan Ijspeert, A. Billard, S. Vijayakumar, J. Hallam, and J.-A. Meyer (eds.), *From Animals to Animats, Proceedings of the 8th International Conference on the Simulation of Adaptive Behaviour, Los Angeles, CA, USA.* Cambridge, MA: MIT Press, 33–38.

Payne, M., Hedwig, B., and Webb, B. (2010). Multimodal predictive control in crickets. *Lecture Notes in Computer Science*, 6226, 167–177.

Pearl, J. (2000). *Causality: Models, Reasoning, and Inference.* New York: Cambridge University Press.

Pezzulo, G. (2008). Coordinating with the future: the anticipatory nature of representation. *Minds and Machines*, 18, 179–225.

Pezzulo, G., Barsalou, L., Cangelosi, A., Fischer, M., McRae, K., and Spivey, M. (2013). Computational grounded cognition: A new alliance between grounded cognition and computational modeling. *Frontiers in Psychology*, 3, 612.

Pfeifer, R. (2000). On the role of morphology and materials in adaptive behavior. In J.-A. Meyer, A. Berthoz, D. Floreano, H. Roitblat, and S.W. Wilson (eds.), *From Animalsto Animats 6. Proceedings of the 6th International Conference on Simulation of Adaptive Behavior.* Cambridge, MA: MIT Press, 23–32.

Pfeifer, R., and Bongard, J. (2007). *How the Body Shapes the Way We Think: A New View of Intelligence.* Cambridge, MA: MIT Press.

Pfeifer, R., and Scheier, C. (1999). *Understanding Intelligence.* Cambridge, MA: MIT Press.

Piaget, J. (1954). *The Construction of Reality in the Child.* New York: Basic Books.

Piccinini, G. (2010). Computation in physical systems. In Edward N. Zalta, editors, *The Stanford Encyclopedia of Philosophy.* Fall 2010 edition. Available online only. http://plato.stanford.edu/entries/computation-physicalsystems/.

Pickering, A. (2011). *The Cybernetic Brain: Sketches Of Another Future.* University of Chicago Press.

Pinker, S. (1997). *How the Mind Works.* New York: Norton.

Plunkett, K., and Sinha, C. (1992). Connectionism and developmental theory. *British Journal of Developmental Psychology*, 10, 209–254.

Pollack, J. (1988). *Recursive Auto-Associative Memory.* Proceedings of the 10th Annual Conference of the Cognitive Science Society, Computing Research Lab, New Mexico State University.

Pollack, J. (1994). On wings of knowledge: A review of Allen Newell's Unified Theories of Cognition. In W. Clancey, S. Smoliar, and M. Stefik (eds.), *Contemplating Minds.* Cambridge, MA: MIT Press, 109–123.

Poole, D., and Mackworth, A. (2010). *Artificial Intelligence: Foundations of Computational Agents*, Cambridge University Press, NY.

Popper, K. (1980). *The Logic of Scientific Discovery.* New York: Routledge.

Port, R., and van Gelder, T., eds. (1995). *Mind as Motion: Dynamics, Behavior, and Cognition.* Cambridge, MA: MIT Press.

Port, R., Cummins, F., and McCauley, J. (1995). Naive time, temporal patterns and human audition. In R. Port and T. van Gelder (eds.), *Mind as Motion.* Cambridge, MA: MIT Press. 339–368.

Premack, D., and Premack, A. (1983). *The Mind of an Ape.* New York: Norton.

Price, M. (1997). Should we expect to feel as if we understand consciousness? In J. Shear(ed.), *Explaining Consciousness: The Hard Problem.* Cambridge, MA: MIT Press, 83–96.

Prinz, J. (2011). Has mentalese earned its keep: On Jerry Fodor's LOT 2. *Mind,* 120(478), 485–501.

Prinz, J., and Clark, A. (2004). Putting concepts to work: Some thoughts for the 21st century (a reply to Fodor). *Mind And Language,* 19(1), 57–69.

Putnam, H. (1960). Minds and machines. In S. Hook (ed.), *Dimensions of Mind.* New York: New York University Press. 148–79.

Putnam, H. (1967). Psychological predicates. In W. Capitan and D. Merrill (eds.), *Art, Mind, and Religion.* Pittsburgh, PA: University of Pittsburgh Press, 37–48.

Putnam, H. (1975a). The meaning of 'meaning.' In K. Gunderson (ed.), *Language, Mind and Knowledge.* Minneapolis, MN: University of Minnesota Press. Reprinted in H. Putnam, *Mind, Language, and Reality: Philosophical Papers Vol. 2.* New York:CambridgeUniversity Press.

Putnam, H. (1975b). Philosophy and our mental life. In H. Putnam (ed.), *Mind, Language and Reality.* Cambridge, England: Cambridge University Press, 291–303.

Putnam, H. (1980). Brains and behavior. In N. Block (ed.), *Readings in the Philosophy of Psychology,* Vol. 1. Cambridge, England: Cambridge University Press. 24–36.

Pylyshyn, Z. (1986). *Computation and Cognition.* Cambridge, MA: MIT Press.

Quartz, S. (1999). The constructivist brain. *Trends in Cognitive Sciences,* 3(2), 48–57.

Quartz, S., and Sejnowski, T. (1997). The neural basis of cognitive development: A constructivist-manifesto. *Behavioral and Brain Sciences,* 20, 537–596.

Quine, W.V. O. (1969). Natural kinds. In W. V. O. Quine (ed.), *Ontological Relativity and Other Essays.* New York: Columbia University Press, 114–138.

Rabinovich, M., Huerta, R., and Laurent, G. (2008). Transient dynamics for neural processing. *Science* 321(5885), 48–50.

Ramachandran, V. S., and Blakeslee, S. (1998). *Phantoms in the Brain: Probing the Mysteries of the Human Mind.* New York: Morrow & Co.

Ramsey, W., Stich, S., and Garon, J. (1991). Connectionism, eliminativism, and the future of folk psychology. In W. Ramsey, S. Stich, and D. Rumelhart (eds.), *Philosophy and Connectionist Theory.* Hillsdale, NJ: Erlbaum, 199–228.

Ramsey, W., Stich, S., and Rumelhart, D., eds. (1991). *Philosophy and Connectionist Theory.* Hillsdale, NJ: Erlbaum.

Rao, R., and Ballard, D. (1999). Predictive coding in the visual cortex: A functional interpretation of some extra-classical receptive-field effects. *Nature Neuroscience,* 2(1), 79.

Rao, R., and Sejnowski, T. (2002). Predictive coding, cortical feedback, and spike-timing dependent cortical plasticity. In R. Rao, B. Olshausen, and M. Lewicki (eds.), *Probabilistic Models of the Brain.* Cambridge, MA: MIT Press.

Ray, T. (1991). An approach to the synthesis of life. In C. Langton, C. Taylor, J. Farmer, and S. Rasmussen (eds.), *Artificial Life II.* Redwood City, CA: Addison-Wesley, 371–408.

Ray, T. (1994). An evolutionary approach to synthetic biology: Zen and the art of creating life. *Artificial Life,* 1, 179–210.

Reeke, G., and Edelman, G. (1988). Real brains and artificial intelligence. *Daedalus,* Winter,143–173.

Resnick, M. (1994). *Turtles, Termites and Traffic Jams: Explorations in Massively Parallel Microworlds.* Cambridge, MA: MIT Press.

Reynolds, C. (1987). Flocks, herds and schools: A distributed behavioral model. *Computer Graphics,* 21, July.

Rizzolatti, G., and Craighero, L. (2004). The mirror neuron system. *Annual Review of Neuroscience*27, 169–192.

Rizzolatti, G., Fadiga, L., and Fogassi, L. (1996). Premotor cortex and the recognition of motor actions. *Cognitive Brain Research,* 3, 131–141.

Robbins, H. (1956). An empirical Bayes approach to statistics. *Proceedings of the Third Berkeley Symposium on Mathematical Statistics and Probability, Volume 1: Contributionsto the Theory of Statistics,* pp. 157–163.

Roe, A., Pallas, S., Hahn, J., and Sur, M. (1990). A map of visual space induced in auditory cortex. *Science,* 250, 818–820.

Roepstorff, A. (2008). Things to think with: words and objects as material symbols. *Philosophical-Transactions of the Royal Society of London B: Biological Sciences,* 363(1499),2049–2054.

Roepstorff, A. (2013). Commentary on Clark "Whatever next? Predictive brains, situated agents, and the future of cognitive science." *Behavioral and Brain Sciences* 36:3:224–225.

Roepstorff, A., Niewohner, J. & Beck, S. (2010) Enculturing brains through patterned practices. *Neural Networks,* 23(8–9):1051–59.

Rogers, T. T., and McClelland, J. L. (2004). *Semantic Cognition: A Parallel Distributed Processing Approach.* Cambridge, MA: MIT Press.

Rosch, E. (1994). Is causality circular? *Journal of Consciousness Studies,* 1(1), 50–65.

Rosenbloom, P., and Laird, J. (1993). On unified theories of cognition: A response to the reviews. *Artificial Intelligence,* 59, 389–413.

Rosenbloom, P., Laird, J., Newell, A., and McCarl, R. (1992). A preliminary analysis of the SOAR architecture as a basis for general intelligence. In D. Kirsh (ed.), *Foundations of Artificial Intelligence.* Cambridge, MA: MIT Press, 289–326.

Rosenthal, D. (1997). A theory of consciousness. In N. Block, O. Flanagan, and G. Güzeldere(eds.), *The Nature of Consciousness.* Cambridge, MA: MIT Press, 729–754.

Rowlands, M. (1999). *The Body in Mind: Understanding Cognitive Processes.* Cambridge, UK: Cambridge University Press.

Rowlands, M. (2003). *Externalism: Putting Mind and World Back Together Again.* Montreal: Acumen/McGill-Queen's University Press.

Rowlands, M. (2006). *Body Language: Representing in Action.* Cambridge, MA: MIT Press.

Ruben, D. (1994). A counterfactual theory of causal explanation. *Noë,* 28, 465–481.

Rudder–Baker, L. (1994). Instrumental intentionality. In S. Stich and T. Warfield (eds.), *Mental Representation: A Reader.* Oxford, England: Blackwell, 332–344. (First appeared in *Philosophy of Science,* 56, 1989.)

Rumelhart, D., and McClelland, J. (1986). On learning the past tenses of English verbs.

In D. Rumelhart, J. McClelland, and the PDP Research Group, eds.(1986). *Parallel Distributed Processing: Explorations in the Microstructure of Cognition.* Cambridge,MA: MIT Press, 2, 216–271.

Rupert, R. (2004). Challenges to the hypothesis of extended cognition. *Journal of Philosophy,* 101(8), 389–428.

Rupert, R. (2009). *Cognitive Systems and the Extended Mind.* New York: Oxford University Press.

Ryle, G. (1949). *The Concept of Mind.* London: Hutchinson.

Saegusa, R., Sakka, S., Metta, G., and Sandini, G. (2008). Sensory Prediction Learning—How to Model the Self and Environment. *12th IMEKO TC1-TC7 Joint Symposium on Man Science and Measurement (*IMEKO2008; Annecy, France), 269–275.

Salzman, C., and Newsome, W. (1994). Neural mechanisms for forming a perceptual decision. *Science,* 264, 231–237.

Schaffer, J. (2004). Causes need not be physically connected to their effects: the case for negative causation. In C. Hitchcock (ed.), *Contemporary Debates in Philosophy of Science.*Oxford, England: Blackwell, 197–216.

Schank, R. (1975). Using knowledge to understand. *TINLAP,* 75. 117–121.

Schank, R., and Abelson, R. (1977). *Scripts, Plans, Goals, and Understanding.* Hillsdale, NJ: Erlbaum.

Schenk, T. (2010). Visual robustness is based on integration not segregation. *Vision Research,* 50, 2627–2632.

Schenk, T., and McIntosh, R. (2010). Do we have independent visual streams for perception and action? *Cognitive Neuroscience* 1:52–63.

Schieber, M. (1990). How might the motor cortex individuate movements? *Trends in Neuroscience,* 13(11), 440–444.

Schieber, M., and Hibbard, L. (1993). How somatotopic is the motor cortex hand area? *cience,* 261, 489–492.

Schlagger, B., and O'Leary, D. (1991). Potential of visual cortex to develop an array of Functional-units unique to somatosensory cortex. *Science,* 252, 1556–1560.

Schlosser, J. A. (1764). An account of a fish from Batavia, called Jaculator: in a letter to Mr. Peter Collinson. *Philosophical Transactions,* 54, 89–91.

Schöner, G. (1993). *What Can We Learn from Dynamic Models of Rhythmic Behavior in Animals and Humans?* Unpublished manuscript.

Schöner, G. (2008). Development as Change of System Dynamics. In J. P. Spencer, M. S. Thomas, and J. L. McClelland (eds.), *Toward a Unified Theory of Development:Connectionism and Dynamic Systems Theory Re-Considered.* New York: Oxford University Press. 25–50.

Schöner, G. (2008). Dynamical Systems Approaches to Cognition. In Ron Sun, (ed.), *The Cambridge Handbook of Computational Psychology.* New York: Cambridge University Press, 101–126.

Schrödinger, E. (1969). *What is Life?* Cambridge, England: Cambridge University Press.

Searle, J. (1980). Minds, brains, and programs. *Behavioral and Brain Sciences,* 1, 417–424.

Reprinted in J. Haugeland, ed. (1997). *Mind Design II*. Cambridge, England: Cambridge University Press, 183–204.

Searle, J. (1992). *The Rediscovery of the Mind*. Cambridge, MA: MIT Press.

Sejnowski, T., and Rosenberg, C. (1986). *NETtalk: A Parallel Network That Learns to Read Aloud*. (Technical Report JHU/EEC–86/01.) Baltimore, MD: Johns Hopkins University.

Sejnowski, T., and Rosenberg, C. (1987). Parallel networks that learn to pronounce English text. *Complex Systems,* 1, 145–168.

Semendeferi, K., Lu, A., Schenker, N., and Damasio, H. (2002). Humans and great apes share a large frontal cortex. *Nature Neuroscience*, 5, 272–276.

Seth, A., Izhikevich, E., Reeke, G., and Edelman G. (2006). Theories and measures of consciousness:An extended framework. *Proceedings of the National Academy of Sciences,*103(28), 10799–10804.

Shaffer, D. M., Krauchunas, S. M., Eddy, M., and McBeath, M. K. (2004). How dogs navigate to catch Frisbees. *Psychological Science,* 15, 437–441.

Shaffer, D. M., and McBeath, M. K. (2005). Naive beliefs in baseball: Systematic distortion in perceived time of apex for fly balls. *Journal of Experimental Psychology: Learning, Memory, & Cognition,* 31, 1492–1501.

Shaffer, D. M., McBeath, M. K., Roy, W. L., Krauchunas, and S. M. (2003). A linear opticaltrajectory informs the fielder where to run to the side to catch fly balls. *Journal of Experimental Psychology: Human Perception and Performance,* 29(6), 1244–1250.

Shea, N. (2013). Perception versus Action—Commentary on Clark. *Behavioral and Brain Sciences* 36:3: 228–229.

Shi, Yun Q., and Sun, H. (1999). *Image and video compression for multimedia engineering: Fundamentals, algorithms, and standards*. New York: CRC Press.

Shoemaker, S. (1981). The inverted spectrum. *Journal of Philosophy,* 74(7), 357–381.

Silverman, M., and Mack, A. (2001). Priming from change blindness. *Journal of Vision,* 1(3), 13a.

Simon, H. (1962). The architecture of complexity: hierarchic systems. Proc. Am. Philos. Soc.106, 467–482 (revised version re-printed in Simon, H. 1996. The Sciences of the Artificial, 3rd ed. MIT Press, Cambridge, MA). 183–216.

Simon, H. (1982). *Models of Bounded Rationality*. Cambridge, MA: MIT Press, Vols. I and II.

Simon, H. (1996). *The Sciences of the Artificial* (3rd ed.). Cambridge, MA: MIT Press.

Simons, D. and Levin, D. (1997). Change Blindness. *Trends in Cognitive Sciences,* 1: 7:261–267.

Simons, D., and Rensink, R. (2005). Change blindness: Past, present and future. *Trends in Cognitive Sciences,* 9(1), 16–20.

Simons, D. J., Chabris, C. F., Schnur, T. T., and Levin, D. T. (2002). Evidence for preserve drepresentations in change blindness. *Consciousness and Cognition*, 11, 78–97.

Singer, W. (1999). Neuronal synchrony: A versatile code for the definition of relations? *Neuron,* 24, 49–65.

Singer, W. (2004). Synchrony, oscillations, and relational codes. In L. Chalupa and J. Werner(eds.), *The Visual Neurosciences*. Cambridge, MA: MIT Press, 1665–1681.

Skarda, C., and Freeman, W. (1987). How brains make chaos in order to make sense of the world. *Behavioral and Brain Sciences,* 10, 161–195.

Skokowski, P. (2009). Networks with attitudes. *AI & Society, 10,* 461–470.

Slee, J. (1980). Individual differences in visual imagery ability and the retrieval of visual appearance. *Journal of Mental Imagery,* 4, 93–113.

Sloman, A., and Chrisley, R. (2003). Virtual machines and consciousness. *Journal of ConsciousnessStudies,* 10 (4–5), 133–172.

Smart, J. (1959). Sensations and brain processes. *Philosophical Review,* 68, 141–156.

Smith, B. C. (1996). *On the Origin of Objects.* Cambridge, MA: MIT Press.

Smith, F., and Muckli, L. (2010). Nonstimulated early visual areas carry information about surrounding context. *Proceedings of the National Academy of Science PNAS.*

Smith, L. (2001). How domain-general processes may create domain-specific biases. I In M. Bowerman and S. Levinson (eds.), *Language Acquisition and Conceptual Development.* Cambridge, UK: Cambridge University Press, 101–131.

Smith, L., and Gasser, M. (2005). The development of embodied cognition: Six lessons from abies. *Artificial Life,* 11(1), 13–30.

Smithers, T. (1994). Why better robots make it harder. In D. Cliff, P. Husbands, J. A. Meyer, and S. Wilson (eds.), *From Animals to Animats 3.* Cambridge, MA: MIT Press,64–72.

Smolensky, P. (1988). On the proper treatment of connectionism. *Behavioral and Brain Sciences,*11, 1–74.

Smolensky, P. (1991). Connectionism, constituency and the language of thought. In B. Loewer and G. Rey (eds.), *Meaning in Mind: Fodor and His Critics.* Oxford, England: Blackwell, 201–228.

Solway, A., and Botvinick, M. M. (2012). Goal-directed decision making as probabilistic inference: A computational framework and potential neural correlates. *Psychological Review,* 119, 120–154.

Spencer, J. P., Perone, S., and Buss, A. T. (2011). Twenty years and going strong: A dynamic systems revolution in motor and cognitive development. *Child Development Perspectives,* 5(4), 260–266.

Spencer, J. P., Perone, S., and Johnson, J. S. (2009). The dynamic field theory and embodied cognitive dynamics. In J. P. Spencer, M. S. Thomas, and J. L. McClelland (eds.), *Toward a Unified Theory of Development: Connectionism and Dynamic Systems Theory Re-Considered.* New York: Oxford University Press, 86–118.

Spivey M., Richardson D., and Dale, R. (2009). Movements of eye and hand in language and cognition. In E. Morsella and J. Bargh (eds.), *The Psychology of Action volume 2.* New York: Oxford University Press, 225–249.

Spivey, M., Richardson, D., and Fitneva, S. (2004). Thinking outside the brain: Spatial indicesto linguistic and visual information. In J. Henderson and F. Ferreira (eds.), *The Interface of Vision Language and Action.* New York: Psychology Press. 161–190.

Spivey, M. J. (2007). *The Continuity of Mind.* New York: Oxford University Press.

Sporns, O. (2007). What neuro-robotic models can teach us about neural and cognitive development. In: *Neuroconstructivism: Perspectives and prospects,* Vol. 2, ed. D. Mareschal, S. Sirois, G. Westermann & M. H. Johnson, pp. 179–204. Oxford University Press.

Spratling, M. (2012). Unsupervised learning of generative and discriminative weights encoding elementary image components in a predictive coding model of cortical function. *Neural Computation*, 24(1), 60–103.

Sprevak, M. (2010) Inference to the hypothesis of extended cognition. *Studies in History and Philosophy of Science* 41, 353–362.

Squire, L., and Zola–Morgan, S. (1988). Memory: Brain systems and behavior. *Trends in Neuroscience,* 11(4), 170–175.

Stafford, T., and Webb, M. (2005). *Mind Hacks.* Sebastopol, CA: O'Reilly Media.

Steels, L. (1994). The artificial life roots of artificial intelligence. *Artificial Life,* 1(1/2), 75–110.

Steels, L. (2011). Modeling the cultural evolution of language. *Physics of Life Reviews*, 8, 339–356.

Stein, L. (1994). Imagination and situated cognition. *Journal of Experimental Artificial Intelligence,* 6, 393–407.

Sterelny, K. (1995). Understanding life: Recent work in philosophy of biology. *British Journal for the Philosophy of Science*, 46(2), 155–183.

Sterelny, K. (2006). The evolution and evolvability of culture. *Mind and Language,* 21(2), 137–165.

Stewart, I. (1989). *Does God Play Dice?* Oxford, England: Blackwell.

Stich, S. (1991). Causal holism and commonsense psychology: A reply to O'Brien. *Philosophical Psychology*, 4(2), 179–182.

Stich, S., and Warfield, T. (1995). Reply to Clark and Smolensky. In C. MacDonald and G. MacDonald (eds.), *Connectionism: Debates on a Psychological Explanation*. Oxford, England: Blackwell, 395–411.

Stoerig, P. (2010). Cueless blindsight. *Frontiers in Human Neuroscience,* 3, 74.

Stoljar, D. (2005). Physicalism and phenomenal concepts. *Mind and Language*, 20(5), 469–494.

Stotz, K. (2010). Human nature and cognitive–developmental niche construction. *Phenomenology and the Cognitive Sciences,* 9(4), 483–501.

Strogatz, S. H. (2001). Exploring complex networks. *Nature,* 410, 268–277.

Summerfield, C., and Egner, T. (2009). Expectation (and attention) in visual cognition. *Trends in Cognitive Sciences,* 13, 403–409.

Sur, M., Angelucci, A., and Sharma, J. (1999). Rewiring cortex: the role of patterned activity in development and plasticity of neocortical circuits. *Journal of Neurobiology,* 41(1), 33–43.

Sutton, J. (2010). Exograms and Interdisciplinarity: history, the extended mind, and the civilizing process. In R. Menary (ed.), *The Extended Mind.* Cambridge, MA: MIT Press, 189–227.

Szucs, A., Varona, P., Volkovskii, A., Arbanel, H., Rabinovich, M., and Selverston, A. (2000). Interacting biological and electronic neurons generate realistic oscillatory rhythms. *NeuroReport,* 11, 1–7.

Tani, J. (2007). On the interactions between top-down anticipation and bottom-up regression. *Frontiers in Neurorobotics,* 1:2. doi: 10.3389/neuro.12/002.2007

Tenenbaum, J. B., Kemp, C., Griffiths, T. L., and Goodman, N. D. (2011). How to grow a mind: Statistics, structure, and abstraction. *Science,* 331(6022), 1279–1285.

Thach, W., Goodkin, H., and Keating, J. (1992). The cerebellum and the adaptive coordination of movement. *Annual Review of Neuroscience*, 15, 403–442.

Thelen, E. (1993). Self–organization in developmental processes. In M. Johnson (ed.), *Brain Development and Cognition: A Reader.* Oxford, England: Blackwell, 555–591.

Thelen, E., Schöner, G., Scheier, C., & Smith, L. (2001). The dynamics of embodiment: A field theory of infant perseverative reaching. *Behavioral and Brain Sciences,* 24, 1–33.

Thelen, E., and Smith, L. (1994). *A Dynamic Systems Approach to the Development of Cognition and Action.* Cambridge, MA: MIT Press.

Thompson, A. (1997). Temperature in natural and artificial systems. In P. Husbands and I. Harvey (eds.), *4th European Conference on Artificial Life.* Cambridge, MA: MIT Press, 388–397.

Thompson, A., Harvey, I., and Husbands, P. (1996). *Unconstrained Evolution and Hard Consequences* [Cognitive Sciences Research Report (CSRP) No 397]. Sussex, England: University of Sussex.

Thompson, E. (2007). *Mind in Life: Biology, Phenomenology, and the Sciences of Mind.* Cambridge, MA: Harvard University Press.

Thompson, E., and Varela, F. (2001). Radical embodiment: Neural dynamics and consciousness. *Trends in Cognitive Sciences*, 5(10), 418–425.

Thompson, R., and Oden, D. (1996). A profound disparity revisited: Perception and judgement of abstract identity relations by chimpanzees, human infants and monkeys. *Behavioral Processes*, 35, 149–161.

Thompson, R. K. R., and Oden, D. L. (2000). Categorical perception & conceptual judgments by nonhuman primates: The paleological monkey and the analogical ape. *Cognitive Science*, 24, 363–396.

Thompson, R. K. R., Oden, D. L., and Boysen, S. T. (1997). Language-naive chimpanzees (Pan troglodytes) judge relations between relations in a conceptual matching-to-sample task. *Journal of Experimental Psychology: Animal Behavior Processes*, 23, 31–43.

Tomasello, M., Carpenter, M., Call, J., Behne, T., and Moll, H. (2005). Understanding and sharing intentions: The ontogeny and phylogeny of cultural cognition. *Behavioral & Brain Sciences*, 28(5), 675–691.

Tononi, G. (2004). An information integration theory of consciousness. *BMC Neuroscience*, 5, 42.

Tononi, G. (2008). Consciousness as integrated information: A provisional manifesto. *Biological Bulletin*, 215, 216–242.

Tononi, G. (2012). PHI: *A Voyage from the Brain to the Soul.* New York: Pantheon Books.

Tononi, G., and Edelman, G. M. (1998). Consciousness and complexity. *Science*, 282, 1846–1851.

Tooby, J., and Cosmides, L. (1992). The psychological foundations of culture. In J. Barkow, L. Cosmides, and J. Tooby (eds.), *The Adapted Mind.* New York: Oxford University Press, 19–136.

Tooby, J., and Cosmides, L. (2005). Conceptual foundations of evolutionary psychology. In D. M. Buss (ed.), *Handbook of Evolutionary Psychology.* Hoboken, NJ: Wiley, 5–67.

Triantafyllou, M., and Triantafyllou, G. (1995). An efficient swimming machine. *Scientific American*, 272(3), 64–71.

Tulving, E. (1983). *Elements of Episodic Memory.* New York: Oxford University Press.

Tulving, E. (1989). Remembering and knowing the past. *American Scientist*, 77, 361–367.

Turing, A. (1936). On computable numbers, with an application to the entscheidungs problem.*Proceedings of the London Mathematical Society*, Series 2, 230–265.

Turing, A. (1950). Computing machinery and intelligence. *Mind*, LIX, 423–460. Reprinted in M. Boden (ed.), *The Philosophy of Artificial Intelligence.* Oxford, England: Oxford University Press, 40–66.

Turvey, M., and Carello, C. (1986). The ecological approach to perceiving-acting: A pictorial essay. *Acta Psychologica,* 63, 133–155.

Tye, M. (1995). *Ten Problems of Consciousness.* Cambridge, MA: MIT Press.

Tye, M. (1997). A representational theory of pains and their phenomenal character. In N. Block, O. Flanagan, and G. Güzeldere (eds.), *The Nature of Consciousness.* Cambridge, MA: MIT Press, 329–340.

Tye, M. (2005). Nonconceptual Content, Richness, and Fineness of Grain. In T. Gendler and J. Hawthorne (eds.), *Perceptual Experience* New York: Oxford University Press.

Tye, M. (2009). *Consciousness Revisited: Materialism without Phenomenal Concepts.* Cambridge,-MA: MIT Press.

Ungerleider, L., and Mishkin, M. (1982). Two cortical visual systems. In D. Ingle, M. Goodale, and R. Mansfield (eds.), *Analysis of Visual Behavior.* Cambridge, MA: MIT Press, 549–586.

Vailati, A., Zinnato, L., and Cerbino, R. (2012). How archer fish achieve a powerful impact: Hydrodynamic instability of a pulsed jet in *Toxotesjaculatrix. PLoS,* 35, 91–109.

Vaina, L., ed. (1991). *From Retina to the Neocortex: Select papers of David Marr.* Boston, MA: Birkhauser.

Van Essen, D., and Anderson, C. (1990). Information processing strategies and pathways in the primate retina and visual cortex. In S. Zornetzer, J. Davis, and C. Lau (eds.), *An Introduction to Neural and Electronic Networks.* New York: Academic Press, 43–72.

Van Essen, D., Anderson, C., and Olshausen, B. (1994). Dynamic routing strategies in sensory, motor, and cognitive processing. In C. Koch and J. Davis (eds.), *Large-Scale Neuronal Theories of the Brain.* Cambridge, MA: MIT Press, 271–300.

Van Essen, D., and Gallant, J. (1994). Neural mechanisms of form and motion processing in the primate visual system. *Neuron,* 13, 1–10.

van Gelder, T. (1990). Compositionality: A connectionist variation on a classical theme. *Cognitive Science*, 14, 355–384.

van Gelder, T. (1995). What might cognition be, if not computation? *Journal of Philosophy*, XCII(7), 345–381.

van Gelder, T., and Port, R. (1993). Beyond symbolic: Prolegomena to a Kama-Sutra of compositionality. In V. Honovar and L. Uhr (eds.), *Symbol Processing and Connectionist Network Models in Artificial Intelligence and Cognitive Modeling: Steps Towards Principled Integration.* San Diego, CA: Academic Press, 107–125.

van Gelder, T., and Port, R. (1995). It's about time: An overview of the dynamical approach to cognition. In R. Port and T. van Gelder (eds.), *Mind as Motion: Explorations in the Dynamics of Cognition.* Cambridge, MA: MIT Press, 1–44.

van Leeuwen, C., Verstijnen, I., and Hekkeit, P. (1999). Common unconscious dynamics underlie uncommon conscious effects: A case study in the interactive nature of perception and creation. In J. S. Jordan (ed.), *Modelling Consciousness across the Disciplines*. Lanhan, MD: University Press of America.

Varela, F. (1999). Steps to a Science of Inter-being: Unfolding the Dharma Implicit in Modern Cognitive Science, in Watson, G, Batchelor, S. and Claxton, G, (eds.) *The Psychology of Awakening. Buddhism, Science, and Our Day-to-Day Lives*. Rider, London, 71–89.

Varela, F., Maturana, H., and Uribe, R. (1974). Autopoiesis: The organization of living systems.*Biosystems*, 5, 187–196.

Varela, F., Thompson, E., and Rosch, E. (1991). *The Embodied Mind*. Cambridge, MA: MIT Press.

Vera, A., and Simon, H. (1993). Situated action: A symbolic interpretation. *Cognitive Science*, 7, 4–48.

von Holst, E. (1954). Relations between the central nervous system and the peripheralorgan. *British Journal of Animal Behaviour*, 2, 89–94.

Ward, D., Roberts, T., and Clark, A. (2011). Knowing what we can do: Plans, intentions and the construction of phenomenal experience. *Synthese*, 181(3), 375–394.

Warren, W. (2005). Direct Percpetion: The View from Here. *Philosophical Topics*, 33: 1:p. 335–361.

Warren, W. (2006). The dynamics of action and perception. *Psychological Review*, 113(2), 358–389.

Warwick, K. (2000). Cyborg 1.0. *Wired*, 8:2:144–151.

Webb, B. (1994). Robotic experiments in cricket phonotaxis. In D. Cliff, P. Husbands,J. A. Meyer, and S. Wilson (eds.), *From Animals to Animats 3*. Cambridge, MA: MIT Press, 45–54.

Webb, B. (1996). A cricket robot. *Scientific American*, 275, 62–67.

Webb, B. (2004). Neural mechanisms for prediction: Do insects have forward models? *Trends in Neurosciences*, 27, 278–282.

Weiller, D., Märtin, R., Dähne, S., Engel, A. K., and König, P. (2010). Involving motor Capabilities in the formation of sensory space representations. *PLoS ONE*, 5, e10377.

Wellman, H. M., Cross, D., and Bartsch, K. (1986). Infant search and object permanence: A meta-analysis of the A-not-B error. *Monographs of the Society for Research in Child Development*, 54(214).

Weiskrantz, L. (1986). *Blindsight: A Case Study and Implications*. Oxford, England: Oxford University Press.

Welch, R. (1978). *Perceptual Modification: Adapting to Altered Sensory Environments*. New York: Academic Press.

Wertsch, J. (1998). *Mind as Action*. Oxford, England: Oxford University Press.

Wessnitzer, J., and Webb, B. (2006). Multimodal sensory integration in insects—towards insect brain control architectures. *Bioinspiration and Biomimetics*, 1, 63–75.

Wheeler, M. (1994). From activation to activity. *Artificial Intelligence and the Simulation of Behavior (AISB) Quarterly*, 87, 36–12.

Wheeler, M. (1997). Cognition's coming home: The reunion of life and mind. In P. Husbands and I. Harvey (eds.), *Proceedings of the 4th European Conference on Artificial Life*. Cambridge, MA: MIT Press, 10–19.

Wheeler, M. (2005). *Reconstructing the Cognitive World.* Cambridge, MA: MIT Press.

Wheeler, M. (2008). Cognition in context: Phenomenology, situated robotics, and the frame problem. *International Journal of Philosophical Studies,* 16(3), 323–349.

Wheeler, M., and Clark, A. (2008). Culture, embodiment and genes: unravelling the triplehelix. *Philosophical Transactions of the Royal Society B: Biological Sciences,* 363 (1509), 3563–3575.

Wiener, N. (1948). *Cybernetics, or Control and Communication in the Animal and in the Machine.* New York: Wiley.

Wilson, R. A. (1994). Wide computationalism. *Mind,* 103, 351–372.

Wilson, R. A. (2004). *Boundaries of the Mind: The Individual in the Fragile Sciences—Cognition.* Cambridge, UK: Cambridge University Press.

Wolpert, D. M. (1997). Computational approaches to motor control. *Trends in Cognitive Science,* 1, 209–216.

Wolpert, D. M., Miall, R. C., and Kawato, M. (1998). Internal models in the cerebellum. *Trends in Cognitive Sciences,* 2: 338–347.

Woodward, J. (2003). *Making Things Happen.* New York: Oxford University Press.

Wurtz, R., and Mohler, C. (1976). Enhancement of visual response in monkey striate cortex and frontal eye fields. *Journal of Neurophysiology,* 39, 766–772.

Yamashita, Y., and Tani, J. (2008). Emergence of functional hierarchy in a multiple timescale neural network model: A humanoid robot experiment. *PLoS Computational Biology,* 4(11), e1000220.

Yarbus, A. (1967). *Eye movements and vision.* New York: Plenum Press.

Yuille, A., and Kersten, D. (2006). Vision as Bayesian inference: Analysis by synthesis? *Trends in Cognitive Science,* 10(7), 301–308.

致 谢

这本书来源于我在英格兰、苏格兰和美国教授的各种本科生课程。在英格兰，我很感激萨塞克斯大学哲学系和认知与计算科学学院的学生和同事。在苏格兰，我要感谢所有参与"心智、语言与具身认知"硕士项目的学生和教职员工，也要感谢我在爱丁堡大学信息学学院和哲学、心理学与语言科学学院的朋友和同事。而在美国，我要感谢的人就更多了。首先，我要感谢圣路易斯华盛顿大学哲学系、哲学/神经科学/心理学项目以及休利特大学心智/大脑项目的新生和同事。其次，我要感谢印第安纳大学布卢明顿分校认知科学项目的全体师生。我尤其要感谢我的各位朋友、同事和导师，他们当中有些人在上述几所学校里，有些则不在，他们当中有些人已经去世。他们的观点和批评帮助塑造了这本书的一切（尽管按照惯例，他们不应为本书中存在的错误和失误负责）。我想到的人有（排名不分先后）：Daniel Dennett, Paul Churchland, Pat Churchland, Margaret Boden, Rob Goldstone, Olaf Sporns, Linda Smith, Esther Thelen, Brian Cantwell Smith, Tim van Gelder, Michael Morris, Bill Bechtel, Michael Wheeler, David Chalmers, Rick Grush, Aaron Sloman, Susan Hurley, Peter Carruthers, John Haugeland, Jesse Prinz, Ron Chrisley, Brian Keeley, Chris Peacocke, Mark Sprevak, Dave Ward, Matteo Colombo, Liz Irvine, Mog Stapleton, Tony Chemero, John Sutton, Mark Rowlands, Richard Menary, Fred Adams, Ken Aizawa, Rob Rupert, Ned Block, Martin Davies。我特别感谢在神经科学、机器人学、心理学、人工生命、认知人类学、经济学等领域工作的朋友和同事，尤其是：David van Essen, Charles Anderson, Karl Friston, Douglass North, Ed Hutchins, Randy Beer, Luis Rocha, Barbara Webb, Lynn Andrea Stein, Maja Mataric, Melanie Mitchell, Dave Cliff, Chris Thornton, Lars Muckli, Bill Phillips, Julie Rutkowska。

本书的大部分内容是第一版或第二版的新内容，但有几章借鉴了已发表文章的材料：

第 4 章的第 4.2 C 节包含了下文中的一些材料：The world, the flesh and the artificial neural network, in J. Campbell and G. Oliveri (eds.), *Language, Mind and Machines,* Oxford, England: Oxford University Press, in press。

第 5 章的第 5.1 节和第 8 章的第 8.1 节包含了下文中的一些材料：Where brain, body and world collide, *Daedalus*, *127* (2), 257–280, 1998。"概述"和"D 节"还借鉴了下文中的一些材料：*Supersizing the Mind: Embodiment, Action, and Cognitive Extension*, Oxford University Press, 2008。

第 6 章的第 6.1 节借鉴了我写的一个词条：Embodied, Situated and Distributed Cognition, in W. Bechtel and G. Graham (eds.), *A Companion to Cognitive Science*, Oxford, England: Blackwell, 1998。关于行走机器人的材料最初出现在下文中：*Supersizing the Mind: Embodiment, Action, and Cognitive Extension*, Chapter 1, Oxford University Press, 2008。

第 7 章的第 7.1 节重复了最初在如下两篇论文中提出的案例研究：The dynamical challenge, *Cognitive Science, 21* (4), 451–481, 1997; Time and mind, *Journal of Philosophy 95*, (7), 354–376, 1998。

第 8 章包含了下文中的一些材料：Magic Words: How language augments human computation, in P. Carruthers and J. Boucher (eds.), *Language and Thought*, Cambridge, England: Cambridge University Press, 1998; and *Supersizing the Mind*, Oxford University Press, 2008。

第 9 章包含了下文中的一些材料：Much ado about cognition: Combined critical notice, *Mind 119* (476), 1047–1066, 2010; Finding the mind, *Philosophical Studies*, *152*(3), 447–461, 2011。

第 10 章包含了下文中的一些材料：Spreading the joy, *Mind, 118* (472), 963–993, 2009。讨论部分借鉴了下文中的一些材料：*Supersizing the Mind*, Oxford University Press, 2008。

第 11 章包含了下文中的一些材料：Perceiving as Predicting, in D. Stokes, S. Biggs, and M. Matthen (eds.), *Perception and its Modalities*, Oxford University Press, NY, in press 2013; Whatever next? Predictive brains, situated agents, and the future of cognitive science, *Behavioral and Brain Sciences*, *36*(3), 2013, pp. 181–204。

衷心感谢编辑和出版商允许本书使用这些材料。

图例中注明了图表的来源。

感谢以下诸位在我准备原稿时给予的宝贵帮助：Beth Stufflebeam, Tamara Casanova, Katherine Mccabe, Kimberly Mount。还要感谢一只叫 Lolo 的猫，它在这本书诞生的全程都坐在书稿上面。在经历了漫长而有成效地吃老鼠脑的生涯之后，Lolo 不幸于 2009 年去世。但两位生机勃勃的 Lolo 的继任者 Bruno 和 Borat 又接着坐在本书第二版的手稿上，令此书"受益匪浅"。

我要衷心感谢以下诸位以及一些匿名审稿人，他们的意见和建议对本书的成形产生了巨大的影响：George Graham, Jeffrey Wagman, Justin Fisher, Scott James, Jonathan Waskan, Tamar Gendler, Breton Bienvenue, Christopher Frey, Warren Schmaus。我还要感谢 Robert Miller, 是他建议我推出本书的第二版；也要感谢 Kristin Maffei, Bev Kraus 和 Carol Neiman, 他们在第二版漫长的筹备过程中给予了我耐心的帮助和支持。

最后，也是最重要的，我再怎么感谢也不够的就是我的父母——Christine Clark 和 James Clark, 我的兄弟——David, Gordon, Jimmy, 还有我的伴侣 Alexa Morcom。

阅读资料：

每一章都提供了读者进一步阅读的具体建议。但在这里也有一些值得关注的基本阅读资料和文集：

W. Lycan and J. Prinz. (2008). *Mind and Cognition: An Anthology*, 3rd Edition. Wiley-Blackwell.（这是一本极为全面的文集，其中包括了在本书中所引用的许多重要论文）。

J. Haugeland. (1997). *Mind Design II*. MIT Press, Cambridge, MA.（这是一本非常经典的文集，其中包括了 Haugeland 写的精彩引言；Turing, Dennett, Newell, Simon, Minsky, Dreyfus, Searle 的开创性论文；Rumelhart, Smolensky, Churchland, Rosenberg, Clark 对联结主义进行全面介绍的论文；Fodor, Pylyshyn, Ramsey, Stich, Garon 的开创性评论；以及 Brooks 和 Van Gelder 对当时一些前沿领域进行提示的文章。）

R. Pfeifer and J. Bongard. (2007). *How the Body Shapes The Way We Think*, MIT Press, Cambridge, MA.（这是一本出色的、易于理解的关于"具身"和"智能"的重要思想的书，里面有大量来自机器人学和现实世界商业研究的例子：从机器人的视角来看具身关系问题！）

D. Braddon-Mitchell and F. Jackson. (2007). *Philosophy of Mind and Cognition.* (2nd edition) Oxford, England: Blackwell. （这是一个优秀的导论性文本，其中涵盖了更为传统的哲学领域，例如同一性理论、功能主义以及关于内容的辩论。除此之外，本书的第二版，还包括了一个关于联结主义的新的有益讨论。）

T. Crane. (2003). *The Mechanical Mind: A Philosophical Introduction to Minds, Machines, and Mental Representation* (2nd edition). Penguin Books, London. （这是一本写得很好的简短导论，其写作角度更加哲学，是对本书很好的补充。）

P. Robbins and M. Aydede, eds. (2009). *The Cambridge Handbook of Situated Cognition.* Cambridge University Press, New York. （这是一本方便使用的汇编，涵盖了具身认知、延展认知和情境认知方面的工作，并很好地选择了经验性条目以及基础性或哲学性条目。）

J. Bermúdez. (2005). *Philosophy of Psychology: A Contemporary Introduction.* Routledge, New York. （该书对许多基本主题进行了广泛讨论，如心理因果性、命题态度解释、常识心理学、思维和语言等。）

B. Bechtel. (2008). *Mental Mechanisms: Philosophical Perspectives on Cognitive Neuroscience.* Taylor and Francis, New York. （该书是一本关于心理活动的机械性解释之本质的优秀哲学著作，其特点是特别关注认知神经科学方面的工作。）

D. Chalmers. (2002). *Philosophy of Mind: Classical and Contemporary Readings.* Oxford University Press, New York. （该文集包含了一些关于心智本质的重要哲学论文，以及一些历史文章和有用的章节介绍。）

B. Gertler and L. Shapiro. (2007). *Arguing About the Mind.* Routledge, New York. （这本有用的文集中包括了经典论文和当代论文，围绕着一系列引人入胜的辩论进行了编排，还包括了一些关于机器思维和非人类动物思维的章节。）

J. Heil. (2004). *Philosophy of Mind: A Guide and Anthology.* Oxford University Press, New York. （这是一卷更具哲理性的大型文集，其中结合了经典文本和一些较新的材料，并配有一些言简意赅的章节介绍。）

R. Stainton, ed. (2006) *Contemporary Debates in Cognitive Science.* Blackwell, Oxford. （这是一本方便使用的文集，相关论文的组织主要围绕模块化、表征和先天论等重要辩论。）

优秀的期刊包括《认知科学的趋势》（*Trends in Cognitive Sciences*）和《认知科学主题》（*Topics in Cognitive Science*）。前者为该领域的前沿工作提供了一个广泛的窗口，后者则是认知科学学会（Cognitive Science Society）的一个新项目，致力于对主要的和新兴的主题进行深度评审。

最后，T. Stafford 和 M. Webb 编写的《心智黑客》（*Mind Hacks*, 2005, O'Reilly, CA）是一本主要从心理学和神经科学的角度来对心智和大脑的运作方式进行探索的、极好的小集锦，并且它是以一系列简短的"心智黑客"的形式呈现出来的。

译后记

　　《心体：认知科学与人工智能的哲学挑战》是探索人类心智和智能本质的一扇重要窗口，是认知科学和心灵哲学入门者的必读之作，这本书的作者安迪·克拉克（Andy Clark）则是该领域最著名的学者之一。

　　本书每章开头都简要介绍了一个主要的研究传统或视角，随后是简短而充实的批判性讨论，涉及关键主题和相关问题。克拉克的论述横跨传统哲学领域和前沿认知科学领域，突出了具有挑战性的问题，努力让读者参与到积极的讨论中来。本书涉及的主题包括：心理因果性，机器智能，常识心理学的性质和地位，硬件和软件的区别，涌现，生命与心智的关系，知觉、认知和行动的本质，以及高级人类智能与其他形式的适应性反应之间的连续性（或其他）。书中有大量插图、阐释性文本方框，并为每一章节提供了广泛的进一步阅读建议，大大增强了本书的实用性。最后的附录还提供了关于二元论、行为主义、功能主义、同一性理论、意识等方面的背景信息。

　　在阅读和翻译《心体》这本书的过程中，我们被克拉克对复杂概念的浅显解读和严谨的逻辑推理所折服。书中不仅有理论的阐述，更有丰富的案例分析，可以帮助读者更好地理解认知科学的实际应用。书中涉及的内容广泛而深刻，从认知心理学到人工智能，从神经科学到哲学，系统地介绍了认知科学的核心理论和实践。从经典的计算模型到最新的神经科学研究，从人类智能到机器智能，克拉克引导读者深入思考什么是认知，以及我们如何通过科学的方法来理解和模拟它。克拉克及其合作者挑战了前人对于心智的传统理解，将其延伸到了身体和环境中。这样的观点不仅为认知科学的研究提供了新的视角，也为我们理解人类与技术的交互提供了丰富的思考。

翻译这本书的过程对我们而言是一次具有挑战性的过程。我们试图保持原著的精确性和可读性，同时又努力让中文读者能够顺畅地理解这些概念。需要说明的是，为了提升阅读的流畅性，以及保持全书文献格式的统一性，译著中删去了原著里相关引文的页码，感兴趣的读者请查阅原著。

本书的翻译是结合几位译者的研究专长进行团队协作的结果，相关分工情况如下：

丁晓军："第二版序言""何谓'心体'""导论"、第 1 章、第 7 章、"致谢"

郁　锋：第 9 章、第 11 章、第 12 章

蔡海锋：第 3 章、第 4 章、第 5 章、第 8 章

黄俊维：附录 1、附录 2

王　健：第 2 章、第 10 章

王振嵩：第 6 章

在如今这个迅速发展的技术社会，认知科学和人工智能的研究愈加重要，《心体》则是一本值得推荐给每一位对认知科学哲学感兴趣的读者的书。此外，如果您对克拉克的研究感兴趣，我们还推荐他的其他作品，在朱菁教授为本书撰写的推荐序里已经提到这些续作，这些作品将进一步扩展您对于人类心智与科技融合前景的理解。

在此，我们要向推荐此书中文版的厦门大学哲学系朱菁教授、山西大学哲学学院梅剑华教授致以最深切的感谢，他们以其深厚的相关学术背景和专业热情，对本书的作者和内容进行了点面结合的精彩介绍，欢迎大家关注两位老师在哲学领域的重要贡献。我们也要向武汉大学心理学系喻丰教授表达诚挚谢意，喻老师不仅引荐我们团队来翻译这部作品，还以其对人工智能、认知科学的深刻见解，为我们的翻译工作提供了宝贵的建议和

支持。同样，我们也必须感谢我们的编辑团队，他们的专业精神和孜孜不倦的辛勤工作是本书能够最终顺利呈现给读者的关键。

最后，我们希望这本书能够激发您的兴趣，并引导您深入探索这一令人兴奋的研究领域。让我们与克拉克一起探索"心体"的奥秘，共同迎接和应对来自认知科学与人工智能的哲学挑战。

全体译者　敬上

2024 年 1 月 1 日